U0608090

编委会

主　任　方仁表

成　员　孙　宏　胡玉民　陈建义　魏　江

　　　　王鹤鸣　邢以群　田丽君

THE WELL-BEING OF SENIORS IN ZHEJIANG

Innovation and Practice of Elderly Care Services
in the New Era in Zhejiang Province

幸福养老
浙里更好

浙江省新时代养老服务创新与实践

主　编　邢以群

浙江大学出版社
ZHEJIANG UNIVERSITY PRESS

国家一级出版社
全国百佳图书出版单位

·杭州·

图书在版编目（CIP）数据

幸福养老　浙里更好：浙江省新时代养老服务创新
与实践 / 邢以群主编. —杭州：浙江大学出版社，
2022.12
ISBN 978-7-308-23260-9

Ⅰ. ①幸… Ⅱ. ①邢… Ⅲ. ①养老—社会服务—研究
—浙江　Ⅳ. ①D669.6

中国版本图书馆CIP数据核字（2022）第213485号

幸福养老　浙里更好：浙江省新时代养老服务创新与实践
XINGFUYANGLAO ZHELIGENGHAO
ZHEJIANGSHENG XINSHIDAI YANGLAOFUWU CHUANGXIN YU SHIJIAN

主　编　邢以群

责任编辑	朱　玲
责任校对	傅宏梁
封面设计	春天书装
出版发行	浙江大学出版社
	（杭州市天目山路148号　　邮政编码　310007）
	（网址：http://www.zjupress.com）
排　　版	杭州林智广告有限公司
印　　刷	广东虎彩云印刷有限公司绍兴分公司
开　　本	787mm×1092mm　1/16
印　　张	18.75
字　　数	355千
版 印 次	2022年12月第1版　2022年12月第1次印刷
书　　号	ISBN 978-7-308-23260-9
定　　价	75.00元

版权所有　翻印必究　　印装差错　　负责调换
浙江大学出版社市场运营中心联系方式：0571-88925591；http://zjdxcbs.tmall.com

序

浙江是中国沿海经济发达省、改革开放先行省，也是全国最早进入老龄化社会的省份之一。应对人口老龄化，浙江行动早，办法想得多。进入 21 世纪以来，着眼养老这项普惠性、基础性、兜底性民生大事，抓制度、抓设施、抓服务，实现了从无到有、从有向好的转变。

浙江养老工作取得的成效，是在习近平同志的坚强领导和思想指引下取得的。在时任省委书记习近平的领导下，浙江在全国率先建设新型社会福利体系，实施老年人优待政策。特别是近十年，浙江高举习近平新时代中国特色社会主义思想伟大旗帜，在"八八战略"指引下，开拓进取，接续奋斗，不断完善养老服务制度机制和硬件设施，积极构建居家社区机构相协调、医养康养相结合的养老服务体系，试点探索康养联合体建设，实施海岛支老行动，推进机构跟着老人走，创新"居家＋社区机构＋智慧养老"的家门口幸福养老模式，加快打造"浙里康养"标志性成果，努力让每一个浙江老年人都能享受到有保障、有质量、有活力的福寿康宁美好生活。

党的二十大提出新时代新征程中国共产党实现中国式现代化的使命任务，要求实施积极应对人口老龄化国家战略，发展养老事业和养老产业，优化孤寡老人服务，推动实现全体老年人享有基本养老服务。浙江具有"三地一窗口"的政治优势，肩负习近平总书记"干在实处永无止境，走在前列要谋新篇，勇立潮头方显担当"的重托，承担中央"高质量发展建设共同富裕示范区"的重任，应该在探索中国式现代化的道路上提供浙江样本，在探索中国式养老方案上提供浙江经验，既借鉴西方发达国家照护经验，又坚持从浙江省情出发；既保障基本养老服务，又发展多样化市场供给；既提升失能失智老年人专业服务，又满足健康老年人的学为乐需求；既持续加大政府投入，又注重激发社会活力；既提升传统服务能力，又增添智慧养老场景；既积极应对银龄浪潮，又大力发展银发经济。养老工作是篇大文章，需要我们浸入其中深思考，倾尽力量去书写，不断研究新情况、解决新问题、总结新规律。

"家家都有老，人人都会老"。养老工作具有民生事业的重要地位和朝阳产业的美好前景，是我们值得为之不懈奋斗的事业，是社会共建共治共享的重要领域。越来越多的人，正在关注养老、重视养老、参与养老。我们相信，关心今天的老人，就是关心明天的自己；老年人拥有幸福的晚年，后来人就有可期的未来，世界就是如此循环往复的美好。我们期待，幸福养老，浙里更好！

前 言
FOREWORD

老年人的今天，就是我们的明天。怎样对待老年人，是一个社会文明程度的指标；是否尊重老年人，是一个民族道德水准的衡量尺；老年人生活得幸福不幸福，也是一个国家国民幸福水平的重要反映。[①] 根据第七次全国人口普查数据，2020 年，我国 60 岁及以上人口超过 2.6 亿人，占总人口数的 18.7%，65 岁及以上人口占总人口的 13.5%，接近联合国中度老龄化社会标准，即将进入世卫组织所定义的老龄社会。[②]

家家都有老，人人都会老。养老、敬老、孝老，是我们中华民族的传统美德，一直是习近平总书记念兹在兹的重大民生。2021 年，习近平总书记对老龄工作做出重要指示，要求"加快健全社会保障体系、养老服务体系、健康支撑体系"，强调："满足老年人多方面需求，让老年人能有一个幸福美满的晚年，是各级党委和政府的重要责任。要推动养老事业和养老产业协同发展，发展普惠型养老服务，完善社区居家养老服务网络，构建居家社区机构相协调、医养康养相结合的养老服务体系。"[③] 积极应对人口老龄化已上升为国家战略。

养老服务既是事业，也是产业，更需专业。养老事业是由政府提供、以法律为保障、满足老年人照护需求的基本公共服务；养老产业是以满足多元化、多层次、个性化需求为目标，向老年人提供相应产品和服务。两者界限分明又有机联系，共同组成了我国的养老服务体系。我们既不能将养老服务简单地视为老年人福利事业，过度强调政府在养老方面的责任，也不能完全将养老责任推给市场，使养老服务过度市场化。养老服务不仅包括生活照料、康复护理、精神慰藉、紧急救援等基本服务，也包括健康管理、文化娱乐、法律金融等更多服务，具有内容复合、知识密集、人口密集等特点[④]，需要服务机构和从业人员具有较强的专业性。所以，完善的养老服务体系建设，

---

① 王学江：让亿万老年人安享幸福晚年［EB/OL］.（2021-10-18）［2022-03-21］. https://baijiahao.baidu.com/s?id=1713653417288054596&wfr=spider&for=pc.

② 根据联合国常用的人口老龄化划分标准，60 岁以上人口占全人口的比例在 10% 以上为轻度老龄化，20% 以上为中度老龄化，30% 以上为深度老龄化。世界卫生组织根据 65 岁以上人口占比达到 7%、14% 和 20%，把老龄化的社会进一步细分为老龄化社会、老龄社会、超老龄社会。本书所称的"岁"均指"周岁"。

③ 习近平 2021 年 8 月 23 日至 24 日在河北承德考察时的讲话。

④ 浙江大学健康产业创新研究中心. 2020 中国养老产业商学研究报告［R］. 2021.

必须事业、产业、专业"三业并进"，必须政府、企业、社会、家庭齐心协力，必须在创新和探索中前行。

浙江省是中国东部沿海经济发达省份、改革开放先行省，也是全国最早进入老龄化社会的省份之一。省委、省政府历来高度重视老龄事业，注重从人民群众的需求出发，系统谋划、真抓实干，积极应对人口老龄化。因此，浙江省开展养老服务探索早、力度大，创制了一批有示范意义的规范、制度、做法，其养老服务在2018年、2019年、2021年，三次获得国务院督查激励。浙江地貌多样，既有浙北平原、浙东丘陵，又有浙南山区、舟山群岛，孕育了多种养老模式。总结浙江省新时代养老服务体系创新发展历程和经验，有利于在总结反思中发现不足，确立今后工作的突破口，有助于为其他省份提供省域养老服务范例，促进共同提高。

回顾浙江省养老服务体系创新建设历程，大致可以分为三个阶段。

2000—2010年，浙江省着力构建大社保体系，为养老服务奠定基础。根据浙江省国民经济和社会发展统计公报，这一时期，浙江省全年地区生产总值从6030亿元提高到27227亿元，城镇居民人均可支配收入和农村居民人均纯收入分别从9279元提高到27359元、4254元提高到11303元。2000年年末基本养老保险全省参保职工447.4万人，参加医疗保险人数228.1万人。根据第五次全国人口普查数据，2000年，浙江户均人口为2.99人，60岁及以上常住人口为566.92万人，占常住人口的12.34%。面对渐显的人口老龄化，浙江省政府未雨绸缪，为解决老年人最担心的生活、医疗保障问题，首先从经济上着手，率先提出并着力构建大社保体系。在2000年率先开展新型农村合作医疗制度（简称"新农合"）试点，2001年首次在全国以法规形式，确定城乡的最低生活保障制度，2002年在全国率先将各类企业及从业人员全面纳入职工基本养老保险制度覆盖范围。根据时任浙江省委书记习近平的指示，率先提出并着手构建大社保体系基本框架，把完善大社保体系作为建设"平安浙江"的重要内容，为广大社会成员系上一根保障基本生活的"安全带"；2005年，在全国率先建立新型社会福利体系，实施老年人优待政策；2006年，率先提出建立城镇居民医疗保障制度；2007年，率先发布全国首个大社保体系建设规划。同时，将参保扩面工作列入"平安浙江"建设考核内容，养老保险参保范围逐年扩大，至2010年，全省所有的市、县（市、区）建立并实施城乡居民社会养老保险制度，实现了社会养老保险从"制度全覆盖"到"参保对象全覆盖"。到2010年，浙江省基本形成了以基本养老保险、基本医疗保险、城乡居民社会养老保险、新型农村合作医疗为基础，以最低生活保障、医疗救助、临时救助、五保供养、养老补助金制度等为补充的覆盖城乡的老年社会保障体系。2008 年，浙江省政府印发《关于加快推进养老服务体系建设的意见》（浙政发〔2008〕72 号），首次提出要建立"以居家养老为基础、社区服务为依托、机构养老为补充，服务方式多元化、投资主体多样化、居家养老普及化、服务队伍专业化，覆盖城乡的养老服务体系"，得到民政部的肯定并在全国范围内进行推广。

2011—2015 年，**浙江省大力推进社会养老服务体系建设**。2010 年，浙江省全年实现地区生产总值 27227 亿元，城镇居民人均可支配收入 27359 元，农村居民人均纯收入 11303 元。2015 年年末参加企业基本养老保险人数 2398 万人，参加城镇职工基本医疗保险人数 1993 万人。根据第六次全国人口普查数据，2010 年浙江户均人口为 2.62人，60 岁及以上常住人口为 755.86 万人，占常住人口的 13.89%。浙江省委、省政府把"优先发展社会养老服务"列入"十二五"规划纲要，作为积极应对人口老龄化的重要措施。2011 年印发的《浙江省老龄事业发展"十二五"规划》（浙政发〔2011〕59 号）提出，基本建成以居家养老为基础、社区服务为依托、机构养老为支撑，资金保障与服务提供相匹配，无偿、低偿和有偿服务相结合，覆盖城乡的社会养老服务体系，努力满足老年人不同层次的养老服务需求。2011 年，浙江省政府印发《关于深化完善社会养老服务体系建设的意见》（浙政发〔2011〕101 号），提出推动形成"9732"养老服务总体布局；从 2012 年开始，省财政设立社会养老服务体系建设专项资金，专门用于养老服务补贴、养老服务机构建设、居家养老服务设施建设和鼓励发展民办养老服务机构等。2014 年，浙江省政府印发《关于加快发展养老服务业的实施意见》（浙政发〔2014〕13 号），率先提出居家养老服务照料中心城乡全覆盖发展目标。2015 年，国内首部由省人民代表大会通过的综合性社会养老服务地方性法规《浙江省社会养老服务促进条例》颁布，《浙江省社会养老服务促进条例》总结肯定了前期社会养老服务建设实践中行之有效的措施和政策，并针对发现的障碍和问题，提出了相应的政策措施，对社会养老服务各个方面进行了系统规定。在这一时期，浙江省大力推进养老事业和产业发展，确保托底型养老，扩大普惠型养老，支持社会化养老，实现了养老服务"从少到多"、社会化养老"从无到有"的跃升。

2016—2021 年，**浙江省创新推进多层次养老服务体系建设**。2015 年，浙江省全年实现地区生产总值 42886 亿元，人均地区生产总值 77644 元；城镇常住居民人均可支配收入 43714 元，农村常住居民人均可支配收入 21125 元。2015 年，浙江户均人口为 2.69 人，60 岁及以上常住人口为 984.03 万人，占常住人口的 20.19%。2021 年年末参加基本养老保险人数 4423 万人，参加医疗保险人数 5655 万人。《浙江省国民经济和社会发展第十三个五年规划纲要》明确提出，要"完善多层次养老服务体系"。2016 年，浙江省委、省政府选择在杭州市和嘉善县开展养老服务业综合改革试点。2017年，浙江省第十四次党代会把"社会养老服务质量明显提升"确定为今后五年的奋斗目标，提出"深化养老服务和医养护一体化改革""加快构建多层次社会化养老服务体系，积极实施智慧养老工程，使每个老人都老有所养、老有所依、老有所学、老有生活品质"等主要任务。2018年，浙江省政府印发《关于深化养老服务综合改革提升养老服务质量的实施意见》（浙政办发〔2018〕77号），针对养老服务体系存在的薄弱环节，提出系列举措，并开展相应的养老服务提升年活动、实施养老院服务质量建设专项行动三年计划等。2020年，浙江省委办公厅、省政府办公厅印发《关于加快康养体系建设推进养老服务发展的意见》（浙委办发〔2020〕63号），提出"康复＋养老"的康养概念，启动全省康养联合体建设。2020年9月，王文序副省长在浙江省第十三届人民代表大会常务委员会第二十四次会议上汇报了全省养老服务体系建设情况，浙江省人民代表大会常务委员会办公厅印发《关于全省养老服务体系建设情况报告的审议意见》，提出包括"加强顶层设计""不断增强居家养老服务有效供给"等八条意见和建议，强调"编制'十四五'养老服务设施专项规划，重点解决老旧小区养老服务设施不足"等十个重点问题。2021年，《浙江省养老服务发展"十四五"规划》（浙民养〔2021〕65号）率先提出"机构跟着老人走"的发展思路，明确要因地制宜健全山区、海岛等相对落后地区的基本养老服务保障，并启动了"海岛支老，一起安好"行动。这一时期，浙江省大力推进"机构和居家相融合的社区养老，医疗和养护相融合的健康养老，数据和服务相融合的智慧养老，政府和市场相融合的产业养老，物质和精神相融合的文化养老"，开启从保障特困人群向保障全体老年人基本养老、从重视机构建设向居家社区机构相协调、从补缺型碎片化向体系化制度化多元化转型。

　　让老年人安享幸福晚年，是一个长期的系统工程。经过20多年的不懈努力，浙江省基本建成了"以居家为基础、社区为依托、机构为补充，医养相结合"的养老服务体系，形成了"城乡一体、多元多层、持续提升"的养老服务总体格局，构建了颇具浙江特色、凝聚浙江经验的组织体系、规划体系、制度体系、照护体系和保障体系，养老服务走在全国前列。

　　"党委领导、政府主导、社会参与"的组织体系，使浙江养老服务工作统筹推进。浙江省建立了"党委统一领导、政府依法行政、部门密切配合、群团组织积极参与、上下左右协同联动"的老龄工作机制。各级党组织坚持全心全意为人民服务的宗旨，发挥总揽全局、协调各方的领导核心作用，坚持"问题导向、系统谋划"，从浙江省的实际出发，前瞻性地对本区域的老龄工作进行顶层设计和统筹协调。浙江省各级政府以及民政等相关部门，坚持"高标要求、真抓实干"，将养老服务体系建设列入各级政府重要议事日程、政府为民办实事工程，政府和相关部门年度重点目标任务，层层建立目标责任制，明确责任狠抓落实。充分发挥政府制定政策、确定目标、统筹规划、资金投入、典型示范、监督管理等方面的主导作用，营造良好的氛围，引导社会各方面力量做好养老服务工作。注重充分发挥基层党组织的作用，通过确立养老机构党组织全覆盖等目标，充分发展基层党员的先锋模范带头作用，大力弘扬"干在实处、走在前列、勇立潮头"的浙江精神，克服各种困难，创新性地将各项方针政策、工作部署和措施做实做细。人大代表、政协委员、基层干部、社会组织和企业，纷纷投入、积极参与，共同为提供更多更好的养老服务，贡献各自的力量。

"需求导向、纵横衔接、刚性落地"的规划体系，使浙江养老服务工作接续发展。浙江省委、省政府非常注重规划引领，在省级层面，注重在现状调研和未来趋势预测的基础上，通过浙江省国民经济和社会发展五年规划、浙江省老龄事业与养老服务发展五年规划以及浙江省应对人口老龄化中长期规划，全面明确浙江省各时期老龄工作的指导方针、基本原则、总体目标、具体目标和主要任务、保障措施等。各市、各区（县）政府及有关部门依据上级规划，结合本地实际，编制辖区内相应的规划，形成了"省市县三级联动，多部门共同谋划"的养老服务发展规划体系。这些规划全面系统地确立了浙江省养老服务体系建设阶段性目标要求、基本原则、主要任务和保障措施，使与为老服务相关的各项工作得以清楚明确地开展。

"规范治理、改革破难、营造环境"的制度体系，使浙江养老服务工作高效开展。探索形成了"1＋X"具有地方特色的政策、机制和法律法规。"1"，为2015年浙江省人民代表大会常务委员会通过的《浙江省社会养老服务促进条例》，它是国内首部由省人民代表大会通过的综合性社会养老服务地方性法规；"X"，是浙江省依据上位法和《浙江省社会养老服务促进条例》所制定的有关设施建设、管理运营、服务补贴、人才培养等方面具体的系列政策、制度、规范和标准。如《关于推进医疗卫生与养老服务相结合的实施意见》（浙政办发〔2016〕148号）、《关于开展既有住宅加装电梯试点工作的指导意见》（浙建〔2016〕6号）、《关于加强老年人照顾服务工作的实施意见》（浙政办发〔2018〕32号）、《关于加快康养体系建设推进养老服务发展的意见》（浙委办发〔2020〕63号）等，以及《居家养老服务与管理规范》（DB33/T 837—2011）、《养老机构服务与管理规范》（DB33/T 926—2014）、《社区智慧养老建设标准》、《浙江省社区居家养老服务照料中心星级评定标准》（浙民福〔2015〕145号）《浙江省养老服务设施专项规划编制导则（试行）》、《浙江省养老护理员职业技能评价办法》等。浙江在规范发展养老事业，全面深化公立养老服务机构体制机制改革的同时，开放养老服务市场，综合立体式推进养老服务发展，从法律和政策层面破解养老服务业发展的瓶颈，在用地保障、资金扶持、融资政策、税费优惠、投资者权益、老年社区和老年地产建设扶持、新旧小区适老化建设、人才队伍建设和保障等方面实现了重大突破，有力推动了养老服务体系的形成、发展和完善。

"人才为本、政企协同、城乡一体"的照护体系，使浙江养老服务工作普及普惠。提升养老服务水平关键在人才，瓶颈在于护理员数量不多、质量不高。浙江省致力于养老护理员队伍建设，将提升持证护理员数量和质量及服务机构的管理者素养，作为提高养老服务质量的关键来抓。养老服务的经营者、管理者和护理员，一批批前往日本学习，提高自身能力。始终坚持"政府主导、市场运作、政企协同"的建设方式，在充分发挥政府主导作用的同时，利用浙江省民营经济发达、民间资本充裕的优势，着力打造"高度开放、公平竞争、稳定透明"的营商环境。充分发挥市场的力量，通过"公建民营、购买服务"等方式，引入社会专业养老服务机构或人才，提高为老年人提供照护服务的水平；通过"服务补贴、政策优惠"等方式，引导社会和企业为普通老百姓提供"付得起"的照护服务；通过"降低门槛、提升服务、配套政策"，鼓励和引导社会与企业提供多样的市场化照护服务。浙江省的基本养老服务，始终坚持"制度公平、城乡一体、区域平衡"的建设目标，促进城乡老年人基本公共服务和保障均等化，在全国率先建立覆盖城乡、惠及全体老年人的社会保障体系，实现乡镇（街道）居家养老服务中心全覆盖。

"量力而行、数字赋能、资源整合"的保障体系，使浙江的养老服务工作落到实处。始终坚持"因地制宜、量力而行、逐步提升"的建设策略，以促进城乡基本养老服务均等化为目标，分类施策、逐步推进，先城镇后农村，先托底再普惠，先生活再照护，先示范再推广，先"从无到有"再"从有到好"，逐步扩大基本养老服务的覆盖面，并随着经济的发展和社会日益增长的养老需求，逐步提升保障水平。基于浙江省数字经济发达的优势，积极推动智能设备和技术在养老服务领域中的应用，消除老年人数字鸿沟，为老年人提供触手可及的服务；加强养老服务行业信息归集，通过智能化手段实现行业"智管"。"不求所有，但求所用"，通过整合医院、老年大学、农村文化礼堂、闲置物业、社区服务中心等场所，协调社区社会工作者、老年协会、社会志愿者、家庭等各方力量，共同开展养老服务工作。

浙江省始终坚持以人民为中心的发展思想，充分发挥"三地一窗口"的政治优势，通过"党建统领、政企联动，群策群力、创新实践"，逐点破解养老服务难题，提升基本养老保障水平；充分发挥浙江民营经济、数字经济等优势，通过"引入市场机制、整合社会力量"，持续提高养老服务规模、服务质量和发展速度，为人民群众提供更加方便可及的养老服务；充分发挥"干在实处、走在前列、勇立潮头"的浙江精神，勇于开拓创新，老年人幸福感、安全感、获得感和认同感不断增强。

根据浙江省养老服务的发展历程和建设经验，本书前八章将分别从政策制度系统谋划、优化养老服务设施布局、推动城乡社区养老服务全覆盖、注重居家适老化改造、促进养老服务均衡发展、致力为老队伍数量和质量提升、数字赋能养老服务提质增效、党建统领养老服务等八个方面，展现浙江省积极应对人口老龄化，推动养老事业产业协同发展，探索创新新时代养老服务体系的实践历程和发展经验。第九章则展望了浙江省在高质量发展建设共同富裕示范区的伟大进程中，推进健康养老集成改革，着力打造"浙里康养"金名片，让生活在浙江的老年人都能享受有保障、有质量、有活力的福寿康宁美好生活。

目 录
CONTENTS

第一章 系统谋划 干在实处走在前列

　　浙江省是全国最早进入老龄化的省份之一。早在 1987 年，浙江 60 岁及以上老年人口的比重就超过了 10%，提前全国 13 年进入了老龄化社会。根据第五次全国人口普查数据，到 2000 年，浙江省 65 岁及以上老年人口已达到 413.59 万人，占全省人口的 8.84%，老龄化程度仅次于上海，居全国各省区市第二位。

　　2002 年，尽管经过 20 多年的改革与发展，浙江省实现了由温饱向小康的跨越，经济继续保持着平稳较快的发展，但在老龄化水平大致相同的前提下，与发达国家或地区相比，浙江人均收入水平偏低，且区域经济发展不平衡。面对老年人群的急速增长，传统养老模式面临诸多问题和挑战，人民呼唤社会化养老。

第一节 传统养老遇上快速老龄化

一、我国传统的养老模式

　　我国传统的养老模式是家庭养老和政府养老。

　　一直以来，中国人延续的是家庭养老模式。所谓家庭养老，是指以家庭子女等为供应主体，从经济、物质和精神层面，供养父母或家中长辈，是人类社会传承千年的最基本的养老模式。在中国人的传统文化习惯中，一直以来主张的就是家庭养老。家庭养老的特点如表 1-1 所示。

表 1-1　家庭养老的特点

养老模式	养老供应主体	功能	优势
家庭养老	子女为主的家庭成员	1. 生活照料 2. 精神慰藉 3. 经济和物质供养	1. 促进代际交流，具有亲情滋养的功效 2. 降低社会成本 3. 顺应中国传统孝文化

　　新中国成立后，人民政府本着"一切为人民"的执政理念，针对城镇"三无"（无

劳动能力、无生活来源、无赡养人和扶养人）老人、农村五保（保吃、保穿、保医、保住、保葬）老人以及孤老优抚对象等，通过建立敬老院、福利院、光荣院等方式，推出了政府养老模式，着力解决孤寡无子老人的晚年基本生活保障问题。

改革开放后，为保障公民年老时的基本生活，政府提供的基本养老服务内容和对象进一步扩大。我国通过探索构建社会保障体系，包括社会保险（社会基本养老保险和医疗保险等）、社会福利（方便老人的公共设施和服务等）和社会救济（提供给贫困老年人的补助等），福利范围从老年弱势群体逐步覆盖到社会普通老年群体。因此，目前的政府养老，是指由政府相关部门以政府法律法规、制度政策为依据建立起来的，为符合条件的老年人提供的基本养老服务。随着国家经济实力的增强，政府养老服务内容已由面向特殊群体的基本生活保障，发展为面向全体老年人的涉及生活照料、医疗护理、紧急救援、文体娱乐、精神慰藉、健康管理、康复辅助等多方面的服务。其受益对象以城镇"三无"、农村五保及孤老优抚等享受国家特别照顾的老年弱势群体为主要人群，以保障基本生活的经济给付为主要措施，具有兜底保障性质。政府养老具有以下三个主要特点：

一是救济性，保障对象为城市和农村中无子女和家庭依靠的老年人，政府将其纳入敬老院或福利院，由国家或集体提供基本的生活保障，以保障其晚年生活无忧。

二是福利性，提供的是免费的养老服务，开支全部由政府负担。

三是封闭性，当时的敬老院、福利院等机构，直接由政府或集体开办，社会力量不允许介入。

二、浙江的老龄化

（一）浙江省的人口状况

国际上通常认为，一个国家或地区 60 岁以上老年人口占人口总数的 10%，或 65 岁以上老年人口占人口总数的 7%，即意味着这个国家或地区处于老龄化社会。

根据历次全国人口普查数据，1990 年，浙江省 60 岁及以上老年人口为 430.38 万人，比重为 10.38%，65 岁及以上老年人口为 283.70 万人，比重为 6.82%。2000 年，全省 65 岁及以上老年人口为 413.59 万人，比重为 8.84%，相比 1990 年上升 2.02 个百分点，高于全国（6.96%）、北京（8.40%）、江苏（8.76%）、山东（8.03%），仅次于上海（11.53%），老龄化程度位居全国第二。2010 年，全省 60 岁及以上老年人口为 755.86 万人，比重为 13.89%，65 岁及以上老年人口为 508.17 万人，比重为 9.34%，相比 2000 年上升 0.50 个百分点。2020 年，全省 60 岁及以上老年人口为 1207.27 万人，比重为 18.70%，相比 2010 年上升 4.81 个百分点，65 岁及以上老年人口已达 856.63 万人，比重为 13.27%，相比 2010 年上升 3.93 个百分点，老龄化程度位居全国第六（见表 1-2）。可见，尽管从 2016 年以来，浙江社会经济的发展吸引了外来劳动人口的持续流入，在一定程度上缓解了浙江的老龄化程度（从原来的全国第二位到全国第六位），但老龄化程度依旧保持较高的水平。同时，浙江省人口平均预期寿命也已从 1990 年的 72.03 岁提高到 2020 年的 79.47 岁，居全国各省区市之首。

表 1-2 浙江省常住人口与全国常住人口老龄化水平比较

年份	浙江省常住人口老龄化水平	全国常住人口老龄化水平
2000	65 岁及以上，8.84%	65 岁及以上，6.96%
2010	60 岁及以上，13.89% 65 岁及以上，9.34%	60 岁及以上，13.26% 65 岁及以上，8.87%
2020	60 岁及以上，18.70% 65 岁及以上，13.27%	60 岁及以上，18.70% 65 岁及以上，13.50%

此外，浙江人口的高龄化趋势也日益明显。1990 年，浙江 80 岁及以上高龄老人为 39.51 万人，到 2020 年已达 177.65 万人，占老年人口总数的 14.96%，其中百岁老人从 1990 年的 171 人上升到 2020 年的 4127 人，人口年龄金字塔出现顶部扩张趋势。

（二）面临的养老难题

在人口老龄化加速发展的同时，浙江乘着改革开放的春风，经济发展十分迅猛。2002 年，浙江正处于社会主义现代化建设新时期，浙江省委、省政府坚持邓小平理论和"三个代表"重要思想，加快经济结构调整，不断扩大对外开放，国民经济持续快速健康发展，全省实现地区生产总值（GDP）7670 亿元，位居全国第四；城乡居民收入大幅提升，城镇居民人均可支配收入增至 11716 元，农村居民人均纯收入增至 4940 元[①]，人民生活开始富裕起来。

与发达国家的比较

一般认为，进入老龄化社会时，人均 GDP 在 5000～10000 美元是比较合适的。发达国家在 20 世纪六七十年代进入老龄化社会时，人均 GDP 均超过了 1 万美元。而浙江在 1987 年进入老龄化社会时，人均 GDP 只有 397 美元，到 2002 年，人均 GDP 也只有 2001 美元（见表 1-3）。

2002 年全国各地 GDP 及城镇和农村居民可支配收入排名

---

① 2002 年国民经济和社会发展统计公报［EB/OL］.（2003-02-28）[2022-03-21]. http://www.stats.gov.cn/tjsj/tjgb/ndtjgb/qgndtjgb/200302/t20030228_30016.html.

表 1-3　浙江省与全国 GDP、人均 GDP 和人均可支配收入情况比较

年份	浙江省 GDP	全国 GDP	浙江省人均 GDP	全国人均 GDP	浙江省人均可支配收入	全国人均可支配收入
2000	6030 亿元	89403 亿元	13416 元	7078 元	全年城镇居民人均可支配收入 9279 元，农村居民人均纯收入 4254 元	全年城镇居民人均可支配收入 6280 元，农村居民人均纯收入 2253 元
2010	27227 亿元	401202 亿元	51711 元	29992 元	全年城镇居民人均可支配收入 27359 元，农村居民人均纯收入 11303 元	全年城镇居民人均可支配收入 19109 元，农村居民人均纯收入 5919 元
2020	64613 亿元	1015986 亿元	100620 元	72000 元	全年城镇居民人均可支配收入 62699 元，农村居民人均纯收入 31930 元	全年城镇居民人均可支配收入 43834 元，农村居民人均纯收入 17132 元

（三）中国的今天就是浙江的昨天

新中国成立以来，我国的人均预期寿命不断延长，从新中国成立前的 35 岁提高到了 2020 年的 77.7 岁[1]，这是中国社会发展的巨大成就。

平均预期寿命的延长和人口生育率的降低，加剧了人口老龄化的问题。我国在 2000 年进入老龄化社会。根据第七次全国人口普查数据，2020 年，我国 60 岁及以上老年人口为 2.64 亿人，占人口总数的 18.7%，其中 65 岁及以上人口占比为 13.5%。据国家卫生健康委有关负责人在 2021 年 5 月 31 日答记者问时提到，预计"十四五"末期，我国 60 岁及以上老年人占比将超过 20%，在 2035 年前后占比将超过 30%。中国老龄协会认为，到 2050 年前后，我国 60 岁及以上老年人口数将达到峰值 4.87 亿人，占总人口的 34.9%，老龄问题在未来将更加严峻。

结合经济发展水平看，中国在 2000 年进入人口老龄化社会时，人均 GDP 仅为 959 美元，而同处于相似老龄化水平的日本，其人均 GDP 为 4.37 万美元，与中国同期进入老龄化社会的新加坡，其人均 GDP 达到了 2.4 万美元。到 2020 年，中国的人均 GDP 已有 10504 美元，但美国、韩国等国达到相似老龄化比例时的人均 GDP 都在 2.4 万美元之上，远高于中国当前 1 万美元的水平。

我们不难发现，浙江在"昨日"所面临的老龄化问题正是"今日"中国正在面临的。正因为如此，浙江之前所经历的养老建设经验，也可供现在中国各地在解决养老问题时借鉴参考。

---

[1]　健康中国行动（2019—2030 年）[R]. 2019-07-15.

三、传统养老迎来新挑战

（一）"依靠子女"的家庭养老面临"三力不足"的困境

首先，子女精力不足。伴随经济社会的转型，特别是我国20世纪80年代以来实施提倡"一对夫妻只生一胎"的计划生育政策，使得我国家庭规模日趋小型化，"4—2—1"家庭结构日益普遍。根据《中国统计年鉴》统计，2002年，浙江家庭户均规模为2.93人，小于全国平均（3.39人）、江苏（3.15人）、山东（3.12人），位居全国倒数第三。同时，浙江在2002年的老年抚养比为15.40，高于全国平均（11.57）、北京（13.86）、江苏（13.86），仅次于上海，位居全国第二。再加上社会环境的变化，人口流动频繁，子女外出务工常态化，空心岛、空心村悄然出现，代际居住分离的老年空巢家庭不断增加，子女承担着养育第三代的重任，难以有足够的时间和精力照护老人。

其次，家庭财力不足。在家庭养老中，老人子女肩负着主要供养者的责任，但一个家庭中的子女，上要赡养四个老年人，下要养育孩子，还要做好自己的养老储备，经济负担大。同时老年人是慢性病的高危人群，所面临的医疗费用开支，对一个家庭来说，也常常是一笔不小的经济负担；再加上生活费用、小孩教育费用的逐步提升，使得养老育儿对家庭的财力要求越来越高，经济负担已成为家庭养老不得不考虑的问题之一。《中国统计摘要2009》显示，2002年，浙江城镇居民家庭人均可支配收入为11715.6元，老年人基础养老金月人均仅52元，对于一般的家庭而言，家庭养老无法实现完全的"自给自足"。

最后，家庭照护能力不足。对于平常的生活照料，多子女家庭可以轮流分担，但面对失能失智老人时，即使是多子女家庭，也往往会因为缺乏专业的照护能力，而无法为老人提供切实有效的照护。绝大多数的子女，除了日常的生活照料和精神慰藉外，对失能失智老人的需求缺乏真正的了解，对他们的疾病护理更是不知如何下手。

（二）"财政支撑"的政府养老也难做到"大包大揽"

尽管我国2020年人均GDP已经超过1万美元，但我国将长期处于社会主义初级阶段是一个基本事实，正如2002年，尽管浙江省的经济发展水平已跃居全国第四，但政府的财政支撑能力仍然非常有限，不可能将针对特殊人群的福利养老扩展至全民。

同时，若一味实行"大包大揽"，在财政支撑有限的情况下，不仅会压缩基本养老服务范围，降低养老服务水平，还可能引起不必要的资源浪费；同时，老年人的需求多样，有限的政府能力和政府资源也难以满足老年人多样化的需要。"大包大揽"地将一些政府不应该管也难以管好的事务统统归入政府的职责范围，会造成所谓的"大政府、小社会"，在使老年人及其家人丧失主动选择服务权利的同时，给政府带来巨大的压力，不利于养老服务的可持续发展。

面对"子女外出务工，在家无人照护；政府只负责城镇'三无'、农村五保等特殊老人，无法大包大揽"的困境，普通老百姓对晚年生活充满了彷徨和焦虑。如何实现"老有所养"和"老有所依"，日益成为重大而迫切的社会民生问题。

在人民的焦虑和呼唤下，浙江省深入贯彻以人民为中心的发展理念，在时任浙江省委书记习近平的领导下，在原来政府负责基本兜底的基础上，从完善社会保障制度着手，开始"大社保体系"建设，并在后续进一步成立了养老服务体系建设联席会议制度，由省政府领导牵头，民政等十多个部门参加，统筹协调，不断探索创新，出台了一系列为老政策，切实为民解忧。

第二节　着力构建大社保体系

2003 年，根据时任浙江省委书记习近平的指示，浙江省委、省政府进一步决策建立全省的"大社保体系"，目标是为广大人民群众系上一个保障基本生活的安全带，以此作为"平安浙江"建设的基本内容。

浙江省从大社保体系建设出发，率先建立覆盖城乡的社会养老保险制度，以保障老年人的基本生活。针对老年人养老痛点，出台系列社会福利政策，逐步满足老年人社会优待、医疗卫生、权益维护、兜底救助等方面的需求，提高老年人社会福利水平，推动老龄公共服务均等化，为老年人养老提供基础保障。

一、率先建立覆盖城乡的社会养老保险制度

对于老年生活，人民群众首先担心的是经济保障问题。步入老年期，往往已经退休或劳动能力逐步减弱。如果缺乏稳定的经济来源，就只能依靠儿女的赡养或亲戚的帮济。同时，随着年龄的增加，老年人渐渐行动困难甚至失能失智，加上往往有多种慢性病缠身，通常会给家庭造成经济压力。

为了解决养老的经济来源问题，国际上通常采用投资互助三方共担的社会保障型、依靠国家财政税收的福利保险型以及强制自我保障的储蓄保险型三种养老保险方式。

三种养老保险方式

我国充分借鉴国际经验，在新中国成立初期，就创建了社会养老保险制度，并先后经历了调整完善、停滞不前和恢复调整阶段。到 2002 年，我国已

建立起社会统筹和个人账户相结合的职工养老保险制度，并在全国范围内推行。

大社保体系

"大社保体系"，由社会就业、社会保障和社会救助"三位一体"构成。浙江在"十五"期间，率先在全国提出并构建了大社保体系基本框架，初步形成了政府促进就业、市场调节就业、劳动者自主就业相结合的就业机制，覆盖城乡、功能完善、多层次的社会保险体系，以最低生活保障为基础、专项救助为支撑、慈善等为补充的新型社会救助体系。

其后又进一步发展为社会就业、社会保险、社会救助、社会福利、社会优抚、社会慈善"六位一体"的大社保体系。

早在 20 世纪 80 年代，浙江省就在城镇集体企业职工中试行法定的养老保险，开始探索城镇集体企业职工的退休养老工作社会化。1992 年，浙江省相继出台《关于企业职工养老保险制度改革决定的通知》（浙政发〔1992〕13 号）、《关于实施企业职工个人缴纳基本养老保险费的通知》（浙劳险〔1992〕115 号），开始推进企业职工养老保险制度改革，实行职工个人缴纳基本养老保险，养老保险基金由国家、企业、个人三方共同负担。1999 年，随着职工养老保险制度改革的深入，浙江省第九届人民代表大会常务委员会第十四次会议通过了《浙江省职工基本养老保险条例》，以法律的形式确立了浙江省的企业职工基本养老保险制度基本框架。

（一）实现基本养老保险全覆盖

2002 年，在习近平任代理省长期间，浙江省第九届人民代表大会常务委员会第三十九次会议对《浙江省职工基本养老保险条例》进行了修订。此次修订，主要是允许未参保的非国有和城镇集体企业，按照"低门槛准入、低标准享受"的办法参加养老保险，城镇个体劳动者（含城镇个体工商户主及其雇工、自由职业者）允许选择参保，在全国率先将各类企业及从业人员全面纳入职工基本养老制度覆盖范围[1]，从而首先从制度上解决了社会上从业人员的养老保险参保问题。

《浙江省职工基本养老保险条例》

解决了社会从业人员的养老保险问题之后，为了推进大社保体系建设，浙江省政府着重聚焦于解决农村养老保险问题和参保人员养老保险关系的可转移性。2005 年，

---

① 施晓义. 社会发展水平，浙江居第三 [N]. 浙江日报，2011-12-28.

浙江省委、省政府出台了《关于切实做好 2005 年农业和农村工作的若干意见》(浙委〔2005〕1 号),号召探索农村社会养老保险制度,并将重点放在城市化发展较快的地区。

2007 年,浙江省发布的全国首个大社保体系建设规划——《浙江省"十一五"大社保体系建设规划》指出,全省将坚持广覆盖、保基本,实现制度全覆盖,合理确定保障水平,建立企业、个人缴费、政府投入相结合的多元化筹资机制,统筹各类保障需求和社会承受能力,促进保障制度、政策的衔接和可持续运作,形成衔接配套和相互促进的比较系统完善的大社保体系。[①]

《关于建立健全覆盖城乡居民的养老保障制度的意见》

2008 年,浙江省第十一届人民代表大会常务委员会第四次会议对《浙江省职工基本养老保险条例》进行第二次修订,明确规定参保人员在省内跨统筹范围流动时,各地不得设置限制条件,实现了职工养老保险关系在省内的"漫游"。同年 5 月,浙江省政府出台《关于建立健全覆盖城乡居民的养老保障制度的意见》(浙政发〔2008〕36 号),向社会呈现了一个"惠及全民"的养老保障制度。社会保障体系建设稳步向全体居民覆盖,不论是在城市还是乡村,不分居民职业、年龄、地位等身份差异,真正做到"应保尽保""人人享有"养老保障。

《关于建立城乡居民社会养老保险制度的实施意见》

2009 年,浙江省政府结合本省实际情况,出台了《关于建立城乡居民社会养老保险制度的实施意见》(浙政发〔2009〕62 号),标志着浙江省在全国率先建立覆盖城乡居民的社会养老保险制度。[②]同年出台了《浙江省企业职工基本养老保险省级统筹实施方案》(浙政发〔2009〕34 号),建立养老保险省级统筹制度,出台包括农民工在内的城镇企业职工养老保险关系转移接续办法,调整城镇个体劳动者基本养老保险缴费比例,并在 320 个县开展新型农村社会养老保险试点。

2010 年,全省所有的市、县(市、区)普遍建立了城乡居民社会养老保险制度,并全面组织实施,实现了社会养老保险从"制度全覆盖"到"参保对象全覆盖"。

2014 年,浙江省积极响应国家政策,出台了《关于进一步完善城乡居民基本养老保险制度的意见》(浙政发〔2014〕28 号),将原先的"城乡居民社会养老保险"改名为

---

① 浙江省政府发布全国首个大社保体系建设规划[EB/OL].(2007-12-29)[2022-03-21].http://www.zjscdb.com/detail.php?newsid=28374.
② 柳博姗.吕祖善:率先建立覆盖城乡居民的养老保险制度[EB/OL].(2010-01-26)[2022-03-21].https://zjnews.zjol.com.cn/system/2010/01/26/016267160.shtml.

"城乡居民基本养老保险",与职工基本养老保险制度并行,共同构成浙江省基本养老保险制度体系。同时,调整缴费档次和缴费补贴标准,建立缴费年限养老金,鼓励参保人在缴费 15 年的基础上多缴多得。

《关于进一步完善城乡居民基本养老保险制度的意见》

(二)持续提高基础养老金标准

2010 年以来,浙江省忠实践行"八八战略",坚持稳中求进工作总基调,全省经济社会协调发展,人民生活不断改善,全面小康社会建设取得丰硕成果。根据历年浙江统计年鉴,这一时期,全省 GDP、人均 GDP、居民收入保持较快增长。2020 年,全省 GDP 为 64613 亿元,比 2010 年增长 137.31%,年均增长 9.00%;人均 GDP 为 100620 元,突破 10 万元,比 2010 年增长 94.58%,年均增长 6.88%;全省城乡居民人均可支配收入分别增至 62699 元和 31930 元,分别比 2010 年实际增长 129.17% 和 182.49%,年均实际增长 8.65% 和 10.94%。

在经济快速发展的同时,浙江深入贯彻以人民为中心的发展理念,坚持在发展中保障和改善民生,在建立了"参保对象全覆盖"的基本养老保险制度的基础上,推动养老金水平随经济发展逐步提高,确保参保居民共享经济社会发展成果。

浙江省的城乡居保基础养老金最低标准从 60 元起步,10 年来已经 7 次调整提高,2020 年达到 165 元(同时期国家标准调整了 3 次,目前为 93 元)。535 万余老年人领到了基础养老金,养老金待遇从 2010 年的人均 75 元/月提高到 2020 年的人均 286 元/月,增长了 3.8 倍,居于全国前列。

2019 年 8 月,为解决保障水平较低、待遇确定和正常调整机制尚未健全、缴费激励约束机制不强等问题,浙江省人力社保厅、省财政厅联合出台《关于建立城乡居民基本养老保险待遇确定和基础养老金正常调整机制的实施意见》(浙人社发〔2019〕57 号),建立了城乡居民基本养老保险待遇确定和基础养老金正常调整机制,为基本养老待遇水平的持续提高提供了制度保障。

《关于建立城乡居民基本养老保险待遇确定和基础养老金正常调整机制的实施意见》

2020 年,浙江省政府印发《关于规范企业职工基本养老保险省级统筹制度的实施意见》(浙政发〔2020〕31 号),明确了省政府与市(县)政府对养老保险工作的责任,提出统一参保政策、统一缴费政策、统一待遇政策,进一步促进了省内同标。同步调整提高机关企事业单位退休人员基本养老金,通过"一次出台、三年连调""养老金调整与当地生活水平相挂钩""与退休(退职)人员按缴费年

《关于规范企业职工基本养老保险省级统筹制度的实施意见》

限长短相挂钩"等方式，使养老金水平的提升更加切合实际。为了保障省内同标，浙江省还建立养老保险调剂金制度，充分发挥调剂金的余缺调剂和杠杆引导作用，为一些欠发达地区提供必要的基金支持。

截至 2020 年年末，浙江省基本养老保险参保率达到 98.36%，基本医疗保险参保率保持在 99.00% 以上。按照国家统一部署，浙江省同步调整提高机关企事业单位退休人员基本养老金，继续提高城乡居民基础养老金最低标准，并对高龄退休人员实施政策倾斜。全省企业职工基本养老保险退休人数为 828 万人，退休人员养老金月均水平 2770 元；城乡居民基本养老保险基础养老金最低标准提高至每人每月 165 元，535 万余老年人领取基础养老金。最低生活保障水平逐步提高，全省在册低保老人 22.3 万人，城乡人均月低保标准达到 886 元，在全国省区市中位居第一。临时救助工作持续开展，2020 年全省救助经济困难老年人 4.7 万人次，救助总金额 1.3 亿元。①

（三）更好地保障老年人的晚年生活

除建立覆盖城乡的基本养老保险制度，以保障老年人基本生活所需外，从 2011 年 3 月起，浙江省还建立了高龄老年补贴制度，并多次提高待遇，将享受城乡居民基础养老金待遇的年满 80 岁老年人的高龄补贴，从不低于 30 元 / 月提高到不低于 50 元 / 月；对户口在本省年满 100 岁及以上老人，发放长寿保健补助费，标准由原来的每人每月 200 元，逐步提高到了每人每月不低于 300 元。截至 2019 年年底，高龄老年补贴已惠及 142 万余老年人。②

2021 年，为满足人民群众多样化养老保障需求，中国银保监会发布《关于开展专属商业养老保险试点的通知》（银保监办发〔2021〕57 号），浙江省宁波市作为专属商业养老保险试点，着手开展为期一年的试点活动，来探索多层次、多支柱养老保险体系建设。

浙江省从人民的需求出发，在党和政府的领导下，以"惠及全民"为目标，在探索中实践，在实践中发展，不断深化社会养老保险制度改革，通过建立待遇水平稳步提高的社会统筹和个人账户相结合的全民基本养老保险制度，在一定程度上缓解了老百姓对老年生活的经济担忧，保障了老年人的基本生活需要。

---

① 浙江省 2020 年老年人口和老龄事业统计公报［EB/OL］.（2021-11-22）[2022-03-21]. http://www.zchsp.com/home/news/info.html?id=88&catId=32.
② 浙江省 2019 年老年人口和老龄事业统计公报 [R]. 2020-06-30.

二、健全包括老年人在内的全民医疗保障制度

健康是幸福之基，老年人的健康，更是牵动着整个家庭的心。老年人随着年龄的增长，大多患有一种或多种慢性疾病。根据统计，人一生中 60% 的医疗费用发生在老年阶段。为了夯实老年人的"幸福"，破解老年人"看病难、看病贵"的难题，浙江省在医保领域苦下功夫，锲而不舍地深化医保改革，逐年加大老年人的参保人数，切实减轻了老年人看病就医的负担，让老年人看病就医更加舒心。

（一）建立城乡统一的医疗保险制度

2003 年，浙江省作为全国首批四个试点省份之一，在建立城镇职工基本医疗保险制度的基础上，出台《关于建立新型农村合作医疗制度的实施意见（试行）》（浙政发〔2003〕24 号），在国内率先开展新型农村合作医疗制度试点[①]，以提高全省数千万农民医疗保障水平。

《关于建立新型农村合作医疗制度的实施意见(试行)》

2006 年，随着《关于推进城镇居民医疗保障制度建设试点工作的意见》（浙政发〔2006〕45 号）的出台，浙江省在全国率先建立了城镇居民医疗保障制度[②]，明确筹资机制为个人（家庭）缴费和政府补助相结合，各级财政对城镇居民参保均给予补助。至此，城镇职工基本医疗保险、农村新型合作医疗、城镇居民

《关于推进城镇居民医疗保障制度建设试点工作的意见》

医疗保障三条保障线，从制度上实现了城乡居民全覆盖，掀开了人人享有基本医疗保障的序幕。

2016 年，根据国务院《关于整合城乡居民基本医疗保险制度的意见》（国发〔2016〕3 号），浙江省政府办公厅出台《关于深入推进城乡居民基本医疗保险制度建设的若干意见》（浙政办发〔2016〕134 号），整合城镇居民基本医疗保险与新型农村合作医疗制度为城乡居民医疗保险制度，进一步深化全省统一的城乡居民基本医疗保险制度建设，促进全民医保体系持续健康发展。

（二）推进大病保险，减少因病致贫

2012 年，为进一步完善城乡居民医疗保障制度，有效提高重特大疾病保障水平，

---

① 社会建设跨越发展 公共服务均衡普惠——中国共产党成立 100 周年浙江经济社会发展系列报告［EB/OL］.（2021-06-21）[2022-03-21]. http://tjj.zj.gov.cn/art/2021/6/21/art_1229129214_4667385.html.

② 浙江：让人人都享有医疗保障［EB/OL］.（2007-11-20）[2022-03-21]. http://news.sohu.com/20071120/n253357459.shtml.

浙江省政府办公厅印发《关于开展城乡居民大病保险工作的实施意见》(浙政办发〔2012〕150号),并确定绍兴和湖州为先行试点地区,是国内最早启动大病保险的省份之一 [①],得到了国务院医改办的肯定。

《关于加快建立和完善大病保险制度有关问题的通知》

2014年,浙江省委、省政府审时度势,将"积极推进大病保险制度建设全覆盖"列入2014年度十大民生实事。同年10月,浙江省政府办公厅出台《关于加快建立和完善大病保险制度有关问题的通知》(浙政办发〔2014〕122号),大病保险覆盖范围从原来的城市居民拓展到包括老年人在内的全体基本医保参保人员,实现大病保险制度人群全覆盖。同年12月,浙江省人力社保厅、省财政厅联合出台《关于开展省级大病保险工作的通知》(浙人社发〔2014〕165号),将保险范围拓展到省级单位,进一步减轻了省级参保人员罹患大病的医疗费用负担。

2015年年初,浙江省又率先在大病保险报销目录范围上开展创新探索 [②],对部分大病治疗必需且疗效明确的高值药品,通过公开遴选和谈判,将大病治疗急需的15种特殊药品纳入大病保险范围,由此,逐步建立健全了有别于基本医保目录的大病保险目录,从而在一定程度上解决了老百姓"因病致贫"的后顾之忧。

2017年,浙江省人力社保厅等五部门联合出台《关于进一步完善大病保险制度的通知》(浙人社发〔2017〕135号),全面实行大病保险市级统筹,提高大病保险保障水平,以进一步减轻大病患者医疗费用负担。

(三)降低老年人慢性病门诊支出

2019年,浙江省建立健全全省城乡居民医保慢性病门诊保障制度,全省城乡居民统一享受12种省定慢性病病种基层医疗机构不低于60%的医保报销;省级基本医保目录内的5669个规定病种的药品纳入医保范围;全省5700多家定点药店,可提供与基层医疗机构报销比例相同的配药服务,同时慢性病处方从4周延长至12周。

这些措施惠及了全省628万名以老年人为主的城乡居民慢性病患者,在方便了慢性病患者配药的同时,大幅降低了其经济负担,每年新增医保基金支出10亿元。其中,高血压患者409万人,糖尿病患者118万人,冠心病患者35万人,支气管哮喘患者19万人,慢性肾脏病患者5万人,慢性阻塞性肺疾病患者10万人,慢性肝炎患者

---

① 刘礼文.综合报销率超80% 政保合作大病保险彰显浙江特色〔EB/OL〕.(2015-12-02)[2022-03-21]. http://nb.ifeng.com/app/zj/detail_2015_12/02/4615278_0.shtml.

② 卢珩,王伟平,陶思涛.完善浙江省大病保险制度研究[C].浙江保险科研成果选编(2015年度).2016:367-372.

12 万人，帕金森病患者 3 万人，类风湿性关节炎患者 5 万人，阿尔茨海默病患者 1 万人，肺结核患者 3 万人，精神分裂症（情感性精神病）患者 7 万人。慢性病患者经济负担大幅下降，以杭州市 1 名高血压患者为例，全年高血压用药费用约 1 万元，新政策实施后，年报销达到 6000 元，个人负担 4000 元左右。同时，群众配药更加便捷，全省有 5734 家定点零售药店作为城乡居民医保慢性病指定服务药店，其中 1000 多家药店提供慢性病药品配送服务。①

截至 2020 年年末，浙江省基本医疗保险参保率为 99.8%，参保人数为 5557 万人，老年人基本达到应保尽保。医保人均筹资标准达到 1252 元，其中财政补助 838 元。职工医保和城乡居民医保政策范围内，住院报销水平分别为 88.0% 和 68.0%②，大病保险最低报销比例为 70.0%，实实在在夯实了包括老年人在内的全民医疗保障，提升了老百姓的获得感。此外，浙江省参加城乡居民医疗保险的 60 岁以上老人，每年可参加一次免费体检，企业退休人员可享受每两年一次的免费健康体检，同时协助建立健康电子档案，真正做到"无病早防、有病早治"。

三、率先颁布社会救助条例

贫困老人、残障老人以及城镇"三无"和农村五保老人等往往无依无靠，没有稳定的经济来源，需要依靠社会救助解决温饱、医疗和照料问题。社会救助是脱贫攻坚的最后防线，也是最集中、最直观地体现中国特色社会主义制度优越性的重要领域。这些年来，浙江省始终突出民生导向，随着经济发展逐步加大社会救助保障力度，确保老年人中的困难群体，更好地共享改革发展成果，做到"一个也不落下"。

（一）实施城乡一体化最低生活保障制度

1996 年，浙江省率先在全国探索实施城乡一体化最低生活保障制度。1997 年，浙江省平均社会保障综合指数 193.6 分，位列上海和北京之后，居全国第三位。2001 年，浙江省政府印发《浙江省最低生活保障办法》（浙江省政府令第 131 号），首次在全国以法规形式确定城乡一体的最低生活保障制度。

《浙江省最低生活保障办法》

---

① 2019 年 6 月 6 日浙江举行的浙江省城乡居民医保慢性病门诊保障制度新闻发布会［EB/OL］.（2019-06-06）［2022-03-21］. http://www.scio.gov.cn/xwfbh/gssxwfbh/xwfbh/zhejiang/Document/1656431/1656431.htm.

② 社会建设跨越发展 公共服务均衡普惠——中国共产党成立 100 周年浙江经济社会发展系列报告［EB/OL］.（2021-06-21）［2022-03-21］. http://tjj.zj.gov.cn/art/2021/6/21/art_1229129214_4667385.html.

2003 年，浙江省建立了以最低生活保障制度为基础，临时救助为补充与专项救助制度相衔接的新型救助体系。2005 年，浙江省制定了全国第一个社会福利专项规划——《浙江省社会福利事业发展规划（2006—2010 年）》，率先在全国建立新型社会福利体系。[1] 同年 12 月，浙江省政府出台《关于进一步完善新型社会救助体系的通知》（浙政发〔2005〕65 号），巩固成果，进一步加快推进新型社会救助体系建设。2010 年，为深入推进低收入家庭收入核定工作，推动社会救助体系建设，浙江省民政厅出台《浙江省低收入家庭收入核定办法》（浙民助〔2010〕225 号）。2014 年，浙江省人民代表大会常务委员会通过了《浙江省社会救助条例》，这部法规以国务院《社会救助暂行办法》（国务院令第 649 号）为依据，结合浙江省实际予以细化和具体化，是全国首部综合性社会救助地方法规[2]，实现了社会救助权力法定、程序法定、责任法定，为社会救助长远发展提供了法律遵循。《浙江省社会救助条例》规范了城乡低保标准，明确提出"农村最低生活保障标准不低于当地城镇最低生活保障标准的 70%，并逐步缩小城乡差距。有条件的地方可以实行城乡统一的最低生活保障标准"。

《浙江省社会救助条例》

2015 年，浙江省民政厅、省财政厅、省人力社保厅等六部门联合印发《浙江省社会救助家庭经济状况认定办法》（浙民助〔2010〕13 号），明确了低保家庭的核定条件。同年 11 月，浙江省政府印发《浙江省临时救助办法》（浙政发〔2015〕35 号），全面开展"救急难工作"，建立临时救助制度，及时解决群众遇到的突发性、紧迫性、临时性生活困难。2017 年，根据党中央和国务院有关社会救助决策部署，结合浙江省经济社会发展的实际情况，浙江省政府重新修订了《浙江省最低生活保障办法》（浙江省政府令第 358 号），统一了城市及农村低保对象的申请和认定条件、待遇和监督管理等内容，进一步推进了低保的城乡统筹发展。

《浙江省社会救助家庭供养费核算办法（试行）》

2018 年，浙江省率先实现低保标准城乡统一，全省 89 个县（市、区）全面实现城乡标准一致。同年，浙江省民政厅、省财政厅率先全国制定《浙江省社会救助家庭供养费核算办法（试行）》（浙民助〔2018〕146 号），并于 2019 年 1 月 1 日起开始在全省范围内试行。该核算办法进一步方便了困难群众申请和基层审批社会救

---

[1]　社会建设跨越发展 公共服务均衡普惠——中国共产党成立 100 周年浙江经济社会发展系列报告［EB/OL］.（2021-06-21）[2022-03-21]. http://tjj.zj.gov.cn/art/2021/6/21/art_1229129214_4667385.html.
[2]　廖小清，陈俏，沈昕雨.浙江出台全国首部综合性社会救助地方法规［EB/OL］.（2014-08-01）[2022-03-21]. https://zjnews.zjol.com.cn/system/2014/08/01/020173652.shtml.

助，解决了多年来困扰基层社会救助工作中赡养、抚养、扶养费计算操作难的问题。

2019 年，浙江省委办公厅、省政府办公厅出台《关于推进新时代社会救助体系建设的实施意见》(浙委办发〔2019〕64 号)，要求加快建成以大救助信息平台为支撑，以低保、特困、受灾、医疗、教育、住房、就业、临时救助等八项基本救助为重点，以多元社会力量参与为补充的"1+8+X"大社会救助体系，打造全国第一个省域五级联动、各类社会救助业务全覆盖的"大救助"信息系统①，并将"大救助体系建设"列为省委常委会工作要点和省公共服务领域重点改革突破项目，进一步推动大救助体系建设实施。同年，将"浙江省大救助信息系统"列为省政府数字化转型重点项目，在全国率先探索开展相对贫困救助工作，按照"申请、核对、认定、救助、管控"的一个过程，建成"浙江省大救助信息系统"（简称"浙里救"），并开展试运行，供教育、住建、医保等 12 个部门共享，困难群众仅凭一张身份证即可办理救助申请，初步实现困难群众统一认定、经济状况统一核对、社会救助协同办理、救助资金公开透明及救助效能精准分析。

根据社会整体生活水平的提高状况，浙江省民政厅会同 10 个部门联合修订出台的《浙江省社会救助家庭经济状况认定办法》(浙民助〔2019〕134 号) 于 2020 年 1 月 1 日起正式执行。该认定办法对低保边缘家庭放宽了收入财产限制，允许家庭成员名下有一辆价格低于当地规定标准的机动车，并率先全国实现低收入农户与低保边缘户经济状况认定标准"两线合一"，使低收入农户可同时享受救助兜底和帮扶。

截至 2020 年年末，全省在册低保老人 22.3 万人，全省最低生活保障标准从 2015 年的农村每人每月 570 元、城镇每人每月 653 元，提高到城乡同标的每人每月 886 元②，在全国省区市中居第一位，其中最高的杭州主城区，每人每月 1041 元。临时救助工作也有了新的提升，2020 年，全省救助经济困难老年人 4.7 万人次，救助总金额 1.3 亿元。③

（二）建立医疗救助制度

医疗救助制度是基本医疗保障制度的最后一道防线。对于低收入人群和老年人群来说，因病致贫、因病返贫等情况并不少见。为了让困难群众共享社会经济发展的成果，全面打赢脱贫攻坚战中的"硬骨头"，浙江省不断推进医疗救助工作，充分发挥医

---

① 社会建设跨越发展 公共服务均衡普惠——中国共产党成立 100 周年浙江经济社会发展系列报告 [EB/OL].（2021-06-21）[2022-03-21]. http://tjj.zj.gov.cn/art/2021/6/21/art_1229129214_4667385.html.

② 浙江省社会救助事业发展"十四五"规划 [Z]. 2021.

③ 浙江省 2019 年老年人口和老龄事业统计公报 [R]. 2020-06-30.

疗救助精准扶贫的作用，进一步提升包括老年人在内的困难群众的幸福感、获得感和安全感。

《浙江省医疗救助工作
管理暂行办法》

2004 年，浙江省政府印发《关于加快建立和完善医疗救助的通知》（浙政发〔2004〕28 号），提出建立医疗救助制度，将低保、农村五保老人等全部纳入医疗救助范围。同年 12 月，浙江省民政厅制定了《浙江省医疗救助工作管理暂行办法》（浙民低〔2004〕223 号），确保医疗救助制度顺利实施。2005 年，浙江省财政厅和省人力社保厅联合出台《浙江省医疗救助资金管理暂行办法》（浙财社字〔2005〕35 号），加强了对医疗救助资金的管理。2008 年，为了加大对经济困难老人参加医疗保障的补助力度，对个人负担医疗费用有困难的老人，给予医疗救助。浙江省委组织部、省民政厅和省财政厅联合出台《关于对农村"三老"人员给予每人每年 500 元医疗费补助的实施意见》（浙民救〔2008〕73 号），之后每年下达资金补助通知，缓解农村"三老"人员医疗支出压力。同年 7 月，浙江省民政厅和省财政厅联合印发《关于进一步加强和改进城乡医疗救助工作的意见》（浙民低〔2008〕153 号），提出要进一步扩大医疗救助覆盖面，拓展救助范围，简化救助程序，全面提高医疗救助工作成效。2012 年，省民政厅、省财政厅、省人力联合社保厅、省卫生厅联合印发《关于进一步加强医疗救助工作的通知》（浙民助〔2012〕163 号），将重特大疾病贫困患者纳入补助范围。至此，浙江省建立了以"统筹城乡、财政兜底"为主要特色的医疗救助制度。

2014 年，浙江省政府办公厅出台《关于进一步完善医疗救助制度有关问题的通知》（浙政办发〔2014〕121 号），首次将因病致贫人员列入医疗救助范围，全面实行按费用救助。2016 年，浙江省民政厅印发《关于做好罕见病医疗救助（专项救助）工作有关问题的通知》（浙民助〔2016〕36 号），将罕见病纳入其中，进一步扩大了医疗救助的范围。

为了进一步提高医疗救助工作的效率，2018 年，浙江省民政厅、省人力社保厅、省财政厅共同赴安吉、嘉兴、义乌三地，调研医疗救助"一站式"结算服务等工作。浙江省民政厅与省人力社保厅制订低保数据交换方案，将医疗救助的"一站式"结算模块嵌入医保系统，实现了"即时结报"。

（三）持续开展"送温暖"活动

浙江省不断开展为困难老年人"送温暖"活动。如浙江省及绍兴市福彩中心组织的"福彩暖万家·孤老不独"重阳节公益扶老活动、浙江省老龄办与中国人寿浙江省分公司联合开展的"孝行为善——关怀特殊困难老人"活动、浙江省老年服务业协会和浙江省马寅初人口福利基金会举行的浙江省"幸福助老"暨"迎春送福"活动等，不断增强全社会积极应对人口老龄化的思想观念，在全社会营造了良好的关爱老人氛围。

四、全面强化老年人权益保障

老年人权益被侵犯的事件时有发生，如侵占老年人财产，出现继承、婚姻、赡养、房产等纠纷，发生虐待、遗弃等恶劣事件。对此，浙江省重视维护老年人的合法权益，致力于通过完善老年人权益保障体系，引导老年人"学法、知法、懂法"，同时为老年人提供法律援助服务，切实保障老年人权益。

（一）建立老年人权益保障体系

2013 年，浙江省司法厅出台了《关于推进城乡基本公共法律服务体系建设的指导意见》（浙司〔2013〕92 号），要求各地司法行政部门整合资源，拓展平台，为包括老年人在内的人民群众提供公益性、均等性、普惠性、便利性的基本公共法律服务。同年 10 月，省司法厅、省老龄办联合印发《关于加强老年人法律援助工作的意见》，将涉及老年人的诸多民生事项纳入法律服务范围，70 岁以上及患有重大疾病的老年人申请法律援助，将免于经济状况审查。

（二）开展"夕阳红"援助工程

2011 年，浙江省司法厅联合省老龄委开展为期一年的法律援助"夕阳红"工程，遵循"助老扶弱"的法律援助基本宗旨，积极开展针对老年人的专项法律援助服务，为老年人撑起法治的保护伞。

杭州市"法律援助服务圈"

杭州市以"临街、落地"为原则，建设法律援助中心，配备无障碍通道等设施，接待人员"有资质"，审批服务"一站式"，积极展开法律援助服务。

同时整合律师资源，推行"一村（社区）一法律顾问"制度，把更贴心、更专业的法律服务送到老百姓家门口。

此外，市民可通过法律援助工作站、联络点，或者通过网上申请等"多平台"的免费法律咨询，构建起"线下十分钟、线上零距离"的"法律援助服务圈"。

在"夕阳红"工程实施期间，浙江省在老年人普遍关注的婚姻、继承、住房、医疗、保险、救助、赡养等领域，开展法律援助工作，并开通老年人法律援助"绿色通道"，创新案件指派方式，有效提高了法律援助质量。如宁波等地将已满 65 岁且无力承担辩护费用的老年被告人，列入指定辩护范围，并创新性推出了合同制、签约制等

案件指派方式；杭州市对低保、残疾、孤寡老年人，不审查援助范围、不分案件类型给予法律援助，并设立"法律援助服务圈"，各村（社区）都拥有自己的法律顾问，法律服务延伸到了老百姓"家门口"，极大地方便了老年群体维权；绍兴市将涉及老年人基本民生问题但又不属于《法律援助条例》规定的事项纳入援助范围，同时对老年人法律援助申请实行当日受理、当日审批、当日指派、律师当日见面的"四个当日"工作制度；嘉兴市在全省首创"12348"法律援助掌上服务平台，组建志愿律师团，为老年手机用户提供全天候的法律援助在线咨询和预约服务；舟山、永康、德清等地建立法律服务周转金制度，专项用于帮助陷于生活困境的家庭和老年人渡过难关。

法律服务周转金制度

　　舟山市司法局践行"主动司法行政"理念，在全国首创法律援助周转金制度，由政府财政出资设立周转金，为因合法权益受到侵害，导致无法维持基本生活的弱势群体提供临时性资金周转，保障弱势群体渡过生活难关并顺利实现维权。

　　2017 年，浙江省司法厅、省老龄办联合印发《关于开展 2017 年"敬老月"法律援助专项服务　进一步加强老年人法律援助工作的通知》（浙司〔2017〕140 号），将法律援助专项服务作为"敬老月"活动的一项重要内容进行部署和推进。

　　截至 2018 年年末，浙江省各级已建老年法律援助中心 339 个，援助涉老案件 3804 件；已建各类老年维权机构 3219 个，从事老年维权工作的专兼职工作人员 5687 人[①]，老年人法律援助服务覆盖面不断扩大。截至 2019 年年末，各级人民法院按照涉老案件"三优先"的原则，即"立案优先、审判优先、执行优先"，受理涉老案件 6.37 万起。[②]

（三）强化老年人维权意识

浙江省不断健全老年人权益保障体系，强化宣传，提高老年人的维权意识。2001 年，浙江省人民代表大会常务委员会通过的《浙江省实施〈中华人民共和国老年人权益保障法〉办法》，明确了政府、家庭、社会在养老服务方面的责任，确立了老年人依法享有获得服务的

《中华人民共和国
老年人权益保障法》

权利。全省各地积极响应，充分利用电视、报刊、广播、网络、专家讲座等载体，掀起学法宣传的热潮。在重阳节、"敬老月"等重大节点，以刊登播放典

---

① 浙江省 2018 年老年人口和老龄事业统计公报 [R]. 2019-09-25.
② 浙江省 2019 年老年人口和老龄事业统计公报 [R]. 2020-06-30.

型案例、以案说法等简单易懂的方式，向老年人开展普法宣传教育。通过现场咨询和"12348"服务平台，开展"一对一"宣传，为老年人普及法律知识，及时答疑解惑，引导老年人运用法治思维依法表达诉求，促进了社会和谐。

（四）推进老年人意外伤害保险全覆盖

浙江省深入推进老年人意外伤害保险全覆盖，提高广大老年人抵御风险能力。党的十八大以来，浙江省逐步建立起政府引导、市场运作、体现公益、投保自愿、覆盖全省的老年人意外伤害保险制度。杭州、温州、湖州、绍兴、衢州、舟山等地整体联动，全面开展，各级党委、政府非常重视，各地财政普遍为困难、高龄、失独等老年人参保提供经费支持，深受广大老年人欢迎。

据统计，截至 2018 年年末，全省有 86 个县（市、区）实施老年人意外伤害保险，占县（市、区）总数的 96.63%，参保老年人 561.18 万人，占老年人口总数的 50.03%。全省投保金额为 16731.90 万元，其中财政补助金额为 8674.53 万元，享受财政补助人数为 437.59 万人。嘉兴市、湖州市参保老年人分别达到 98.16% 和 96.07%。[①]

（五）出台老年人优待政策

老年人随着年龄的增长，各项生理机能逐步减退，心理也变得脆弱，更需要全社会的关爱。

为了进一步弘扬中华民族尊老、敬老、爱老的传统美德，积极为老年人创造和谐、幸福的晚年生活环境，形成全社会敬老助老的良好风尚，2005 年，浙江省政府正式出台《浙江省优待老年人规定》，提出各项优待内容，以提升老年人的幸福感。

《浙江省优待老年人规定》

1. 老年人优待主要内容

老年人优待内容

医疗：

老年人前往各级各类医院就诊，可以在挂号、就诊、收费、取药、住院登记时享受优先待遇。

行动不便的老人，可以免费使用医院的担架、推车和助步器等。

患有慢性病或行动不便的老年人可前往附近基层医疗机构，询问设立"家庭病床"事项，要求提供上门服务。

---

① 浙江省 2018 年老年人口和老龄事业统计公报 [R]. 2019-09-25.

在各地的惠民医院里，特困老人可以享受医疗费用减免的政策。

游玩：

70周岁及以上老年人凭有效证件进入政府投资主办的公园、文化宫（馆）、图书馆以及体育健身等公共场所，一律免购门票，其他老年人享受半价优惠。

交通：

老年人前往火车站、长途汽车站、客运码头，可以优先购票、进站、检票及上下车（船）。

70周岁及以上老年人免费乘坐城市公共汽车、电车；其他老年人可享收费优惠或减免。

居家：

老年人前往商业、水电、燃气、电信、通信、邮政等行业和社区服务单位时，可享有优质、优惠、优先的服务和照顾。

有特殊困难的老年人可享受水电、燃气、电信、通信、邮政等行业及社区服务单位的上门服务。

法律援助：

各级法律援助机构优先向老年人免费提供法律咨询。

老年人在自身合法权益受到侵害时，法律援助机构应按照《浙江省法律援助条例》规定，对符合条件者优先给予法律援助，免收法律服务费。

公证机构办理扶养、助养、赡养老人的协议公证时，应根据老年人的经济情况，酌情减免公证费用。

根据《浙江省优待老年人规定》，除上述优待内容外，还有优待证免费办理、发放百岁老人月补和提供免费体检服务等。值得一提的是，外省老年人，持有老年优待证或身份证及其他合法身份证明，来浙观光旅游、探亲访友期间，也可享受与浙江省老年人同等的优惠待遇。

2. 持续扩大老年人优待范围

随着社会经济发展水平的提高，浙江省持续出台老年人优惠政策，让浙江省老年人的福利待遇进一步扩大。

2017年，浙江省民政厅出台《关于扩大老年优待凭证加快老年优待证办理的通知》（浙民福〔2017〕206号），将浙江省老年人享受老年优待政策的有效凭证，从《浙江省老年优待证》扩大至身份证、户口本、市民卡、驾驶证等能够证明年龄的合法证件。

2018 年，浙江省政府办公厅出台《关于加强老年人照顾服务工作的实施意见》（浙政办发〔2018〕32 号），提出重点为低保家庭、低保边缘家庭、计划生育特殊家庭中失能、失智、高龄老年人提供机构养老或居家照护服务；80 周岁及以上老年人可自愿随子女迁移户口，依法依规享受迁入地基本公共服务；倡导沿街机关、企事业单位内部厕所向老年人免费开放；对 70 周岁及以上老年人不设法律援助事项范围限制，对城乡特困老人、失能半失能、70 周岁及以上和患有重大疾病的老年人申请法律援助的，免于经济状况审查；引导、支持开发方便老年人居家养老和家人照料的老年宜居住宅和代际亲情住宅；保障职工探亲休假权利；倡导为老年人免费提供智能手机使用培训，实施高龄、失智老年人"爱心手环"项目，防止老年人意外走失等。

针对智能化设备给老年人生活带来的不便，浙江省交通运输厅制定了《关于印发 2021 年便利老年人打车出行等 5 件更贴近民生实事工作方案的通知》（浙交发函〔2021〕103 号），将便利老年人打车出行纳入 2021 年省政府民生实事，于 2021 年年底推出"95128"统一的出租汽车电话召车服务号码，组建 11 个 95128 出租车爱心服务车队，车队规模达 1500 辆，以方便老年人通过电话召车享受出租车出行服务。

3. 不断提升优待老年人服务效率

在扩大老年人优待范围的同时，浙江省政府积极推进"最多跑一次"改革向公共服务领域延伸，通过多项举措，提升服务老年人的水平。

如杭州市对老年人服务"最多跑一次"工作进行全面布置，并将此列入年度区、县（市）考核目标，通过办事指南"八统一"，继续推进"简化办"，注重引导"上门办"，关注落实"网上办"，加大宣传"可不办"，继续推进"主动办""就近办"等六项措施，在全省率先实现老年优待证办理一次都不用跑，让服务便利落到实处。桐庐县将办证周期从以前的一个月提速到现在的即办即领，并通过整合、动员村（社）各方资源，送证上门，实现老年人能在 60 岁生日当月领到优待证，解决和制止了以往按年份制卡、发卡、使用证件不严肃等乱象。金华永康市投入 10 多万元采购了制卡机、扫描仪、内置芯片卡等设备和材料，开发制卡系统，实现了老年优待证办证时间从两个月缩减到 5 分钟的重大进展。

目前，全省多地已实现了老年优待证即到即办，从原来的两个月缩短到两天以内，浙江省民政厅在此基础上积极推进优待证全省通办，进一步为老年人提供便利，让老年人能方便地享受优待政策。

第三节　建立老年医疗服务体系

随着年龄的增长，老年人的生理机能持续退化，免疫力下降，不仅容易生病，而且大多有多病共存和慢性病伴随的情况。加强老年人健康支撑体系建设，是保障人口健康老龄化的必要之举。

浙江省在积极应对人口老龄化的过程中，注重聚焦解决老年人医疗服务中存在的痛点，谋划出台系列政策和措施，不断加强适宜老年人特点的医疗服务体系建设，加强老年人的健康管理，开展老年健康教育，实行城乡同质同标的体检制度，深入推进医养结合建设，为"浙里"的老人健康生活保驾护航。

一、持续推进医疗服务适老化

长期以来，我国的医疗服务体系专业化分工较细，对于老年人而言，意味着常常要跑多个科室看不同的病，以及需要周期性地到医院排队配药。因此，老年人存在"看病难"的问题。

对此，浙江省持续推进医疗服务体系的"适老化"改造，通过建设老年友好医院、推进老年专科医疗建设、加强基层医疗服务能力等措施，让老年人就医更方便。

（一）推动医院适老化转变

老龄化叠加少子化，使得老年人生病后往往只能自己到医院就医，但到医院就医时，又往往陷入"找不到、走不动、站不住、等不及"的尴尬境地。浙江省从这一现状出发，积极推动医院"适老化"转变，致力于为老年患者创造一个安全、友善、适宜的就医环境。

2001年，浙江省政府办公厅出台《浙江省老龄事业发展"十五"规划》（浙政办发〔2001〕37号），提出各级各类医疗机构要给70岁以上老人提供挂号、就诊、检查、取药、住院等便捷、优质的医疗服务。

2005年，浙江省印发《浙江省优待老年人规定》，明确老年人在医院的各项优待内容，如老年人前往医院就诊，可以在挂号、就诊、收费、取药、住院登记时，享受优先待遇；行动不便的老人，可以免费使用医院的担架、推车和助步器等。

在政策的指引下，全省各地积极推动各级医疗卫生服务机构落实老年人就医优待政策，开展适老化改造，不断提高老年人的就医便利程度。

各级医院首先从硬件上着手，从细微处体现对老年人的善意与优待。如嘉兴海宁市盐官镇卫生院在医院出入口、台阶、坡道处设置无障碍通道；走廊安装指示灯箱，地面张贴醒目、简明、易懂的指向性标识；在门（急）诊、住院病区配备电梯、轮椅、平车等辅助移乘设备；病区的老年人病房，从灯光、地面、颜色、隔帘、标识，到洗浴设施、环境布局、家具，都充分考虑老年人的感官、运动、智能等方面的需求。又如丽水市云和县医疗健康集团，在医院设置了方便老年人上下车的临时停车区、无障碍卫生间、老年人专座等，根据"适老性病房温馨整洁"的要求，在老年病房配备时钟和提示板等。

除了各种看得见的硬件升级，"老年友善"软性服务也逐步渗入诊疗的各个环节。如湖州市中心医院为老年人专门开启绿色通道，为门诊就诊老年人预留号源，设置优先专窗，提供现金支付服务；针对老年人大多伴随慢性病的情况，开设老年人全科门诊；对于住院老人，提供随叫随到和高风险筛查服务，通过移动结算车办理出院费用结算，不让老年人及其家属多跑腿。同时，还推出了针对特殊、特困等家庭的"门诊就医全程陪伴"服务，赢得了广大家属的好评。

为解决老年人门诊就医配药劳心劳力的问题，2015年，浙江省人力社保厅等三部门联合推出《关于开展慢性病连续处方试点的通知》（浙人社发〔2015〕60号），在省级参保人员中试点覆盖高血压等七种常见慢性病的连续处方制度试点。试点时间为三年，试点医院起初为浙江省人民医院和浙江医院，试点病种为高

《关于开展慢性病连续处方试点的通知》

血压、糖尿病；从2016年开始，试点逐步向在杭二级以上医院扩展，并增加试点病种：类风湿性关节炎、帕金森病、阿尔茨海默病；2017年试点扩展到血脂异常和脂蛋白异常血症、支气管哮喘。同时，七种慢性病药物从原先一个月的处方用量调整为三个月用量，进一步方便了慢性病患者配药取药。

在医疗信息化、智能化快速发展的形势下，浙江省多措并举，助力老年人跨越"数字鸿沟"。如浙江省预约诊疗服务平台，始终将人工语音座席作为重要服务方式，为智能手机使用率相对较低的老年群体提供电话预约便利。同时，平台在"浙里办""浙江健康导航"等主要移动端服务入口，开通亲情账号功能，支持主体用户添加就诊人，替家人挂号，切实解决老年群体预约挂号困难的问题。2020年，60岁以上老年人通过手机端预约已超过43.6万人次；平台转诊预约8.5万人次，其中60岁以上老年人预约量有5万人次，占比达58.82%。

在疫情防控期间，全省各级医院为老年患者就诊开通了绿色通道。如嘉兴海宁市中医院增设老年患者"无健康码"通道、协助手工填写流调表，为老年患者提供方便；宁波市第九医院只需老年人提供身份证或医保卡，工作人员做好登记便可入院就医，

《关于开展老年友善医疗
机构建设的通知》

切实解决了老年人没有"甬行证"所可能遇到的就医困难问题，使老年人在特殊时期仍能及时就医。

2021年，浙江省卫生健康委印发的《关于开展老年友善医疗机构建设的通知》（浙卫发函〔2021〕65号）提出，从营造尊重老年人的友善文化、建设老年人友善的就医环境、建立老年人友善的运行管理机制，以及为老年人提供友善的医护服务四大方面着手，推动全省积极开展老年友善医疗机构建设工作，不断优化老年人就医环境，为老年人就医提供实实在在的方便和优待。

（二）加快老年专科医疗机构建设

老年人健康是千家万户之福，也是社会文明的标志。但原有的医疗服务体系缺乏对老年医疗服务需求特殊性的考虑，对老年人的医疗健康保障不足。面对老龄化的快速发展，浙江省加快了老年专科医院、老年医学专科的建设，以确保老年群众诊疗需求的满足。

老年专科医疗机构是展开老年疾病治疗、护理、康复、预防的重要场所，是保障老年人生命健康必不可少的基础设施。从2000年开始，全省县级及以上综合性医院和中医院，开始逐步建立和完善老年病专科，各地区按照区域卫生规划的总体布局，建立和发展老年病院、老年病康复中心、临终关怀医院等。2002年和2007年，省本级完成浙江省第一所集医疗、康复、护理和生活照料为一体的中医老年病关怀专科医院的改扩建和二期建设工程，缓解了老年关怀医院床位紧张的问题。

随着经济水平的提高，全省要求在中心城市和有条件的县（市），各建一所老年关怀医院和老年病康复中心，并鼓励所有市级以上精神病医院都要开设老年病房。2017年出台的《浙江省老龄事业发展"十三五"规划》（浙政发〔2017〕21号）提出，到2020年，在全省建成200个有较强服务能力的中心镇医疗卫生机构，强化老年医疗、疾病预防、康复能力建设等技术服务，逐步增加老年病床位，进一步完善老年医疗机构的布局。

通过统筹规划，全省各地采取新建、改建、功能转型等举措，加强老年医疗机构建设。截至2020年，全省有老年康复医院72家、护理院79家、疗养院12家，提高了医疗服务对老年人的适宜性。

浙江省各级综合医院积极承担老年人的医疗服务工作。根据《浙江省2018年老年人口和老龄事业统计公报》，全省二级以上综合医院设立老年病专业诊疗科目的占73.2%。2019年，国家卫生健康委办公厅发布《老年医学科建设与管理指南（试行）》，要求综合医院老年医学科按照该指南进行建设与管理，专科医院及其他医疗机构设置老年医学科的参照该指南执行。有条件的二级及以上综合医院要开设老年医学科。老年医学科主要收治老年综合征、共病以及其他急、慢性疾病的老年患者。这份指南对老年医学科的硬件设施、人员配备、科室运行、质量管理等方面提

《老年医学科建设与管理指南（试行）》

出了规范性要求，有利于各类医疗机构规范和提升对老年人的医疗服务能力。目前，浙江省按照《老年医学科建设与管理指南（试行）》的要求，进一步加强二级及以上医院老年医学科建设。二级及以上综合医院和中医医院已普遍设置了老年医学科，综合医院老年医学科规范化建设研已纳入健康浙江考核范围。

（三）不断增强基层老年医疗服务能力

生活中，老年人疾病常发、慢性病长随，是医院看病配药的常客。与此同时，老年人由于生理机能减退，往往行动困难、体力有限，因此渴望能就近就医。由于早期医疗服务资源大多集中在城市，基层的医疗资源匮乏，能力不足，导致老年群众特别是农村的老年群众难以就近就医，并由此形成了"看病难"问题。

浙江省从这一关键问题入手，通过规划和推进社区卫生服务网络建设、"双下沉、两提升"工程、构建"20分钟医疗服务圈"、展开县域医共体建设等，不断引导医疗资源下沉，增强基层医疗服务能力，使老年人逐步能够在家门口看病，提高了看病配药的便利性。

浙江省从2000年开始，按照区域卫生规划原则，合理设置社区卫生服务中心，逐步建立老年医疗保健体系，并将老年医疗保健纳入社区卫生服务范围，鼓励城乡社区卫生服务中心开设老年康复床位，为老年人提供预防、医疗、康复、护理照料等便捷的一体化服务。"十一五""十二五"期间，浙江省积极构建"20分钟医疗服务圈"，建立"大院带小院、县院带乡镇、乡镇带村级"的城乡医疗卫生统筹发展新机制，启动县乡村医疗卫生资源统筹配置改革试点，推动县、乡、村三级医疗机构联动发展，进一步提高基层医院的管理水平和服务水平，让老年群众在基层看病"有机制""有保障"。

此外，浙江省通过培养培训、定向招聘、对口支援等多种形式，补充和提高基层卫生服务能力。建立"稳得住、下得去、干得好"的城乡基层医疗卫生队伍，让农村的老年群众"有医生看病"。以"四个一批"工程（即培养招聘充实一批、柔性流动支持一批、在岗培训提升一批、保障待遇稳定一批）提升基层卫生人才素质，让老年群体得到优质的医疗服务。

2015年，浙江省政府出台《关于推进"双下沉、两提升"长效机制建设的实施意

《关于推进"双下沉、
两提升"长效机制建设
的实施意见》

见》（浙政发〔2015〕28号），要求城市优质医疗资源下沉、人才下沉，进一步优化医疗资源配置，提升县级医疗机构服务能力、提升人民群众满意率，不断提高医疗服务的可及性。国务院医改组将浙江这一工作成果作为深化医改典型案例向全国推广。到2017年，浙江省率先实现国家卫生城市（县域）全覆盖，国家卫生乡镇占比跃居全国各省区市第一位，农村三级医疗卫生服务网络全面建成，老年人获取医疗服务越发便利。

《关于全面推进县域
医疗卫生服务共同体
建设的意见》

2018年，浙江省已实现城市医疗资源下沉县（市、区）全覆盖，并在实施"双下沉、两提升"的基础上，浙江省委办公厅、省政府办公厅出台《关于全面推进县域医疗卫生服务共同体建设的意见》（浙委办发〔2018〕67号），系统全面推进县域医共体建设。2020年11月，浙江省人民代表大会常务委员会第二十五次会议通过《关于促进县域医疗卫生服务共同体健康发展的决定》，着力构建老百姓家门口的现代卫生健康服务体系，努力提升基层卫生健康服务能力，为老年人提供坚强的卫生健康保障。

目前，全省共有基层医疗卫生机构3.2万个、县（市）级医院627个，以县级医院为龙头、乡镇卫生院为枢纽、村卫生室为网底的三级医疗卫生服务体系不断完善，"医疗全覆盖"和"20分钟医疗服务圈"基本建成。以县域医共体建设为抓手，共建成161家医共体，发挥医共体牵头医院作用，加强老年医疗、康复、护理骨干队伍建设和特色科室建设，提升基层医疗卫生机构老年医疗服务能力，为老年人提供家门口的医疗服务，老年人的医疗需求基本能够得到满足，适宜性和便利性得到了改善。

二、实行城乡同质同标的体检制度

对老年人而言，健康是幸福养老的关键，但随着年龄的增长，老年人生理机能减退，代谢功能紊乱，免疫力低下，易患高血压、糖尿病、冠心病及肿瘤等各种慢性疾病，同时失能失智的风险也逐年攀升。健康管理服务的开展，能在早期发现疾病，尽早开展治疗，从而预防疾病的发生发展，降低致残率及病死率，因此，开展老年人的健康管理具有十分重要的意义。

根据中华医学会健康管理学分会的定义，健康管理是以现代健康理念（生理、心理和社会适应能力）和新的医学模式（生理—心理—社会）以及中医治未病为指导，通过现代医学和现代管理学的理论、技术、方法和手段，对个体或群体整体健康状况及影响健康的危险因素进行全面检测、评估、有效干预与连续跟踪的医学行为及过程。浙江省致力于推进老年人健康管理服务，不断提高老年人的自我保健意识，降低慢性病等疾病的发病率。同时采取积极推动老年人体检以早发现疾病、免费打疫苗等措施，让老年人切实感受到国家基本公共卫生服务带来的福利，同时提高老年人的整体健康水平。

（一）"农民健康工程"暖人心

在 21 世纪初期，浙江省部分农村医疗卫生条件短缺，城乡、地域医疗水平差距大，农村群众的身体健康得不到有效保障，看病难、看病贵。同时，农村又是留守老人的聚集地，健康状况令人担忧。对此，浙江省委、省政府高度重视，将解决农民的健康问题摆在重要位置，在卫生强省建设中，启动"农民健康工程"，以确保每一位农民都享有基本卫生服务，保障包括老年人在内的农民健康。

农民健康工程，是指以建立新型农村合作医疗制度、加强农村公共卫生服务和做好农民健康体检工作为重点，改善农村卫生状况，缩小城乡差距，提高农民健康水平的社会系统工程。2005 年，浙江省委十一届八次全会在全国率先提出建设卫生强省的战略部署，并把实施"农民健康工程"作为卫生强省"六大工程"建设的基础工程。2006 年，浙江省委十一届十一次全会通过的《中共浙江省委关于认真贯彻党的十六届六中全会精神，构建社会主义和谐社会的意见》中再次强调，把公共卫生工作特别是农村公共卫生工作，作为建设卫生强省的重中之重，重点加强农村三级卫生服务网络和以社区卫生服务为基础的新型城乡社区卫生服务体系建设。

时任浙江省委书记习近平批示要求，将"农民健康工程"这项顺民意、得民心、谋民利的大事做大、好事办好、实事抓实，并纳入地方党政领导干部政绩考核体系。时任浙江省省长吕祖善提出，要通过实施"农民健康工程"，让农民"看得起病、有地方看病、加强预防少生病"。浙江省政府把实施"农民健康工程"列入为民办实事的十件大事之一，并于 2005 年出台《关于加强农村公共卫生工作的实施意见》（浙政发〔2005〕50 号），提出以建立健全农民医疗保障体系、全力构建新型农村公共卫生服务体系、扎实做好农民健康体检工作为三大主要任务，以新型农村合作医疗、农民免费健康体检和政府"买单"为农民提供三大类 12 项公共卫生服务为重点，确保每一位农民享有基本卫生服务。

之后，浙江省持续推进这项工程，从 2005 年起，全省各级政府为此每年投入 23 亿元的专项资金，按农村常住人口每人每年 15 元以上的标准，为全省农民购买包括健康教育、健康管理、妇女儿童老人和困难群体保健在内的三大类 12 项公共卫生服务。浙江省政府按照欠发达地区、中等发达地区、发达地区每位农民每年"10 元、5 元、3

元"的标准，分别对农村公共卫生服务、新型农村合作医疗和农民免费体检予以补助。从 2005 年起，为全省参加新农合医疗保险的农民，提供两年一次的免费健康体检，体检内容包括体格检查、心电图、B 超、三大常规和 X 射线检查，同时为全省被检农民建立动态的健康档案，并将检查出来的患病农民，全部作为社区（乡镇、村）卫生服务的重点对象，由社区责任医生上门进行跟踪服务，受到了广大农民的普遍欢迎。

三大类 12 项公共卫生服务

一、保证农民享有基本卫生服务

1. 健康教育；2. 健康管理；3. 基本医疗惠民服务；4. 合作医疗便民服务。

二、保证农村重点人群享有重点服务

1. 儿童保健；2. 妇女保健；3. 老人和困难群体保健；4. 重点疾病社区管理。

三、保证农民享有基本卫生安全保障

1. 公共卫生信息收集与报告；2. 环境卫生协管；3. 卫生监督协查；4. 协助落实疾病防控措施。

2006 年，全省 87 个有农业人口的县（市、区），全部实行了新型农村合作医疗制度，参合人数达到 2800 万人，参保率为 83%，有 302.36 万人次报销了住院和门诊费用，累计支出住院和门诊报销费用 6.11 亿元。

随后，全省按照省委、省政府的统一部署与要求，把实施"农民健康工程"作为实事工程、民心工程、一把手工程来抓，不断巩固和完善新型农村合作医疗制度，持续扩大"新农合"的覆盖面和受益面，基本解决了农民的基本医疗保障问题。同时，继续实行两年一次的农民免费健康体检，农民健康日益受到保障。

（二）基本公卫服务保障基础

基本公共卫生服务主要针对城乡居民存在的健康问题开展，以重点人群、重点疾病和全体人群为服务对象，其中的重点人群就是老年人。

21 世纪初，浙江省基本公共卫生服务薄弱。2005 年，浙江省已针对农村开展"农民健康工程"，保障了包括广大老年人在内的农民健康。2007 年，浙江省针对城市社区，开展"城市社区公共卫生服务项目"，在全国率先开展基本公共卫生服务探索，确保人人享有基本的卫生服务。

2007 年，《国务院关于发展城市社区卫生服务的指导意见》（国发〔2006〕10 号）及浙江省政府印发的《关于加快发展城乡社区卫生服务的意见》（浙政发〔2007〕35 号）

指出，以推进社区卫生服务体系建设、创新社区卫生服务工作机制、完善发展社区卫生服务政策、扎实推进农村社区卫生服务工作为主要任务，以老年人、慢性病人、残疾人和贫困居民等为重点人群，开展健康教育、预防、保健、康复、计划生育技术服务和基本医疗等服务，以"户户拥有家庭医生，人人享有卫生保健"为长远目标，这为基本卫生服务全覆盖打下了良好的基础。

2009 年，卫生部出台《国家基本公共卫生服务规范（2009 年版）》，首次提出"老年人健康管理服务规范"这一概念。2011 年，国家正式将老年人健康管理服务纳入国家基本公共卫生服务范畴，《国家基本公共卫生服务规范（2011 年版）》中规定，社区卫生服务机构每年应为辖区内 65 岁及以上常住居民提供 1 次健康管理服务，包括生活方式和健康状况评估、体格检查、辅助检查和健康指导。国家卫生计生委随即编制《老年人健康管理服务规范》，进一步规范开展老年健康管理服务。

2016 年，在总结项目前期实施经验及国内外研究成果的基础上，经多次论证，国家对《老年人健康管理服务规范》的内容和要求进行了细化和具体化，最终形成了推荐性卫生行业标准《老年人健康管理技术规范》（WS/T 484—2015）。《老年人健康管理技术规范》（WS/T 484—2015）中提出，65 岁及以上老年人应每年进行一

《老年人健康管理技术规范》

次健康评估；每年更新健康档案资料，纵向比较健康状况变化；每三个月电话随访存在危险因素的老年人和未被上级医院诊断的可疑慢性疾病老年人。同时规定，老年人健康管理包括健康信息采集、健康状况评估及健康指导等。例如，向老年人普及心理健康的重要性，告知长期精神压力和心情抑郁，是引起高血压、糖尿病、冠心病、肿瘤等疾病的重要原因；对老年人进行体重评估；帮助吸烟的老年人戒烟；普及中国营养学会推荐的膳食指导原则，等等。《老年人健康管理技术规范》（WS/T 484—2015）进一步规范了老年人健康管理的流程和适宜技术要求。

浙江省积极响应国家部署，不断推进基本公共卫生服务发展，努力在基层建立健全"以健康为中心"的服务模式。主要由基层医疗卫生机构实施的基本公共卫生服务项目人均经费补助标准，从 2005 年的人均 15 元提高到 2020 年的人均 65 元以上，各级财政投入资金总量达 288 亿元。

2020 年度国家基本公共卫生服务项目绩效评价结果显示，浙江省综合得分再次排名全国第一。至此，浙江省自 2012 年以来，共取得六次全国第一。

2021 年，浙江省还开展了老年人健康监测项目，覆盖全省 11 个市的 12 个县（区），进一步了解了浙江省老年人群健康状况分布的变化及特征，了解了老年人群的

主要健康问题，为老年人健康管理策略的制定了提供科学依据。

目前，《浙江省基本公共卫生服务项目规范》已修订到第四版。全省基层医疗卫生机构普遍为辖区内 65 岁及以上老年人建立了健康档案。截至 2020 年年末，全省有 539.74 万名 65 岁及以上老年人接受健康管理，健康管理率达 70.91%。[①]

此外，为了提升基层医疗卫生机构服务质量，全省于 2015 年起全面推进家庭医生签约服务，对老年人等重点人群和重点疾病进行规范化管理。家庭医生作为社区医疗服务的支点，在老年患者的健康管理与持续性监测中具有重要作用。

同时，全省各地持续推进家庭医生签约服务工作，积极开展一年一度的家庭医生绩效考核，有效保障了以老年人为重点服务对象的家庭医生签约服务。截至 2020 年年末，家庭医生签约服务团队 1.33 万个，65 岁及以上老年人签约服务人数达 639.65 万人，覆盖面达 84.03%。[②]

浙江省还紧扣老年人的需求，推出一系列受老年人欢迎的健康服务相关活动。如积极开展老年健康宣传周活动，截至 2020 年年末，已在全省 106 个城乡社区开展老年人心理关爱项目，完成 50~74 岁重点人群结直肠癌免费筛查 223.43 万例，70 岁及以上老年人流感疫苗自愿免费接种 143 万例等，让老年人感受到实实在在的关爱。[③]

（三）系列健康政策引领

浙江省在积极应对人口老龄化的过程中，不断加快老年健康相关事业的顶层设计和制度体系建设，相继出台了一系列纲领性文件，对浙江老年健康事业进行全面系统的部署。

2015 年，浙江省响应"健康中国"号召，提出"健康浙江"发展战略，推动形成"小病进社区，大病进医院，健康进家庭"医疗卫生服务新格局，不断满足人民群众多层次、多样化的健康需求。

2016 年，浙江省委、省政府充分运用卫生强省和健康浙江的理论成果、实践经验，着力突出浙江特色，印发《健康浙江 2030 行动纲要》（浙委发〔2016〕36 号），制定《健康浙江考核办法和指标体系》，深入实施富民惠民安民行动计划健康篇，确保老年人等弱势

《健康浙江 2030 行动纲要》

---

① 浙江省 2020 年老年人口和老龄事业统计公报［EB/OL］.（2021-11-22）[2022-03-21]. http://www.zchsp.com/home/news/info.html?id=88&catId=32.

② 浙江省 2020 年老年人口和老龄事业统计公报［EB/OL］.（2021-11-22）[2022-03-21]. http://www.zchsp.com/home/news/info.html?id=88&catId=32.

③ 浙江省 2020 年老年人口和老龄事业统计公报［EB/OL］.（2021-11-22）[2022-03-21]. http://www.zchsp.com/home/news/info.html?id=88&catId=32.

群体享有健康生活、增进健康福祉。

2019年,随着《国务院关于实施健康中国行动的意见》(国发〔2019〕13号)的出台,健康中国推进委员会成立,随即印发健康中国行动组织实施和考核方案,并召开了全国推进健康中国行动电视电话会议。李克强总理对会议作出重要批示,强调"进一步落实大卫生、大健康理念和预防为主方针,不断提升人民群众的健康获得感、幸福感和生活质量"[①]。

在国家政策的强力指引下,同年,浙江省政府印发《关于推进健康浙江行动的实施意见》(浙政发〔2019〕29号),从全面实行健康影响因素干预、持续改善健康环境、维护全生命周期健康、防控重大疾病、强化医疗卫生服务保障以及发展健康产业六大方面,不断推进健康浙江行动深入。

《关于推进健康浙江行动的实施意见》

2020年,浙江省卫生健康委出台《关于建立完善老年健康服务体系的实施意见》(浙卫发〔2020〕39号),着眼老年人全方位全周期健康服务,提出六项主要任务。浙江省卫生健康委制订的《老年健康促进行动三年实施方案(2020—2022年)》则进一步细化了实施内容,推进以治病为中心向以老年健康为中心转变。

(四)"三免三惠"行动升级

在浙江省共同富裕示范区建设的要求下,为了进一步优化城乡居民健康体检制度,推动卫生服务更加普惠共享,2021年,全省推出城乡居民"三免三惠"健康行动,为群众送上普惠性、同质化、数字化的健康体检服务,进一步扩大人民群众的受益面。

2021年6月,为了提高城乡居民健康水平,推动人的全生命周期公共服务优质共享,浙江省卫生健康委开始牵头起草《浙江省城乡居民"三免三惠"健康行动实施方案》,与浙江省财政厅、省医保局相关处室多次协商沟通,同时在官网上向社会公开征求意见,并印发给11个市卫生健康委。10月28日下午,《浙江省城乡居民"三免三惠"健康行动实施方案(修改稿)》论证会召开,浙江省卫生健

《浙江省城乡居民"三免三惠"健康行动实施方案》

康委、省财政厅和省医保局相关处室负责人,杭州市和绍兴市卫生健康委基层处负责人,杭州市拱墅区、西湖区卫生健康局业务科室负责人和部分社区卫生服务机构代表参加论证会。11月,浙江省卫生健康委、省财政厅以及省医保局联合出台《关于印发浙江省城乡居民"三免三惠"健康行动实施方案的通知》(浙卫发〔2021〕40号),聚焦

---

① 李克强对全国推进健康中国行动电视电话会议作出重要批示 [EB/OL]. (2019-07-25) [2022-11-30]. http://www.gov.cn/xinwen/2019-07/25/content_5415251.htm.

优质、均等和普惠，制定了浙江省城乡居民"三免三惠"健康行动。

普惠性是"三免三惠"健康行动的一大亮点。在重点人群接种流感疫苗和重点人群重点疾病筛查方面，全省将每年为70周岁以上的本省户籍居民提供一次流感疫苗免费接种服务，降低流感疾病负担和病死率；为50~74周岁的本省户籍居民提供5年一次的结直肠癌筛查；为65~74周岁居民医保参保人员中的慢性阻塞性肺疾病目标人群提供5年一次的免费肺功能检查。

"三免"项目

一是开展参保城乡居民免费健康体检。2022年起，整合统一农民健康体检和城镇居民健康体检的项目内容、体检频次和补助经费，实行城乡无差别的免费健康体检制度。基础项目体检经费由各级财政安排。

二是继续开展重点人群免费接种流感疫苗。

三是开展重点人群免费重点疾病筛查。包括结直肠癌免费筛查、慢性阻塞性肺疾病免费筛查。

"三惠"服务

一是让广大城乡居民惠享家庭医生贴心服务。结合城乡居民健康体检，免费测血压、血糖、血脂，开展"高血压、高血糖、高血脂"三高共管。

二是惠享县域优质医疗服务。深化县域医共体建设，推进优质医疗卫生资源向乡村延伸，提升乡镇卫生院（社区卫生服务中心）医疗服务能力；加强中心镇卫生院标准化建设，到2025年全省新改扩建村级卫生服务机构3000家。

三是共享数字化健康新服务。到2025年居民电子健康档案开放率达80%以上，智能随访覆盖率达80%以上。

全省也将充分发挥家庭医生"健康守门人"的作用，结合城乡居民健康体检，免费测血压、血糖、血脂，开展"高血压、高血糖、高血脂"三高共管。为有居家医疗服务需求且行动不便的高龄或失能老人、康复期病人和老年患者等提供家庭病床、上门巡诊等居家医疗服务。

同质化，是"三免三惠"健康行动的又一关键词。根据方案，全省于2022年起整合统一农民健康体检和城镇居民健康体检的项目内容、体检频次和补助经费，实行城乡无差别的免费健康体检制度。在体检基本项目上，将原先六类基本体检包统一为三类基本体检包，扩展优化了体检项目；在体检频次上，将65周岁以上老年人和中小学生体检周期统一为每年一次，城镇重点人群的体检频次增加；在体检标准上，统一将农村老年人 50 元、一般人群 30 元的体检标准，改为与城镇一样的 90 元标准。

数字赋能，让"三免三惠"健康行动更加优质高效地惠及城乡居民。通过数字化改革，全省将通过推广便民惠民的数字化健康服务应用，向城乡居民开放个人电子健康档案，并全面推进老年慢性病数字健康新服务，构建"1235"健康宝项目体系，着力打造面向居民的"知健康、享健康、保健康"三大应用场景和健康指数、健康档案开放、智能随访、贴心诊疗、健康评估等五个核心应用。

目前，全省正深入开展未来社区健康场景建设。2021 年，全省首批建成并投入使用的 10 个未来社区智慧健康站中，实现了区域检验、检查、心电中心覆盖率达到100%，区域转诊平台的接入率达到 100%，远程诊疗开展率达到 100%，数字家医开展率达到 90%。全省将依托未来社区（乡村）智慧化社区卫生服务站（村卫生室）建设，落地运行各类数字健康服务应用，让城乡居民共享便捷可及、综合连续的智慧医疗和智慧健康管理。

三、深入推进医养结合建设

医养结合是将医疗卫生服务（资源）和养老服务（资源）相结合，满足老年人在养老过程中对于医疗服务的需求。针对老年人多病共存、慢性病高发的现状，单纯的养老服务不能满足老年人疗养、健康等多方面的需求。而医养结合，能够满足老年人对医疗、护理、康复、养老的需求，使老年人能在养老的过程中，方便地获得日常老年生活中所必须的医疗服务，真正实现"病有所医、老有所养"的有机结合。

（一）政策规范逐渐加强

在"十二五"期间，浙江省就开始认识到"医养结合"的重要性，提出了创新发展养医合作模式，为医养结合工作的开展拉开了序幕。2016 年，浙江省政府办公厅转发省卫生计生委等部门《关于推进医疗卫生与养老服务相结合的实施意见》（浙政办发〔2016〕148 号），为推进浙江省医养结合工作提供了政策依据和制度遵循。近年来，浙江省卫生健康委以贯彻落实《关于推进医疗卫生与养老服务相结合的实施意见》（浙政办发〔2016〕148 号）精神为主线，会同省级相关部门在政策层面积极推进医养结合，出台《医养结合机构基本服务规范》（DB33/T 2171—2018）、《关于深入推进医养结合发展的若干意见》（浙卫发〔2021〕34 号）等，进一步加强养老服务和医疗服务资源布局规划衔接，完善医疗卫生机构与养老机构合作机制，

《关于推进医疗卫生与养老服务相结合的实施意见》

同时鼓励社会力量兴办医养结合机构。《浙江省老龄事业发展"十三五"规划》(浙政发〔2017〕21号)进一步提出,鼓励养老机构开展中医药特色的养生保健、医疗、康复、护理服务,发挥中医药在医养中的特色作用;建立12个省级养老示范医疗机构,引导全省医养结合机构健康发展。

各地党委、政府普遍把推进医养结合等工作纳入创建健康市县、深化医药卫生体制改革以及促进健康服务业发展、养老服务业综合改革的总体部署中。各设区市及7个省级医养结合试点县(区),普遍以政府办名义出台了医养结合工作实施意见或方案,温州、湖州、嘉兴、衢州、丽水市本级及新昌、龙游、路桥、遂昌等省级试点县(区),都成立了政府领导挂帅的医养结合工作领导小组或建立了联席会议制度,强有力地推进了全省医养结合工作。

(二)审批协作逐步完善

在政府大力提倡"医养结合"的前期,医养结合的实际进度却"停滞不前"。究其原因,"审批难"是其中阻碍落实的关键因素。有养老机构负责人表示,由于医养结合机构设立审批涉及民政、卫计等多个部门,所以常常会因部门间沟通不畅,以及审批流程不清等问题,拖延审批周期。对此,浙江省通过优化审批流程和环境,清障审批瓶颈,以推进医养结合机构落地。

《关于深化养老服务综合改革提升养老服务质量的实施意见》

浙江省积极落实《国家卫生计生委办公厅关于养老机构内部设置医疗机构取消行政审批实行备案管理的通知》(国卫办医发〔2017〕38号),印发《关于深化养老服务综合改革提升养老服务质量的实施意见》(浙政办发〔2018〕77号),对优化审批环境具体细化,提出养老机构申请内部设置诊所、卫生所(室)、医务室、护理站的,取消行政审批,实行备案管理。养老机构申请举办二级及以下医疗机构(不含中外合资合作医疗机构、港澳台独资医疗机构),实行设置审批与执业登记"两证合一",不再核发《设置医疗机构批准书》。具备法人资格的医疗机构,申请设立养老机构或开展养老服务的,不需另行设立新的法人,不需另行法人登记。明确医疗机构设立养老机构(开展养老服务),符合条件的,享受养老机构相关建设补贴、运营补贴和其他养老服务扶持政策措施;养老机构内设医疗机构属于社会办医范畴的,按规定享受相关扶持政策。

通过明确医养结合相关机构设立规范,至2019年年底,全省已建医养结合机构273家,其中社会力量举办的医养结合机构占主体。9家单位的做法入选"全国医养结合典型经验"。

建立畅通、完善的服务主体间协作机制，是推进医养结合服务发展的必要前提。浙江省充分利用现有医疗卫生和养老服务资源，努力为老年人提供治疗期住院、康复期护理、稳定期生活照料及安宁疗护一体化的健康养老服务。支持二级以上综合医院、中医医院通过对口支援、合作共建等形式，与养老机构建设医养联合体，确定养老机构与签约医疗卫生机构之间的服务项目、服务方式以及责任与义务等事项，为养老机构开通预约就诊绿色通道，为入住老年人提供医疗巡诊、急诊急救、中医养生保健等服务。鼓励二级以上综合医院与医养结合型养老机构（养老机构内设医疗机构）之间的转诊，有条件的医养结合型养老机构，作为医院收治老年人的后期康复护理场所。推进基层医疗卫生机构与城乡社区居家养老服务照料中心对接，提高社区居家养老老年人医疗健康服务可及性。

截至 2019 年年底，医疗卫生机构与养老机构建立合作关系或签订合作协议的有 1310 对，与城乡社区居家养老服务照料中心建立合作关系的有 11415 对。

（三）居家医养不断可及

居家医养结合是指以社区资源为基础，为居家的老年人提供具有一定水平的医疗护理服务、日常生活照料、家政服务和精神慰藉等方面服务的一种兼有医疗和养老功能的服务形式。对于渴望居家养老的老年人来说，居家医养更具有实际意义和重要性。

浙江省将推进社区居家医养结合作为重点工作，将社区居家老年人作为重点服务对象。推动各级医疗卫生机构或有能力的医养结合机构，通过延伸服务，为社区居家老年人提供上门巡诊、家庭病床、医疗护理等服务。同时，各地积极探索医疗卫生机构与社区居家养老服务照料中心的合作方式，通过在社区居家养老服务照料中心设立全科医生工作室或健康自助检测屋等方式，推进医疗卫生服务进社区、进家庭，使社区居家养老老年人就近即可享受到相应的医疗健康服务。2019 年，浙江省卫生健康委会同省财政厅，在全省选择 21 家社区卫生服务中心和乡镇卫生院，开展基层医疗卫生机构提升医养结合服务能力试点项目，落实财政经费 4200 万元，通过完善医疗设施、加强队伍建设、拓宽服务范围等举措，为辖区老年人提供更为可及、优质的基本医疗卫生服务。截至 2019 年 12 月底，全省为老年人提供上门服务的基层医疗卫生机构和医院，分别有 1931 家和 240 家。

（四）护理床位重点托底

随着老年人口的快速增加，高龄老年人口的占比大幅提升，失能失智比例持续增长，社会和家庭对失能失智老人照护服务的负担也越来越重。浙江省注重发挥公办养老机构的兜底保障作用，引导社会养老机构向护理型转变，加快护理型养老机构建设，着力满足失能失智老年人的照护需求。

2010 年,《浙江省社会养老服务体系建设"十二五"规划》明确指出,要按照机构的主体功能和医疗介入程度,将养老机构分为护理型、助养型和居养型三类。凡具有医护功能,以接收失能、失智老人为主,提供长期照护的养老机构为护理型机构;以接收自理老人、半自理老人为主,提供适当照护,集中居住式的养老机构为助养型机构;以接收自理老人为主,采取家庭式居住方式,设有配套的护理和生活照护场所的养老机构为居养型机构。要建立"以护理型为重点、助养型为辅助、居养型为补充"的机构养老服务模式,以更好地满足全省失能、失智老人的照护需求。

2011 年,浙江省政府出台《关于深化完善社会养老服务体系建设的意见》(浙政发〔2011〕101 号),强调重点支持发展护理型养老服务机构,在政策上给予一定的倾斜。2014 年,《关于加快发展养老服务业的实施意见》(浙政发〔2014〕13 号)指出,护理型床位占机构床位比例不低于 50%。2015 年 1 月,浙江省人民代表大会常务委员会通过的《浙江省社会养老服务促进条例》,确定了养老机构的

《关于加快发展养老
服务业的实施意见》

建设应当以护理型为重点、以助养型为辅助、以居养型为补充,同时政府投资设立的养老机构应当以护理型养老机构为主。

2018 年,浙江省政府办公厅印发的《关于深化养老服务综合改革提升养老服务质量的实施意见》(浙政办发〔2018〕77 号)指出,政府现有存量养老机构,要转型为面向失能失智老年人的护理型养老机构,主要为失能失智的刚性需求老年人兜底,政府不再直接投资建设大型综合性养老机构。2019 年,浙江省委、省政府印发的《关于推进新时代民政事业高质量发展的意见》(浙委发〔2019〕27 号)提出,突出失智失能老人的刚性需求,进一步提高护理型床位的占比要求,护理型床位占机构床位的 55%。同年,浙江省委常委会工作要点和省政府工作报告都将"加强失能失智老人照护"列入,并在温州召开了全省养老服务工作现场会,明确要求每个县(市、区)至少确定一家养老机构开展失智症照护服务,公办的县级福利中心都要具备收住失能失智老人的设施条件和服务能力。由此可见政府推进护理型养老机构建设,以满足失能、部分失能老人专业化照护的决心。

截至 2019 年年末,全省共有养老床位 44.35 万张,其中护理型床位 21.2 万张,占总床位的 50.05%[①],入住养老机构的失能、失智老人 45635 人。

---

① 浙江省 2019 年老年人口和老龄事业统计公报 [R]. 2020-06-30.

（五）创新发展康养联合体

为了推动医疗康复资源进入养老服务领域，顺应现代人养老的新需求，实现从被动照护到健康养老的转变，浙江把医养康养体系建设纳入健康浙江战略，统筹康养资源，创新推动康养联合体建设，力求用专业的康复服务提升老年人的生活品质。

2019 年，康养体系建设列入省领导重点调研课题，浙江省民政厅、省卫生健康委、省医保局、省残联等八家单位参与，形成了总报告《构建康养融合的社会养老服务体系》和八个子报告，并在杭州、宁波、温州和嘉兴四个市 11 个县（市、区）开展试点，取得了阶段性成效。

2020 年，浙江省委办公厅、省政府办公厅印发《关于加快康养体系建设推进养老服务发展的意见》（浙委办发〔2020〕63 号），把康养体系建设提升到社会治理现代化的高度，着眼于有效预防和延缓老年人失能失智。康养联合体的建设，是以养老康复机构为主体，联合辖区内的医疗机构，联通家庭病床和家庭养老床位，建立起转诊、转介、转护、转养渠道，把康复医师、康复治疗师、护士、社会工作者和家庭签约医生等专业人员汇聚在一起，为老年人提供个性化康养服务。

《关于加快康养体系
建设推进养老服务
发展的意见》

浙江省的目标是打造定位清晰、职责明确、上下联通、转接有序的康养联合体，主要包括省、市县、乡镇三个层级，分别以专业康复养老机构、大中型养老机构、居家养老服务中心为主体，同时鼓励社会办医疗机构、康复机构参与，具体内容见表 1–4。

表 1–4　一体化的康养体系

层级	主体	联合个体	功能
省级	浙江康复医院、浙江康复医疗中心等专业康复养老机构	医疗机构、康复机构和科研院校	开展教学科研、人员培训、技术指导等，引领全省康养联合体建设
市县级	大中型养老机构	医疗机构	为老年人提供稳定期康复、出院后护理等服务
乡镇街道级	居家养老服务中心	基层医疗卫生机构	为老年人提供个性化、专业化康养服务

具体落实上，计划以公共服务均等化为导向，重点推进乡镇（街道）级康养联合体建设，以乡镇（街道）居家养老服务中心为主体，联合基层医疗机构、康复机构、中医推拿馆等，联通家庭病床、养老床位，为老年人提供短期托养、慢性病康复等个性化、专业化服务，使老年人不出社区、不出家门就能够享受到专业的照料、护理、保健等服务。

2020 年 12 月 30 日，浙江省康养联合体建设试点工作在杭州正式启动，对浙江省首批 111 个康养联合体试点的 12 个代表单位进行授牌，旨在试点先行、以点带面，打造多层级康养联合体，建成覆盖城乡的康养服务网络，满足老年人医养康养一体化养老需求。

2021 年，浙江省政府组织各地贯彻落实康养文件，在 111 个康养联合体试点的基础上，再组织 100 个试点，按"五有"要求（即有设施、有器材、有队伍、有标准、有数据）建设，充分整合康养资源，有效提炼试点经验，创新社会参与机制，推动建立一体化的康养体系。

截至 2021 年年底，全省共完成 260 家康养联合体建设试点，超额完成年度任务，对医养康养相结合进行了有益的探索。如杭州市西湖区依托浙江医院老年康复和护理团队资源，对全区居家养老的高龄、失能、部分失能、失智老人进行综合评估，内容细致，包括基本健康状况、基本能力、体适能、日常生活活动能力、睡眠质量、营养等情况，并建立能力评估档案，定期复评。摸底评估完成后，通过评估数据的整理分析，制定老年人能力分层标准，并针对不同分层人群形成初步的康复照护方案，包括康复方案和长期照护方案，为失能、部分失能和术后康复期老人开展每月上门服务。服务内容涵盖生命体征监测、病情观察和康复护理指导及心理慰藉等。同时，西湖区还开展了居家失能老人家庭成员及服务人员康复培训项目，以增加居家失能老人家庭成员、服务人员基础康复护理理论知识和实操知识，让家庭成员和服务人员具备基本的康复护理能力，最大限度地保存失能老人的残存功能，以提升失能老人的生活质量。

康养医联合体的亭旁模式 [①]

台州三门紧盯老人康养需求痛点难点，通过整合资源、专业供给、提升服务，大力实施"康养 +"模式，在革命老区亭旁镇打造了台州市首个康养医一体化的联合体，走出了一条城镇居民康养服务的有效供给新路。

一是注重资源整合、聚沙成塔，释放资源效能最大化。整合闲置资源。利用乡镇卫生院闲置医疗和房屋资源，建成集康护、养老、医疗于一体的康养联合体。整合政策资源，出台《三门亭旁康养联合实施方案》，自然、供电等部门在用水用电、土地保障等方面给予最大支持。医保单位在双向就诊、报销比例上倾斜，比县本级治疗报销提高 5%，有效降低服务对象的治疗成本。整合服务资源。依托县专业医疗团队、镇社工站、村级照料中心等资源，吸引亭旁商会、红色志愿服务先锋队等社会力量积极参

---

① 由台州市三门县民政局供稿。

与，建立县乡村三级服务体系，强化多元供给，夯实服务基础。

二是注重专业支撑、智能托底，为康养服务精准画像。推行公建民营，通过购买社会服务方式，引进有丰富运行经验的泰星健康管理公司，试点公办养老院民营化，推行"保姆式"服务。推行专业治疗，充分利用"医共体"资源，组织县人民医院康复科医生定期定时进驻，满足对象就近治疗需求。依托卫生院医疗团队，开展日常健康诊断、救治等常规服务。推行精密智控，投入200多万元开发"老有帮"智慧养老平台，集纳健康管理、餐饮服务等数据，实现康养中心床位签约、适老化改造等九大功能。建立"虚拟养老院"，在低保低边老人家中设立虚拟床位、家庭床位，推行"一床一码"应用场景，形成7×24小时远程监测、动态管控，为居家老人提供"虚拟床位"。

三是注重全域覆盖、全程服务，强化有效供给。实施兜底式服务，把低保低边人群列为服务重点关注对象，提供全程便利支持，实施家庭康复服务，并给予每人6000元智能设备补助，确保服务"兜得住"。实施嵌入式服务，以联合体为主阵地，通过"阵地＋上门"方式向村社和家庭延伸，构建"优质＋均衡"的15分钟养老服务生活圈。实施联动式服务，联结卫生院、居家养老服务中心、居家养老照料中心等资源，成立"康养安居联盟"，签订家庭医生上门服务及24小时守护协议，依托智慧平台"线上呼、线下到"机制，开展全天候"一对一"服务，较好地解决了康养服务的"最后一公里"问题。

该联合体自2021年7月投入使用以来，已收住老人40多人，为全县600多人次提供优质服务，形成了资源利用大、对象入住率好，社会满意度高的良好态势，获副省长王文序肯定。

第四节　出台社会养老服务条例

在提供老百姓生活保障和医疗保障的同时，基于家庭养老的困境，浙江省政府从2000年开始推动发展社会养老，作为政府养老和家庭养老的补充。由于社会养老在早期是一项新兴事物，尽管国家在理念上倡导，在顶层设计上也出台了鼓励和支持的政策，但因多数政策缺少具体的实施细则，且门槛较高，社会资本参与的积极性较低。

为此，浙江省一方面出台政策鼓励发展社会化养老，一方面探索社会化养老服务体系建设的思路，在创新实践中不断加深对社会化养老的认识，及时总结经验教训，千方百计破解各种难题，持续推动养老产业和养老事业的协同发展。

一、创新探索社会养老服务

（一）对养老服务体系建设思路的探索

"十一五"期间，浙江省委、省政府把"优先发展社会养老服务"摆上了重要议事日程，从 2006 年开始，浙江省政府连续两次召开会议，制定了《关于促进养老服务业发展的通知》（浙政办发〔2006〕84 号）等文件，明确社会养老服务体系建设的总体目标、工作重点、政策保障以及组织队伍，率先全国对社会化养老服务进行体系设计。[①]

2008 年，浙江省政府出台《关于加快推进养老服务体系建设的意见》（浙政发〔2008〕72 号），明确提出要建立"以居家养老为基础、社区服务为依托、机构养老为补充，服务方式多元化、投资主体多样化、居家养老普及化、服务队伍专业化，覆盖城乡的养老服务体系"，得到了民政部的高度认可，并在全国范围内推广。

在《关于加快推进养老服务体系建设的意见》（浙政办发〔2018〕72 号）的指引下，通过 2008—2011 年的实践推进，浙江省有了进一步深化建设社会养老服务体系的系统化发展思路。2011年，浙江省政府根据前期社会养老服务体系建设的实践总结，印发了《关于深化完善社会养老服务体系建设的意见》（浙政发〔2011〕101 号），提出到 2015 年，要基本形成"9732"的养老服务总体布局，即全省 97% 的老人享受居家养老服务，不低于 3% 的老人到养老机构接受服务，不低于 2% 的老人享受政府购买的养老服务。

《关于深化完善社会养老服务体系建设的意见》

浙江省的"9732"不同于上海市提出的"9073"和北京市提出的"9064"布局。根据浙江省的省情，首先，在社会上几乎找不到与社会服务完全割离的单纯家庭养老或完全以家庭为主的养老，老年人的社会化养老只有非此即彼两种，一种是到机构接受养老服务，即彻底的社会化；另一种是在家中通过社会化的方式接受上门养老服务或在社区接受养老服务。其次，根据第六次全国人口普查数据，浙江的平均家庭规模仅为2.62 人，远小于全国平均家庭规模 3.10 人，家庭养老所需要的人力资源已难以满足。最后，最重要的是，浙江省政府大力建设的社区养老服务设施已基本实现了全覆盖，大多数老年人已经可以享受到社会化养老服务。因此，不存在 90% 和 6% 或 7% 的区分问题，而是提出统一的 97%。3% 是愿意到机构养老的老人占比，2% 则指的是享受政府直接购买服务的人数占比，以确保那些经济条件差但又有实际需要的老年人享受到养老服务，这部分人群大约占老年人总数的 2%。

[①] 黄元龙. 浙江省社会养老服务体系建设的政策创制和实践推进 [J]. 观察与思考，2013（5）：28–32.

在 2011 年到 2014 年间，浙江省针对养老服务业普遍专业化程度不高、服务项目缺少规范、服务管理缺乏统一、服务质量难以保障的现象，出台了一系列规范和标准，以规范化为着力点，以标准化为支撑，引领浙江养老事业高质量发展。如《居家养老服务与管理规范》（DB33/T 837—2011）、《浙江省农村社区（村）居家养老服务照料中心规范化建设指导意见》（浙民福〔2013〕246 号）、《养老机构服务与管理规范》（DB33/T 926-2014）、《浙江省城镇居家养老服务设施规划配建标准》（DB33/1100—2014）等。

之后，为满足持续增长的养老服务需求，鼓励和动员民间资本进入养老服务领域，扩大养老服务和产品供给，加快浙江省养老服务业的发展，2014 年，浙江省政府连续出台《关于加快发展养老服务业的实施意见》（浙政发〔2014〕13 号）、《关于发展民办养老产业的若干意见》（浙政发〔2014〕16 号），全面部署了养老服务业发展的总体思路、工作重点和政策措施。在《关于加快发展养老服务业的实施意见》（浙政发〔2014〕13 号）中明确，到 2020 年，全省全面建成"以居家为基础、社区为依托、机构为支撑，功能完善、布局合理、规模适度、覆盖城乡"的养老服务体系。同时，在过去"9732"的基础上，进一步调整思路，提出"9643"的养老服务总体格局，即 96% 的老年人居家接受服务，4% 的老年人在养老机构接受服务，不少于 3% 的老年人享有养老服务补贴。此外，《关于加快发展养老服务业的实施意见》（浙政发〔2014〕13 号）提出了确保托底型养老、扩大普惠型养老、支持社会化养老的三条工作主线，以及大力发展社区居家养老服务和抓好养老机构建设的重点任务，制定养老机构用地、投资权益保障、融资信贷扶持等优惠措施，有力地推动了浙江省养老服务业的发展。

（二）率先推出养老服务补贴制度

由于地区发展水平有差异，老年人的需求具有多样性，哪些老年人需要生活照料，哪些老年人需要更高端的服务，在建立养老服务补贴制度前，需要先做一个需求评估，以确切掌握老年人的养老服务需求。

2010 年，浙江省先行先试，由浙江省民政厅印发《关于建立养老服务需求评估试点工作的通知》（浙民福〔2010〕125 号），在 17 个市县开展养老需求评估试点，并将居住在试点县（市、区）年满 60 岁的老年人作为试点评估对象，根据各地老年人的经济状况、身体状况、衣食住行等自理程度，由医生、护理服务专家、社区干部等打分评估，确定重度、中度和轻度依赖者，根据本人或家属意愿选择相应的护理等级服务。

2011 年，浙江省政府出台的《浙江省老龄事业发展"十二五"规划》（浙政发〔2011〕59 号）以及《关于深化完善社会养老服务体系建设的意见》（浙政发〔2011〕

101 号）均提出，进一步实施老年人养老服务需求评估试点工作，建立养老服务需求评估制度，在此基础上推动养老资源科学合理配置。

　　2012 年，在前期取得试点成效的基础上，针对养老需求试点中亟须明确和完善的政策，浙江省民政厅印发了《浙江省养老服务需求评估工作实施意见（试行）》（浙民福〔2012〕72 号），推动养老服务需求评估工作在全省全面有序展开。

《浙江省养老服务需求评估工作实施意见（试行）》

　　在养老服务需求评估制度不断完善的基础上，浙江省率先建立了养老服务补贴制度，分类实行无偿、低偿和优惠有偿养老服务，进一步完善了养老服务体系建设，强化了政府保基本兜底线的职能。

　　建立养老服务补贴制度，是在 2011 年印发的《关于深化完善社会养老服务体系建设的意见》（浙政发〔2011〕101 号）中提出的。2012 年，在《关于深化完善养老服务体系建设的意见》（浙政发〔2011〕101 号）的指引下，《浙江省养老服务补贴制度实施意见》

《浙江省养老服务补贴制度实施意见》

（浙民福〔2012〕81 号）顺利出台，标志着浙江省率先在全国建立了统筹城乡、贯通机构居家的养老服务补贴制度[①]，将低收入的失能、失智、高龄、独居等困难老年人纳入养老服务补贴范围，由老人自主选择居家养老或机构养老服务，由政府通过购买服务的方式提供补贴，旨在逐步解决城乡困难老年人的养老服务保障问题。同年，浙江省将这项工作列入了 2012 年为民办实事工作内容，有力地推动了养老服务补贴制度的落实。

　　浙江省的养老服务补贴，城乡一体实施，不区分户籍，享受统一补贴标准，真正做到统筹城乡，让农村的困难老年人享受到同等的养老服务补贴。

　　2014 年，浙江省政府要求进一步完善养老服务补贴制度，提出各地在省定最低标准基础上可适当提高标准，要求不少于 3% 的老年人享有养老服务补贴。

　　2021 年 9 月，浙江省民政厅印发《浙江省养老服务补贴制度实施办法》（浙民养〔2021〕164 号），就补贴对象的类型、标准和提供方式做出新的规定。

　　2019 年年底，全省已有 31.9 万名老人享受养老服务补贴，其中一类对象 1.93 万人，二类对象 29.97 万人，发放补贴资金 2.1 亿

《浙江省养老服务补贴制度实施办法》

---

① 黄珍珍，章珏. 浙江民政开创事业新篇章［EB/OL］.（2017-10-18）［2022-03-21］. http://zjrb. zjol.com.cn/html/2017-10-18/content_3089000.htm?div=-1.

元[①]，均以服务的形式实现。

（三）建立养老服务体系建设专项资金

养老事业的推进离不开资金的投入。浙江省根据全省老年人口持续增长的实际情况，充分考虑经济社会发展水平及城乡、区域的发展差异，为社会养老服务体系建设创建了稳定的经费投入保障机制。

浙江省政府将社会养老事业作为重要的民生工程，纳入省级公共财政支出重点，加大投入力度，确保经费投入逐年增长。在省级福利彩票公益金中按一定比例安排资金，用于支持发展养老服务业，并随老年人口的增加逐步提高投入比例。

2012 年，浙江省财政厅印发《浙江省社会养老服务体系建设省级专项资金使用管理暂行办法》（浙财社〔2012〕101 号），建立社会养老服务体系建设省级专项资金，加大了对社会养老服务资金的保障力度。

根据《浙江省社会养老服务体系建设省级专项资金使用管理暂行办法》（浙财社〔2012〕101 号），社会养老服务体系建设省级专项资金，重点用于养老服务补贴、养老机构建设、居家养老服务设施建设和鼓励发展民办机构等，并向农村和欠发达地区倾斜。

《浙江省社会养老服务体系建设省级专项资金使用管理暂行办法》

具体包括机构养老补贴、居家养老服务补贴，公办养老服务机构新建、改扩建和设备购置补助，民办养老服务机构新增床位补贴，在院城镇"三无"、农村五保对象生活、医疗补助以及其他符合规定的养老服务方面的支出。

其中，养老服务补贴是根据各地经济状况，参照当年度重度残疾人托（安）养费用补助标准，对一类养老服务补贴按照二类六档转移支付系数给予补助；养老机构建设采取因素法（包括项目建筑面积、投资总额、床位、当地经济状况等因素）分配补助资金；居家养老服务设施建设根据养老服务任务完成情况，采取以奖代补形式给予补助，并向经济欠发达地区倾斜；民办养老服务机构新增床位补贴，则按照《关于深化完善社会养老服务体系建设的意见》（浙政发〔2011〕101 号）规定标准给予补助。

目前，浙江省省级养老服务体系建设专项资金由 2012 年的 2.37 亿元增加到 2022 年的 9.5 亿元。省本级福利彩票公益金用于养老服务的比例达 50% 以上。"十三五"期间，浙江省省级财政共安排下达养老服务体系建设补助资金 38.63 亿元，浙江省各级财政共安排养老服务资金 123.37 亿元，其中 2020 年安排 33 亿元，比上年实际支出增

———————

① 浙江省民政厅关于省十三届人大三次会议舟 1 号建议的答复 [Z]. 2020-07-31.

养老服务补贴内容

补贴对象：

"一类对象"：低保家庭失能、失智老年人。

"二类对象"：高龄、独居、低保边缘、失独家庭等困难老年人。

补贴标准：

"一类对象"：入住养老机构的，每人每年补贴 12000 元；居家接受养老服务的，每人每年补贴 4800 元。

"二类对象"：划分为不同档次，确定相应补贴标准。

补贴方式：

通过向补贴对象提供服务的方式实现。县（市、区）民政部门或乡镇人民政府（街道办事处）与提供养老服务的机构或组织签订购买服务协议。对入住养老机构的补贴对象，县（市、区）民政部门或乡镇人民政府（街道办事处），按补贴标准向相关的养老机构购买服务，由后者为补贴对象提供服务；对居家接受服务的补贴对象，县（市、区）民政部门或乡镇人民政府（街道办事处），按补贴标准向从事居家养老服务的企业或组织购买服务，由后者为补贴对象提供服务。

长 27%。[1] 据统计，近年来浙江省财政资金的 54% 用于养老机构建设和设备设施补助，25% 用于公办养老机构和社区照料中心运营补助，15% 用于养老服务补贴，6% 用于护理员队伍和信息化建设。

正是在社会养老服务体系建设省级专项资金的强力保障下，社会化养老事业一路推进。

二、率先推进养老法制保障

（一）社会养老服务亟须依法推进

浙江省是全国老龄化程度较高的省份之一，虽然通过前期的探索实践，社会养老服务事业得到了长足发展，但不可回避的是，由于社会化养老是一个新生事物，推行过程中也同样存在着养老服务体系建设总体不均衡、建设职责分工不清晰或难以落实、

---

[1]　聚焦浙江民政事业高质量发展［EB/OL］.（2019-11-19）[2022-03-21]. https://m.thepaper.cn/baijiahao_5008594.

养老相关各方法律责任不清、养老服务体系和功能结构不尽合理、居家养老服务工作相对薄弱、老旧小区养老设施的改造缺乏法律依据、养老机构特别是民办养老机构建设用地落实难、民办养老机构融资难、养老服务队伍整体素质不高、养老服务监管机制不健全等一系列问题。

根据前期推行社会化养老服务过程中出现的问题，浙江省人大常委会意识到，有必要根据有关法律和浙江省实际，制定相应的地方性法规，将社会养老服务方面的成功经验和政策措施制度化，在更好地解决社会化养老服务发展中存在的一些问题的同时，提供明确的法律依据，进一步规范社会养老服务工作，以法治的方式推进全省社会养老服务的健康发展。

（二）以各种方式多方收集意见和建议

在《浙江省社会养老服务促进条例》的制定、审议和颁布过程中，浙江省人大常委会充分听取民情、集中民智、反映民意，发挥人大代表在立法中的作用。浙江省民政厅把这项事关社会养老服务发展全局的工作列入重要议事日程，全力以赴做好配合工作。

2014年9月至12月，浙江省人民代表大会常务委员会对《浙江省社会养老服务促进条例》草案进行了三次审议。在草案审议期间，浙江省人大常委会两次通过网络公开征求各界意见，并通过立法调研、代表履职平台、代表联络站等渠道，广泛发动省人大代表参与，还首次召开了立法协商会议，收集各方意见建议。浙江省人大领导分别带领几个小组，分赴全省各地调研和征求意见。如2014年8月6日，浙江省人大常委会委员、内司委主任委员宋光宝及法工委副主任任亦秋等一行六人，实地考察杭州市西湖区社区养老服务中心和西湖区助老呼叫系统实际运转情况，并召开座谈会听取意见；10月21日、23日，浙江省人大常委会副主任王永昌带队先后赴绍兴、嘉兴等地调研，听取当地政府及有关部门、立法基层联系点、省人大代表和养老机构负责人的意见和建议，实地考察了养老机构和居家养老服务照料中心，并到嘉兴市秀洲区王店镇人大代表联络站听取群众意见；10月29日，浙江省人大常委会副主任厉志海到台州市椒江区海门街道人大代表联络站开展调研，与椒江区主要负责人、当地基层人大代表、群众代表及相关部门负责人等进行座谈交流。可以说，《浙江省社会养老服务促进条例》的起草、修改、审议、通过，是科学立法、民主立法的生动实践。

2015年1月，浙江省第十二届人民代表大会第三次会议高票通过了《浙江省社会养老服务促进条例》，这是国内首部由省人民代表大会通过的综合性社会养老服务地方性法规，它的出台，为浙江省社会化养老服务工作的开展提供了强有力的法制保障，对于浙江省社会化养老服务体系的建设与完善，具有划时代的里程碑式意义。

（三）《浙江省社会养老服务促进条例》的首创性和系统性

《浙江省社会养老服务促进条例》于 2015 年 3 月 1 日起施行。《条例》共分八章五十六条，将浙江省前几年率先探索、创新形成的有关社会养老服务政策措施法定化，不仅界定了社会养老服务的性质，明确政府在社会养老服务中起主导作用，负有托底和提供基本养老公共服务等职责，而且对社会养老服务中的核心内容居家养老

《浙江省社会养老服务
促进条例》

服务，以及起重要支撑作用的机构养老服务，分别进行了专章规定。特别是针对民间资本进入养老服务业时所遇到的困难，明确了用地、融资、财政补助等方面的激励政策和保障措施，以鼓励民间资本设立多种类型的养老机构，满足人民群众多样化、多层次的养老服务需求。

作为国内首部由省人民代表大会通过的综合性社会养老服务地方性法规，《浙江省社会养老服务促进条例》展现了前所未有的突破性、首创性。它首次从法律角度界定了社会养老服务是在家庭成员承担赡养扶养义务的基础上，由政府的基本公共服务、社会组织的公益性和互助性服务、企业的市场化服务共同组成的为老年人养老提供的社会化服务，包括居家养老服务、机构养老服务等。首次从法律层面明确了社会养老服务工作中政府、社会、市场的职责，明确了政府主导整个社会养老服务工作社会积极参与社区居家养老服务照料中心、养老机构的建设和运营，市场充分发挥市场机制配置养老服务资源的决定性作用。首次完整表述了社会养老服务的工作组织管理体制，即各级政府主导，民政部门主管，设区的市县（市、区）建立养老服务指导中心，乡镇街道设立养老服务中心，承担指导、培训、评估、审核等工作。首次整体性地将浙江省创新并行之有效的 11 项政策法定化，分别是：居家养老服务设施配建标准，养老机构分类管理与改制，养老护理人员培养与待遇规定，建立健全社会养老服务需求评估制度，养老服务补贴制度，财政保障机制，医养融合发展，土地保障机制，建立健全社会养老服务标准体系，建立志愿服务激励机制以及鼓励养老服务产业发展。首次明确家庭养老支持政策的具体内容，包括：为老年人随配偶或者赡养人迁徙提供条件，倡导家庭成员与老年人共同生活或者就近居住；通过组织开展免费培训等形式，向家庭成员普及照料失能、失智等老年人护理知识和技能；支持困难老年人家庭进行无障碍设施改造，同时鼓励对已建住宅小区加装电梯。首次明确公办养老机构基本职责应当以护理型养老机构为主，应当保障城镇"三无"和农村五保对象等特困人员的养老服务需求，应当着重满足最低生活保障家庭、最低生活保障边缘家庭中的失能、失智、高龄、独居、重度残疾老年人和计划生育特殊家庭老年人的养老服务需求，并特别强调公办机构应当建立健全收住制度，向社会公开床位资源信息。首次就养老机构有关诚信档案、养老服务质量评估、举报投诉等制度建设做出规定。首次明确社会养老服务工作中养老机构的法律责任、养老服务对象的法律责任和民政等有关部门工作人员的法律责任。

众多的首次，足以说明《浙江省社会养老服务促进条例》的首创性和系统性。

除此之外，《浙江省社会养老服务促进条例》注重前期的规划与建设，充分体现了前瞻性的指引作用。如第十一条，县级以上人民政府应当加快推进坡道、电梯、公厕等与老年人日常生活密切相关的公共设施无障碍改造，鼓励已建成的多层住宅加装电梯；第十四条，新建住宅小区应当按照社会养老服务设施建设规划和省规定的社会养老服务设施配套建设标准，建设居家养老服务用房，并与住宅同步规划、同步建设、同步验收、同步交付使用；等等。均明确了要加强前期规划，确保现在及未来能够满足养老服务需要。

三、奠定社会养老服务基础

在《浙江省社会养老服务促进条例》颁布之后，浙江省又进一步出台了更为具体明确的政策操作方案和实施细则，明确了具体的规定和路径，完善了相关的规范和标准，保证社会化养老服务工作落到实处。

一系列的政策文件、标准等相继出台，对浙江养老服务工作进行了系统部署，构建了从地方性法规到政府文件多层次的政策保障体系。在机构设立许可、政府购买服务、机构公建民营、机构综合保险、机构医养结合等方面进行了具体规划，为破解养老服务业发展的瓶颈问题提供了政策依据。制定了居家养老服务照料中心星级评定标准、公建民营委托经营合同等配套规范，进一步细化发展养老服务业的保障措施（见表1-5和表1-6）。

表1-5　《浙江省社会养老服务促进条例》颁布之后关于养老服务事业发展的主要政策文件

序号	标题	文号
1	《关于进一步做好养老机构设立许可及管理工作的通知》	浙民福〔2015〕173 号
2	《关于加快推进政府购买养老服务的意见》	浙财社〔2015〕193 号
3	《关于推进养老机构公建民营规范化的指导意见》	浙民福〔2016〕26 号
4	《浙江省社区居家养老服务机构综合保险试点方案》	浙民福〔2016〕45 号
5	《关于推进医疗卫生与养老服务相结合的实施意见》	浙政办发〔2016〕148 号

续表

序号	标题	文号
6	《关于"十三五"期间延续老年服务与管理类专业毕业学生入职奖补办法的通知》	浙民福〔2017〕23号
7	《关于全面推行养老服务机构综合保险工作的通知》	浙民福〔2017〕120号
8	《关于加强老年人照顾服务工作的实施意见》	浙政办发〔2018〕32号
9	《关于开展示范型居家养老服务中心建设的通知》	浙民福〔2018〕57号
10	《关于深化养老服务综合改革提升养老服务质量的实施意见》	浙政办发〔2018〕77号
11	《关于推进新时代民政事业高质量发展的意见》	浙委发〔2019〕27号
12	《关于加强养老机构备案工作的意见》	浙民养〔2019〕149号
13	《浙江省养老服务专业人员入职奖补办法》	浙民养〔2021〕210号

表1-6 《浙江省社会养老服务促进条例》颁布之后关于养老事业发展的相关规范和标准

序号	标题	文号/标准编号
1	《浙江省社区居家养老服务照料中心星级评定标准》	浙民福〔2015〕145号
2	《养老机构公建民营委托经营合同（参考文本）》	浙社福协〔2016〕1号
3	《养老护理员培训规范》	DB33/T 2001—2016
4	《老年活动中心建设标准》	DB33/T 1125—2016
5	《浙江省养老服务设施专项规划编制导则（试行）》	
6	《老年活动中心管理和服务规范》	DB33/T 2055—2017
7	《养老机构失智症服务与管理规范》	DB33/T 2134—2018
8	《医养结合机构基本服务规范》	DB33/T 2171—2018
9	《养老服务机构康复辅具配置基本要求》	DB33/T 2225—2019
10	《浙江省养老机构等级评定管理办法》和《浙江省养老机构等级评定工作实施细则》	浙民养〔2020〕111号
11	《养老机构护理分级与服务规范》	DB33/T 2267—2020
12	《居家老年人送餐服务规范》	DB33/T 2399—2021
13	《浙江省养老机构消防安全标准化管理规定（试行）》	浙民养〔2021〕113号

第五节　打造一视同仁营商环境

养老服务体系的建立，离不开社会和市场的力量。浙江省民营经济发达、民间资本充裕。截至2020年年末，浙江在册市场主体达到了800多万个。2020年，中国民营企业500强中，浙江省的民营企业占96席，上榜企业数量连续22年位列全国之首。面对巨大的养老市场，民营资本进入养老服务业的愿望非常强烈。

依靠这些潜力和优势，浙江省在养老服务体系建设过程中，不是单纯地依靠政府财政投入来推动社会养老，而是致力于通过出台系列鼓励支持政策，优化营商环境，促进养老产业与养老事业协同发展，充分支持和引导民间资本进入养老服务领域，以发挥市场在资源配置中的决定性作用，为老百姓提供更多更好的多层次、多样化的社会养老服务。

一、应放尽放 优化养老市场环境

2014 年，浙江省政府出台《关于发展民办养老产业的若干意见》（浙政发〔2014〕16 号），提出鼓励引导社会力量在养老服务领域发挥主体作用的三十条规定，强调建立"公开、透明、平等、规范"的养老服务业准入制度，营造平等参与、公平竞争的市场环境，明确非禁即入，凡法律法规没有明令禁入的养老服务领域，都要向民间资本开放。

《关于发展民办养老产业的若干意见》

《浙江省社会养老服务促进条例》进一步明确了鼓励社会力量进入养老服务领域的激励政策，设定了相应的法律责任，使得社会力量参与养老服务有法可依、有章可循。

二、简化手续 降低市场准入门槛

2013 年，全国人民代表大会常务委员会修订的《中华人民共和国老年人权益保障法》（简称《老年人权益保障法》）规定：设立养老机构应当向县级以上人民政府民政部门申请行政许可。2013 年 6 月，民政部出台《养老机构设立许可办法》（中华人民共和国民政部令第 48 号），规定了养老机构设立许可的具体条件。在设立许可的具体条件中，规定需提供建设单位的竣工验收合格证明，卫生防疫、环境保护部门的验收报告或者审查意见，公安消防部门出具的建设工程消防设计审核、消防验收合格意见，或者消防备案凭证等材料。然而，根据《中华人民共和国消防法》和《建设工程消防监督管理规定》，消防部门还需要养老机构举办人提交房屋产权证、土地使用证、建设工程消防设计、施工许可证、建设工程规划许可证明文件等材料。这些具体的条件和要求，使得当时全省尚有 1540 家养老机构未能依法取得《养老机构设立许可证》。

2015 年，为进一步减少养老机构设立许可证的审批环节与部门，浙江省民政厅根据《浙江省社会养老服务促进条例》，出台《关于进一步做好养老机构设立许可及管理工作的通知》（浙民福〔2015〕173 号），明确了十大方面的内容，即关于在《养老机构设立许可办法》颁布前已建成的养老机构如何办理许可的问题；现有养老机构消防设计审核、消防验收及备案的要求；已开办运行且未

《关于进一步做好养老机构设立许可及管理工作的通知》

依法办理消防设计审核、消防验收或者备案手续的养老院、福利院，办理消防设计审核、消防验收或者备案手续有关申请材料的要求；竣工验收合格证明要求；房屋产权证明要求；卫生防疫要求；食品安全要求；环境评价意见；加强养老机构监管的要求；养老机构筹办规范。较好地解决了养老机构设立许可难题，在规范养老机构设立许可程序的同时，促进了社会养老机构的发展。

八统一

服务项目统一、办事指南统一

办事平台统一、办事程序统一

管理制度统一、单位印章统一

服务细节统一、工作时间统一

党的十八大以来，浙江省深入贯彻党中央、国务院关于放管服改革的决策部署，持续推进养老机构放管服改革。如杭州市民政局出台《关于加快推进全市养老服务业放管服改革工作的通知》（杭民发〔2017〕225号），通过取消筹备审批环节、建立营利性养老机构"先照后证"程序、压缩医养结合服务机构审批时限、取消资金证明文件等措施，进一步放宽养老机构设立许可条件。2017年，浙江省以民政部等13个部门联合印发的《关于加快推进养老服务业放管服改革的通知》（民发〔2017〕25号）为依据，进一步深化"简政放权、放管结合、优化服务"，以"最多跑一次"改革为牵引，实现养老机构设立、变更等事项"八统一"，养老机构设立所需材料，从原来的9项压缩到消防验收备案、竣工验收证明、房屋产权证明、餐饮服务许可证、环保评价意见等5项，审批时限也从原来的20个工作日压缩到10个工作日，进一步推进了养老服务企业和社会组织登记的规范化和便利化。

2017年，根据《国家卫生计生委办公厅关于养老机构内部设置医疗机构取消行政审批实行备案管理的通知》（国卫办医发〔2017〕38号），浙江省立即对全省养老机构申请内部设置诊所、卫生所、医务室、护士站等，取消行政审批，实行备案管理。2018年12月29日，全国人民代表大会常务委员会修订的《老年人权益保障法》规定，养老机构设立许可取消。浙江省民政厅随即印发《关于加强养老机构备案工作的意见》（浙民养〔2019〕149号），要求全省取消养老机构设立许可，实行备案制度，

《关于加强养老机构备案工作的意见》

并规定了备案的条件、方式等，进一步降低了养老机构开办的门槛和时间成本。

此外，浙江省多数市县在养老机构设立、变更、注销，养老服务补贴审批，民办非营利性养老机构床位建设补贴等方面事项，均可实现网上办理，并与其他部门实现数据共享。

三、公建民营　推动公办机构改革

公办养老机构，作为"民生工程"之一，由于有政府财政支持，大多拥有优越的硬件设施、便利的交通条件、专业的康护人才，最主要的是收费标准与民营养老机构相比，优势巨大。因此，无论从服务质量还是消费水平出发，老年人都会首选公办养老机构。

但城市公办养老院始终处于"规模小、一床难求、运营管理缺乏活力、效益低下、服务口碑一般"的尴尬局面，而农村敬老院则因为设施落后，管理薄弱，提供的服务较少，基本以提供食宿为主，再加上农村老人深受传统观念的影响，对机构养老较为抗拒，导致农村敬老院闲置现象较为严重。

为化解这些矛盾，浙江省推出了"公建民营"模式，即由政府出资兴建养老院，再交由社会专业团队运营的模式。该模式不仅能发挥政府兜底保障功能，优先解决兜底保障对象和空巢、高龄老年人的养老服务需求，并且通过引入社会专业力量、向社会开放，能更好地发挥公立养老设施的作用，为包括政府兜底保障服务对象在内的更多老年人提供更优质的养老服务。

浙江省公办养老机构"公建民营"模式在全国率先试水。早在20世纪90年代末，在国家倡导社会福利社会化的大背景下，台州等地就通过承包制的办法，委托社会人士运营管理农村敬老院。[1]

在台州等地的先行探索下，"公建民营"模式得以推广。如天台县民政局在"十二五"期间积极探索以公建民营、民办公助为主要形式的运行模式，吸引社会力量参与兴办公益事业，提升敬老院的功能和档次。该县通过所有权与经营权分离，与承包人签订协议，允许承包人在保障兜底服务的同时，通过为社会托养老人服务创造利润。2008年，杭州绿康江干区残疾人康复托养中心——"公建民营、民办公助"的非营利性残疾人托养机构成立，康复托养包括老年人在内的残疾人。2009年，台州市玉环县福利中心——长者公寓，进行承包经营公开招标，以承包责任制形式开展对外合

---

[1]　黄珍珍. 农村养老服务，升级再出发 [N]. 浙江日报，2017-02-10.

作，全盘委托社会服务机构经营管理。

2014年，浙江省委、省政府积极总结前期实践宝贵经验，推动公办养老机构改革，大力实施公建民营。浙江省民政厅统一发布《关于实行养老机构公建民营公开招投标的公告》，在全国范围内首次开展了面向国内外企业、社会团体和民办非企业单位的大规模集中招投标 [①]，全面推行养老机构"公建民营"模式。2014年11月14日，浙江省民政厅在第三届浙江国际养老服务业博览会上，举办了养老机构公建民营签字仪式，成为全国首个省级层面全面开展公建民营试点的省份。之后，浙江省民政厅又发布了第二批、第三批招投标公告，大力推动社会力量参与公办养老机构的运营。公建民营的养老机构可进行营利性或非营利性法人登记。

此外，浙江省不断探索召开推介会等形式，搭建养老服务社会化对接平台，吸引企业和社会组织进入养老服务行业。如2017年7月，杭州市正式举行第一届"因为有你别样精彩"养老服务社会化推介会，来自全国近80家为老服务社会组织（企业），与拟实施社会化运营的200余家为老服务机构，进行社会化运营意向性洽谈。通过搭建平台，实现信息共享，吸引了更多社会力量参与公办为老服务机构的社会化运营。

四、优惠政策　扶持民办机构发展

针对现阶段老年人支付能力弱、养老机构投资建设和运营成本高、企业获利难的情况，浙江省政府于2014年先后出台《关于加快发展养老服务业的实施意见》（浙政发〔2014〕13号）、《关于发展民办养老产业的若干意见》（浙政发〔2014〕16号），从用地保障、财政支持、融资信贷、税费优惠、投资者权益保障等各个方面，鼓励和引导社会力量、民间资本发展养老产业，着力破解制约民办养老机构发展的瓶颈。

省级有关部门联合制定了养老服务收费管理办法等配套政策文件，改革养老服务收费办法，明确公办养老机构的床位费、护理费实行政府指导价管理，由市、县物价部门制定基准价和浮动幅度，养老机构在规定幅度内自主确定具体收费标准；民办养老机构的床位费、护理费标准，由养老机构根据实际服务成本及合理利润自主确定。

2018年，浙江省政府办公厅出台《关于深化养老服务综合改革提升养老服务质量的实施意见》（浙政办发〔2018〕77号），提出完善财政支持政策，确保各级福利彩票公益金50%以上用于养老服务，并引导和支持社会力量设立产业基金或通过贴息、公建民营、政府和社会资本合作等方式，吸引社会力量进入养老服务领域。2019年，浙

---

① 浙江省全面推行养老机构公建民营［EB/OL］.（2014-06-25）[2022-03-21]. http://www.mca. gov.cn/article/xw/dfdt/201406/20140615658193.shtml.

江省委、省政府印发《关于推进新时代民政事业高质量发展的意见》(浙委发〔2019〕27号),提出支持养老服务机构规模化、连锁化发展,鼓励专业养老机构运营居家养老服务机构。

民办养老机构支持鼓励政策内容

用地用房保障:优先优惠供应民办养老机构建设用地。各市、县(市、区)要单列养老机构(含老年活动设施)用地指标,纳入年度用地计划。

财政支持:建立政府购买养老服务制度。新建民办非营利性养老机构,自建用房普通床位,省级财政每张一次性补助6000元,租赁床位每张补助2000元,护理型床位在此基础上分别提高每张2000元和每张1000元的补助;租赁用房补助减半且分三年补助。

融资:明确通过招拍挂出让方式取得的民办养老机构用地,可确定为商服用地,消除了土地不能抵押的障碍。支持养老机构以包括股权融资在内的各种方式筹集建设发展资金,支持养老服务企业上市融资。对符合小额担保贷款条件的民办养老服务机构,可给予最高不超过200万元的贴息贷款,并享受50%贷款利息的贴息。

税费优惠:确定了"7免2减"的项目,即对养老机构提供的养护服务免征营业税,对各类非营利性养老机构自用房产、土地免征房产税、城镇土地使用税;经批准设立的养老机构内专门为老年人提供生活照顾的场所免征耕地占用税;对认定为非营利组织的养老机构,其取得符合条件的收入作为企业所得税免税收入;对企事业单位、社会团体和个人向非营利性养老机构的捐赠,符合相关规定的,准予在计算其应纳税所得额时按税法规定比例扣除。

投资权益:明确非营利性养老机构资产属于出资人所有,收益的一定比例可用于奖励出资人,突破了收益不能分红的限制。

为了鼓励社会资本创办养老机构,各地还出台了各种财政补贴制度。经济实力强的杭州市等地,在省级财政补助基础上再给予市、区两级财政补助,并把范围扩大至营利性民办养老机构,极大地提升了社会力量举办养老机构积极性。

五、健全机制 完善政府购买服务

为了履行老年社会服务职能,缓解老年照护日趋紧张的矛盾和压力,浙江省引入市场机制,通过政府购买养老服务的方式,充分发挥专业的社会养老服务力量,提升基本养老服务供给效率与品质。

在《浙江省社会养老服务促进条例》出台之前，浙江省各地已开始探索政府购买服务的方式。如 2007 年宁波市海曙区按照每位老人每年 2000 元的标准，为 600 余名高龄、独居的困难老人购买服务；镇海区对经济和生活自理有困难，无子女或子女残疾、子女不在本区的 70 岁以上老年人，平均每天提供 1 小时免费生活照料服务。2008 年，嘉兴市南湖区用"政府购买"的方式从家政公司购买服务，并监督、考核服务效果；接单的家政公司，一方面提供服务，另一方面负责护工培训，提高服务技能。2013 年，嘉兴桐乡市通过实施公益创投的方式，探索政府购买养老服务新途径，开展社工培训、完善为老服务项目等，为老人提供精细化的养老服务。各地的宝贵经验为政策的制定提供了良好的实践支撑。

《关于加快推进政府购买养老服务的意见》

在《浙江省社会养老服务促进条例》出台后，浙江省加快了政府购买养老服务的步伐，浙江省财政厅、省发展改革委、省民政厅联合出台《关于加快推进政府购买养老服务的意见》（浙财社〔2015〕193 号），将养老服务纳入政府购买服务的重要内容，向各类养老机构、社区居家养老服务照料中心、居家养老服务组织等购买养老服务，并重点选取生活照料、康复护理和养老服务人员培养等方面。

浙江省省级财政自 2012 年开始，设立养老服务体系建设专项资金，专门用于养老服务补贴、养老服务机构建设、居家养老服务设施建设和鼓励发展民办养老服务机构等。

目前，全省已形成服务外包、财政资金适度补助或奖励、公益创投等多类政府购买养老服务形式，以多种形式充分挖掘专业社会力量，为老年人提供丰富多样、专业可靠的养老服务。

对于养老市场，浙江省坚持高度开放、公平竞争，实行三个"一视同仁"，即国内国外一视同仁、公办民办一视同仁、国企民企一视同仁。正是在政府的鼓励和支持下，社会资本成为当前浙江省养老服务的主要供给力量，国有企业、私营、个体、外资纷纷加入，呈现出百花齐放的景象。如上海企业"福寿康"于 2018 年进入浙江市场，目前已在杭州、宁波、温州、嘉兴、金华、绍兴等地设立服务网点；温州民营养老品牌"红景天"，深耕机构养老 20 年，目前已走出浙江省，在福建等地开花结果，将浙江民营机构管理模式向省外输出。

政府购买的养老服务

机构养老服务："三无"老人、低收入老人、经济困难的失能半失能老人购买机构供养、护理服务。

社区养老服务：社区日间照料、老年康复文体活动等服务。

居家养老服务：助餐、助浴、助洁、助急、助医、护理等上门服务，以及养老服务网络信息建设。

养老服务人员培养：职业培训、职业教育和继续教育等。

养老评估：老年人能力评估和服务需求评估的组织实施、养老服务评价等。

截至 2020 年年末，全省共有各类养老机构 2299 家，床位 45.46 万张；其中民办养老机构 1580 家，床位 30.95 万张，民办养老床位占总床位的 68.08%。[①] 公办养老机构 834 家，其中公建民营 495 家，占 59.00%。民营机构在浙江省社会养老服务领域成了主力军。

---

① 浙江省 2020 年老年人口和老龄事业统计公报［EB/OL］.（2021-11-22）[2022-03-21]. http://www.zchsp.com/home/news/info.html?id=88&catId=32.

第二章 需求导向 机构跟着老人走
CHAPTER 2

2000 年，浙江省 60 岁及以上老年人口为 566.92 万人，占总人口的 12.34%。据预测，2025 年浙江省老年人口将达到 1500 万人，到 2030 年，每 3 个人中将有 1 个老年人。老龄化加速，如何养老成为急需解决的社会问题。

同时，浙江省城乡居民人均可支配收入不断增加，消费能力不断提升，养老消费需求也随之旺盛，对服务和质量都提出了更高的要求。根据历年浙江省国民经济和社会发展统计公报，2020 年，城镇居民人均可支配收入已从 2000 年的 9279 元增至 62699 元，农村居民人均可支配收入从 2000 年的 4254 元增至 31930 元，分别连续 20 年和 36 年居各省区市之首。2020 年浙江城镇居民人均消费支出 36197 元，比全国平均水平（27007 元）高 9190 元，居全国 31 个省区市第三位；农村居民人均消费支出 21555 元，比全国平均水平（13713 元）高 7842 元，居全国 31 个省区市第二位。浙江还是全国唯一的一个省内所有地级市的城镇居民人均可支配收入都超过全国平均水平的省份。因此，浙江省民众渴望拥有多层次的养老服务，来满足多样化的养老需求。

面对日渐激增的多元养老需求，养老服务供给不论是在数量上还是质量上，都呈现出了较大缺口。为此，在早期，浙江省政府首先着力于解决养老床位"从无到有""从少到多"的问题，致力于发展养老机构。而在养老机构有了一定发展后，浙江省政府发现，如果只是"跟着机构走"，并不能很好地满足老年人的养老需求。城市繁华地段的养老机构，往往一床难求；偏远郊区的养老机构，子女探视困难；价格便宜的养老机构，设施简陋，服务不如人意；条件优越的养老机构，价格昂贵，让人望而却步。为此，浙江省将养老服务体系建设的重点放在了供给侧结构性改革上，提出了"机构跟着老人走"[①]的发展思路，以老年人的养老需求为导向，鼓励各地建设不同层次和类型的养老机构，引导各地在老年人密集的地方设立养老机构，促进机构养老医

---

① 浙江省民政厅厅长：不追求床位数量 让养老机构跟着老人走［EB/OL］.（2021-01-26）[2022-03-21]. https://baijiahao.baidu.com/s?id=16899368225778169398&wfr=spider&for=pc.

养相结合，并稳步提升养老机构服务质量，实现养老机构从少到多、从远到近、从养到医、从有到好、从依到颐的转变。

2020 年 9 月，浙江省人民代表大会常务委员会就全省养老服务体系建设进行审议询问，浙江省民政厅将养老机构布局不合理、对居家养老支持不够大作为一个重点问题，与省自然资源厅进行会商，提出参照教育、卫健部门的做法，编制布局专项规划。在研究起草养老服务"十四五"规划时，进一步提出从"老人跟着机构走"转变为"机构跟着老人走"，实施专项规划编制工作。

2021 年 2 月，浙江省民政厅在对老年人口数量、结构及空间分布特征调查研究及对现有养老服务设施数量、利用、布局进行综合评估的基础上，提出了老年人口密度的概念，每平方千米 3000 人以上的为老年人高密度居住区，每平方千米 1000~3000 人的为老年人中密度居住区，每平方千米 1000 人以下的为老年人低密度居住区。并组织 11 个市和 50 万人口以上的县（市）开展养老服务设施布局专项规划编制，就近多点设置养老机构，专项规划成果将纳入当地国土空间总体规划，确保主城区老年人高密度居住区 500 米内、中密度居住区 1000 米内有 1 家养老机构。以 1 万名常住老年人配建不少于 300 张床位为规划编制的基本单元。

规划着眼当前任务，期限到 2025 年，近期就要实施；着眼城市社区，规划区域在主城区、县城以及其他老年人高度集聚的地方，重点是老旧小区，而不是农村、山区；着眼养老机构，养老服务设施种类很多，当前问题比较突出的是养老机构布局不合理，解决养老机构布局不合理问题，不仅仅是便利老年人就近入院，还能较好地发挥养老机构对居家养老的支持作用，特别是家庭养老床位建设。

民政部已调用浙江省布局规划编制相关资料，准备在全国开展此项工作。

第一节　数量：从少到多"增"起来

为解决老年人最初对是否能够获得社会化养老床位的担忧，浙江省一步一个脚印，以"千名老年人拥有养老床位数"指标为抓手，从增加公办养老机构床位开始起步，同时通过建设资金补贴、公建民营、税费优惠、购买服务等政策措施，引导社会力量参与，让社会组织和企业逐步成为养老服务床位供给的主要力量，从而有效地解决了老人对养老床位不充足的担忧。

一、公办机构集中供养　兜底基本养老

公办养老机构是指公有制性质，由国家财政资金支持，不以营利为目的的养老机构。公办养老机构在养老事业中处于主体地位，是政府稳健应对人口老龄化的关键，承担着重大的养老社会责任。

无劳动能力、无生活来源、无赡养人和扶养人的城镇"三无"和农村五保老年群体，是最需要帮助的困难群体。他们不仅面临着基本的温饱问题，也同样面临着住房、养老、医护等压力。面对这些散落于各处的困难老人，仅靠分散供养无法解决问题，政府依靠国家和集体的力量，以集中供养的方式，来解决困难老人的生活保障问题，充分体现了社会主义制度的优越性。在国家的指引下，浙江省积极推行集中供养，以公办养老机构为依托，主动承担托底的养老责任，有效保障了这类老年人的基本生活。

《关于开展农村五保对象和城镇"三无"对象集中供养试点工作的意见》

早在 2003 年，浙江省就在全国率先启动了农村五保和城镇"三无"对象的集中供养工作 ①，出台《关于开展农村五保对象和城镇"三无"对象集中供养试点工作的意见》（浙政办发〔2003〕29 号），以衢州江山市、杭州富阳市、宁波慈溪市等地为集中供养试点县。启动当年，为了改变集中供养率不足 29.8% 的现实，全省各地加大了对敬老院建设的投入。如江山市在经济并不宽裕的前提下，第一年就为敬老院建设投入了全部财政收入的 1.25%，而该市集中供养率也由 2003 年年初的不足 7% 猛升到年底的 80%。

2006 年，国务院颁布《农村五保供养工作条例》（国务院令第 456 号），将农村五保供养工作纳入国家财政保障范围，同年年底启动"霞光计划"，要求各级民政部门从本级留用的福利彩票公益金中划拨一部分资金资助农村五保供养服务设施建设。浙江省积极落实，把原用于农村五保机构建设的资金转为五保供养专项资金，用于补助五保对象生活、医疗所需和敬老院建设，同时根据分区划块、相对集中的原则，以敬老院为依托，由所在乡镇、街道将五保对象就近送敬老院集中供养。

2008 年，《浙江省实施〈农村五保供养工作条例〉办法》（浙江省政府令第 244 号）出台，对农村五保供养的标准、资金保障、医疗保障，五保供养服务机构的设置和建设等做出了具体规定，从法律和制度上保障了最弱势老人的生活保障和服务保障问题。2015 年，《浙江省社会养老服务促进条例》颁布，进一步以法律的形式确定了公办养老

---

① 浙江 5.9 万名"五保"和"三无"对象实现集中供养［EB/OL］.（2006-01-09）［2022-03-21］. http://www.gov.cn/gzdt/2006-01/09/content_151656.htm.

机构托底最困难老人的责任。

2017年,《关于进一步健全特困人员救助供养制度的实施意见》(浙政办发〔2017〕1号)出台,明确了救助内容和标准,全面提高了城乡低保和特困人员的救助标准,保障了包括老年人在内的城乡特困人员的基本生活。2019年,浙江省民政厅办公室转发《关于进一步做好特困人员救助供养有关工作的通知》(民办便函〔2019〕213号),要求各地严格落实特困供养政策,认真组织特困人员集中供养需求摸底调查,切实加强分散供养人员跟踪管理。2021年11月,浙江省政府办公厅印发《关于健全完善特困人员救助供养制度的意见》(浙政办发〔2021〕58号),立足推进新时代民政事业高质量发展,围绕放宽救助供养认定条件、提高救助供养保障标准、规范完善救助供养形式、加强供养服务机构管理等重点内容,对新时代特困人员救助供养工作做出系统安排。

《关于健全完善特困人员救助供养制度的意见》

浙江省把农村五保、特困人员集中供养工作,作为社会福利事业的窗口工程来抓,聚焦农村五保对象和城镇"三无"对象,多方筹集资金,加大经费投入,加快敬老院建设,规范敬老院管理,使全省敬老院的面貌发生了翻天覆地的变化,集中供养工作从弱到强、从分散到集中、从无序到规范,形成了生动和谐的特殊群体"老有所养"的局面。

2003年,浙江省完成新建、改扩建敬老院354所,全省城镇"三无"对象、农村五保集中供养率为68.8%和49.5%。[①]到2015年年底,4.5万农村五保和城镇"三无"老人由政府提供供养服务,集中供养率达97%以上。[②]

慈溪特困人员集中供养升级版　让福利院老人优先实现"浙里长寿"[③]

宁波慈溪市是一个人口老龄化程度较高的县级市,截至2021年年底,全市60岁以上老年人口达28.82万人,占户籍总人口的28.83%;60岁以上特困人员280人,在三家公办社会福利院集中供养,其中,80岁以上75人,占比为26.80%,90岁以上21人,年龄最大的为95岁。近三年来死亡的特困集中供养人员平均寿命81岁,超过浙江省目前的人均预期寿命。

---

①　2003年浙江省国民经济和社会发展的统计公报[EB/OL].(2004-03-16)[2022-03-21]. http://tjj.zj.gov.cn/art/2004/3/16/art_1525568_20972737.html.

②　浙江省民政事业发展"十三五"规划[Z].2016-08-10.

③　由宁波慈溪市民政局供稿。

是什么让慈溪的特困老人优先实现"浙里长寿"？关键在于慈溪市对特困、低保等相对弱势人群的高度关注，在特困人员供养上打破固有模式，早在2012年就把全市特困人员全部集中到三家公办社会福利院，形成了特困人员集中供养升级版。

2012年以前，慈溪的特困人员都分散在各镇敬老院集中供养，房屋设施大都比较落后，安全隐患突出。敬老院作为镇级下属事业单位，院内行政管理人员大都为年龄较大甚至退休的镇干部，发展现代养老服务业的意识薄弱，积极性、主动性缺乏，管理服务上以提供基本生活照料为主，失能失智人员的照护水平低下。

为了提高特困人员的供养保障水平、引导各镇大力发展养老服务业，从2000年开始，慈溪市就超前谋划，先后出资0.6亿元，在中心城区和市域北片分别建成两家市级社会福利院，合计建筑面积6.3万平方米，养老床位800余张。2012年，将全市512名特困人员集中供养到市级两家社会福利院，把27名患有精神病的特困人员，集中供养到新浦镇社会福利院。三家社会福利院从此承担起全市特困人员的集中供养任务，统一供养标准、服务标准，配足护理人员，同时，全部就近与医院建立医养合作关系，成立内设医疗机构，由常驻医生、护士提供医护保健。在良好的居住环境、生活娱乐、医疗护理等保障下，特困人员的生活从此有了翻天覆地的变化。

与此同时，市政府支持各镇把腾空的敬老院设施进行改造提升、扩建重建，两级政府三年内累计投入近亿元，让原先的敬老院脱胎换骨，并全部转型为养老院，以公建民营的方式，引进第三方进行专业化运作。为了支持第三方能轻装上阵、提升服务，在运营权承包费用收取上采取低标准、免除或以奖代补等方式，同时要求机构做到服务价格备案和公示，确保为本市老年人提供住得起、养得好的养老服务。这一转型既满足了本市各镇老年人就近养老的需求，对各地镇政府而言，又发展了本地养老服务业。

改善特困人员的生活保障水平，是实现全面小康、共富共美的兜底任务之一。慈溪市的做法，让特困老年人优先享受到了现代养老服务，筑起了"浙里长寿"的坚实底线。

二、社会力量多元供给 做多养老"菜单"

解决好特困人群的养老问题，是政府的职责所在。那么，普通人的社会养老床位问题又该如何解决呢？

政府的财政力量有限，不可能大包大揽。在这种情况下，浙江省依托民营经济大省这一条件，积极发挥民营经济发达、民间资本充裕的优势，利用健全的产业政策和透明的营商环境，大力吸引民间资本参与建设和承办各类养老机构，引导民营养老机构为老年人提供多样化、多层次的养老服务。

浙江省在"十一五"期间明确，"在巩固农村'五保'老人和城镇'三无'老人集中供养体制的同时，各级政府要积极兴建一些面向困难老人和低收入群体的福利性的养老机构，特别要加快兴建针对高龄、残疾等失去生活自理能力老人的寄养护理机构。鼓励和支持民间资本进入养老服务业，兴办老年公寓、寄养中心、托老所等养老机构，满足不同层次老年人的养老服务需求""到'十一五'期末，力争民间资金在养老服务业的投资额有较大幅度增长，民间资金以各种形式，包括独资、合资、合作、联营、参股、租赁等投资建成的养老机构床位数达到 5 万张。"①

而后在 2010 年出台的《浙江省社会养老服务体系建设"十二五"规划》中提出，要扶持民办养老机构发展，以公建民营和民办公助为主要模式，重点发展民办非营利性养老机构，适当推进民办营利性养老服务机构发展。2014 年，浙江省政府出台《关于加快发展养老服务业的实施意见》（浙政发〔2014〕13 号），明确主要任务是进一步抓好养老机构建设，鼓励个人举办家庭化、小型化的养老机构，社会力量举办规模化、连锁化的养老机构。同年，出台《关于发展民办养老产业的若干意见》（浙政发〔2014〕16 号），提出了鼓励社会力量参与养老机构建设的具体措施，并在机构用地、资金扶持、融资信贷、税费优惠等方面做出了相关规定，为发挥市场在养老服务业资源配置中的决定性作用、引导社会力量成为养老服务业发展的主体提供了政策支持。2015 年出台的《浙江省社会养老服务促进条例》，则以法律的形式鼓励民间资本设立多种类型的养老机构，来满足多样化、多层次的养老服务需求。2018 年，浙江省政府办公厅印发的《关于深化养老服务综合改革提升养老服务质量的实施意见》（浙政办发〔2018〕77 号）指出，公建民营的养老机构可进行营利性或非营利性法人登记，并明确了下一步财政支持养老服务的方向，即引导支持社会力量设立产业基金（养老投资基金）或通过贴息、公建民营、政府和社会资本合作等方式，吸引社会力量进入养老服务领域，为普通老百姓提供更多的床位以及更多样化的服务选择。

在政策的积极引导和三个"一视同仁"的营商环境下，浙江省养老企业和专业服务组织如雨后春笋般诞生。雅戈尔、三星医疗、物产中大、天目山药业、双箭股份、创新医疗、广宇集团等浙江上市公司纷纷进入养老产业。如双箭股份在 2012 年就涉足养老产业，目前拥有 6 家机构，共 1100 个床位；物产中大子公司物产中大金石集团现有

---

① 浙江省老龄事业发展"十一五"规划 [Z]. 2006-10-18.

3 个国际医养中心、5 个社区养老服务中心，运营养老床位数（含托管）2500 张左右。进入浙江省的全国性养老服务品牌企业，有万科随园嘉树和随园智汇坊系列、朗诗常青藤、乐成养老、凯健国际、华润、亲和源、复星康养等，以绿康医养为代表的区域连锁布局品牌也在迅速崛起，金色年华、绿城等本地品牌也在逐步壮大。另外，江苏朗高、北京泰康、上海百仁堂、重庆百龄帮等外地专业养老企业也在浙江省生根发芽，如朗高养老在浙江多地投资建设并运营浙江朗高、台州朗高、湖州朗高、温岭朗高等六个养老机构服务项目；泰康集团在浙江投资建设了杭州大清谷、宁波甬园等高端养老机构。

社会力量的介入，迅速增加了浙江省的养老床位。2005 年，每百名老年人拥有养老床位 1.5 张；2010 年，每百名老年人拥有养老床位 2.4 张，全省共有养老机构床位 18.9 万张；2015 年，每百名老年人拥有养老床位 3.5 张，全省共有各类养老机构 2240 家，养老床位 34.79 万张；2020 年，每百名老年人已拥有养老床位 4.02 张，基本能够满足浙江省老年人机构养老床位需求。[①]

三、降低单体机构规模 提升总体数量

经过十多年的努力，养老床位数量上已经有了很大的增长。但民政部门在调查走访中发现，老百姓更多期望的是能够在家门口养老，而且已有养老机构的床位利用率也存在问题，位于主城区的床位往往一床难求，而处于远郊的大型养老机构的床位则空置率很高。

从 2021 年 2 月中旬开始，浙江省民政厅养老服务处在摸底调查全省 11 个地市老年人口密度问题中发现，11 个地市老年人口空间分布密度差异化较大。杭州、宁波、温州老城区老年人口空间分布密度位于前列，均大于 3000 人 / 平方千米。金华、嘉兴、绍兴、衢州、湖州老城区老年人口密度紧随其后，大部分介于 1000~3000 人 / 平方千米之间。舟山、台州、丽水相对较低。在 11 个地市中，杭州市老年人口密度尤为突出，达 6000 人 / 平方千米以上（极高密度居住区）的街道就有 9 个。

面对全省各地老年人口空间分布密度差异较大，以及有些主城区机构一床难求、有些远郊大机构床位空置率很高的问题，再加上大多数老年人更倾向在家门口这种熟悉的环境中养老的事实，养老机构布局的优化调整势在必行。

对此，浙江省经过研究，明确提出，2021 年在全省范围内开展养老机构布局专项

---

① 数据来自浙江省老龄事业发展"十一五""十二五""十三五""十四五"规划。

规划编制工作，要将"老人跟着机构走"的现象，转换为"机构跟着老人走"，做到老年人居住在哪里，就将养老机构配建在哪里，破解原来养老服务设施特别是养老机构布局不合理、对居家养老支持不够大的难题，让老百姓能够在家门口养老。同时，提出了"规模降下来，数量提上去"的理念，从原来注重扩大养老机构的床位规模，到更加注重贴近老百姓床位数量的增加，提出要改变早期养老机构建设大且全的模式，养老机构建设的重点不在于一个机构规模上的扩张，而在于要构建布局均衡、适应需求、服务便利的养老服务设施布局体系，保障小型化、嵌入式的微型养老机构星罗棋布。通过机构数量上的增量，嵌入式地点状分布在老年人相对集中的社区，在改变前期一些机构盲目追求规模，导致总体入住率不高、床位空置状况的同时，着力提高养老床位的可使用性，让老年人不出社区就能看到养老机构，享受到养老机构的专业服务。

2021 年 7 月，浙江省民政厅、省自然资源厅联合发布《浙江省养老服务设施布局专项规划编制导则（试行）》，部署养老服务设施布局专项规划编制工作，按照布局均衡、适应需求、服务便利的理念，从选址布局、配建标准、建设方式等方面科学指导各地开展编制工作。

《浙江省养老服务设施布局专项规划编制导则（试行）》

按照此次配建标准要求，在全省范围内，按 1 万名常住老年人配建不少于 300 张床位为规划单元，80 岁以上高龄老年人口比例超过 20% 的地区，应提高床位标准。一个规划单元内，将养老机构分多处设置，做到主城区老年人高密度居住区 500 米（约 1 平方千米）内、中密度居住区 1000 米（约 3 平方千米）内建有 1 家养老机构。以县（市、区）为单位规划设置认知障碍照护床位，按每千名老年人设置不少于 2 张认知障碍照护床位，做到相对集中。严格控制养老机构规模，政府不再建设 500 张以上床位的综合性养老机构，社会力量兴办的单体规模控制在 200 张床位以下。2021 年，首先对 11 个市（区）进行专项规划编制，完成 50 万以上人口县市的专项规划编制。专项规划将纳入当地的空间规划，保障落实养老机构用地。

通过十多年的努力，浙江的养老机构从少到多"增"起来。截至 2020 年年末，浙江全省共有各类养老机构 2299 家，床位 45.46 万张，其中民办养老机构 1580 家，床位 30.95 万张，民办养老床位占总床位的 65.08%。[①] 浙江省每百名老年人的养老床位已达到 4.02 张，从数量上而言，已满足了"9643"养老总体格局中 4% 的老年人机构养老的床位数量需求。

---

① 浙江省 2020 年老年人口和老龄事业统计公报［EB/OL］.（2021-11-22）[2022-11-29]. https://www.zchsp.com/home/news/info.html?id=88&catId=32.

第二节 分布：从远到近"便"起来

老年人养老，不仅仅期望有床位，还希望能拥有亲情和友情。老年人机构养老的梦想是"离家不离亲、离家不离社（村）"。养老机构的郊区化、偏远化，使得老年人脱离了原有生活圈，不仅子女探望不方便，还割裂了老年人与其他年龄层人群的交往。

浙江省在推进养老机构建设的过程中，注重顺应老年人的养老需求，不断推进养老机构"社区化""微型化"，推进城乡老年公寓的建设，借助社区或村落附近的地缘优势，提供便利化的养老服务，让老年人在家门口熟悉的环境和氛围中，就能享受机构养老服务，让亲属能就近探视，让居民能就地咨询，满足老年人"就近养老"的愿望，真正实现家门口的养老。

一、老年公寓 生活中的便利养老

为了让农村老人"离家不离村"，满足"就近养老"的需求，2014年，浙江省政府出台《关于发展民办养老产业的若干意见》（浙政发〔2014〕16号），开始探索一种"以宅基地换养老"的新模式，试水"老年公寓"新型养老模式。

老年公寓是政府和社会为缺乏子女及亲属照顾的老年人特殊设计、专门建造的居所，它具有相对完整的配套服务设施，如餐饮、清洁卫生、文化娱乐、医疗保健服务等，让老年人既能居家养老，又能享受到各种专业服务。通常，它是由政府牵头、政府出资、政府管理的惠民工程机构，也可以引入社会力量来建设和运营。但面对居住分散的农村老人来说，老年公寓的辐射面较为受限。

针对这一问题，结合农村老人"家里有房产，手头无资金"，无力拆旧建新的情况，2008年，丽水市松阳县在旧村改造过程中，成功探索了一条新路径——宅基地养老[①]，即在依法、自愿、有偿的前提下，孤寡、贫困以及留守老年人，可用宅基地使用权换取村集体老年公寓使用权，即老人自愿永久放弃宅基地使用权，将宅基地交归村集体所有，并由村里集中建设带有配套服务设施的农村老年公寓（当地县政府按每套5000元的标准补助老年公寓基础设施建设）供这些老年人集中居住、分户生活（25平方米的单人房，32平方米、40平方米的夫妻房等户型），并就近提供就餐、生活照料、医疗卫生以及文化体育等方面的服务。公寓产权归村集体所有，村集体给予老人每户3万~5万元破旧房拆迁补偿金（村委会按每平方米85~200元的标准给老人补助，并

---

① 松阳县创新供养方式推进宅基地置换改革 [EB/OL]. （2010-05-27）[2022-11-29]. http://fgw.lishui.gov.cn/art/2010/5/27/art_1229228852_58718277.html.

按每平方米 15~50 元奖励签订合同奖、拆除旧房奖）。这种做法，既盘活了土地资源，又缓解了农村养老服务问题，使之成为解决农村老人安居养老的有效方式。

丽水市松阳县是农业县，赤寿乡有 19 个行政村，3112 户，10751 人，2008 年农民人均收入 5108 元，女性年龄超过 55 岁、男性年龄超过 60 岁的老人有 4871 人。由于大批青壮年进城务工，这些老人中的大多数成了农村"留守老人"。同时，赤寿乡 19 个行政村，有土木结构房屋 1780 余栋，其中的 724 栋房屋因年久失修已成危旧房，有的闲置已久。村集体经济薄弱，老人也没有钱。正是在这样的背景下，松阳县委、县政府通过反复研究，在赤寿乡悟桐口村、龙下村、择子山村、红连村等地推出了"宅基地换养老"项目。

宅基地换养老这一举措受到了农村老人，特别是孤寡、贫困和留守老人的欢迎。1400 多位老人选择了这一安置方式，他们不仅能够集体入住新房，而且由政府帮助统一办理了城乡居民社会养老保险和农村医疗保险，使老年人的晚年生活有了保障。该创新举措在 2010 年获得了第五届"中国地方政府创新奖"入围奖。

台州温岭市的农村老年公寓建设，则是在市财政的大力支持下，结合村级公益养老、土地整治、农房改造等政策，列入了"村村新"工程菜单式建设项目。通过村里出资建、村企合作建、村与村联合建等多种方式，落实资金使用，利用村集体用地建设老年公寓，为老年人提供养老服务。同时，对老年人采取免费或超低收费的原则，让老年人入住无经济之忧。温岭的农村老年公寓，按一室一厨一卫标准建造，安装了橱柜、吸油烟机和管道煤气，不仅卫生设施齐全，连床铺、窗帘都配备到位，老人们可拎包入住。同时，老年公寓建有棋牌室、文化活动室、健身房、图书馆，文娱活动丰富，并与邻近的温岭市第四人民医院签约合作，定期有医生上门义诊，建立老年健康档案，对老人健康状况进行跟踪服务，让老人在这里安度晚年。自 2008 年以来，温岭全市已有 65 个村建成了老年公寓，温岭"老有所居"且"居有所乐"的和谐场景正在逐步形成。

在浙江省，农村的老年公寓主要是通过宅基地置换的方式，由村集体在政府的政策支持下建造兴办。而城市老年公寓的发展，则主要是通过社会举办，即由企业、集体或个人等社会力量兴办老年公寓。其中，最具代表性的是"温州模式"。"温州模式"老年公寓的主要特点就是"政府引导主体化、举办单位多元化、资金筹集多样化、城乡联动一体化"。如温州红景天老人公寓，创办于 2001 年，系社会办养老服务机构，它以"宾馆式服务、医院式护理"为创办宗旨，以"品牌服务、连锁经营"为特色，满足了老年人的多元化需求；温州乐清市颐和老年公寓，是经乐清市民政局批准，由山环度假村改建而成的民办老年公寓，是目前乐清市规模最大的养老机构之一。"温州模式"在当时取得了良好的社会效益和经济效益，被民政部向全国推广，为全国老年公寓的发展提供了典型示范。

"温州模式"老年公寓的主要特点

政府引导主体化：政府主要发挥规划、组织、指导、协调和监督作用。

举办单位多元化：由国家单一包办逐步向国家、集体、社团、民间、个体、港澳台同胞一起兴办的方向发展。

资金筹集多样化：由政府单一拨款向政府拨款、企业赠款、社会捐款、个人出资等多渠道集资方向转变。

城乡联动一体化：倡导农村敬老院和老年公寓联办，建立小城镇社会福利中心，建立各类志愿者服务队伍，积极探索"载体启动、社区联动、居家欢度"的"三环一链"社会化模式，取得了良好的社会效益和经济效益。

二、家院一体　乡村里的品质养老

2015年，杭州市桐庐县鉴于农村居家养老服务照料中心服务不够专业，且农村老人居住分散，无法享受应有的服务，县城大型养老机构远离家乡、费用较高，农村老人不愿意前往，而有一批桐庐在外的游子想回馈乡邻，愿意为农村老人提供资金或服务的情况，提出了在农村建设"家院一体"微型养老机构的设想。

"家院一体"微型养老机构，是指由村民利用闲置房改建，以安全舒适宜人为基本要求，承接居家养老服务照料中心职能，由10~50张床位组成的规模较小的具有独立法人资格的微型养老院。这种微型养老机构麻雀虽小，五脏俱全，老年食堂、棋牌室、阅览区等常规功能一应俱全。除了为老人提供日常护理外，由本地村民担任的护工，还会经常陪老人聊天，给予老人们心灵慰藉，实现了农村老人养老的"不离村、不离亲"。"家院一体"微型养老机构，将微型养老院与居家养老服务照料中心进行功能融合，就近为老人们提供多样化、专业化的养老服务，具有规模小、成本低、功能全、费用低等特点，既能使老年人就近养老，又能满足专业照护的需求，适合老年人"原居安老"的愿望。

"家院一体"微型养老机构得以顺利发展，离不开政府政策与制度保障。为推动微型养老机构的发展，桐庐县政府出台了《桐庐县关于加快发展微型养老机构的实施意见》，决定由县财政每年设立 100 万元专项资金，重点用于微型养老机构建设和运营等补助。农村微型养老机构拥有 10 张床位以上的，将给予县级床位建设补助，其中"机构居家化"的微型养老机构能同时享受居家养老照料中心的运营补助（对民办养老机构给予每张床位 3000 元或 4000 元的一次性建设补助和 100~400 元每人每月的床位运营补助）；同时还增加了养老示范乡镇补助、消防改造补助、公办民营及连锁化运营补助、人才补助等，大大降低了微型养老机构的运营压力。

2015 年 4 月，位于桐庐县分水镇塘源村的阳光养老服务中心，领到了第一张农村小型养老院设立许可证，在全国率先推出"家院一体小型养老机构"模式，标志着"家院一体"微型养老机构在桐庐正式启动。阳光养老服务中心是负责人利用自家闲置的空房办起来的，尽管只配设了 21 张护理型床位，但建筑面积有 400 平方米，拥有室外活动区 300 平方米，老人种植区 150 平方米，养殖区 348 平方米，老年食堂、棋牌室、阅览区、小公园等常规功能区一应俱全。即便是失能老人的房间内，也闻不到任何异味，这离不开护工的专业护理。这里的 5 位护工都是当地村民，经过专业培训后持证上岗。他们每天都会领着老人们在菜园里播种、施肥、采摘，让老人们做些力所能及的农活，老人们在娱乐室里打麻将，菜园里播种、锄草，"玩"得不亦乐乎。当年 78 岁的陈杏云老人，家就住在该村，因中风导致行动不便。原先，陈杏云一直住在桐庐县城的一家养老机构。但离家远，亲人探望不便，独身一人的她备感孤独。2015 年 4 月，阳光养老服务中心正式运行后，陈杏云的家人便将她送到这家养老院。"一来到这里，就有种回家的感觉。"陈杏云说，"这里的阿姨和入住老人都是本村人，每天跟他们都有聊不完的话题。"经过一年多的运行，21 张床位均已住满。服务中心负责人说，以前农村老人总觉得住养老院很丢人，但如今那些曾经有抵触情绪的老人入住了，反倒成了"宣传员"，有不少邻村的老人都跑过来参观、咨询。

之后，桐庐县在全县大力铺开农村微型养老机构建设。2016 年，桐庐县民政局联合八部门出台《关于进一步优化部门服务促进微型养老机构规范发展的指导意见》，从微型养老机构设立条件、消防审验、房屋产权等方面出台系列配套政策，做到"降规模不降标准"。同时，专门成立了由民政、消防、发改、国土、住建、市场监管、环保等单位组成的县微型养老机构工作协调小组，建立起民政、国土、住建、消防、环保等多部门联合会诊制度和并联审批制度，开展部门集中服务，实现"一窗口进，一窗口出"，大大缩短了审批时间。

2018 年，桐庐县政府在 2016 年的基础上新增两个部门，共 10 个部门联合发文重新制定了指导意见，细化微型养老机构许可条件，推进行业规范发展。

截至 2020 年，桐庐县已建成微型养老机构 12 家，护理型床位（含医疗床位）330 张，为长期需要照护的农村失能老人家庭提供替代专业服务。日趋完善的"家院一体小型养老机构"模式，正在为桐庐县众多农村老年人的晚年生活提供便利，"老有颐养"正逐渐成为每一位老年人的"标配"。

2020 年，为进一步总结经验，全面探索推广"家院一体"微型养老机构模式，杭州市出台了《促进微型养老机构规范发展的指导意见》，通过简化审批手续、支持农村闲置用房改建微型养老机构，探索"家院一体"微型养老机构的进一步发展方式。

"家院一体"微型养老机构的出现和发展，让农村老人真正实现了"垂暮不离亲、养老不离家"的理想，农村老人也能在家门口幸福安享高品质的晚年生活。

三、嵌入机构　家门口的幸福养老

传统意义上的大型养老院，一般都设在相对偏远的郊区，交通往往不太方便。而嵌入式养老机构与社区有机融合在一起，是以社区为载体，以资源嵌入、功能嵌入和多元运作方式嵌入为理念，利用社区闲置场地或者居民建筑改建设立的市场化运营养老机构，能够为老年人就近养老提供专业化、个性化、便利化的养老服务。嵌入式养老机构一般规模相对较小，由于设置在社区以及老人比较熟悉的生活环境和社交圈里，使得养老服务对于老人而言，近在咫尺，颇为便利。

为了推进社区嵌入式养老机构的进一步发展，浙江省在规划层面进行了清晰的设计，并在政策层面给予了明确的支持，以确保嵌入式养老机构在浙江城乡各地遍开"养老幸福花"。

2017 年编制出台的《浙江省老龄事业发展"十三五"规划》（浙政发〔2017〕21 号）中明确提出，要探索发展社区嵌入式养老机构。之后，为破解养老服务设施，特别是养老机构布局不合理、对居家养老支持力度不够大的难题，2021 年 2 月，浙江省民政厅在杭州、宁波、温州等地召开座谈会，广泛听取意见和建议，深入调研各地老年人口空间分布密度及周边养老机构、床位数情况。同年 5 月，在深度调研的基础上，浙江省民政厅、省自然资源厅联合印发了《关于编制养老服务设施布局专项规划的通知》（浙民养〔2021〕63 号），部署养老服务设施布局专项规划编制工作，着力构建布局均衡、适应需求、服务便利的养老服务设施布局体系，保障小型化、嵌入式的微型养老机构星罗棋布。该通知从选址布局、配建标准、建设方式等方面，科学指导各地编制养老服务设施布局规划，按 1 万名常住老年人配建不少于 300 张床位为规划单元，一个规划单元内，将养老机构分多处设置，做到主城区老年人高密度居住区 500 米内、中密度居住区 1000 米内，建有 1 家养老机构。多数量、小规模、好地段布点养老服务设施，保障每万名老年人设立约 300 张床位。

此外，为鼓励企业、社会组织、个人创办社区嵌入式养老机构，就近就便就亲在社区为老年人提供集中照护和居家养老服务，省政府在登记管理方面明确，社区养老服务机构可以实行集团化管理模式、办理法人登记，也可通过社区服务组织备案进行登记管理，为社会力量加入社区服务提供实实在在的便利。

社区嵌入式养老模式主要有两大类运营方式，一类是由政府和社区全权负责运营，政府财政补贴作为主要资金来源，社区负责整合土地、人力、医疗资源等养老资源，其他社会组织嵌入合作；另一类是由养老企业出资，结合政府补贴，由养老企业自主聘用养老服务员，自主运营、自负盈亏，社区参与协调管理，其他社会组织灵活参与。

浙江的社区嵌入式养老模式主要采用的是第二类。万科随缘、绿城等知名企业在杭州等地积极推广，打造社区嵌入式养老机构，如拱墅区半山板块的杭钢随园智汇坊、城西蒋村街道的椿龄荟——蒋村长者服务中心，等等，它们利用社区地域优势进行改造，发展多功能的社区嵌入式居家养老中心和养老机构，将社区"居家＋机构"有效融合和衔接，既解决了一些有特殊需求的老年人的临时托管问题，又兼顾到了一些白天儿女不在家、生活起居不方便的老年人，真正解决社区居家老人就餐难、出院后康复护理难、日常生活不便、紧急情况无人照料等问题，使老年人可以在家门口就近享受包括健康管理、日托照护、养生餐饮、文化娱乐、康复理疗等一系列专业养老服务，解决其家庭及子女的后顾之忧。城西蒋村街道的椿龄荟——蒋村长者服务中心，是全国首家学院式社区养护中心，该中心中还融入了一所老年大学，开设有健身气功班、瑜伽班、智能应用教学班、书画班、舞蹈班等，老人们可以在此系统地进行学习，更好地满足老年人的精神文化需求。

据了解，就近就便就亲的社区嵌入式养老机构，在杭州已得到一定程度的发展。截至 2018 年 6 月，杭州市 50 张床位以下的社区嵌入式养老机构就有 33 家，其中城市社区 16 家，农村 17 家。[①]

目前，作为一种贴近老人原生居所的养老服务模式，社区嵌入式模式在全省各地落地生根，展现出了强大的生命力。如温州创新"机构＋社区居家"融合养老服务模式，试点推进社区嵌入式微型养老园建设；嘉兴推出"嵌入式"养老院模式；丽水探索建立嵌入式养老护理机构。老年人在熟悉的生活环境中享受机构照料、上门照护、居

---

① 服务就近就便就亲 杭州"嵌入式"养机构受欢迎［EB/OL］.（2018-06-24）[2022-03-21].https://baijiahao.baidu.com/s?id=1604140432176269551&wfr=spider&for=pc.

家护理等一站式综合型的专业养老服务，老人们家门口幸福养老的期盼正在不断地变为现实。

第三节 内容：从养到医"健"起来

由于年龄因素，由衰老所造成的新陈代谢放缓、抵抗力下降、生理机能衰退等，使老年人呈现出营养不足、虚弱、易生病、慢性病长伴、多病共存等有别于一般人群的生理特点。

根据《浙江省2015年老年人口和老龄事业统计公报》，全省有失能、半失能老年人口共69.55万人，占老年人口总数的7.07%。根据第四次中国城乡老年人生活状况抽样调查，浙江省老年人慢性病患病率达86.10%，且呈现随年龄增长而提高的趋势。

老年人的晚年日常生活离不开医疗服务。传统的养老院因医疗设施缺乏，不能很好地适应老年人健康养老的需求。养老机构中的老人就医不便等问题，也导致了床位空置现象普遍。因此，迫切需要通过医养结合来打通健康养老的"最后一公里"。

一、政策破解医养结合难题

浙江省从老年人健康养老的需求出发，积极推进医疗和养老有机衔接和融合发展，切实解决老年人养老需要医疗服务的"后顾之忧"。

《关于推进医疗卫生与养老服务相结合指导意见的通知》

2014年，浙江省政府先后出台的《关于加快发展养老服务业的实施意见》（浙政发〔2014〕13号）、《关于促进健康服务业发展的实施意见》（浙政发〔2014〕22号）皆指出，要促进医疗卫生与养老服务相结合。2015年，国务院办公厅转发国家卫生计生委等部门《关于推进医疗卫生与养老服务相结合指导意见的通知》（国办发〔2015〕84号），为医养结合做出了顶层设计和制度安排。2016年，民政部、国家卫生计生委出台《关于做好医养结合服务机构许可工作的通知》（民发〔2016〕52号），要求各地民政、卫生计生部门高度重视做好医养结合服务机构许可工作，加强沟通、密切配合，打造"无障碍"审批环境。

在国家政策的指引下，浙江省委、省政府高度重视医养结合推进工作，2016年2月，发布《浙江省国民经济和社会发展第十三个五年规划纲要》，提出要"推动医疗卫生和养老服务相结合"。4月，中国共产党浙江省第十三届委员会第九次全体会议通过了《中共浙江省委关于补短板的若干意见》（浙委〔2016〕12号），提出要"建立完善医养结合长效机制，提升养老机构医养结合水平"。

在政府强有力的推动下，浙江省的医养结合工作得到一定的发展，但在实际落实中也存在一些问题。如普通养老机构由民政部门审批和管理，医疗卫生服务机构由卫健部门认定和管理，医保报销则由人社部门管理，部门之间虽有职能分工，但由于行业差异、行政划分和财务分割等因素，缺乏有效的衔接；又如机构定性定位不明确，完整的医养结合机构需要由卫生和民政部门分别审批，两者的运行机制相对独立，没能解决医养结合机构到底姓"医"还是姓"养"的问题；同时也存在医护专业人才严重缺乏的难题。

针对这些难题，浙江省卫生计生委联合省民政厅、省发展改革委、省教育厅等 10 个部门，在充分调查研究和广泛征求意见的基础上，研究制定了《推进医疗卫生与养老服务相结合的实施意见》，并由省政府办公厅予以转发，印发《关于推进医疗卫生与养老服务相结合的实施意见》（浙政办发〔2016〕148 号），旨在科学统筹全省医疗卫生资源和养老服务资源，进一步推进医疗卫生与养老服务

《关于印发浙江省医养结合工作重点任务分工方案的通知》

相结合。2017 年，浙江省卫生计生委制定《关于印发浙江省医养结合工作重点任务分工方案的通知》（浙卫发〔2017〕48 号），对浙江省推进医养结合工作的总体目标、实施方案、保障措施、部门分工，均进一步做了明确要求，并积极落实国家卫生计生委印发的《国家卫生计生委办公厅关于养老机构内部设置医疗机构取消行政审批实行备案管理的通知》（国卫办医发〔2017〕38 号），做好全省养老机构内部设置医疗机构取消行政审批实行备案管理的有关工作。同年 9 月，浙江省医养结合工作联席会议办公室关于建立医养结合工作议事协调机构的函中，明确要求各市人民政府于 12 月底前，建立医养结合工作议事协调机构，形成政府主导、省市联动、部门通力合作推进医养结合的工作格局。

2018 年，浙江省政府办公厅出台《关于深化养老服务综合改革提升养老服务质量的实施意见》（浙政办发〔2018〕77 号），提出要"医养护一体化推进"，到 2022 年，兼具医疗卫生和养老服务资

《医养结合机构基本服务规范》

质与能力的医养结合机构达到 1000 家以上。2018 年年底，制定出台浙江省地方标准《医养结合机构基本服务规范》（DB33/T 2171—2018），明确了医养结合机构的服务内容、工作要求、服务质量评价与改进等方面的内容。2019 年，浙江省委、省政府印发《关于推进新时代民政事业高质量发展的意见》（浙委发〔2019〕27 号），提出要提升医养结合服务能力，鼓励医护人员到医养结合机

构执业。医养结合工作也纳入了《健康浙江 2030 行动纲要》（浙委发〔2016〕36 号）、《浙江省富民惠民安民行动计划·健康篇》（浙政办〔2018〕22 号）、《浙江省医疗卫生服务体系规划（2016—2020 年）》（浙政办发〔2016〕49 号）、《浙江省老龄事业发展"十三五"规划》（浙政发〔2017〕21 号）、《浙江省卫生和计划生育事业发展"十三五"规划》等进行部署。

2021 年，为着力解决影响医养结合机构医疗卫生服务质量的突出问题，浙江省卫生健康委制订《浙江省医养结合机构服务质量提升行动实施方案（2021—2023 年）》（浙卫办〔2021〕8 号），按照《医养结合机构服务指南（试行）》《医养结合机构管理指南（试行）》等要求，规范开展医疗服务，提升机构内部管理水平，推动医养结合机构制度化、规范化建设，切实提升老年人的获得感和满意度。

《浙江省医养结合机构服务质量提升行动实施方案（2021—2023 年）》

深入推进医养结合发展六个方面的 16 项举措

一是加强医养结合机构和设施建设：1. 加强医养结合机构建设；2. 统筹推进社区居家医养结合设施建设；3. 简化医养结合机构审批登记；

二是提升医养结合服务能力：4. 提升基层医疗卫生机构服务能力；5. 提升社会力量服务供给能力；6. 提升医养结合信息化支撑能力；

三是强化医疗卫生与养老服务衔接：7. 深化医养签约合作；8. 支持开展上门医疗卫生服务；9. 推进城乡医疗资源共享；

四是加大政策支持和保障力度：10. 完善医保支持政策；11. 完善多元投入保障机制；12. 完善收入分配和价格政策；13. 全面落实各项支持政策；

五是促进医养结合人才队伍建设：14. 提升医养结合服务队伍素质；15. 建立医养结合服务队伍激励机制；

六是推进医养结合规范有序发展：16. 加强医养结合服务监管和规范化建设。

《关于深入推进医养结合发展的若干意见》

2021 年 11 月，针对医养结合支持政策不够完善、医疗卫生与养老服务衔接不够紧密、医养结合服务供给不足等问题，浙江省卫生健康委等 12 个部门广泛征求各方面意见和建议，多次调研，召开座谈会，并吸纳省"两会"期间人大代表、政协委员建议提案的意见，编制了《关于深入推进医养结合发展的若干意见》（浙卫发〔2021〕34 号），以问题为导向，细化要求，明确了深入推进医养结合发展 6 个方面的

16 项举措，加快推进浙江省医养结合发展。

二、加快建设医养结合机构

《浙江省老龄事业发展"十三五"规划》（浙政发〔2017〕21 号）中提到，浙江省计划在 2020 年，实现二级以上综合医院和中医医院设立老年病科比例达到 70% 以上。依托"支持引导医疗机构开展养老服务，鼓励符合条件的养老机构内设医疗机构，建立完善养老机构与医疗机构合作机制，健全医保机制"的政策指引，全省各地积极探索，涌现出多种医养结合模式，"养中有医""医中有养"以及"医养合作"，有效推动了医养结合，着力为老年人在养老过程中，提供更为可及的、优质的基本医疗卫生服务。

一是推进"养中有医"。"养中有医"是指养老机构设立医疗机构。2016 年，《关于推进医疗卫生与养老服务相结合的实施意见》（浙政办发〔2016〕148 号）提出，将养老机构内设医疗机构纳入区域卫生规划和医疗机构设置规划；100 张床位以上的护理型养老机构和助养型养老机构应单独设置护理站（医务室），具备条件的养老机构可申请开办老年医疗服务机构，开展康复、医学护理、临终关怀等服务；对养老机构内设医疗机构的申请，要优先予以审核审批，符合条件的按规定纳入基本医疗保险定点范围，老年人在养老机构内发生的符合医保支付范围的医疗费用直接刷卡结算；加强对养老机构内设医疗机构的业务培训和指导监督，鼓励执业医师到养老机构设置的医疗机构多点执业，支持有相关专业特长的医师和专业人员在养老机构开展非诊疗行为的健康服务；养老机构内设的具备条件的医疗机构可作为医院收治老年人的后期康复护理场所。宁波市要求 300 张床位（含）以上的养老机构必须单独设置综合门诊部，条件具备的可申请设立医院；300 张床位以下的养老机构单独设置医务室或诊所。《关于深入推进医养结合发展的若干意见》（浙卫发〔2021〕34 号）指出，针对养老机构内设医疗机构成本过高问题，明确"养老机构内设的医疗机构正式运营满 2 年的，所在县（市、区）可通过福彩公益金给予适当支持"。

二是推进"医中有养"。"医中有养"是指医疗机构设立养老机构。根据《民政部卫生计生委关于做好医养结合服务机构许可工作的通知》（民发〔2016〕52 号），医疗机构申请养老机构设立许可，民政部门予以优先受理；对于无内设养老机构，但具有养老服务需求的医疗机构，民政部门应当指导其与养老机构建立协作机制，开展一体化的健康和养老服务。2018 年，浙江省政府办公厅印发的《关于深化养老服务综合改革提升养老服务质量的实施意见》（浙政办发〔2018〕77 号）指出，医疗机构内设养老机构，取得养老机构设立许可的，其养老床位可享受同等床位补贴政策。依据《关于深入推进医养结合发展的若干意见》（浙卫发〔2021〕34号），医疗卫生机构利用现有资源提供养老服务的，涉及建设、消防、食品安全、卫生防疫等有关条件，可依据医疗卫生机构已具备的上述相应资质直接进行登记备案，在不影响安全的前提下简化手续，并明确了公立医疗机构开展养老服务的收费政策和收入分配办法，有效鼓励医疗机构开展医养结合服务，推动"医中有养"。

三是推进"医养合作"。"医养合作"是指医疗机构与养老机构开展合作。《关于推进医疗卫生与养老服务相结合的实施意见》（浙政办发〔2016〕148号）指出，鼓励不具备设置医疗机构条件或医疗服务能力弱的养老机构，按照方便就近、互惠互利的原则，与周边的医疗卫生机构以签约、托管、对口支援、合作共建等多种形式展开签约合作，为养老机构开通预约就诊绿色通道，为入住老年人提供医疗巡诊、健康管理、保健咨询、预约就诊、急诊急救、中医养生保健等服务；鼓励二级以上医疗机构与养老机构开展对口支援、合作共建。通过建设医疗养老联合体等多种形式，整合医疗、康复、养老和护理资源，为老年人提供治疗期住院、康复期护理、稳定期生活照料及安宁疗护一体化的健康和养老服务；已经开展签约合作的要进一步规范完善，明确合作内容、方式、费用及双方责任，引导签约的医疗卫生机构努力提升服务质量，满足老年人的服务需求。

截至2020年年末，全省共有两证齐全（具备医疗卫生机构资质，并进行养老服务机构备案）的医养结合机构330家，其中设立医疗卫生机构的养老服务机构201家，开展养老服务的医疗卫生机构129家。全省医疗卫生机构与养老服务机构建立签约合作关系的共1.66万对[1]，更好地满足了老年人对医疗和养老服务并存的刚性需求。

同时，浙江省积极支持社会力量兴办医养结合机构。2011年，浙江省政府办公厅印发的《关于进一步鼓励和引导社会资本举办医疗机构实施意见的通知》（浙政办发〔2011〕69号）提出，进一步放宽社会资本举办医疗机构的准入范围，改善社会资本举办医疗机构的执业环境，加大对非公立医疗机构人员队伍建设的扶持力度。在《关于推进医疗卫生与养老服务相结合的实施意见》（浙政办发〔2016〕148号）中明确，要调动社会力量参与养老事业的积极性，推进医养深度结合，将社会力量举办医养结合机构纳入医疗卫生和养老的相关规划，给予优先支持；医疗机构内设养老机构符合条件的，享受养老机构相关建设补贴、运营补贴和其他政策扶持；养老机构内设医疗

---

[1]　浙江省2020年老年人口和老龄事业统计公报［EB/OL］.（2021-11-22）[2022-03-21]. http://www.zchsp.com/home/news/info.html?id=88&catId=32.

机构属于社会办医范畴的，按照国家相关规定享受政策扶持；精简审批环节，缩短审批时限，鼓励有条件的地方开展一站式办理；对于拟举办医养结合机构的，民政、卫生计生部门应当按照首接责任制原则，根据各自职责办理审批，不得将彼此审批事项互为审批前置条件，不得互相推诿；支持社会力量通过特许经营、公建民营、民办公助等模式，举办医养结合机构。2018年，浙江省政府办公厅印发的《关于支持社会力量提供多层次多样化医疗服务的实施意见》（浙政办发〔2018〕111号）指出，通过放宽市场准入、简化优化审批服务、促进投资与合作等，进一步激发医疗领域社会投资活力。

截至2019年年底，浙江省共有69家护理院，其中66家为非公立护理院，占比95.7%[1]，可见社会力量的积极性。

三、鼓励发展专科和康复医院

建设老年专科医院和康复医院是促进医养结合的重要手段之一。2016年，浙江省政府办公厅印发的《关于推进医疗卫生与养老服务相结合的实施意见》（浙政办发〔2016〕148号）指出，要大力推进老年专科医院和康复医院建设。积极稳妥地将部分医疗机构转为康复、老年护理等接续性医疗机构；支持闲置床位较多的一、二级医院和专科医院转型为护理院；引导基层医疗卫生机构利用闲置床位开设老年康复和护理病区；有条件的二级以上综合医院和中医医院要开设老年病科；要新建一批护理型养老机构，规划设置一批护理院。

政府宽松的政策，真正让各类老年专科医院和康复医院在浙江大地落地、开花、结果，其中，橡树老年病医院就是其中的典型代表。

橡树老年病医院是浙江省一家民营营利性老年病医院，坐落在风景优美、有城市绿肺"杭州之肾"之称的西溪湿地旁。医院成立于2013年，初期投资5000万元，设置床位300张，是省、市医保定点医疗机构。医院专注于为失能、部分失能、失智的老年人提供专业的治疗康复护理。

橡树老年病医院在成立的当年，离不开政府的大力支持。在营业执照方面，早期申领时，专科医院名录中并没有老年病医院这一分类，杭州市卫生局领导着眼未来，专门举办专家论证会，通过了橡树老年病医院营业执照的审批；在医护比方面，由于橡树老年病医院面向的老年人多为失智老年人，对于卫生照护的需求远大于对医疗的

---

① 浙江卫生健康年鉴（2020版）[Z]. 2021-06-23.

需求，因此实际的医护人员配置，并未达到国家对医疗卫生机构医患人数比例的相关要求。考虑到资源的优化配置，以及增加医护人员配比会增加橡树老年病医院和入住老人的经济负担，卫生部门在医患人数比例上给予了相应的放宽；在医保政策方面，橡树老年病医院也享受了杭州市医保局出台的每日 450 元/床的封顶政策，在老年人自费 6000~8000 元的前提下，每月可实现单床 20000 元左右的营业收入，降低了失智老年人家庭的经济负担和医院的经营压力。

如今，橡树老年病医院以"专业、爱与尊重"为经营理念，背靠着杭州市失智老年人患者近 8 万人的人口规模，为失智老年人提供优质的康复护理服务。目前，院内长住老年人数量达 340 人（其中 40 张增量床位）。其中，失智老年人的比例高达 75%，解决了数百个家庭对失智老年人照护的难题，创造了良好的社会效益。

类似橡树这样的老年病医院正在浙江拔节生长。截至 2018 年年末，全省已建立老年病医院 12 家、康复医院 58 家，全省二级以上综合医院设老年病专业诊疗科目的占 73.2%。[①]

第四节　服务：从有到好"提"起来

在政策的大力推动下，养老机构的数量较前几年呈现大幅增长的趋势，但其安全和质量却并未跟上数量发展的脚步。在这种情况下，浙江省开始转变建设思路，将扩量与提质并重，在加强机构建设的同时，也关注质量的提升，以引导养老机构的健康发展。

一、建设各级养老服务指导中心

养老机构行稳致远，其健康发展离不开管理与指导。浙江省积极开展市、县（市、区）养老服务指导中心、乡镇（街道）养老服务中心建设，来强化对养老服务机构和居家养老服务行业的管理和指导。

2008 年，浙江省政府出台《关于印发本公共服务均等化行动计划的通知》（浙政发〔2008〕51 号），正式提出要实现在每个市、县（市、区）建立社会养老服务指导中心，80% 以上的街道（乡镇）建立养老服务中心。

从 2009 年开始，浙江省依托现有国办社会福利（养老）院或组建相应的养老服务平台，建立具有组织、指导、服务、培训等功能的"养老服务指导中心"；乡镇敬老院

---

① 浙江省 2018 年老年人口和老龄事业统计公报 [R]. 2019-09-25.

进行设施提升改造，开展社区老人寄（托）养业务，并负责指导村（居）养老服务活动，成为"养老服务中心"。

全省各地积极推进指导中心和服务中心建设，市、县级依托指导中心，指导开展养老工作，乡镇级建立服务中心，具体做好养老服务，并按照机构、职责、编制、人员、场地、经费"六到位"的要求，全面加强组织建设，切实发挥市、县级养老服务指导中心的统筹作用，乡镇级养老服务中心的枢纽作用，加强对养老服务机构和居家养老服务的行业管理和指导。如嘉兴市嘉善县重点探索了镇（街道）养老服务中心实体化运作模式，每个镇（街道）专门配备了1名专职工作人员，全面指导辖区内社区居家养老服务照料中心的管理及运营，基本形成了社会养老服务工作"组织在政府、工作在乡镇、落实在村居"的运行机制；绍兴市越城区按照牌子、印章、职责、网络、流程"五统一"的标准，规范养老服务指导中心的建设，在日常工作中对辖区内的养老服务机构、养老服务队伍、养老服务补贴等工作，开展日常管理；金华义乌市养老服务指导中心秉承"民政为民，民政爱民"的工作理念，积极开展业务指导、业务培训、需求评估等一系列养老服务工作，在2020年被评为金华民政系统最美民政集体。

2015年出台的《浙江省社会养老服务促进条例》进一步明确了指导中心和服务中心的职责，即设区的市、县（市、区）养老服务指导中心承担社会养老服务指导和业务培训、养老服务需求评估和审核、养老服务质量评估和检查等相关具体工作；乡（镇）、街道的养老服务中心应当配备专门的工作人员，指导村民委员会、居民委员会和其他社会组织开展居家养老服务，协助做好社会养老服务监督管理等工作，负责辖区内居家养老服务的日常管理和服务，整合居家养老服务资源，对提供政府购买服务的对象进行资格评估等。

二、推行公办养老机构体制改革

城市公办养老机构背靠政府，运转较为规范，收费相对低廉，成为多数老年人机构养老的首选。然而床位数量有限、床位流动率低，使得公立养老机构常常"一床难求"。农村的敬老院数量众多，却存在基础设施落后、管理方式粗放、照护服务偏弱等问题，造成了"空床闲置"的问题。为了解决城市公办养老机构供需矛盾以及农村供养中心质量低下的问题，2014年左右，浙江省开始了公办养老机构体制改革的探索，以推动公办机构养老服务提档升级。

在《关于加快发展养老服务业的实施意见》（浙政发〔2014〕13号）和《关于加快发展民办养老产业的若干意见》（浙政发〔2014〕16号）的指引下，浙江省通过"公建民营"等运作新模式，来开启公办养老机构社会化改革的步伐。

"公建民营"是指由政府投资新建养老机构，按照办管分离的发展思路，由政府出资建设，招标社会组织或服务团体，通过承包经营、租赁经营、委托经营等方式进行经营管理和运作，政府则按照法律法规和标准规范担负起行政管理和监督的责任。以往，公办养老机构实行"公办公营"模式，即完全由政府统包统揽，政府负责养老机构的规划、建设、运营和管理的全过程。因其公营属性，不可避免地出现资源浪费、管理水平低、专业化程度低、效率低下等弊端。而采取"公建民营"等新模式后，通过运营主体的转变，实行所有权与经营权分离，在保障政府供养对象的基础上，改造后的公办养老机构可以面向社会老人开放，实现"以院养院"；供养对象交由专业的人员照顾，享受与其他入住的社会老人同等待遇；而政府则只需为供养对象的服务买单，同时对公办养老机构的运营情况进行跟踪评估。这种做法，既减轻了政府负担，又提高了床位利用率，经营者只需投入装修等部分资金，即可投入运营，降低了运行成本。同时，该模式充分调动了经营者的积极性，促使经营者在管理上狠下功夫，想方设法完善内部管理制度，降低成本、提高效率，保障老年人能够花更少的钱，享受到更优质的养老服务。老人受益，政府释压，企业获利，一举三得。

《关于推进养老机构公
建民营规范化的指导
意见》

2016 年，为进一步规范省内养老机构公建民营的运营行为，让老年人享受到更高品质的养老服务，浙江省民政厅印发了《关于推进养老机构公建民营规范化的指导意见》（浙民福〔2016〕26 号），划定公建民营养老机构的范围和性质，还对社会主体的遴选方式、招标程序、合同管理以及退出机制和处罚做出明确规定。

2020 年，根据民政部办公厅、国家发展改革委办公厅公布的《关于公办养老机构改革优秀案例的通报》，遴选出 49 家公办养老机构改革优秀案例，其中杭州市萧山区颐乐养老服务有限公司和宁波市海曙区广安养怡院榜上有名，有力地发挥了浙江省公办养老机构的社会效益和示范作用。

深化改革创新　提升养老赋能：宁波市海曙区广安养怡院[①]

随着我国当前老龄化程度的不断加深，机构养老服务需求的不断扩大。公建民营养老机构作为有效弥补公办养老机构不足的公私合作养老机构，如何积极落实全国事业单位改革要求，应对社会福利社会化后不断增长的老年人优质养老服务需求，是养

---

① 由宁波市海曙区民政局供稿。

老服务面临的主要问题之一。宁波市海曙区广安养怡院（简称"广安"）是宁波市海曙区民政局直属社会组织运营的养老机构，它坚持"问题"导向，在"破解"上下功夫，成为公建民营的优秀示范。

海曙区广安养怡院的前身是宁波市闻裕顺福利院和海曙区三市养怡院，属海曙区民政局直属的自收自支事业单位，共有事业编制6名，实际1名。2012年，宁波市闻裕顺福利院和海曙区三市养怡院因列入宁波火车南站区域而拆迁。2014年6月，闻裕顺福利院和三市养怡院合并，新建宁波市海曙区广安养怡院。

广安建成后，面对运营管理没有编制、没有经费保障等实际，针对民营养老机构运营管理弱的问题，海曙区领导十分重视，坚持问题导向，注重从"破"字上下功夫，大胆创新，将广安资产列入区民政部门管理，运营管理登记为民办非企业单位，从事业单位委派一名有经验、有技术、有爱心、懂管理的类似"职业经理人"当院长，由院长组建管理团队，经济上实行自收自支，区民政部门考核确定年终绩效等经营方式，实现了政府满意、机构始终"姓公"，老年人满意、住进"公办"机构，家属满意、政府履行"承诺"，较好地发挥了养老机构的社会效益。到目前为止，该院有入住老年人482名，入住率达到90%以上，满意率达到95%以上。

三、实施消防设施专项整治行动

敬老院是为城镇"三无"和农村五保老人提供综合性住养服务的场所，部分敬老院设施简陋，消防设施不达标，存在较多安全隐患。2015年5月25日，河南省平顶山市鲁山县康乐园老年公寓发生火灾，造成38人死亡，6人受伤。事故发生后，党中央、国务院高度重视，习近平总书记作出重要指示，各地区和有关部门要牢牢绷紧安全管理这根弦，采取有力措施，认真排查隐患，防微杜渐，全面落实安全管理措施，坚决防范和遏制各类安全事故发生，确保人民群众生命财产安全。李克强总理就救治及善后等工作作出批示。[1] 为认真贯彻党中央、国务院领导同志的重要批示精神，深刻吸取河南鲁山"5·25"火灾事故教训，民政部和公安部联合印发《社会福利机构消防安全专项治理方案》以及《社会福利机构消防安全专项治理工作的通知》（民函〔2015〕281号），来解决养老机构消防安全方面的突出问题。

---

[1] 习近平就河南鲁山县特大火灾事故作出重要指示，必须高度重视人民群众生命财产安全，坚决遏制各类安全事故发生。李克强就救治及善后等工作作出批示 [EB/OL].（2015-05-26）[2022-10-24]. https://news.12371.cn/2015/05/26/VIDE1432641302471587.shtml?isappinstalled=0.

《关于全面实施敬老院
消防设施专项整治
行动的通知》

浙江省委、省政府领导对此十分重视，为确保敬老院的安全运行，浙江省政府决定在全省全面实施敬老院消防设施专项整治行动。2016年，浙江省民政厅印发《关于全面实施敬老院消防设施专项整治行动的通知》（浙民福〔2016〕66号），要求对建筑构造、防火隔断、安全疏散、设备配备、室内装修等进行整治，来全面消除敬老院消防安全隐患，并将该项整治工作列入目标考核内容，量化到岗位，细化到个人。通过摸排工作，搞清本地区敬老院消防安全现状，形成切实可行的整治方案，做到"一院一策"。对于消防不达标的敬老院，以"三个一批"的原则进行分类整治，即"关停一批、撤并一批、整改一批"。在时间把控上，将敬老院消防设施专项整治行动放到社会福利机构消防安全专项治理工作的重要位置，细化各阶段的主要任务。敬老院消防安全事关入住老人的生命安全，是重大的政治责任，浙江省建立了包干责任、政府工作联系人公示、定期通报等制度，对各地整改情况进行跟踪督导，切实将专项整治工作落到实处。浙江省实施的敬老院消防设施专项整治活动按预定目标完成，全年共整改敬老院733家，其中关停173家。该项整治工作，完善了敬老院的安全基础设施，推动了全省养老机构安全管理水平迈上新台阶，为老人们在敬老院里安享晚年提供了安全保障。

敬老院消防设施专项整治行动工作阶段

第一阶段（2016年4月底前）：对存在严重消防安全隐患、整改无法达到消防要求的敬老院，在妥善安置入住老人后，实行全面关停；对既存在消防安全隐患，规模又小，没有整改价值的，做好合并工作。对需要整改的，要做好开工、图纸设计等前期工作，整体工作量按不低于50%安排。

第二阶段（2016年8月底前）：任务较轻的县（市、区）完成整个整治工作，其余县（市、区）完成70%，整体工作量按不低于75%安排。

第三阶段（2016年年底前）：基本实现服务运行的敬老院消防验收、备案全覆盖。

第四阶段（2017年春节前）：完成扫尾工作。

2020年，浙江省民政厅根据民政部等五部门出台的《关于印发〈民办养老机构消防安全达标提升工程实施方案〉的通知》（民发〔2019〕126号），印发《关于开展养老机构消防安全专项整治三年行动的通知》（浙民养〔2020〕91号），建立完善从根本上

消除火灾风险隐患的消防管理责任链条、火灾防控体系、监测预警机制，通过加强养老机构消防安全专项整治，确保养老机构老年人的生命财产安全。

全省深刻认识到做好消防整治三年行动的重要性，强化领导责任，层层抓好组织实施。在整治前，全省养老机构及时组织专题学习，学深悟透习近平总书记关于安全生产的重要论述，牢固树立生命至上和安全发展理念。在具体的整治过程中，重点检查养老机构落实"七个是否"。

《关于开展养老机构消防安全专项整治三年行动的通知》

七个是否

1. 是否依法建立并逐级落实消防安全责任制；

2. 是否配备经过培训的专（兼）职消防管理人员；

3. 是否每月至少组织开展一次防火检查；

4. 是否每天安排专人进行不少于一次的防火巡查；

5. 是否定期检查电气线路和燃气管道；

6. 是否按照国家和行业标准配置消防设施器材；

7. 是否制订切合实际的灭火和应急疏散预案等重点环节。

全省实施强制性国家标准和消防安全达标提升工程。对照国家工程建设消防技术标准，按照"整改一批、拆除一批"的原则，每年不定期开展抽查。在整治后，全省注重提升各消防机构的应急处置能力和安全管理能力。在提高应急处置能力上，多措并举，通过每年开展一次消防安全培训、一次应急演练、一次宣传活动，提升养老机构消防安全日常管理和应急处置能力。在提升安全管理水平上，认真落实《国务院办公厅关于印发消防安全责任制实施办法的通知》（国办发〔2017〕87号）要求，推广"三自主两公开一承诺"（自主评估风险、自主检查安全、自主整改隐患；向社会公开消防安全责任人、管理人；承诺本场所不存在突出风险或者已落实防范措施）做法，组织开展消防安全标准化管理。

伴随整治行动的开展，全省逐步建立完善养老机构消防安全排查整治长效机制，民政部门联合建设、消防等部门定期开展检查指导，巩固并深化养老院服务质量建设专项行动成效，同时建立了隐患、整改、责任"三个清单"，及时督促养老机构对发现的问题进行整改。

《浙江省养老机构消防安全标准化管理规定（试行）》

2021 年，浙江省民政厅出台《浙江省养老机构消防安全标准化管理规定（试行）》（浙民养〔2021〕113 号），明确消防安全职责、消防安全管理、防火检查、消防宣传与培训、灭火、应急疏散预案编制和演练以及火灾事故处置六方面要求，进一步保障了消防整治行动有规可行。

构建安全管理"防火墙"，守护养老服务"生命线"[①]

嘉兴桐乡市严守"红线""底线""防线"，采取有效的措施，落实安全生产责任制，加大安全生产工作的监管力度，深入开展安全生产专项整治活动，确保全市养老服务领域平安祥和，提升老年人幸福感、安全感。

（一）以科学的制度设计，坚守安全生产的"红线"。一是建立组织网络，强化工作保障。成立社会福利机构安全委员会，同时，进一步落实各级安全生产责任制，层层签订责任书，落实养老服务机构安全生产四级监督检查制度。二是完善管理制度，强化政策保障。制定《桐乡市养老服务机构消防安全管理制度》，落实防火巡查检查制、设施器材维护制、火灾隐患整改制等十条消防安全制度，层层落实责任。制定《桐乡市社会福利机构消防安全管理档案》，记录好应急疏散预案、维护保养备案、防火检查表等十项内容。制定《桐乡市民政系统消防安全标准化管理建设工作实施方案》，进一步提升养老机构消防安全管理水平。出台《桐乡市养老机构星级评定暂行办法》和《桐乡市城乡社区居家养老服务照料中心等级评定暂行办法》，制定评分标准，以规范促发展。编制桐乡市社会养老服务"5 老"标准体系和桐乡市"互联网＋"养老服务标准体系，以标准化促进安全管理和养老服务质量的提升。三是落实评估机制，强化督查考核。通过政府购买服务的方式，委托第三方专业机构实施星级评定，根据机构星级给予运营补助。同时，星级（等级）评定实行安全责任事故一票否决制，养老服务机构一旦发生安全责任事故，就会取消星级，相应的运营补助同时取消。

（二）以持续的有效投入，夯实安全生产的"底线"。一是加强基础投入，落实技防措施。统一实施公办养老机构消防设施、监控系统、呼叫系统、无障碍设施等安全保障设施专项改造工程，累计投入资金达 700 万元。二是加强安全培训，落实人防管理。建立健全门卫保安机制。全市各类养老机构门卫配备专职保安，全面落实 24 小时值班制度，严格执行出入院登记制度，每家养老机构市级财政补助 4 万元保安人员经

---

① 由嘉兴桐乡市民政局供稿。

费。统一组织全市养老机构消防行业特有工种职业技能鉴定考试的报名工作。同时，要求保安公司选派有消防员证的人员到养老机构上岗，全市基本实现每家机构有1~2名持证上岗人员。加强人员培训，提升安全意识，组织第三方评估机构对养老机构每季度开展2次、居家养老每季度开展1次的常规培训，不定期邀请相关领域专家开展专业知识集训。每年5月12日、重阳节和11月9日消防宣传日期间，组织开展应急疏散演练、"九九平安消防行动"等，指导养老机构管理人员和入住老人掌握消防安全经验技能。

（三）以"保险＋社会化服务"，筑牢安全生产的"防线"。一是发挥市场机制，引入保险服务。推动养老机构综合保险和安全生产责任保险全覆盖。二是创新管理模式，引入社会化服务。推进安全管理社会化服务，由安全生产责任险承保机构中国人保聘请第三方安全生产专业化服务机构，免费为养老机构进行安全生产社会化服务。消防设施设备实行按月维保，并出具报告和改进意见，养老机构按意见落实整改措施。推进智慧用电社会化服务。在全市养老机构中推广使用智慧式用电安全隐患监控服务系统，统一由第三方服务单位为养老机构做全面的用电安全体检，并提供24小时实时监控和即时服务。

截至2020年年底，摸底查出438家应进行消防安全改造的民办养老机构，已完成整改，重大风险隐患整治合格率100%。养老机构消防整治行动，切实消除了养老机构存在的火灾隐患，全省养老机构的消防安全得到了明显改善，至今未发生重大以上火灾事故。

四、推进养老服务标准体系建设

监管标准的缺乏，会导致养老机构发展良莠不齐，老年人的合法权益难以得到维护。为保证老年人在养老机构中能享受到优质服务，对养老服务进行标准化规范管理，显得十分必要和迫切。

浙江省积极推进服务质量标准化建设。2014年，杭州市民政局会同市质监局联合制定《养老机构等级评定与划分》地方标准，这是在全国范围内首次制定的关于养老机构评定的地方标准，得到民政部有关领导的高度肯定。2015年出台的《浙江省社会养老服务促进条例》规定，要建立健全养老服务标准体系，要求省标准主管部门会同民政部门，组织制定和完善机构养老服务、居家养老服务等相关地方标准；民政部门建立养老机构的养老服务质量评估制度，定期组织有关专家或委托第三方专业机构，对养老机构的人员配备、设施设备条件、管理水平、服务质量、服务对象满意度、社会信誉等进行综合评估，并向社会公布评估结果；此外，要建立养老机构诚信档案，并向社会公开，接受查询，对有不良信用记录的养老机构，增加监督检查频次，加强整改指导。《浙江省社会养老服务促进条例》还对养老机构的五种违法行为做出处罚规定，最高罚款 10 万元；对违法骗取补助资金或者社会养老服务补贴的行为做出处罚规定，除追回之外，还可处以非法所得 1~3 倍的罚款。

2017 年，为贯彻落实民政部、工商总局《关于印发〈养老机构服务合同〉的通知》（民发〔2016〕208 号）精神，进一步规范养老机构管理，切实维护养老机构和住养老人等各方合法权益，浙江省民政厅、省工商局联合印发《养老机构服务合同》，对养老机构服务合同的内容做出明确要求。《养老机构服务合同》共 10 章 61 条，主要根据《中华人民共和国合同法》《中华人民共和国老年人权益保障法》《养老机构管理办法》以及《浙江省社会养老服务促进条例》等有关法律法规制定，重点突出了养老机构服务各环节中必须明确的责、权、利关系。推行和执行《养老机构服务合同》，有利于保护双方的合法权益、加强对养老机构的监管，减少合同纠纷和促进合同纠纷的解决。

《养老机构服务合同》

2018 年，为进一步提高养老机构服务质量，方便有入住养老机构需求的老年人及其家庭做出选择，加快建立全国统一的养老机构等级评定管理制度，国家市场监督管理总局和国家标准化管理委员会发布了《养老机构等级划分与评定》（GB/T 37276—2018）国家标准。2019 年，民政部印发《关于加快建立全国统一养老机构等级评定体系的指导意见》（民发〔2019〕137 号），要求加快构建养老机构自愿参与、评定程序规范、标准尺度一致、评定结果互认的全国统一养老机构等级评定体系。在这两份文件的指导下，2021 年，浙江省制定《浙江省养老机构等级评定管理办法》及《浙江省养老机构等级评定工作实施细则》，按照自愿申报、分级评定、统筹推进，公开透明、综合施策、动态管理的原则，将养老机构评定为五个等级。这既是对行业的规范，也能让广大老人按标择院，找到心仪的养老院，破解"养老机构选择难"的困境。

浙江省民政厅高度重视养老机构的等级评定工作，首先在杭州市、宁波市进行试点测评，在实践中提取经验，随后逐渐铺开。2020 年 11 月 25 日，浙江省养老机构等级评定部署培训会在杭州市第二社会福利院召开，对评级工作提出了严格标准、严守程序、严明纪律"三个严"要求，并对《浙江省养老机构等级评定管理办法》《浙江省养老机构等级评定工作实施细则》以及评定工作的程序、具体工作方法进行了细致的研究和热烈的讨论，对下一阶段等级评定试点工作进行了部署。2020 年 12 月 11 日，浙江省养老机构等级评定在杭州市第二社会福利院进行试点测评，由五位专家、一位工作人员组成专业考评小组，以事实为依据，以标准为准绳，通过查阅台账、查看现场、询问老人等方式，全方位开展考评工作。

在试点测评顺利开展的基础上，全省大力推进评定工作，从必备指标、基础指标、创新指标三大指标出发，对养老机构环境、设施设备、运营管理、服务四大方面的能力，进行客观严谨的综合评价。温州市从 2021 年 6 月 23 日正式开始，先后对市内的 33 家养老机构开展评定工作；丽水市在 2021 年 7—11 月，组织开展了养老机构等级评定工作，评出星级养老机构 23 家；绍兴市民政局从 2021 年 7 月开始，对全市申报的 16 家养老机构进行了综合评估。

全省养老机构评定工作的开展，促进了全省养老机构的规范管理，提升了机构养老服务综合水平。

五、开展服务质量提升专项行动

为全面贯彻落实习近平总书记在中央经济工作会议关于"开展质量提升行动"的部署要求和第 14 次中央财经领导小组会议关于提高养老院服务质量的重要讲话精神，加快建立全国统一的服务质量标准和评价体系，加强养老院服务质量监管，坚决依法依规从严惩处欺老、虐老行为，尽快在养老院服务质量上有明显改善，民政部、公安部、国家卫生计生委、质检总局、国家标准委、全国老龄办决定在全国开展养老院服务质量建设专项行动，建立以质量和效益为导向的养老院服务发展机制，解决影响养老院服务质量的突出问题，让养老院中的每一位老年人都能住得安心。[①]

浙江省深入贯彻落实民政部、公安部等部委关于开展养老院服务质量建设专项行动的决策部署，采取有力措施，扎实推进。2017 年，浙江省民政厅会同省公安厅、省卫生计生委、省质监局、省老龄办联合出台《关于做好养老院服务质量整治工作的实施意见》（浙民福〔2017〕174 号）和《浙江省实施养老院服务质量建设专项行动方案》，聚焦突出问题，在国家要求的基础上提出了更高的目标：到 2017 年年底，通过开展以"五查五改、对标达标"为主要内容的专项行动，对照《养老院服务质量大检查指南》的条款要求，开展养老院服务质量大检查、大整治工作，实现养老院服务质量明显改善；80% 以上的养老院能够以不同形式为入住老年人提供医疗卫生服务。同年，印发

---

① 民政部等六部门印发关于开展养老院服务质量建设专项行动的通知 [EB/OL]. （2017-03-23）[2022-10-24]. http://www.gov.cn/xinwen/2017-03/23/content_5180003.htm#1.

了《浙江省养老院服务质量大检查指南》，指标比国家增加 5 条，分别是：主要负责人具备相关专业大专以上学历，养老护理员工资不低于当地人力社保、民政部门发布的养老护理人员职位工资指导价位，获得星级养老机构，建立阳光厨房，养老机构床位投保综合责任保险或综合保险。明确了 23 条强制性指标。同时，浙江省民政厅会同省公安厅、省卫生计生委、省质监局、省老龄办，成立了养老院服务质量推进工作小组，明确了各单位、各部门的职责。各级民政部门也与相关部门统一指挥调度，定期报送情况。

2017 年 4 月 19 日至 20 日，浙江省民政厅举办全省养老院服务质量建设专题培训班，传达学习全国养老院服务质量建设专项行动动员部署会精神，对《浙江省养老院服务质量大检查指南》和"全国养老机构业务管理系统"的具体内容和操作办法进行辅导培训。各市、县社会福利处及养老服务指导中心负责人近 130 人参加了培训。各地民政部门迅速组织各层级开展专题培训，对民政、老龄部门业务干部，养老院院长，养老院护理员进行广泛动员部署，明确要抓好养老院消防安全管理和服务质量建设。期间，全省各地民政部门集中力量、集中人员，基本完成了"全国养老机构业务管理系统"相关指标数据的录入和上报工作，为开展专项行动、改善硬件设施、提升软件服务质量、切实维护养老机构和在院老人的合法权益提供了系统保障。

2017 年 5 月 10 日至 11 日，时任浙江省民政厅副厅长苏长聪带队到丽水市等地调研督查，要求各地高度重视养老院服务质量大检查、大整治活动，强调要以"全国养老院业务管理系统"信息录入为契机，摸清全省养老院服务质量家底，及时掌握养老院运行情况，对照《浙江省养老院服务质量大检查指南》开展自查自纠，分门别类梳理问题，及时向党委、政府汇报，争取解决存在的突出问题，推进养老院服务质量大转变。

根据民政部门相关报道，截至 2017 年年底，通过对全省 2083 家养老机构的检查和整治，共查出问题 19972 处，整改问题养老机构 1140 家，专项整治取得明显成效，养老院服务质量得到明显提升，其中，消防设施设备达标率由之前的 81% 增加到 95%，食品安全管理达标率由 61% 增加到 85%，药品管理符合规定的养老院由 74% 增加到 96%，建立突发事件应急制度的养老院从 77% 增加到 95%，建立老年人入院评估制度的养老院从 51% 增加到 95%。

2018 年、2019 年，全省持续推进服务质量建设专项行动。2018 年对照 28 项重大风险隐患指标，进一步巩固大排查、大整治工作成效，重大风险隐患整治合格率 100%。2019 年以"清隐患、防风险，补短板、促达标，转机制、提质量"为主要任务，全面清除养老院重大风险隐患，贯彻执行《养老机构服务质量基本规范》（GB/T 35796—2017），实施农村敬老院改造提升行动，更新全国养老机构业务管理系统数据等，全面推动养老机构向高质量发展阶段迈进。

六、实施服务设施提升改造工程

2019 年，民政部、国家发展改革委和财政部联合印发《关于实施特困人员供养服务设施（敬老院）改造提升工程的意见》（民发〔2019〕80 号），推动各地实施特困人员供养服务设施（敬老院）改造提升工程。同年 11 月，浙江省民政厅贯彻落实民政部行动部署，会同省发展改革委、省财政厅出台《关于实施特困人员供养服务设施（敬老院）改造提升工程的意见》（浙民养〔2019〕124 号），明

《关于实施特困人员供养服务设施（敬老院）改造提升工程的意见》

确要进一步补齐短板、强化弱项，对特困人员供养服务设施进行改造提升，压缩机构数量，提升质量。

全省从设施条件、设备配置和安全管理三方面，实施为期三年的改造提升工程。在改造提升的标准上，按照《特困人员供养服务设施（敬老院）建设标准》（民发〔2019〕80 号）、《老年养护院建设标准（建标 144—2010）》和《养老机构服务质量基本规范》（GB/T 35796—2017）等标准规范，结合本地区实际，制定改造提升的基础指标，细化改造提升指标。在资金保障上，全省各级财政部门会同发展改革、民政等部门做好经费测算，加强对特困人员供养服务设施改造提升的经费保障。彩票公益金和本级基建投资，对特困人员供养服务设施改造提升工程予以支持。该项改造提升工程促使各地加快调整农村敬老院布局，从总体进行规划，打破了每个乡镇都有敬老院的旧格局，通过资源整合，分片设置农村敬老院，撤并规模过小的、改造消防不达标的敬老院，重点为经济困难失能失智老年人、计划生育特殊家庭老年人提供无偿或低收费托养服务，保证特困人员收住，同时接收社会老人。此外，对敬老院的环境也进行了洁化、绿化、亮化和美化改造。根据收住老人的身体状况和行动能力，对卫生间、浴室进行设施适老化改造，保证老年人生活舒适，让农村养老不再是"短板"。一些县（市、区）还实行城乡特困老人集中统一入住县社会福利中心，实现城乡特困老人一院供养，大大提高了养老服务质量。

2020 年、2021 年，省级财政分别投入资金 2.1 亿元、2.35 亿元，改扩建项目 30 个、27 个。

赋能升级区域敬老院　共建共享幸福孝老城 [①]

2018年年底，衢州市常山县共有特困供养老人783人，分布在全县各公办敬老院及部分民办养老机构。由于前期投入资金、精力有限，养老机构基础设施落后、管理水平不高、业务能力不足、服务能力偏低，广大特困供养老人缺乏足够的获得感、幸福感、安全感。

为尽快破解这一难题，常山县以"孝老之城"建设为主线，启动了敬老院提升改造三年行动，旨在通过新建养老服务场所、升级改造敬老院硬件设施，加快护理员队伍培育，不断提升服务意识和服务质量，让更多的特困老人享受优质的养老服务，实现老有所养、老有所乐、老有所安。

（一）谋局为先，构建"四位一体"整体布局

经过全面深入调研，常山县于2019年制订了敬老院改造提升三年行动计划，明确以城区、城西、城东、城北等四个方位为区域划分，谋划建设四家规模适中的区域性养老机构，实施县域范围供养体系全覆盖。

（二）改造为径，全面提升养老机构硬件设施

1. 提升安全能级。邀请消防救援大队现场指导消防安全工作，对院内现有安全设施进行全面改造提升。对照整改方案，新建消防喷淋等设施，满足消防要求。

2. 强化护理水平。改造提升护理型敬老院，提升机构护理员业务技能，增设失能失智老人生活服务护理单元及康复服务等医养结合照护单元，并配备专业化照护人员，增强基本照护能力，每个敬老院护理床位占比超过60%。

3. 做优配套服务。实施敬老院无障碍改造，有效改善敬老院老人生活环境。改建后的敬老院，可为老人提供健康监测、生活照料、康复护理、精神安慰等基础性服务，同时还配备了娱乐设施与设备。

（三）赋能为要，大力推进养老机构公建民营

常山县积极践行养老服务机构"公建民营"的要求，引入管理经验丰富、品牌影响力广泛、有养老服务资质的社会力量，运营管理敬老院，为居住老人提供医疗护理、文化休闲、生态养生等优质专业管理服务，满足多样化多层次的养老需求。

常山县想老人之所想，通过供养机构区域化布局，不断完善硬件设施，扎实提升场所功能，积极推进服务赋能，为老年人提供健康、高效的养老服务，保障每一名特困供养对象都能享受安全、充实、愉快的晚年生活。

---

① 由衢州市常山县民政局供稿。

第五节　层次：从依到颐"乐"起来

老有所依是指老年人能够获得必要的物质支持，安度晚年，颐养天年则是更高水平的精神需求满足，不仅包含老有所养、老有所医，还应追求老有所学、老有所为、老有所乐。从依到颐"乐"起来，可弥补老年人离开工作后的失落感、孤独感和社会隔离感，提升晚年生活的幸福感。

一、健全老年社团组织

多年来，浙江省认真贯彻《老年人权益保障法》的有关要求，通过健全组织制度，充分发挥城乡社区老年协会在创新社会治理、促进社会和谐稳定等工作中的作用，保障老年人社会参与的基本权利。2004 年，浙江省政府相继出台了《浙江省基层老年人协会组织通则》《浙江省基层老年人协会规范化建设标准》，推动各地培训骨干、给予经费支持等，引导老年协会积极参与社会公益、基层社会治理、老年文体活动等。如省老科协紧紧围绕"五水共治"工作，开展了水体状况及污染源治理调查，为"五水共治"建言献策；省老年人体育协会心系基层老年体育健身活动，大力培育老年人社会体育指导员，在衢州市衢江区开展门球、地掷球骨干培训。

2013 年，浙江省委办公厅、省政府办公厅印发《关于进一步加强老龄工作的意见》（浙委办发〔2013〕11 号），对有效促进老年人社会参与等七个方面的工作提出了要求。2017 年，浙江省政府印发《浙江省老龄事业发展"十三五"规划》（浙政发〔2017〕21 号）。2018 年，浙江省政府办公厅印发《关于加强老年人照顾服务工作的

《关于加强老年人照顾
服务工作的实施意见》

实施意见》（浙政办发〔2018〕32 号），明确了支持老年人参与社会事务、着力开发老年人才资源、充分发挥老年社团组织作用等方面的主要任务。

截至 2017 年年末，全省共建立了 31320 个老年人协会，其中 309 个街道办事处和 514 个乡（镇）建立了老年人协会。3975 个城市社区建立了老年人协会，占社区总数的 96.62%，全省社区老年人入会 247.52 万人，占社区老年人口总数的 66.68%。全省 26522 个行政村建立了老年人协会，其中杭州、宁波、湖州、嘉兴、绍兴、舟山等 6 个市建会率均达到 100%，老年人入会 520.78 万人，占行政村老年人口总数的77.51%。[①]

———————

① 浙江省 2017 年老年人口和老龄事业统计公报 [R]. 2018-03-30.

二、普及老年教育网络

学习是最好的养老方式之一，与养老机构的"床位"相比，老年教育的"学位"，是一种更积极主动的养老之举。大力发展老年教育，增加老年人受教育机会，是积极应对人口老龄化的战略措施，也是满足老年人精神和文化生活需求的有效载体。

浙江省重视老年教育，致力于建设独具浙江特色的老人远程教育模式。早在1998年，经浙江省教育厅批准，省老龄办、省人事厅等部门共同成立了浙江老年电视大学，当时的学员就有1.2万人。在《浙江省社会福利发展"十一五"规划》中明确，"十一五"期间，所有县（市、区）都要建立老年大学和老年电大分校，80%的乡镇（街道）建有老年学校和老年电大教学点，有条件的农村行政村和80%的社区建有老年学校（电大）教学班。2011年，浙江省民政厅决定在全省城乡社区全面开办老年电大教学点，逐步建立老年电大教育体系。"十二五"期间，浙江80%以上的城乡社区拥有老年电大教学点（班），全省范围内已建立起由省校、市县分校、乡镇街道教学点、村居教学班共同组成的较为完善的五级教学网络，在杭州主城区内基本已实现老年教育网络全覆盖。

2015年，在全国"两会"上，老年教育问题成为关注的一大热点。时任全国人大代表、分管教育的浙江省副省长郑继伟提出，将老年教育纳入终身教育，把老年教育作为公共教育向社会提供，并建议以社区为基础、以互联网为载体，利用现有的电大体系，线上线下相结合，政府引导支持，社会力量为主体，兴办老年教育。同年6月，浙江广播电视大学增挂浙江老年开放大学牌子，浙江老年开放大学成为全国首家经省编委批准在省级电大挂牌的老年大学。[1]该老年大学依托全省相对完善的电大和社区教育两个系统，健全了全省老年教育组织网络，形成了覆盖城乡的社区老年教育网络。

《关于扶持发展老年教育事业的若干意见》

2017年，浙江省政府办公厅出台《关于扶持发展老年教育事业的若干意见》（浙政办发〔2017〕10号），提出加快构建面向社会的老年教育服务体系，满足老年人的精神文化生活需求。2020年，浙江省政府提出全省新建100所老年大学目标，并将此项工作列入民生实事项目，全省当年实际新建105所老年大学（学堂）。

随着老年教育的不断发展，浙江各地的老年大学课程内容越来越丰富，不仅有思政课程，还有书画、综合应用、音乐舞蹈等领域的专业课程，集政治性、思想性、科

---

[1] 喜迎党员大会 | 社区教育这五年［EB/OL］.（2019-01-05）[2022-03-21].http://www.zjtvu.cn/info/1200/17434.htm.

学性、知识性、趣味性于一体，吸引老年人走进老年大学学习，"活到老、学到老"。

浙江各地的老年大学所收学费较低，根据性别、各年龄段的特征设置课程，课程安排充分考虑老年人的身体状况。教师来源多元，来自中小学校、党校、电大、成人学校，一些艺术类的课程则由具有丰富教学经验、有获奖经历的教师任教，确保优良的教学品质。

截至 2020 年年末，全省共建立老年电大和分校 103 所、教学点 1.03 万个，当年参加学习的学员 33.63 万人；老年开放大学（学院）101 所，乡镇（街道）老年学校 930 所，全年在校学员 21.12 万人次；老年大学（老干部大学）89 所。[①] 老年教育事业蓬勃发展的全景图已然铺开。

三、组织老年文体活动

随着闲暇时间的增多，老年人对文体活动的需求日渐强烈。浙江省高度重视老年人文体事业，持续加大经费投入力度，有效提升了老年文体基础设施条件，让老年人的晚年生活丰富多彩，老有所乐。

1988 年，浙江省政府决定，将每年重阳节定为浙江省老人节[②]，推动全社会营造尊老爱老的氛围。《2006 年全省民政工作要点》提出，加大对欠发达地区老年活动中心建设的扶持力度，广泛开展老年文体活动。2009 年以及 2010 年全省民政工作要点继续指出，要扶持欠发达地区老年活动设施，丰富老年人的精神文化生活。

《关于进一步加强老年体育工作的意见》

2016 年，《浙江省民政事业发展"十三五"规划》（浙发改规划〔2016〕491 号）提出，要加强老年活动设施建设，营造良好的敬老文化环境。同年 5 月，浙江省政府办公厅印发的《关于进一步加强老年体育工作的意见》（浙政办发〔2013〕63 号）指出，加大投入，改善老年人体育健身活动设施，广泛开展形式多样的老年人体育健身活动等，进一步推动浙江省老年体育事业的不断发展。2017 年，浙江省体育局印发《浙江省老年人体育事业发展"十三五"规划》（浙体群〔2017〕336 号），对今后一个时期内的老年体育工作提出规划要求，为老年体育事业的发展创造更好的条件。

全省老年文化成果丰硕。县级图书馆、文化馆和乡镇综合文化站基本实现全覆盖。各级涉老部门在敬老月和老年文化艺术周期间，积极开展丰富多彩的文化体育活动，

---

① 浙江省 2020 年老年人口和老龄事业统计公报［EB/OL］.（2021-11-22）[2022-03-21]. http://www.zchsp.com/home/news/info.html?id=88&catId=32.

② 王重农. 现代节庆活动辞典 [M]. 武汉：湖北教育出版社，2004：334.

展示老年人的才艺和积极、健康的精神风貌。如在每年的敬老月，全省老年活动中心都会举行老年文化艺术周活动，并隆重举办敬老月文艺汇演，全面展示浙江省老年文化建设所取得的丰硕成果。老年人在文体活动的熏陶下，更是屡创佳绩。如台州市黄岩区老年体协的 6 名舞者登上央视舞台《幸福中国》，自编自导的拉丁舞《快乐过新年》被作为开场舞重磅推出；嘉兴海宁市"文艺范"老夫妇带着 17 名农民"舞者"编排的《玉米村的姑娘》在央视 2017 年全国中老年电视春节联欢晚会上亮相；杭州市 4 位平均年龄超过 85 岁的"老男孩"站上央视舞台《回声嘹亮》，用自己丰富的人生阅历和优雅的谈吐举止惊艳了全场，荣获"最佳人气组合"。

四提升四覆盖

提升群众身边的体育场地建设水平、体育组织水平、健身活动水平、健身指导水平。

实现便民体育设施及镇乡街道"1+5"（1 个体育总会工作站，5 个以上专业体育社会组织工作站）体育社会组织网络、常态化健身活动、村（社区）社会体育指导员及镇乡街道体质测试网点的全覆盖。

2017 年年末，全省共有各类老年文艺团队 1.73 万个，参加活动的老年人达 50.35 万人。

全省老年体育工作成效显著。各市、区级的老年人体育协会 100% 覆盖，基层体育健身设施覆盖面达到 85%。浙江省老年人体育协会自 1985 年成立以来，在组织建设上全面部署，确保"横向到边、纵向到底"，让全省老年人都能找到组织，并能在协会带领下参与体育活动。场地场馆设施建设逐年完善，活动赛事愈发丰富，老年体育影响力不断增强。

全省各地的市级老年体协各具本土特色。金华市老年体协成立于 1986 年，以"大体育、大文化"理念，将体育项目艺术化多元化呈现，连续两次被国家体育总局评为群众体育工作先进集体；嘉兴市老年体协各系统部门都设置直属分会和俱乐部，联动全市参与运动的老年人，共享体育运动的魅力。目前，嘉兴共有老年体育活动站点 1500 多个，每年举办活动、赛事、交流上千场，直接参与人数超过 10 万人次。

近几年来，浙江省老年体协秉持"让更多老年人参与到体育活动中来"的理念，各地老年体协充分发挥"桥梁"和"纽带"作用，不断推进老年体育活动和培训工作的改革和创新。2017 年，浙江省举行第七届老年人运动会，历时 6 个多月，15 个比赛交流项目，分别在 16 个承办城市角逐、交流、展示，进一步营造了全民健身的浓厚氛围，推动了老年体育活动常态化发展和"健康浙江"建设。湖州市长兴县老年体协每年举办独具本土特色的夕阳红运动会，最多一次有 3000 多人次参与活动。宁波市本土特产的经贸活动也常融入老年体育活动，老年人以表演的形式展示秧歌、健身操等体育项目，让更多人领略到老年体育的风采。宁波市老年体协在 2017 年还加入了长三角老年体协城市联盟，以求在多方交流中收获更多经验。金华市老年体协借助网络平台，实现市、县联动，让近 15000 名老年人参与到金华市第四届老年人体育精品展示活动中，将各地民俗与体育活动相结合，如"婺韵广播操"，让老年人在耳熟能详的乐曲中锻炼身体，弘扬婺剧文化。

金华东阳市，杭州建德市、富阳区、上城区笕桥街道，被中国老年体协命名为"全国健身球操之乡"；宁波宁海县，杭州建德市，金华东阳市，湖州市长兴县，被命名为"全国柔力球之乡"；金华东阳市，宁波奉化市，丽水松阳县，嘉兴海宁市，台州天台县、路桥区，被评为"全国老年气排球之乡"。浙江省老年活动中心主动回应老年人体育健身的热烈需求，积极主办各类体育赛事，如老年乒乓球比赛、老年人太极拳（剑）比赛、老年门球赛等，使老年人的活力得到充分发挥、健康向上的精神风貌得以充分展现。

截至 2020 年年末，全省有老年体协 2.83 万个，会员 373.53 万人。

四、提供专业社团平台

无论在哪个年龄段都渴望被尊重。尊重与自我实现是老年人群体重要的精神层面的需求之一，老有所为就是发挥老年人的社会作用，通过老年人参与社会活动，可以减少老人的心理落差与空虚感，让老年人在晚年也能感受到自身价值。

"莫道桑榆晚，为霞尚满天"，老年人拥有丰富的人生阅历和生活经验，需要创造机会让老年人参与社会服务，投身社会建设。浙江省通过完善制度设计、政策体系，构建了一个更加开放、多元、包容的社会环境，营造了老年人想参与、能参与、乐参与的社会氛围。

2003 年，全国老龄办发起"银龄行动"，号召老年知识分子发挥自己的专长，提供志愿服务。浙江省深入展开"银龄行动"，充分调动社会组织在发挥老年人才作用、促进老有所为方面的积极性。以项目推动为抓手，充分利用省级老年社团人才集聚优势，组织老专家、老科技工作者深入农村、深入基层，开展送文化、送卫生、送科技等活动，取得了较好的社会效益。如 2006 年以来，浙江省与四川省结对开展"浙川银龄行动援助乐山茶叶发展项目",特别是在第二阶段合作中（2010—2014年），依托浙江老茶缘茶叶研究中心，共创制"银龄绿茶"品牌三个，组织培训茶农和茶叶加工技术人员928人次，带动当地六个示范乡镇茶叶增产2450吨，增收19750万元。该项目被当地群众称为造福一方的"民心工程"，得到全国老龄办和当地党委、政府的充分肯定。2013年，浙江·阿克苏"银龄行动"工作全面启动，以"智力援助"和"志愿活动"为主，在各县市开展"传、帮、带、教"等活动。在医疗卫生方面，老年志愿者服务队开展疑难病例会诊、义诊活动和举办学术讲座、培训，集中解决疑难病症。2015年，由浙江省老龄办、省老卫生科技工作者协会组织的浙江省"银龄行动"专家医疗队到丽水市松阳县古市医院开展义诊活动；2020年，浙江省老年书画研究会到衢州市开化县送文化下乡。同年，浙江杭州五位鬓发微白的校长参与杭州东西部扶贫协作"银龄计划"，远赴黔东南州支教，将杭州的美好教育带给大山里的孩子。据统计，2012—2016年，浙江省老龄办为"银龄行动"提供补助资金共194.68万元。

老年志愿者是志愿者队伍中一支十分重要的力量，浙江省充分发挥退休老年人余热，培育和壮大老年志愿服务队伍，来实现老年人的自我价值。通过不断深化"党建＋正能量"，引导广大老同志树立积极老龄观的理念，鼓励退休老年人成立志愿服务队伍和组织，发挥好"党委政府有号召，社会群众有需求，退休干部有行动"的银色力量，助力浙江发展。通过社会组织孵化、公益创投、政府购买等多种方式，支持老年人志愿服务组织发展。截至2019年年底，全省在民政部门登记的以老年人为主力的志愿服务组织有36家，在乡镇（街道）备案或者社区内部成立的老干部志愿服务团队有4231个，吸纳老干部志愿者16万人，涌现出"老吴热线""红日亭""银耀之江"等一大批优秀老年志愿服务品牌。

支持扎根社区成立老干部工作室。杭州"三和工作室"、建德"特爱工作室"、镇海"新三宝"服务社等1000余个优秀老干部工作室通过发挥专业特长，开展群众服务、社区服务，在和谐社区构建中发挥了积极作用。浙江省不断引导老年人成为注册志愿者。截至2020年年底，全省注册登记的老年志愿者累计达236.59万人，老年志愿服务渐成热潮。

老年人在非遗文化传承中也起着重要作用。温州瑞安市86岁老人何克识致力于瑞安卖纻民俗文化的研究，在他的努力下，瑞安卖纻先后被列入温州市第二批"非遗"保护项目和浙江省"非遗"保护项目，以杖朝之年推动本地民俗文化的发展；温州80岁老人滕玉英坚守40余年，传承非遗技艺永嘉花鼓，并以当下生活为剧本，不断发展创新，让永嘉花鼓在时代的潮流中保持鲜活的生命力。

可以看到，浙江省通过组建老年人的各类专业社团或工作室，为老年人发挥一技之长，展现自我，服务社会提供了平台，使老年人的晚年生活更加充实和有意义。

五、推进康养基地建设

随着生活水平的提高和社会福利的发展，浙江老年人的消费观念也在逐渐发生改变，在注重物质的同时，更多的开始追求精神上的享受。孤老已成为过去式，越来越多的老年人走出家门，加入到旅游的队伍中，享受集体旅游养老的乐趣。

浙江青山绿水，气候温和，自然风光旖旎，名胜古迹众多，人文景观荟萃，依靠这些优势，浙江省政府积极打造老年宜居环境，推进老年养生和康养基地建设，吸引越来越多的老年人来"浙"养老。

2003年7月，时任浙江省委书记习近平在谋划部署"八八战略"时，就提出要进一步发挥浙江的生态优势，建设生态省，打造"绿色浙江"。习近平同志亲自擘画，实施"千村示范、万村整治"工程，使乡村面貌焕然一新，山青了、水碧了，大大提高了浙江乡村的吸引力。

2017年，浙江省老龄办联合省旅游局启动2016年老年养生旅游示范基地评选工作，累计命名老年养生旅游示范基地37个。2018年12月，浙江省文化和旅游厅、省老龄办发布了"2018年浙江省老年养生旅游示范基地"名单，共有21个基地入围，其中宁波4个，杭州3个，温州、湖州、金华、衢州、台州和丽水各2个，嘉兴和绍兴各1个。丽水市荣获全国唯一一个地级市"中国长寿之乡"的称号，并牵头成立了中国长寿之乡绿色产业发展联盟。

2017年6月，浙江省第十四次党代会提出，谋划实施"大花园"建设行动纲要，使山水与城乡融为一体、自然与文化相得益彰。2018年，浙江省委、省政府印发《浙江省大花园建设行动计划》，为全省大花园建设绘就了"路线图"，制定了"任务书"，确定了"时间表"。为了持续推进大花园建设，浙江省发展改革委、省生态环境厅、省交通运输厅、省文化和旅游厅陆续出台《关于印发浙江省大花园典型建设工作方案的通知》（浙发改资环〔2018〕582号）、《浙江省大花园建设行动计划2020年工作要点》（浙发改环资〔2020〕85号）等，用方案和要点等进一步将大花园建设落到实处。通过大花园建设，力争将全省打造成为全国领先的绿色发展高地、全球知名的健康养生福地、国际有影响力的旅游目的地，形成"一户一处景、一村一幅画、一镇一天地、一城一风光"的全域大美格局，建设现代版的"富春山居图"和幸福美好家园。

全省各地居住环境显著改善，如作为"绿水青山就是金山银山"理论诞生地的湖州市安吉县，被评为全国生态示范区，先后获得联合国人居奖和中国人居环境范例奖、中国人居环境奖，其主导制定的美丽乡村建设指南成为国家标准；湖州市德清县在全国首次农村人居环境村普查中得分最高，被评为中国全面小康十大示范县、全国绿色小康县；湖州市长兴县被评为国际花园城市、全国生态县。

目前，浙江已是我国最重要的森林康养和生态旅游客源地和目的地之一。据浙江省林业局统计，2019 年全省森林康养和生态旅游共接待游客 4 亿多人次，产值达到 2348 亿元，已成为浙江省林业第一大产业，是全国森林康养和生态旅游产业发展的龙头。依托美丽的生态和人文，新型养老业态正在浙江兴起。杭州良渚随园嘉树、浙西常山赛得小镇、浙北长兴龙之梦、浙东宁波慈孝乐园，是其中的典型代表。更有很多知名、不知名的小山村，吸引了大量上海等地老人度夏过年，如金华磐安乌石村，一半是保留原始面貌的古老村落，一半是整洁有序的新建房，乌石屋错落有致，新建房鳞次栉比，村前茶园如盖，村后古树参天，岭外修竹滴翠，道旁绿树成荫，再依托热情好客的人文，以及实惠的价格，吸引了一批又一批的上海老人，成为远近闻名的上海村。

截至 2020 年年末，浙江省已累计建成国家生态文明建设示范市 1 个，国家生态文明建设示范县（市、区）24 个，国家"绿水青山就是金山银山"实践创新基地 8 个，省级生态文明建设示范市 7 个，省级生态文明建设示范县（市、区）61 个，4 家单位入围第一批国家森林康养基地名单，累计评选省级森林康养基地 32 个。[①]

当前，全省围绕得天独厚的生态优势以及底蕴丰厚的人文资源，依托积极创新的政策环境，配合落地有声的执行力度，努力打造人人向往的养老天堂，让"浙"里的老人沉醉于山清水秀的风景，享受实实在在的幸福。

---

① 2020 年浙江省国民经济和社会发展统计公报公布［EB/OL］.（2021-03-03)[2022-03-21]. http://mzt.zj.gov.cn/art/2021/3/3/art_1229304914_58924735.html.

第三章　普及普惠　社区养老服务全覆盖

浙江是一个各地区社会经济发展相对均衡协调的省份。根据 2020 年的统计数据，浙江人均 GDP 最高的杭州市，大约是人均 GDP 最低的丽水市的 2.2 倍。据浙江省统计局资料，浙江省居民可支配收入最高市与最低市的收入倍差，由 2013 年的 1.76 缩小到了 2020 年的 1.64，小于江苏（2.37）、山东（2.17）和广东（2.99），是全国区域发展差距最小的省份之一。区域经济的均衡协调发展，为全省普及普惠性养老创造了条件。

发展社区养老服务，是养老服务体系建设中的基础性工作，对促进居家、社区、机构融合发展和健全中国特色养老服务体系具有重要意义。为确保城乡各地老人们有自己的"专属"空间，能就近养老，本着让老人"就近玩、方便吃、可照料"的基本原则，浙江省着力建设普惠性社区养老服务设施，通过公建公营、公建民营、民建民营等方式，显著提升社区养老的服务质量和服务水平。现在的浙江，无论是在杭州的中心城区，还是在其他市县的街镇、乡村，都实现了乡镇（街道）服务中心和社区服务照料中心全覆盖，就近就便的社区养老服务设施，让为老服务变得触手可及。

第一节　统筹城乡 持续优化社区养老服务设施

受传统养老理念的影响，或因无法负担过高的养老费用，多数老年人并不愿意到养老机构养老，而更倾向于居家养老。浙江省顺应老年人意愿，统筹城乡，持续优化社区养老服务设施，为老人提供多样化的养老服务。全省从建设老年活动中心，到建设"星光之家"和城乡社区养老服务站，再到建设居家养老服务照料中心，逐步完善社区各种为老服务空间和场所，并渐次引入各种为老服务。

一、建设老年活动中心 保障专享空间

作为一个集中服务的公共场所，老年活动中心是老人的专享空间，能够为老年人

提供集体性综合文体娱乐活动，满足老年人交友、娱乐的需要，有益于老年人的身心健康。

（一）财政资助保障老年活动中心建设数量

为了满足老年群体文娱活动的需求，浙江省早在 20 世纪 90 年代就开始重视老年文化服务事业的发展，省级财政不间断地下拨专项资金资助全省各县（市、区）创建、改建、扩建各类老年活动中心。

1991 年，宁波市机构编制委员会批准建立了浙江省首家老年活动中心——宁波市老年活动中心，为老年人提供健身、娱乐和学习的场所。1996 年，在浙江省政府批转的《浙江省老龄事业"九五"发展规划》中，把建设老年活动中心作为一项重要内容，并提出了具体的建设方针、目标和措施。1998 年，浙江省政府在杭州中心地段划拨土地 1.77 公顷，投资 2500 万元，在浙江省民政厅和省老龄办的指导下，成立了浙江省老年活动中心，面向全体老年人开放，被社会誉为"民心工程"。

在浙江省老年活动中心的典型示范下，全省各地因地制宜，大力兴办老年活动中心。在《2006 年全省民政工作要点》和 2008 年印发的《浙江省社会福利发展"十一五"规划》的指引下，全省继续加大对老年活动中心的建设力度，并进一步加大对欠发达地区老年活动中心建设的扶持力度。《浙江省老龄事业发展"十二五"规划》（浙政发〔2011〕59 号）要求全省所有县（市）建有 1 个以上综合性、多功能老年活动中心；配合全省中心镇培育和"美丽乡村"建设，建设完善农村基层老年活动设施；90% 以上的中心镇建有老年活动中心，95% 以上的中心村建有综合性老年活动场所。在此期间，浙江省财政共下拨专项资金 2000 万元，资助 60 个市县老年活动中心和 85 个乡镇建设老年活动中心（室）。

概括而言，浙江省以党和政府发展社会养老服务的方针和政策为指导，以文化建设为主线，通过财政资助，建成了一大批老年活动中心，保障了老年人的精神文化生活需求。截至 2014 年年底，全省共有各类老年活动中心（室）3.39 万个，总建筑面积 1112.56 万平方米，基本实现了老年活动中心的城乡普及。

（二）星级评定保障老年活动中心建设质量

在推进老年活动中心建设的同时，浙江省加强规范标准建设，以促进其健康发展。2004 年，出台《浙江省四星级老年活动中心（室）评比标准》，开展星级老年活动中心评比活动，推进老年活动中心规范化建设。2016 年，出台《老年活动中心建设标准》（DB33/T 1125—2016），从老年活动中心选址与规模、建筑设计、建筑设备等方面制定了相应的标准，推进浙江省老年活动场所的标准化建设。2017 年，发布《老年活动中心管理和服务规范》（DB33/T 2055—2017）省级地方标准，对管理要求、人员要求、服务内容、服务质量评价与改进、服务机构等级评定等进行了统一规范和量化，旨在进一步明确老年活动中心的服务职能和功用，发挥老年活动中心在文化养老中的主体作用和效能，同时也为各级老年活动中心服务等级评定提供相关的依据，确保各地老年活动中心建有方向、评有标准、管有办法。

《老年活动中心管理和服务规范》

截至 2014 年年底，全省"四星级""三星级""二星级""一星级"老年活动中心（室）分别达到 44 个、1163 个、9621 个和 3422 个，各级老年活动中心（室）建设和管理水平不断提高。[①]

（三）相互交流推动老年活动中心做好做实

为充分发挥老年活动中心的作用，浙江省老年活动中心还建立了常态化的工作交流会制度。2019 年 7 月 17 日至 19 日，浙江省卫生健康委召开了机构改革之后全省老年活动中心第一次交流会暨业务骨干培训班，全面回顾和总结了浙江省老年活动中心工作的发展成绩和经验，精准把脉老年活动中心转型发展新思路、新定位。同时会议强调：一要学习领会和贯彻落实国家应对人口老龄化中长期规划和《国务院关于实施健康中国行动的意见》（国发〔2019〕13 号）精神，找准新时代老年活动中心工作的新定位，以更高的标准、更广的视野，更突出的作风，推动事业的发展，在应对人口老龄化和建设健康中国的实践中发挥更大的作用。二要树立"大健康"理念，积极开展老年健康促进工作。三要突出老年活动的文化内涵，大力加强老年活动中心阵地建设。四要推动老年活动与老年教育的融合发展，打造文化养老新品质。

会议组织了"我为老年活动中心高质量发展建言献策"座谈交流，与会代表就以大健康理念推动老龄健康服务、提升文化养老品质、加强队伍业务能力建设等方面，展开了热烈讨论；会议也举行了"开启银时代——为老志愿服务"论坛，旨在强化基本服务，提升老年生活品质，同时启智拥有养老服务平台、资源、专业力量的组织，将带来的成果分享惠及基层，共同打造为老服务公益的集聚地。杭州、温州、丽水三地分享了工作经验。杭州市围绕"后黄金 20+"，成立了夏丁玲工作室，开展"心理咨询、法律援助、健康管理、社工服务、矛盾服务"五位一体的专业助老；温州市打造了"一对一·手把手"老年微课堂公益培训、"立马成像"公益服务、"手工花送关爱"公益服务、文艺巡演、老年春晚等特色项目；丽水市开展固定为老服务日活动，搭建全社会

---

① 近两成浙江人步入老龄化 精神养老成新需求 [EB/OL].（2015-04-18）[2022-11-29]. http://mzt.zj.gov.cn/art/2015/4/18/art_1632728_31210350.html.

参与为老志愿服务的平台。专家对三地市为老志愿服务项目进行了点评，并从项目设计开发、精准链接资源等方面，进行了专题授课。

通过交流发言，碰撞思想火花，分享工作经验，探讨助老服务事业，推动了各地老年活动中心更有效地做好做实为老服务。

二、持续创新服务载体　丰富社区配套

（一）城乡共启"星光计划"

2001 年，人类进入了 21 世纪，我国也步入了人口老龄化社会。党中央、国务院为满足社区老年人的需求，启动了"社区老年福利服务星光计划"，通过发行福利彩票筹集的福利金，在全国 10 万个社区居委会和农村乡镇，新建或扩建一大批"立足社区、面向老人、小型分散、方便实用"的老年福利服务设施、活动场所和农村乡镇敬老院，以建立健全社区老年福利服务体系。

2006 年，浙江省民政厅在全国率先将"星光计划"向农村延伸，印发《浙江省"农村老年福利服务星光计划"实施方案》（浙民福〔2007〕94 号），明确提出要建成集老年人文化教育、体育保健、家政服务、托老照料于一体的综合性老年福利设施。2007年，浙江省民政厅出台《关于实施"农村老年福利服务星光计划"试点的通知》（浙民福〔2007〕62 号），在全省 100 个农村社区进行试点，并逐年增加，逐步推广覆盖。通知中明确，城乡所有星光之家实行"三统一"，即统一名称，在全省范围内均命名为"星光老年之家"；统一标识，在显著位置设立统一的"中国福利彩票资助"标识；统一功能，每个"星光老年之家"应具备电视教学、图书阅览、健身活动、文化娱乐、生活服务等基本服务设施和功能，成为辖区内老年人的教育中心、活动中心、服务中心。

《关于实施"农村老年福利服务星光计划"试点的通知》

浙江省政府相继印发的《浙江省社会福利发展"十一五"规划》《关于进一步加强民政工作加快发展民政事业的意见》（浙政发〔2007〕26 号）以及《浙江省民政事业发展"十二五"规划》（浙政发〔2011〕82 号）均指出，要稳步推进"老年福利服务星光计划"向农村延伸，实现城市与农村社区全覆盖。

通过几年的努力，至 2011 年年底，全省已建成城市社区"星光老年之家"3082家，农村社区"星光老年之家"17284 家，基本覆盖了所有城市社区和 60% 以上的农村社区。

（二）建设城乡社区居家养老服务站

"星光老年之家"主要以为老年人提供日常活动场所为主，功能较为单一，且部分设施由于监管不到位，后期逐渐"变质"，未能发挥其应有的功能，更无法满足老年人生活照料等多层次的需求。

2007年，宁波余姚市政府率先出台了《关于推进居家养老服务工作的意见》，对居家养老服务站建设给予政策上的支持，并从2008年起，将此项工作每年列为政府民生实事工程，探索发展居家养老的服务工作。居家养老服务站是以社区为依托，通过上门、日托等形式，为居家老人提供生活照料、文化娱乐、康复护理和精神慰藉等方面服务的设施和场所。它是对传统家庭养老模式的补充和更新，也是发展城乡社区服务、建立社区养老服务网络的一项重要内容。

2008年，为全面推进居家养老服务工作，全国老龄办等十部委印发《关于全面推进居家养老服务工作的意见》（全国老龄办发〔2008〕4号），号召整合资源，在城市社区和大部分农村乡镇建设综合性居家养老服务站点。浙江省政府火速响应，出台《关于加快推进养老服务体系建设的意见》（浙政发〔2008〕72号），全面推进社区养老服务设施的转型升级。浙江省以原有的"星光老年之家"为基础，通过设施改造、功能提升，普遍建立以生活照料为主要内容的居家养老服务站，并负责落实社区居家养老服务的组织工作，为居家老人提供活动场所、服务设施、服务项目等支持。

此后，全省各地积极推进。2012年，宁波市鄞州区印发《宁波市鄞州区居家养老服务站建设实施方案》，按照分年实施、有序推进的方法，明确了未来四年内全区448个社区（村）全部建立居家养老服务站的目标任务，并将此工作列为区政府民生实事工程；2011年，杭州市富阳区在环山乡、东洲街道，开展全面推进居家养老服务试点工作，并制订了居家养老服务站建设"三年行动计划"，即到2013年，富阳区所有城市社区和行政村都建立起居家养老服务站，开展形式多样、内容丰富的为老服务项目。

2011年，浙江省政府印发《关于印发浙江省城乡社区服务业"十二五"发展规划的通知》（浙政发〔2011〕82号），提出要加快居家养老服务站建设，以进一步推进浙江省社区居家养老服务网络建设。在政策的引导下，有限的资源得到了高效的整合。全省将现有的星光老年之家改造升级，并将闲置的学校、工厂、村委会旧办公楼等场所都改建成了居家养老服务站。截至2014年年底，全省共建成城乡居家养老服务站16446家。

在建设规范上，余姚市老龄委专门出台《关于加强社区（村）居家养老服务站建设管理的意见》，提出了"七有基本建设标准"（即有规范名称、有服务场所、有工作制度、有工作队伍、有工作人员职责、有助老服务热线、有信息台账）和"三个基本服务规范"（即服务对象、服务内容、服务方式），并通过评估、验收、抽查、评比、培训等形式，加强对服务站的监督管理。全省各地同样抓紧落实，通过完善制度、健全队伍，并辅以跟踪管理、绩效考核等方式，推进居家养老服务站标准化、规范化建设。

居家养老服务站服务内容

生活照料：各居家养老服务站点开办配餐中心、聊天室、生活照料室等，为老年人提供托老、购物、配送餐、家政等服务。

医疗保健：为老年人建立健康档案，提供疾病防治、康复护理以及紧急救助等服务，社区卫生服务站不定期组织老年人免费体检，社区医生上门走访重点服务对象，送医送药。

精神慰藉：依托居家养老服务站，吸纳社会义工、志愿者等，为老年人提供陪聊、心理疏导等服务。

文化娱乐：为老年人提供歌舞、绘画、健身、阅览的场所。

（三）建设居家养老服务照料中心

在政府的推动下，社区居家养老服务站得到了迅速发展。但对比老龄人口的剧增，社区居家养老服务站仍然存在供给不足，供给与需求不匹配，管理运行机制不健全，服务人员不够专业，资金来源不足、使用效率不高，法治保障不充分等问题。

为进一步解决上述困难，让老年人能够实实在在地享受到社区养老服务，2011年，浙江省政府印发《关于深化完善社会养老服务体系建设的意见》（浙政发〔2011〕101号），要求对城乡社区已建立的居家养老服务站、"星光老年之家"，通过设施改造，功能提升，转型升级，成为社区居家养老服务照料中心或小型养老服务机构，以便让老年人切实享受到家门口的养老服务（见表3-1）。

表3-1　星光老年之家、居家养老服务站、居家养老服务照料中心的区别

项目	星光老年之家	居家养老服务站	居家养老服务照料中心
经费来源	福彩资金资助	政府财政投入 社会力量捐赠	政府财政投入 社会力量捐赠 社区（村）集体、慈善资金资助
运行机制	政府举办	政府主导、社会参与、市场化运作	
服务内容	以文化娱乐为主，家政服务、托老照料为辅	以生活照料为主，以医疗保健、精神慰藉、文化娱乐等为辅	生活照料、膳食供应、保健康复、文化娱乐并行

浙江省委、省政府高度重视社区居家养老服务照料中心建设，从 2012 年起，浙江省政府设立了社会养老服务体系建设专项资金，对城乡社区居家养老服务照料中心建设给予每个中心 5 万元的一次性补助。2014—2017 年，连续四年将社区居家养老服务照料中心建设列入"民生十大实事工程"，将养老服务照料中心建设和管理列入重要议事日程与党政领导干部绩效考核内容，以此推动此项工作的落实。

2013 年 3 月，为积极应对农村人口老龄化，加快农村居家养老服务设施建设，进一步推进浙江省农村居家养老服务工作，浙江省民政厅印发《浙江省农村居家养老服务设施建设三年推进计划（2013—2015 年）》（浙民福〔2013〕68 号），提出把农村居家养老服务工作纳入社会养老服务体系建设全局，实现重点倾斜和同步发展。在数量上，到"十二五"末，全省计划建成 6000 个以上农村社区居家养老服务照料中心。在布局上，以原有农村社区服务中心为基础，打造 20 分钟养老服务圈。在功能上，进一步提高配置标准，每个照料中心日托功能使用面积达 300 平方米以上，有 2 名以上专（兼）职管理（服务）人员和专项运营保障经费；全托功能使用面积一般为 500 平方米以上，有 5 名以上专（兼）职管理（服务）人员和专项运营保障经费。通过实施"三年推进计划"，扩大农村养老服务设施总量，拓展农村养老服务项目，壮大农村养老服务队伍，提高农村养老服务水平。到 2015 年，完成"三分之一以上的农村社区建有居家养老服务照料中心，其他地方建有居家养老服务站"的目标任务，实现农村居家养老服务基本覆盖。

为保障居家养老服务照料中心的正常运作，从 2016 年开始，浙江省对财政补助一类地区的县（市、区）给予居家养老服务照料中心运营补贴。浙江省财政将财力转移支付系数在 0.8 以上的 34 个县（市、区）的照料中心运行补助列入年度预算，此后逐步扩大到给予所有照料中心运营补助资金。2016 年 4450 个、2017 年 6115 个、2018 年 8443 个、2019 年 20307 个照料中心（宁波除外）均得到省财政运营补助资金支持。许多市、县（市、区）对每个中心除给予 3 万~50 万元不等的建设补贴外，还根据照料中心星级标准、建筑面积、服务功能、服务人数等因素，建立起了运行经费补助机制。据不完全统计，2011 年以来，全省财政用于居家养老服务的资金达 50 多亿元。居家养老服务照料中心还接收社会捐款及米、油等食品，形成了政府财政、社区（村）集体、慈善资金资助和社会力量捐赠等多渠道资金保障机制。

依靠政府的组织和资金保障，城乡社区居家养老服务照料中心设施建设得以快速推进。各地采取新建与改建相结合的方式，在资源整合上加大力度，充分利用农村老年活动室、文化礼堂，以及闲置学校、办公楼、厂房、祠堂等用房设施资源，按照

"就近就便、功能配套、方便实用"的原则，建设了一大批居家养老服务照料中心。到2020年6月底，全省已建成城乡社区居家养老服务照料中心2.34万家，基本实现城乡社区全覆盖。

（四）建设乡镇（街道）居家养老服务中心

面对老龄化、高龄化、空巢化、失能化"四化叠加"的严峻形势，增加居家养老专业化服务日益迫切，但又面临困难。在社区一级提供专业服务，存在刚需人数少、运营成本高、资金效益低、持续运营难等问题；在县（区）一级提供专业服务，存在远离服务对象、难以有效供给覆盖的问题。

为此，浙江省积极探索创新，于2018年提出在乡镇（街道）一级设立示范型居家养老服务中心，通过推动居家养老服务供给侧结构性改革，克服社区居家养老服务照料中心运营缺乏规模经济性和服务专业性、县城养老服务机构又覆盖面有限的问题。

《关于开展示范型居家养老服务中心建设的通知》

2018年，浙江省政府办公厅出台《关于深化养老服务综合改革提升养老服务质量的实施意见》（浙政办发〔2018〕77号），明确到2022年，每个乡镇（街道）均建有兼具日间照料与全托服务功能的示范型居家养老服务中心。浙江省持续推进乡镇（街道）居家养老服务中心建设，浙江省政府把居家养老服务中心建设列为2018年、2019年为民办实事项目。浙江省民政厅印发《关于开展示范型居家养老服务中心建设的通知》（浙民福〔2018〕57号），强调专业服务机构社会化运营，做强做实生活服务、康复护理服务、托养服务、家庭支持服务、社会工作与心理疏导服务、康复辅助器具租赁服务六大功能，强化日间照料与全托服务能力，把托养床位从5张增加到10张。在财政上，居家养老服务中心运营补助按每年10万元/家列入省财政年度预算安排。此外，每年各地向社会公开推出公建民营的居家养老服务中心项目，吸引专业养老服务企业、社会组织等社会力量承接运营。目前，85%以上的乡镇（街道）居家养老服务中心实现了由第三方专业机构服务运营，通过政府购买服务，为老年人提供助餐、助浴、助洁、助急、助医、护理等居家养老服务。

不同于社区一级的居家养老服务照料中心提供的一般性服务，乡镇（街道）居家养老服务中心以需求为导向，实现了供给内容的创新。主要体现在以下方面：强调提供专业服务，将服务的目标人群确定为有刚性长期照护需求的失能和部分失能及高龄老人；不仅拥有养老护理员、护士、健康管理师、社会工作师等多项职业资格认证的多元化服务团队，而且还引入标准化管理和服务流程体系，除了提供老人所需要的基本服务外，还开展心理辅导、健康咨询等多个项目，有效缓解了居家养老服务队伍力量不足、照护服务不专业、服务内容单一等实际困难和问题；跨社区的特性不仅有利于指导社区服务点，还可以承接社会各种专业养老服务资源，在兼具规模性的同时提高服务的专业性。

截至 2021 年年末，全省累计建成乡镇（街道）居家养老服务中心 1456 家，提前一年实现了乡镇（街道）居家养老服务中心全覆盖目标。乡镇（街道）居家养老服务中心与社区居家养老服务照料中心错位发展、相互补充，构建了专业服务与一般服务相结合，收费服务与免费服务相补充，机构全托、社区日托、居家服务相衔接的居家养老服务新格局。

（五）试点建设养老服务驿站

为了能够因地制宜地为居家老年人就近提供所需要的养老服务，2020 年起，杭州、宁波等地又在社区试点建设康养驿站。

康养驿站面向辖区范围内的所有老年人，为他们提供 15 分钟养老服务圈内的养老服务，具体包括"4+X"服务功能："4"分别为居家上门服务（呼叫服务）、专业日托服务、养老顾问服务、社区助餐服务；"X"为因地制宜开展的社区特色养老服务，比如家庭支持、社会工作、文化娱乐、法律咨询、健康指导、心理咨询、康复器具租赁等，有条件的情况下，还可以开展助浴、助洁、助行、助医、康复护理等服务项目，真正实现为老人打造一个"没有围墙的养老院"。康养驿站是社区居家养老服务照料中心的"升级版"，是政府完善社区养老服务的又一次重要探索。

2020 年，舟山市政府办公室印发《关于打造海岛服务驿站的实施意见》，正式启用全国首个海岛服务驿站。海岛服务驿站以离岛居民服务需求为导向，设置"5+X"服务功能。"5"是指卫生服务更健全、养老服务更充实、商品物流更通畅、精神文化更丰富和便民服务更有效；"X"是指当地政府根据海岛实际情况，贴近群众需求，可创设富有特色的个性化服务。服务驿站设在人口相对聚集、交通相对便利的区域，采用开放式布局，建筑面积一般在 200 平方米左右。原则上海岛服务驿站不新建，依托现有公共场所，在此基础上进行改造和完善。海岛服务驿站集居家养老服务中心、老年食堂、配送餐中心、理发和家电维修、妇女微家、健康讲座、视频培训等服务功能于一体，还设有"老年人话疗室"，由专业心理咨询师定期提供咨询服务。在老年人较为关心的医药服务方面，海岛服务驿站依托村卫生室（健康小屋），整合医疗资源，借助共享药房和医共体，结合市红十字会、市场监督管理局送药配药等服务，调集更多药品资源，方便岛上居民看病就医配药。在财政补助上，采用"政府 + 慈善 + 社会力量"模式，形成多元化投入机制。海岛服务驿站试点的标准化建设、信息平台建设等一次性软件设施建设经费由市级统一负责；试点改造、装修等一次性硬件设施建设经费由市、县（区）两级按照 6 ：4 比例承担（市级补助每个项目最高不超过 100 万元）。

三、破解小区配建难题 完善养老设施

随着老龄化程度的加深，养老服务设施缺乏，将直接影响老年居民的生活质量，尤其是老旧小区普遍存在老龄化程度高与养老设施短缺的矛盾。只有破解新旧小区养老服务设施配建难题，才能解决向老年人提供就近就便服务的实际问题。浙江省政府针对这一问题，出台相应政策，推进新旧小区养老服务设施的配建。

（一）新建住宅："四个同步"

《浙江省城镇居家养老服务设施规划配建标准》

在新建小区的养老服务设施配建上，早在 2014 年，浙江省印发的全国首个居家养老服务设施规划配建强制性标准——《浙江省城镇居家养老服务设施规划配建标准》（DB33/1100—2014）规定：新建住宅项目必须配建居家养老服务设施，并应与住宅同步规划、同步建设、同步验收、同步交付使用。新建住宅项目居家养老服务用房套内建筑面积不得少于该项目住宅总建筑面积的 2‰，且不得少于 20 平方米。同时，该配建标准在细节规定上充分体现了敬老爱老助老护老的特征，致力于为老年人营造安全、方便、舒适、卫生的居家养老环境。如在建筑设计上，规定居家养老服务用房不应设置在地下室、半地下室、四层及四层以上；在建筑设备配置上，要求居家养老服务用房卫生洁具的选用和安装，要考虑方便老年人使用，坐便器旁边要安装扶手，休息室及卫生间厕位旁应设置紧急呼叫按钮等。

浙江省委、省政府先后印发《关于推进新时代民政事业高质量发展的意见》（浙委发〔2019〕27 号）、《关于加快康养体系建设推进养老服务发展的意见》（浙委办发〔2020〕63 号），要求实施居家社区养老服务提质工程，市县民政部门进入同级规划委员会，落实新建小区养老服务设施"四同步"（规划、建设、验收、交付），从根本上解决新建小区建筑面积与居家养老服务设施、提供用房与规划设计不匹配的问题，确保新建小区落实养老服务设施，就近就便为老年人提供服务。市县均已落实民政部门进入同级规划委员会，保证新建小区建设养老服务设施工作顺利进行。

（二）老旧小区："三拆一改"

在城镇的老旧小区改造工作上，党中央、国务院高度重视。习近平总书记指出，要加快老旧小区改造；不断完善城市管理和服务，彻底改变粗放型管理方式，让人民

群众在城市生活得更方便、更舒心、更美好。[①]2019年，住房城乡建设部在两省八市开展了城镇老旧小区改造试点工作，浙江省和宁波市分别被列为试点省和试点市。

《关于全面推进城镇老旧小区改造工作的实施意见》

2020年，浙江省贯彻落实《国务院办公厅关于全面推进城镇老旧小区改造工作的指导意见》（国办发〔2020〕23号），同年12月，浙江省政府办公厅印发了《关于全面推进城镇老旧小区改造工作的实施意见》（浙政办发〔2020〕62号），重点改造2000年前建成且近五年未实施综合改造的老旧小区。采取综合整治模式，实施基础设施、居住环境、服务功能、小区特色、长效管理等五方面改造，重点满足居民基本生活需求和生活便利需要，丰富社区服务供给。改造的范围从城市、县城（城关镇）延伸到建制镇，并结合各地实际和群众需求，改造模式多样，分为综合整治和拆改结合，确保包括养老在内的社区专项服务设施建设。

截至2020年年末，浙江省累计改造老旧小区1015个，涉及建筑面积约3825万平方米、居民43.5万户，累计完成投资约84亿元。[②]2022年，将继续开工改造城镇老旧小区不少于600个，涉及楼房7500栋、建筑面积1700万平方米，惠及居民约19万户。

（三）持续完善：有机更新

从2019年开始，杭州市陆续在各个老旧小区推出"微更新"，更准确的说法，叫综合改造。"微更新"，即将改造重点和方向从原先的拆建、修补、整治，转变为以"综合改造"和"服务提升"为重点的有机更新。"微更新"就像是老旧住宅小区的"美容师"，负责为老旧住宅小区进行美容工程，让旧貌焕发新颜。这是老旧小区更新工程的升级版本，目标是打造"有完善的基础设施、有整洁的居住环境、有配套的公共服务、有长效的管理机制、有特色的小区文化、有和谐的邻里关系"的"六有"品质小区。

2019年3月初，杭州市建委在每个城区选取了1个小区进行"微改造"，为制订全市老旧小区改造行动计划提供可借鉴的经验。每个小区从硬件改善、绿化、休闲、文化、服务、美化、交往共享等方面，增加文化墙体、中心花园、健身场地、休憩凉亭、宅前绿地等社区微更新改造。在这一过程中，充分征求民意，部分城区、街道也会邀

---

① 国务院政策例行吹风会（2019年7月1日上午）[EB/OL].（2019-07-01）[2022-11-30]. http://www.gov.cn/xinwen/2019zccfh/43/sjbb.htm#hygqmd.

② 浙江省2020年老年人口和老龄事业统计公报[EB/OL].（2021-11-22）[2022-10-24]. http://www.zchsp.com/home/news/info.html?id=88&catId=32.

请居民代表及"两代表一委员"，参与方案论证、工程监管、联合验收等，同时创新监管方式，如探索研究老旧小区整治认定标准、提升标准及材料标准等，确保打造百姓满意的精品工程。改造后的老小区提升了小区品质，也为老人创造了更加人性化的居住环境。

杭州拱墅区大塘巷社区：自治微更新为老服务设施[①]

微更新，不只是用设计的力量，去"更新"更宜居的社区空间，更需要用自治的习惯，去"更新"更良好的社区精神面貌。

大塘巷社区成立于 2001 年 4 月，住宅楼却是 20 世纪 80 年代左右建造，3172 户家庭，常住人口 7264 人，老年人口接近 32%。

2018 年 7 月，社区联合安道设计公司，在大塘巷社区开展了为期一个月的微更新活动。在这次微更新活动中，实现了小更新、大参与。卫生医疗站点的医护团队成员根据站点的人流量和人群特点，提出在站点南面空地增加休闲座椅，便于老年人小憩。设计方特别采访了社区有代表性的老人，制作了老人履历故事盒：胡鸿森，74岁，1986 年入住大塘社区，退休前任职于杭州汽车发动厂，现为社区退休人员联谊会会长；马玉英，87 岁，1992 年入住大塘社区，退休以后以做香囊为兴趣，被《青年时报》评为杭州老工匠；卢国荃，85 岁，杭州汽车发动机厂领导，负责社区历届选举工作，人称活档案；等等。这些资深居民成了微更新的主人，故事盒让个人记忆活化为精神价值财富。经过不断修改完善，并经街道、社区相关部门及小区业主综合评定，本着"好中选优，优中选精"的原则，从 50 多个设计方案中，最终确定了 4 个改造项目，重点在小区 2 幢、8 幢北侧小公园、18~19 幢间等区域，增加老人休闲区、儿童娱乐区，整个小区增加导示图等。针对"很多老人不会用手机导航，而且现在墙上写的楼号字有点小，来串门或者看亲友的老人容易看不清楚"的问题，小区增设了彩虹色的地面引导系统，在给老人以直观引导的同时，通过视觉引导，把走路的老人和骑电瓶车的人分开，形成一个对行路的老人相对安全的区域。这次微更新活动，在如何更好地为老年人服务、如何提升环境功能、如何打造更宜居的人文社区等方面，做出了突出成绩。

该项目前后总共花费 9 万元。在项目竣工后，居民满意度百分之百。小投入、大满意，微更新赢得了群众口碑。

[①]　案例来源：https://baijiahao.baidu.com/sid=16409810368379944352&wfr=spider&for=pc.

第二节 城乡同标 不断提升社区养老服务能力

浙江省坚持以老年人的需求为导向,在做好社区养老服务设施建设的同时,不断提升社区养老服务能力和服务质量。在加强社区养老服务标准化和智慧化建设的同时,分类推出个性化的服务:针对老年人就餐难题,建立助餐配餐服务长效机制;针对高龄和失能失智老人专业照护问题,启动居家养老服务中心建设;针对社区老人医养困境,推动社区医养结合服务等。通过不断提升社区养老服务水平,着力增进老年人福祉。

一、实施"3587"工程 规范社区工作

为了推动社区的老龄工作,浙江省老龄办早在 2002 年就提出了老龄工作"3587"工程,从社区老龄组织、社区老年服务网络、社区老龄工作任务、社区老龄工作标准等方面规范了社区老龄工作。

浙江省老龄工作"3587"
工程

"3",即建立和完善三个老龄组织:①社区设立老龄工作小组。老龄工作小组代表社区党组织和居委会,实施对老龄工作的领导、规划、调控,解决重要问题,决定重要事项。②社区成立老年人协会。老年人协会在社区党组织、居委会和老龄工作小组的领导下,反映老年人的要求,维护老年人的权益,参与管理老年福利设施,组织健康有益的活动,实现老年人的自我管理、自我服务和自我教育。③社区建立志愿者队伍。

"5",即建立健全社区老年服务五大网络。①养老保障网络。包括养老金社会化发放、低保补助金发放、机构养老、精神慰藉等。②医疗保障网络。包括提供社区及家庭医疗服务、开展老年健康教育、建立老年健康档案等。③生活照料网络。包括托老、修理、购物、家政服务等一般照料项目和陪护、陪聊等特殊照料项目等。④文化教育网络。包括开展老年文艺、娱乐、教育、体育健身等活动。⑤权益维护网络。包括法律知识培训、法律援助、司法调解以及老年人赡养、财产、婚姻等老年人合法权益的保护工作。

"8",即现阶段社区老龄工作的八项主要任务。①推动建立具有社区特色、功能齐全的老年服务体系,完善各类老年福利设施,为老年人居家养老提供全方位多层次的社会化服务。②建立健全社区老龄工作组织和工作队伍,为开展社区老龄工作提供可靠的组织保障。③动员、整合社区为老服务资源,逐步形成政策支持、市场补偿与社会资助相结合的社区老龄工作经费保障体制和运行机制。④有计划地组织具有社区

特色的老年娱乐和体育健身活动，努力吸引更多的老年人参加各类社区活动，丰富老年人的精神文化生活。⑤开展老年教育活动，动员组织老年人参加各类老年学校学习，做好老年人的政治思想工作，帮助老年人在思想观念和精神生活方面做到与时俱进。⑥动员社会力量，开展多种形式的帮扶救助活动，使需要特别帮助的老人受到社区经常性的关爱。⑦动员组织社区低龄健康老人特别是各类专业人才参与社区建设，使更多的老年人在社区党建、治安、卫生、教育青少年等方面发挥作用。⑧维护社区老年人的合法权益，运用多种形式宣传老年法规，表彰敬老典型，提供法律援助，同歧视、虐待、遗弃甚至残害老年人的行为做斗争。

"7"，即社区老龄工作规范化的七条标准。①老龄工作机构健全，人员、经费基本满足工作需要，职责明确，制度完备，领导有力。②社区老年服务设施齐全，功能完善，管理到位，运转正常。③老年文化教育活动经常进行，内容丰富，老年人参与程度高。④老年群众组织、为老服务机构和志愿者队伍发育良好，发挥作用明显。⑤社区老年人发挥余热渠道畅通，成效明显。⑥老年人各种权益得到有力维护，特殊困难有人帮助。⑦社区代际和谐、家庭和睦、敬老助老氛围浓厚。

2003年9月，浙江省政府转发省老龄办、省民政厅《关于加强城市社区老龄工作的意见》（浙政办发〔2003〕67号），提出各地要以"3587工程"为基本内容，积极开展老龄工作规范化社区创建活动，当年要在县及县级以上城区推开，力争通过三年努力，全省80%以上的社区达到老龄工作规范化目标，并不断总结经验，逐步向其他城镇梯次推进。

温州市侧重于社区老龄工作，着重加强农村基层老年人协会按照"三好""三有""三无"规范化标准建设，52%的老年人协会达到建设标准。全年培训老年人协会骨干1500人，超额完成省下达的515名培训任务。健全老年维权组织体系，加强维护社区老年人的合法权益，全市44个律师事务所全部设置老年人维权岗，开展"老年维权示范岗"创建活动，所有法律援助中心老年人申请维权法律援助审查批准时间缩短为三天。2007年，全市法律援助机构为老年人提供诉讼法律援助26件，其中民事诉讼21件，刑事诉讼5件，为行动不便老年人提供上门服务37件，为老年人提供法律咨询服务870件。

台州市着眼于老年文化教育活动，2012年，台州市椒江区委、区政府努力推进居家养老网络全覆盖，以日间照料为中心，托老所、老人活动中心等服务设施为依托，加速形成"15分钟养老服务圈"。区老龄办通过强化政策法规的宣传教育，营造尊老、敬老、养老的良好社会氛围，通过巩固康平托老院等六个养老服务机构的办学成果，进一步加强养老服务机构的办学管理。通过举行以"盛世和鸣，共建共享"为主题的老年文化艺术周文艺演出，反映老年人健康向上的精神风貌，并呼吁全社会关心和支持老年人。同时，各镇（街道）都把老人节作为老龄工作的重要任务，积极推进"敬老月"活动，做到领导重视、组织精心、人员落实、经费到位，力求乡乡镇镇有安排，村村居居搞庆祝，让老年人度过欢乐、吉祥、喜庆的节日，提高老人的生活品质和幸福指数。

二、建立助餐配送机制　兜牢民生底线

养老问题千头万绪，吃饭问题当属首位，特别是对于高龄、空巢、独居、失能老人而言。2003年4月12日，时任浙江省委书记习近平赴杭州翠苑一区调研社区孤寡老人生活情况时，就专门提出"要给老年人办个食堂，解决他们的就餐难问题"。老年食堂就是社区"养老场景"的基石，是社区养老服务的民心工程。

为了满足所有有助餐需求的老年人"吃上新鲜餐食"的需求，浙江省从供给侧出发，积极建立助餐配送餐长效机制，提升全省为老助餐服务的保障水平，确保老年人吃得安全、吃得满意。

2017年6月，杭州市出台《关于推进老年人助餐服务体系建设的指导意见》，鼓励和吸引社会力量，构建多元的收入模式和用人模式，由各个街道、社区、村镇根据自身的财务状况和资源禀赋因地制宜做出调整，打造兼顾公益性和营利性的"社会复合主体"，采取分段计价和分时间段经营法，有效实现用餐人群的开放性和针对性。此外，在新建小区土地出让和规划设计阶段，提前要求出让地块的部分商业用地或部分社区所有用房，应具备转型为老年食堂的功能，以保障老年食堂的可配制性。

案例：温州市鹿城区以慈善机制创新助推助餐服务发展

2018年，浙江省政府将"助餐、配送餐服务覆盖50%以上城乡社区"列入民生实事项目，当年已有12103个城乡社区开展此项服务。浙江省民政厅、省食品药品监督管理局印发《关于切实做好助餐配送餐服务扩面工作的通知》（浙民福〔2018〕52号），确立助餐、配送餐的六种服务模式：开办老年食堂、建设中心食堂、依托

《关于切实做好助餐配送餐服务扩面工作的通知》

敬老院（养老服务机构）配送餐、委托社会餐饮企业配送餐、发展邻里助餐点、互联网＋助餐，鼓励各地因地制宜开展，并明确居家养老助餐、配送餐服务规范运行和监督管理的要求，抓好助餐、配送餐服务落实。明确将失能失智老人列入重点保障对象，并在服务收费上享受优惠价格。随后，各市县积极响应，因地制宜制定优待方法。针

对各地开展助餐、配送餐服务情况，浙江省民政厅印发《居家养老服务中心与助餐配送餐服务基本工作规范(试行)》(浙民办〔2018〕福50号)，进一步规范助餐配送行为。

2021年，浙江省发布《居家老年人送餐服务规范》(DB33/T 2399—2021)省级地方标准，对居家老年人送餐服务场所、送餐服务机构、送餐设备、配送服务以及评价与改进等方面做出了规范。《居家老年人送餐服务规范》(DB33/T 2399—2021)尤其注重送餐服务全流程管控和安全隐患规范，要求送餐服务机构建立老年人健康档案、送餐服务记录、食品留样管理档案等，并进行动态更新，建议应用数字化手段向老年人及其家属展示餐饮食品种类、加工员和送餐员信息、送餐日期和时间等。此外，还要求通过实地走访、电话回访等方式开展送餐满意度调查，建立服务投诉反馈机制，了解老年人膳食服务需求及对送餐服务的意见和建议，以进一步完善配送餐工作。

桐乡市"三通三引导"化解吃饭难题 ①

近年来，嘉兴桐乡市从制度体系、难点痛点、监管机制三方面入手，精心打造老年人助餐服务体系，实现助餐服务城乡社区全覆盖。目前，日均服务2300余人。

（一）打通制度体系，导清服务模式

一是分类推进助餐服务模式完善。依托养老机构、餐饮企业、居家养老服务照料中心等现有设施，分类指导，提供形式多样的助餐服务。在主城区，通过开办老年食堂、餐饮企业配送餐等方式提供服务，如梧桐街道确定9家助餐服务定点单位、20多家照料中心助餐点提供助餐服务。在乡镇镇区，通过建设中心食堂、照料中心运营机构配送餐等方式，解决老年人助餐问题，如乌镇在居家养老服务照料中心建设一家中心食堂，委托第三方机构运营，助餐服务覆盖南宫、东苑、银杏三个社区和周边部分农村社区，日均服务量近100人。在农村地区，通过"集中做餐—统一配送—分点就餐"及邻里互助等形式提供，如河山镇依托各照料中心，由运营机构统一协调提供服务，全年服务量达4000人次。

二是完善助餐服务网络建设。依托照料中心社会化、区域化运营，构建助餐服务配送网络，由运营机构统筹各助餐服务单位，覆盖全市217个村社区。如屠甸镇9个村社区照料中心由浙江金色年华打包运营并提供助餐配送服务。健全和完善助餐服务定点单位、配送服务机构、送餐服务人员、厨师营养师专业人员等队伍建设，形成"机构＋队伍""社会组织＋社工＋志愿者"多方跨专业合作服务队伍，保证每个助餐

---

① 由嘉兴桐乡市民政局供稿。

点均有一支稳定运行的服务队伍。引导低龄老人志愿者就近为弱能长者开展送餐助餐，同时将助餐配餐服务与志愿服务、上门探访、家庭医生等有机结合。如梧桐街道"梧桐义工"与"时间银行"相结合，发布送餐需求，志愿者通过上门送餐等方式获取"时间余额"。

三是推进网上点餐服务。结合桐乡市智慧养老服务平台建设，专门开设"惠老助餐"点餐功能，惠老助餐服务定点单位、配送单位、照料中心等都接入该平台，老年人可以通过照料中心工作人员申请助餐资格，实现网上订餐。对于高龄、失能等四类特惠对象，只需支付扣除补助资金后的餐费，就可以享受配送到家的助餐服务。目前，该功能正在全市范围内推开。

（二）凿通难点痛点，导顺服务路径

一是市镇村三级联动，多方筹集资金。市级层面加大财政投入，专门出台补助政策，对具有本市户籍且常住在本市的高龄、空巢、低保、失能失智四类老人给予特惠对象补助。市镇两级每人每餐补助 6 元（其中 4 元为餐费补助、2 元为配送费补贴）。建立优秀惠老助餐服务单位奖励机制，对优秀助餐服务定点单位、配送单位分别给予奖励，2021 年共有 22 家单位获得此项奖励，奖励资金达 19.35 万元，进一步扩大了助餐服务的社会影响力，鼓励社会力量参与助餐服务。镇级层面加大社会筹资力度。通过企业、商会、社会组织、乡贤参事会、爱心人士等筹集资金，加大助餐服务的投入力度。如新都绿色能源捐资 10 万元，专门用于崇福镇老年人助餐服务；河山镇石栏桥村等每年通过乡贤等途径筹资 2 万元用于补助老年人就餐。

二是抓住重点环节，加大服务供给。出台《关于进一步推进惠老助餐服务的通知》等多个文件，进一步规范助餐服务标准，优化服务流程，完善结算制度。结合居家养老服务两个全覆盖工作，实现 217 家照料中心助餐服务全覆盖；照料中心、助餐服务定点单位、配送单位根据职责分工，形成"点餐—制餐—配送"一条龙服务，年均完成助餐服务 21 万单，并逐年上升。

三是完善服务网络，加强政策宣传。召开全市惠老助餐服务工作推进会，建立政府、企业、社会组织、服务机构共同推进的老年助餐合作机制，全市 11 个镇（街道）开展助餐服务政策宣传，累计摸排和需求调查 10 多万人。同时，通过桐乡传媒、微信公众号、桐乡新闻、抖音等宣传阵地，不断提高知晓率和参与度，形成"村村能服务，人人愿参与"的良好氛围。

（三）疏通监管机制，导好服务质量

一是强化政策指导。出台《桐乡市惠老助餐服务指南（试行）》，形成"惠老助餐服务19条"，从服务内容、服务要求、管理运营、应急处置、投诉处理、资金保障等六大方面，对集中助餐点、定点单位、配送单位、工作人员等机构、场所、人员等操作规范进一步给予明确。特别是餐品供应、食品安全、长效服务、配送队伍等难点痛点问题得到缓解甚至解决。

二是强化现场指导。民政、市场监管、卫生健康及各镇（街道）根据部门职责和《服务指南》，规范和指导助餐行为。不仅对服务机构硬件设施、操作标准、安全管理等进行规范，还明确管理制度、食材加工、人员服务、就餐导引、送餐上门、应急处置、投诉处理等方面的规范和要求，从而提升老年助餐服务的质量。同时，实施常态化评价，完善服务监督机制。对老年人满意度低、投诉量高、日常监管问题多的定点单位实行"观察期"管理。严守食品安全底线，如发生食物中毒事件、弄虚作假行为等，一经查实，取消资格。

三是强化餐品指导。各助餐服务定点单位根据老年人就餐需求和饮食习惯，丰富和改进菜品，开展个性化的助餐服务，如针对"三高"人群推出"低盐低油餐""低糖餐"等。河山、石门等镇根据服务人群需求，推出个性化定制餐；梧桐街道在光亿餐厅推出"老年人助餐爱心专柜"，可以个性化自由搭配，米饭、餐食都是特别制作。

据浙江省民政厅统计，2021年年底全省1.3万多个城乡社区开展了助餐、配送餐服务，社区覆盖率达55.3%，其中社区老年食堂4104个。

三、加强标准化建设 促进可持续发展

案例：嘉兴桐乡市创新完善社会化举措

标准化建设是推进养老服务工作的重要基石，是更好地提供为老服务、加强行业管理的准则和依据。为了促进社区养老服务的健康发展，保障广大老年人的切身利益，浙江省大力开展标准化建设，推动社区养老服务朝着科学化、规范化方向发展。

在不断完善社区养老设施建设的同时，为规范社区养老服务，杭州、宁波等地率先建立对享受政府扶持的居家养老服务机构的资格评估机制，引导居家养老服务机构健全规章制度，明确服务标准、服务流程和服务人员工作职责，制定奖惩措施，实现规范化服务。

省、市、县三级相继制定了一批地方性标准及指导意见，包括《居家养老服务与管理规范》（DB33/T 837—2011）、《浙江省城镇居家养老服务设施规划配建标准》（DB33/1100—2014）、《浙江省农村社区居家养老服务照料中心规范化建设指导意见》

（浙民福〔2013〕246号）等，从设施配备、服务规范、岗位设置、资金使用等方面做出了具体规定，明确全省统一使用城乡居家养老服务照料中心名称和标识；开展星级评定工作，把评审结果与照料中心运行补助经费挂钩，激励照料中心优质高效可持续运行。例如，嘉兴桐乡市出台《桐乡市城乡社区居家养老服务照料中心等级评定暂行办法》，每年落实专项资金30万元，委托第三方测评机构从规划布局、规章制度、运行管理、卫生环境、服务开展、特色亮点、满意度等七个维度，对全市各照料中心开展全方位综合测评，每年进行四轮，测评结果与运营补助直接挂钩。

2015年，浙江省国家标准委正式开展全国第二批社会管理和公共服务综合标准化试点项目，绍兴市申报的智慧居家养老服务标准化试点榜上有名，成为全国该领域的首个服务标准化试点。2015年，嘉兴市成功创建了社区居家养老服务省级标准化试点项目，2017年成功获批"居家养老医养结合服务标准化"国家级试点项目，全市开展居家养老医养结合服务标准化建设。2017年，国家标准委印发《关于2017年度国家级服务业标准化试点项目的通知》（国标委服务〔2017〕137号），"桐乡市'互联网+'养老服务标准化试点"成功入选2017年度国家级服务业标准化试点项目。浙江省出台《浙江省国家标准化综合改革试点第三阶段实施方案》《浙江省基本公共服务标准体系建设方案（2017—2020年）》等文件，以标准化推动基本公共服务的均等化，促进基本公共服务均等化迈上新台阶，为社区居家养老服务体系提供标准技术支持。

四、嵌入医养结合服务 响应热点民生

从医学角度看，一个人进入老年阶段之后，随着生理机能的逐渐老化，身体各系统呈现退行性病变。据统计，我国60岁以上老年人的余寿中有2/3的时间处于带病生存的状态，老年人两周患病率是总人群的2.9倍。随着老龄人口的急速增长，老年群体医疗服务需求也快速增长。因此，养老服务不仅只是"养"，还包括"医"。

浙江省为解决社区老人对于"医养结合"的迫切需求，对现有社区居家养老服务照料中心进行提档升级，融入形式多样的医疗服务，打破传统养老服务模式与医疗护理长期分离的状态。

在推进社区医养服务工作方面，浙江省卫生健康委联合省财政厅，在全省范围内筛选21个乡镇卫生院（社区卫生服务中心），探索实施基层医疗卫生机构提升医养结合服务能力项目，着力加强基层医疗卫生机构的住院服务能力建设，为辖区老年人提供更为可及、优质的基本医疗卫生服务。同时提升老年人家庭医生签约服务，加快推动从"以治病为中心"向"以健康为中心"转变，满足居家老人特别是高龄、失能以及

计划生育特殊家庭老年人的服务需求。如金华市磐安县依托家庭医生签约服务，全面打造"送医助养"模式，将医养结合进社区、进家庭，为广大居家老人提供基本的医疗服务，把14个乡镇的28家村居养老服务照料中心作为试点建设对象，开展"送医助养"服务试点建设工作，由家庭医生签约团队成员，每月1~2次，集中或上门为广大居家老人提供基本医疗和公共卫生服务。

全省还以县域医共体建设为抓手，发挥医共体牵头医院对基层医疗卫生机构的引领作用，提升基层医疗卫生机构的服务能力，助推社区居家医养结合。诸暨市把全市乡镇（街道）卫生院打造成医共体卫生院，满足老年人的医疗和养老需求，进一步提高了老年人看病就医的满意度和获得感。

近年来，浙江省大力支持各地推动社区卫生与社区照料中心联建或毗邻而建，完善医疗卫生机构与养老机构的合作机制，积极协助卫健部门推进基层医疗卫生机构与社区居家养老服务照料机构无缝对接，为社区居家老年人提供医养护一体化服务。2017年年底，已实现服务全覆盖的社区居家养老服务照料中心建设，注重按照服务可及程度规划布局，与社区卫生服务中心毗邻而建，或直接在照料中心内设置基层卫生服务机构。

截至2020年年末，为居家老年人提供上门医疗卫生服务的医疗机构有2674家。全省2997社区卫生服务站为居家老年人提供上门医疗卫生服务，有539.74万名65岁及以上老年人接受健康管理，健康管理率达70.91%。家庭医生团队1.3万余个，团队人数达5万多人，其中全科医生1.9万多人，65岁以上老年人签约服务人数达639.65万人，覆盖面达84.03%，并在全省106个城乡社区实施老年人心理关爱项目，完成50~74岁重点人群结直肠癌免费筛查223.43万例，70岁以上老年人流感疫苗自愿免费接种143万例[①]，老年人的身心健康得到了保护。

全省首个医养结合社区养老中心：佳源"惠益养"[②]

2016年，浙江省首个医养结合社区养老中心在嘉兴落成并对外开放，由民间投资建设的"惠益养"社区医养中心，镶嵌在嘉兴佳源都市小区。该中心共有1500平方米，

---

① 浙江省2020年老年人口和老龄事业统计公报［EB/OL］.（2021-11-22）[2022-03-21]. http:// www.zchsp.com/home/news/info.html?id=88&catId=32.

② 案例来源：https://mp.weixin.qq.com/s?__biz=MzIyMTc1NDk3Nw==&mid=2247491751&idx=1&sn=7189953c1cbe8d92480ac218f2bc5b4e&chksm=e83543a9df42cabf9a81382a054e1e3d3871d34a5dea728d2199ad32c298e691650b40d7f734&scene=27.

设有 14 个房间，26 个床位，配备较先进的医疗康复设备及智慧养老信息系统。虽然其床位有限，但不仅附近范围内的老年人可享受所需的医养服务，包括对外预定老年餐桌、老人日托服务以及医疗保健服务等，而且还兼具社区老人活动中心的功能。

社区医养中心配备 1 名医生和 7 名护理人员，为老年人提供 24 小时护理服务，并定期举办健康讲座。中心医护人员会每天定时组织入住老人做操，为老人足浴驱寒并提醒老人吃药，有规律地安排老人一天的生活作息时间。老人可利用中心的娱乐设施，开展下棋、绘画、书法、打麻将、唱歌、阅读等活动。在饮食上，食堂每天为老人提供营养均衡的饮食，并为老人的饮食习惯做记录。真正做到能为老人提供持续照料、健康管理、康复护理、心理慰藉、文体娱乐、专业咨询等一站式服务。

第三节　整合资源　灵活创新社区养老服务模式

浙江省的社区养老服务模式，体现了多样性。政府、企业、社会组织、志愿者等以各种方式融入社区养老服务体系中，创新性地推出了"养老服务"＋老年人用品、"养老服务"＋金融、"养老服务"＋教育、"养老服务"＋文化、"养老服务"＋旅游、"养老服务"＋餐饮、"养老服务"＋物业等社区养老服务新模式，不断推进各类社区养老服务的融合发展，丰富了社区养老服务内容。

一、政府主导　第三方受托提供专业服务

政府主导，第三方受托提供专业服务的模式主要是由政府投资兴建养老机构，提供资金补贴，委托具有政府管理背景的专业性非营利机构负责管理和提供服务。

2008 年，为加快推进浙江省老龄事业发展，积极应对人口老龄化，根据《浙江省国民经济和社会发展第十二个五年规划纲要》，制订并印发了《浙江省老龄事业发展"十二五"规划》（浙政发〔2011〕59 号），规划指出，各市、县（市、区）人民政府当前发展老龄产业的主要任务，是按照"政府主导、政策扶持、社会参与、市场推动"原则，加快建设覆盖城乡的社会养老服务体系，逐步实现老有安养。规划还指出，各个区域结合实际，可以考虑通过采取建设资金补贴、公建民营、税费优惠、购买服务等政策措施，大力扶持民办养老机构发展。坚持政府引导与市场化运作相结合，大力推进居家养老服务社会化、市场化、产业化发展进程。进一步加大政策扶持力度，把居家养老服务列入服务业发展的重点，充分利用服务业发展专项资金，引导和鼓励社会

组织、家政服务企业等参与居家养老服务。

政府出资建立的社区养老服务设施，主要包括前面提到的老年活动中心（室）、居家养老服务站、居家养老服务照料中心、乡镇（街道）居家养老服务中心、养老服务驿站等。此外，还包括卫生服务站和老年信息服务中心／老龄组织等服务设施。卫生服务站的主要服务内容有健康教育、预防保健、老年保健、慢性病防治、全科门诊、方便门诊、肌注输液、上门服务、常见病咨询等。老年信息服务中心／老龄组织提供的主要服务内容有信息咨询服务、健康讲座、老年服务志愿等。这些社区养老服务设施，如果单靠政府之力进行运营，既加大了养老服务成本，又难以保证其专业服务能力。为此，浙江省政府采取了委托第三方专业机构的方式，来运作养老机构或养老设施。

始建于20世纪80年代初的杭州拱墅区米市巷街道沈塘桥社区，系典型的城市老小区，共有3652户居民，常住人口7290人，纳入社区社会化管理的退休人员1630人，60岁以上的老人有1788人，70岁以上的老人有1004人，80岁以上的老人有488人，90岁以上的老人有39人，100岁以上的老人有2人，社区60岁以上老人占常住人口的30.94%。沈塘桥居家养老服务照料中心成立于2017年3月，它由社区建设，社区委托第三方社会组织——杭州市拱墅区米市巷街道古新人家社区服务中心全权托管运营。中心占地面积400余平方米，设有多功能活动室、服务中心、医疗保健室、图书电子阅览室、心理疏导室、康复训练室、音舞室、休闲餐厅、非遗工作室、休憩室、门厅接待台等功能区，集文化教育、健康管理、生活照料、娱乐休闲于一体。有服务团队7人，包括全职社会工作者、高级健康管理师、护理员、营养师、心理咨询师、护士以及兼职培训老师等专业执业人员。中心采取居家养老和社区服务相结合，政府通过向第三方组织购买服务的方式，由中心向老人提供助餐送餐、社会照料、助医配药、健康管理等服务。中心还结合自身团队特色，开展形式多样的日间活动，丰富老年人的晚年生活，如开设老年电大、手工活动、健康讲座，结合老年人的爱好组建太极拳、乐器演奏、歌舞合唱等队伍，涵盖文化、生活、健康、娱乐等多个方面。

嘉兴桐乡市出台《关于全面提升城乡社区居家养老服务质量的若干意见》，统筹全市社会养老服务资源，实施居家养老服务设施社会化运营。通过招标、委托及合同等方式，先后引进金色年华、福如海、嘉科等居家养老服务机构，与本地椿熙堂、合心等养老机构形成良性竞争。目前，全市居家养老照料中心社会化运营率为100%，年均服务老人量增长率为18.2%，达69.8万人次，社区居家养老照料中心服务质量得到了切实保障。

全省已有 8000 多家照料中心由专业养老服务组织托管运营，专业化服务提供明显增多，切实提高了浙江省社区养老服务质量。

为降低照料中心运营风险，浙江省民政厅、省老龄办还于 2016 年制订了《浙江省社区居家养老服务机构综合保险试点方案》（浙民福〔2016〕45 号），浙江省民政厅会同省财政厅、省保监局，将养老服务机构综合保险覆盖到社区居家养老服务照料中心，按照保费三个 1/3（省财政承担 1/3、当地财政 1/3、参保个体 1/3）的比例给付，全省 1.8 万多家社区居家养老服务照料中心签订了保险合同。

二、政企合作　共襄社区养老服务之盛举

杭州、宁波、嘉兴、湖州等地积极开展居家养老服务模式创新，取得了一定的实效，"政府主导、社会参与、中介组织运作"的居家养老模式，受到国家有关部门的高度肯定，被称为"有望破解我国城市老龄化难题"的一项重大突破。政府主导的优势是落实可控，也容易获得老年人的信任，缺点是容易造成资源浪费和服务错配；而民营企业参与养老服务的优点是专业性强，可以提高服务质量和降低运营成本，缺点是注重营利性，同时不易取得社区资源和老年人的信任。政府和企业合作提供养老服务，则可以实现两者的优势互补和资源的更有效利用。

2015 年，杭州市桐庐县在全国率先推出"家院一体小型养老机构"模式，以"小型机构＋养老服务"方式，由具有独立法人资格的 10~30 张床位农村微型养老机构，通过社会利用自身闲置的房屋设施或由企业利用政府原有社区养老设施，开设社区小型养老机构，通过企业投资装修和运营，政府给予相应的一次性建设补贴和日常运营补贴，共同建设社区小型养老服务机构，就近

案例：嘉兴桐乡和济颐养院护理型连锁养老机构的医养结合之路

为老年人在不离开家乡熟悉的环境下，提供专业化、多样化的养老服务。通过探索"1+X"途径，桐庐县打造了一批具有桐庐特色的社区养老服务品牌。例如：百江镇联盟村"小型机构＋慈善基金"，引导社会力量捐赠 200 万元成立慈善基金，每年收益用于补助机构养老；颐养老年公寓"小型机构＋村建民营"，用村居家养老服务照料中心资源，引入第三方运营，实现村建民营市场化运作。2015 年以来，杭州市累计建成微型养老机构 73 家、床位 2197 张，入住的农村老年人达 1000 余人次。

隶属金华的兰溪市灵洞乡，选择引进市场化运作模式，与"百城康养"医院合作，在 2020 年设立居家养老中心点 1 个、二级点 1 个、三级点 12 个，积极开展"助餐、助浴、助洁、助急"等多样化服务，推动医疗护理服务和养老照料服务有机结合，打

造集生活服务、康复护理、托养照料等功能为一体的居家养老市场化体系。同时，在中心点和二级点设立"中央厨房"，并通过引进第三方运营组建厨房团队，由组织党员和村民代表成立"爱心餐"配送小组，通过"中央厨房＋配送"，第一时间将饭菜送至各个行政村的居家养老服务分中心，实现乡域居家养老服务全覆盖，为灵洞乡14个行政村450余名60岁以上老年人提供居家送餐服务，切实解决农村老年人用餐难题。

2021年，宁波市镇海区"物业＋养老"服务模式开启了养老的全新选项。镇海区张鉴碶社区，选择将养老服务任务交给小区物业管理方——润家物业来管理，润家物业负责协调整合家政公司、健康机构、医疗机构、养老机构等资源服务老年居民。"物业＋养老"服务模式在与社区新型养老模式融合过程中，物业服务也实现了迭代升级，从传统物业的基本项目，延伸到代办、代购、陪聊等无偿服务及预定助餐、助洁、助浴、助行、助急等有偿服务。目前，润家物业旗下的"润·管家"服务品牌主要服务于四个方面，包括居家安全管理、便民服务的"润—安居"服务；为不能出门的老年人提供助餐、助浴、专业照护服务的"润—怡居"服务；满足居家老年人文化精神生活的"润—乐居"服务；满足居家老年人健康服务的"润—康居"服务。服务通过"线上＋线下"的方式立体化推进，最终形成了物业深度介入小区"嵌入式养老"的格局，让社区及周边老年人真正实现了足不出户即可享受实实在在的居家养老服务。

三、企业为主　市场化运营社区养老服务

2014年至今，浙江省已相继发布《关于发展民办养老产业的若干意见》（浙政发〔2014〕16号）、《关于鼓励民间资本参与养老服务业发展的实施意见》（民发〔2015〕33号）以及《关于金融支持养老服务业加快发展的指导意见》（银发〔2016〕65号）等文件，旨在激发市场活力，发挥市场在养老服务领域资源配置中的决定性作用，有效提振民营资本迈入养老产业的信心。全省养老服务相关企业共8224家，其中独资企业类型1415家，占比相对较高。由房地产、保险公司或医疗机构所建造的养老类社区也逐步形成规模，部分企业如表3-2所示。

面对一波又一波的宏观调控，国内的房地产企业，尤其是行业龙头，更加注重寻求变化，希望能够在竞争激烈的商业环境中超前占领蓝海市场，潜力巨大的老年地产市场比较符合他们的投资目标。一些公司抓住养老地产需求不断增长的契机，为老年人建立专门的养老社区。如物产中大金石集团，前身为物产中大房地产集团，2016年中大金石调整主业定位，从传统房地产开发迈向"不动产金融＋运营服务"，有"颐·和·园"三大品牌，即朗颐、朗和、朗园三大产品线。其中，朗颐主要从事居家养

表3-2　浙江省民营企业主导建设的养老社区

名称	所属单位	地址
随缘嘉树海上明月养老公寓	万科集团	杭州
良渚随缘嘉树老年公寓	万科集团	杭州
蓝城·陶然里颐养公寓	蓝城集团	杭州
星健兰亭养老公寓	复星地产	宁波
泰康之家·甬园	泰康保险集团	宁波
合悦·江南	平安不动产	嘉兴
绿城乌镇雅园	绿城房地产集团、雅达国际控股	嘉兴
逸和源·嘉兴湘家荡颐养中心	浙江天声集团	嘉兴
湖州海亮国际康养小镇	海亮集团	湖州
湖州梁希森林养老院	湖州华隆实业有限公司	湖州
绍兴太和晨颐养中心	浙江金宸养老有限公司	绍兴
和庄颐养社区	浙江颐和养老产业投资有限公司	绍兴
沁溪源国际颐养城	浙江舜辰健康产业股份有限公司	台州
亲和源·台州红豆杉颐养苑	亲和源集团	台州
泰康之家·瓯园	泰康保险集团	温州
温州侨都山庄养老公寓	凯晨集团	温州
怡福山庄养老服务中心	浙江温州建鹏养老服务有限公司	温州
衢州物产中大朗园老年公寓	物产中大集团	衢州
逸和源·怡东篱堂	浙江天声集团	衢州
兰溪百城康体中心（康养公寓）	百城养老	金华

老服务，目前在杭州已有杨柳郡、北景园、潮鸣、朝晖四家居家养老服务中心。朗和则主要从事医养结合型养老机构，目前旗下有朗和（银泰）、朗和（银江）、朗和（银湖）三大国际医养中心项目。首个养老社区——衢州中大朗园，重点聚焦邻里、教育、健康、治理四大未来社区主场景，为老年人创造更具活力的晚年生活。为缓解养老护理员人才缺失问题，杭州市下城区人力社保局成立专班工作组，主动上门服务、强化分类指导，倾听企业需求，建立一企一策、一事一议的"落实清单"。同时，邀请业内专家赴物产中大金石集团现场指导评级工作实施的要点，开展"一对一"走访、"点对点"指导、"手把手"帮带，通过深入了解企业评审申报材料、实操场地建设及设施设备准备情况，面对面交流企业申报工作所存在的问题和不足，指导企业科学、规范地开展职业技能等级认定申报工作，截至2020年年底，物产中大金石集团已有45人取得养老护理员5级职业技能等级证书。

　　保险资金纷纷加码养老社区，通过直接股权和间接股权投向养老产业。在众多险企中，泰康人寿对养老社区的布局较早。泰康人寿自2007年进军医养领域，引入美国

CCRC 持续照护模式，首创虚拟保险与实体服务相结合的"支付 + 服务"模式。以高端养老社区为主，除了提供日常的照护服务外，通常都会配套有一系列的娱乐休闲设施，满足老年人的社交和精神需求，部分社区还配备了专业康复医院和养老照护专业设备。有了泰康之家·大清谷落户杭州的成功经验在前，2020 年，温州市瓯海区民政局引入泰康之家·瓯园项目。为支持重点养老项目的落地，温州市积极引导商业银行加大对养老服务企业信贷支持力度，推动商业银行依法开展土地使用权抵押，服务设施抵押、收费权、举办权质押贷款，做实应收账款、股权质押贷款业务。创新"床位贷"养老金融服务模式，鼓励根据养老服务机构与入住人员签订合同，发放贷款用于支持养老服务机构日常经营、购买设备等支出。同时，加强经营性养老用地的有效监管，对政府、事业单位和企业腾退的用地、用房，适当地优先用于社区养老服务。利用商业、办公、工业、仓储存量房屋以及社区用房等举办养老机构，所使用存量房屋在不改变用地主体的条件下，可在五年内继续实行按土地原用途和权利类型使用过渡期政策，可办理消防设计审查和验收、工程施工许可证、竣工验收等事项。温州市瓯海区金融服务中心还打造"瓯资通 3.0 版"，充分对接企业实际需求，使金融服务线上线下一体化，实现金融服务的可视化、可追溯、可量化，强化过程管理，确保企业需求"个个有回音、事事有着落"。

禾仁养老公司是舟山市的一家本地企业，2015 年投资 7800 万元在普陀区开设禾仁颐养院，该颐养院建筑面积 9730 平方米，设计床位 297 张，为老年人提供自理、介助、介护一体化的养老服务，是全市规模最大、设备最全、护理品质最优的民办颐养院，也是普陀区首家被认定为民办养老机构重点项目的企业。为此，普陀区对其补助 187 万元，舟山市补助 376 万元。经过多年的成功经营，禾仁养老公司于 2019 年启动新城长崎岛禾仁养老综合社区建设项目，设计总床位 600 张，总投资 2.5 亿元，以兼具智慧养老、居家生活、文化学习、休闲娱乐、医疗康复、临终关怀等功能的一站式养老服务，探索全生命周期养老模式。2019 年，舟山市民政局瞄准民营养老企业的发展难题，积极打造以解决问题为导向的"服务链"，为民营养老企业发展开山辟路。为切实帮扶民营企业项目顺利推进，舟山市民政局打造"服务链"项目，成立项目全程指导组，下基层主动为企业提供业务指导、项目申报等工作，牵头协调政府部门组团式"三服务"。同时扫清用地"挡路石"，协同新城管委会等相关部门集中攻克项目遭遇的拆迁难题。为了化解企业"融资难、融资贵"问题，委派专人帮助企业到省发展改革委、省民政厅成功申报国家重大项目库，争取国家发展改革委重点项目贷款和养老项目资金补助，使企业在项目实施中可得到低于公积金利率的贷款，项目建成验收后可获大额专项补助。2020 年，浙江省发展改革委下达城企联动普惠养老中央预算内投资计划，对新城长峙岛禾仁颐养院发放 1200 万元专项资金补助。

民为邦本，本固邦宁。浙江省高度关注民声民意，放开养老服务市场，与企业强强联合，积极推进社区养老服务克难攻坚，积极探索社区养老新模式，开拓社区养老服务新思路，推动养老服务质量稳步提升。逐步形成了基层主导、企业尽责、社会协同、全民动员、政府支持保障的老年人社区服务新局面。

第四章　改善环境　使居家养老更适宜

CHAPTER 4

居家养老是绝大多数老年人的选择。但很多老旧小区存在基础设施薄弱、上下楼缺少电梯、房内适老化程度低等问题。对于腿脚不便甚至需要依靠轮椅出行的老年人来说，门口的台阶或下楼的楼梯，成了走出家门的"拦路虎"。因此，为居家老年人家庭提供住房安全保障和无障碍设施等方面的适老化改造，提供必要的上门照护服务等，是居家养老迫切需要解决的问题。

为此，浙江省通过推行居家适老化改造，多层住宅安装电梯，提供各种上门服务，并借力科技保障安全等措施，改善老年人的居家养老环境，提高老年人居家养老的适宜性、安全性和便利性。

第一节　适老化改造　点点滴滴的关爱

在步入老年后，生理机能会出现不同程度的退行性变化，包括感知机能的退化、神经系统和运动机能的衰退等，心理上也会出现一系列孤独感、失落感、衰老感等问题。因此，在老年人居住的房屋设计上，需要根据老年人的生理和心理特点，遵循安全性、无障碍性（便利性）、舒适性的设计原则，增强空间的适老性和包容性，以提高老年人居家养老的生活质量。

但长期以来的住房设计，往往是以身体机能健全的居住者为主要对象，而忽略了他们年老后居住需求的改变。老年人聚集的老旧小区普遍缺乏住宅适老化设计，成为失能和高龄老年人生活的痛点和难点之一。特别是对于经济困难的老年人家庭，由于住房条件差，其居家养老存在着严重的人身安全隐患。

浙江省直面这一居家养老痛点，从困难老人家庭适老化改造着手，不断改善老年人的居家养老环境。

一、政策先行　保障适老化改造有法可依

早在 2014 年杭州市政府在《关于加快养老服务业改革与发展的意见》中就明确提出，要统筹规划养老公共服务设施建设，提升居家养老能力，包括推进社区的适老化改造，鼓励各地实施无障碍适老化改造，推进老年宜居环境建设等。2015 年出台的《浙江省社会养老服务促进条例》中则明确规定，政府要推进住宅适老化改造、为老旧小区加装电梯等。

2018 年，国务院常务会议决定，对老旧小区和纳入特困供养等范围的老年人家庭开展适老化改造。2019 年，浙江省政府积极响应国家号召，出台《关于推进新时代民政事业高质量发展的意见》（浙委发〔2019〕27 号），将实施老年人居家适老化改造工程作为养老服务体系建设的重要内容，不仅如此，浙江省政府还连续两年将适老化改造列入省政府为民办实事项目，城乡同步同标一体推进。

杭州市政府积极响应，2019 年，杭州市民政局启动了困难老年人家庭适老化改造工作，出台《杭州市困难老年人家庭适老化改造项目试点实施方案》，选取上城区、拱墅区、西湖区以及临安区共 200 户家庭，采用政府购买服务的方式，为困难老年人家庭提供住房无障碍、安全、整洁等适老化改造。同年，温州市也印发了《温州市老年人家庭适老化改造实施方案》，并下拨相应经费开展工作。

在杭州市的先行示范下，困难老年人家庭适老化改造工作在全省大力铺开。2020 年，浙江省民政厅、省财政厅、省退役军人事务厅联合印发《浙江省 2020 年生活困难老年人家庭适老化改造实施方案》（浙民养〔2020〕33 号），对适老化改造的对象、建设标准、改造流程、资金保障都做了具体规定。

《浙江省 2020 年生活困难老年人家庭适老化改造实施方案》

在改造对象上，浙江省首先聚焦于困难老人家庭，优先实现最低生活保障对象中享受定期抚恤补助优抚对象和失能老年人家庭全覆盖，适当考虑部分失能的老年人和 80 岁以上的自理老年人，在满足生活困难老年人家庭适老化改造全覆盖的基础上，探索推行社会老年人家庭适老化改造。在改造内容上，浙江省的居家适老化改造重点围绕"如厕洗澡安全，室内行走便利，居家环境改善，智能监测跟进，辅助器具适配"五个方面，选择适配性产品，组成不同居家环境的产品服务包。在资金保障上，浙江省规定平均每户家庭适老化改造支出标准为 6000 元，各地可根据当地实际和个体家庭情况，适当调整补助标准。改造所需资由各地统筹省级现代化养老服务体系建设专项资金、本级福利彩票公益金等资金安排解决。

二、标准跟进 保障适老化改造有规可循

浙江省推行的家庭适老化改造，始终坚持以满足老年人居家生活照料、起居行走、康复护理等需求为核心，聚焦老年人安全、健康等功能性需求，参照国标《老年人居住建筑设计规范》《适老化住宅设计规范》（GB 50340-2016）等规范，重点围绕"如厕洗澡安全，室内行走便利，居家环境改善，智能监测跟进，辅助器具适配"五个方面，提升老年人生活自理能力和居家生活品质。上城区基于区域内老旧小区多、住宅普遍年代久远以及国内缺少具有指导性意义的适老化建筑室内设计标准的现实情况，从老年人住宅的安全性、功能性、舒适度、人性化等角度出发，于2018年年底出台了《适老化住宅设计规范》（DB 330102/T 331—2018）地方标准，在高标准、高质量落实"规定动作"的基础上，为勇于探索、大胆实践"自选动作"奠定了基础，破解了改造落实难题。

2020年，浙江省开展编制《浙江省既有住宅适老化改造技术导则》，涉及建筑居住空间改造、建筑公共活动空间改造、户外公共活动空间改造以及居住空间配套设施改造等，通过进一步梳理经验做法，探索形成规范化的行业标准，以推进适老化改造规范建设。

在改造方式上，浙江省通过第三方专业改造服务机构，对如厕洗澡、行走便利、居家环境等进行精准量化评估，在此基础上结合老年人特点，根据老年人需求，制订"一户一策"改造设计方案，以方案为依据，确保适老化改造全流程有序衔接。

整个适老化改造工作，要求按照流程操作，以确保改造按标准、按方案、按要求实施。改造前，会审优化每户方案，列明改造项目和预算费用；改造中，加强实地督促指导，及时发现并提出改进建议；改造后，组成由第三方养老服务公司、民政、乡镇人员组成的联合验收小组，开展项目实地验收评估。此外，通过专业服务公司回访、签署设施维护维修协议等，保证后续使用效果。

三、资金到位 保障适老化改造有钱可用

为了保障适老化改造工程的顺利执行，各市组织专题会议，将任务目标与进度要求及时分解落实至各县，倒排时间，明确重点。同时，将居家适老化改造纳入养老服务体系建设统筹推进，加大专项投资力度，多渠道筹措改造资金，在用足用好平均每户6000元财政补助的基础上，引导公益慈善组织、爱心企业等各方力量捐赠，支持项目实施，协调优质品牌服务机构，给予优惠支持。采取社区排查摸底、自主申请、入

户评估等多种方式，提升对象识别精准度，以政府购买服务的方式，委托第三方实施以卫生间和卧室为重点的家庭适老化改造，切实提高困难老年人的生活质量。

在政策的积极引导、标准的持续跟进、资金的充分落实以及后续的积极管理下，适老化改造工作顺利开展。2020年，浙江省计划对6000户生活困难老年人家庭进行适老化改造，实际完成7510户，超额25%完成任务。2021年，计划进行适老化改造的生活困难老年人家庭增至2万户。

第二节　旧楼装电梯　上上下下的幸福

2017年，浙江省建设厅组织修订《浙江省住宅设计标准》，规定新建"四层及四层以上住宅或住户入口层楼面距室外设计地面的高度超过10米时，必须设置电梯"。新建住宅中的老年人出行问题，在一定程度上得到了解决。但由于历史的原因，大量老旧小区的多层住宅都没有电梯，给老人出行带来了诸多不便。如何给没有电梯的多层住宅加装电梯，成为一个亟待解决的社会问题。

浙江省高度关注老旧小区缺少电梯、高龄老人出行难问题，积极推进老旧小区加装电梯工作，促进无障碍环境建设，为腿脚不便的老人扫平出行障碍，给老年人带来了上上下下的幸福。

一、杭州前期先行先试摸索工作经验

杭州市对于老旧小区加装电梯的探索，一直走在浙江省前列。早在2010年，杭州市政府就召开研究多层住宅增设电梯问题的专题会议，杭州市房管、建设、规划等部门联合去广州考察，当时广州的老式小区，已经有了外挂式电梯，也有积木式电梯和观光式电梯，形式多种多样。杭州市法制办牵头，起草了《杭州市既有住宅增设电梯暂行办法（送审稿）》，对草案组织进行了多次论证，遗憾的是，由于当时相关配套政策不够完善，该暂行办法并未能出台。

2014年3月底，杭州市政府相关部门在政府网站上发布《关于我市既有多层住宅增设电梯政策的问卷调查》，就加装电梯中的几个重要问题公开征求意见，如安装电梯需要多少业主同意，资金怎么分摊，不同楼层如何分摊，通风采光如何解决。同年8月，结合广大市民的意见，杭州市房管局、建委等部门再次前往福州考察，学习福州市旧楼安装积木式电梯的相关审批程序、设计施工方式以及相关费用分摊办法等。回杭后，相关部门讨论过几种可行性方案，但由于没有关于老旧小区增设电梯的政策和

文件，必要的《建设工程规划证》和《施工证》几乎没办法通过审批，导致方案都没有最终定论。

二、"养老条例"按下电梯加装加速键

在杭州市的探索中可以看到，早期住宅加装电梯工作之所以迟迟未能开展，其中很大的一个障碍来自其合法性的欠缺。

2015 年，浙江省出台《浙江省社会养老服务促进条例》，使老旧小区加装电梯有了法律依据。《浙江省社会养老服务促进条例》指出，县级以上人民政府应当加快推进坡道、电梯、公厕等与老年人日常生活密切相关的公共设施无障碍改造，鼓励已建成的多层住宅加装电梯。该条例的出台，对电梯加装起到了很好的促进和推动作用。

2015 年，为确保既有多层住宅加装电梯的安全性，浙江省建设厅组织编制了《浙江省既有多层住宅加装电梯设计导则》。2016 年，浙江省建设厅、省发展改革委、省民政厅、省公安厅等九部门联合出台的《关于开展既有住宅加装电梯试点工作的指导意见》（浙建〔2016〕6 号）提出，只要是符合"具有合法的房屋权属证明，满足建筑物结构安全、消防安全等有关规范要求，且未列入房屋征收范围和计划"这些条件的既有住宅，就可以以住宅小区、幢或单元为单位，提出申请加装电梯。该意见明确了"政府引导、业主自主，因地制宜、统筹兼顾，保障安全、简化手续，试点先行、有序推进"的工作原则，主张在加装电梯的工作中，既要发挥政府的协调服务职能，更要发挥住宅业主作为物权所有人的主体作用，充分尊重业主意愿，依法通过民主协商，形成合理可行且兼顾各方利益的改造方案。

在一系列制度的推动下，老旧小区加装电梯工作被提上日程，杭州、温州、宁波和丽水等市纷纷出台既有住宅加装电梯实施方案，按照居民自愿发起、自行筹资、自主实施、政府补助的路径，积极推进试点工作。特别是杭州市，组织了规划部门、电梯厂家等单位，在杭州八处群众增设电梯意愿强烈的小区进行现场踏勘，研究讨论增设电梯的可行性，为起草既有住宅增设电梯试点工作意见做好充分的调研准备。2016 年 10 月，《杭州市养老服务业综合改革试点方案》出台，提出"推动既有住宅加装电梯试点项目，探索解决老旧小区老年人出行难问题，抓紧出台既有住宅加装电梯试点工作实施办法，加快推进试点安装工作"。

2017 年，杭州市公布的《政府工作报告》十大民生实事中，"加装电梯"作为单独的一项首次入选。同年 3 月，《关于开展杭州市区既有住宅增设电梯工作的实施意见（征求意见稿）》在杭州市政府网站上进行"网上听证"，此次征求意见稿中，对电梯安

装的要求、出资的方式、审批的程序等都做了非常详细的规定。与此同时，杭州市对于既有住宅增设电梯的试点工作也在同步进行。2017年6月20日，杭州市有关部门将审批权下放到各城区，让各城区自行决定试点社区，鼓励通过创新探索破解困境。

2017年8月，老旧小区众多、人口密集、老龄化程度高且群众加装电梯愿望最为迫切的上城区和江干区，被确定为既有住宅加装电梯先行试点区，试点项目达28处。2017年11月30日，《关于开展杭州市区既有住宅加装电梯工作的实施意见》正式出台，明确了加装电梯的基本原则、实施主体、资金筹集、实施程序、保障措施等方面的内容。

《关于开展杭州市区既有住宅加装电梯工作的实施意见》

三、财政补贴缓解电梯安装成本问题

加装电梯必须直面的难题之一是资金。一般加装一部电梯的费用在40万~50万元，除去低楼层，平摊到每户费用在3万~5万元之间，此外还有建成后的日常维护和管理费用。老旧小区的居民，大多是中低收入人群，加装电梯所需的一次性建设资金及后续维护费用，对他们来说不是一笔小数目，分摊困难，导致电梯加装进展缓慢。

为解决资金难题，2017年8月，杭州市推出了市、区两级财政给予20万元/台的资金补助政策。为方便住户间协调沟通和实际操作，还研究制定了有关协议书样本（包括电梯安装、运行、维护涉及的资金分摊及管理责任等）以及住户出资比例方案，供住户参考。《关于开展杭州市区既有住宅加装电梯工作的实施意见》明确，加装电梯，政府给予20万元/台的补助，涉及管线迁移所需的费用，由各管线单位和政府共同承担。

2018年4月，《杭州市区既有住宅加装电梯与管线迁移财政补助资金使用管理办法》正式出台，作为《关于开展杭州市区既有住宅加装电梯工作的实施意见》最重要的配套政策之一，对加装电梯资金补助原则、补助范围、补助标准、补助期限、补助程序及管线迁移工作相关要求等做了规定。其中，明确加装电梯所需建设、运行使用、维护管理的资金主要由业主承担，对符合条件的加装电梯项目，政府给予业主20万元/台的补助；涉及管线迁移所需费用，由各管线单位和政府共同承担，其中政府承担5万元/台，超出部分由各管线单位分担，即政府对加装电梯共补助25万元/台。

2018年9月，为进一步推进杭州既有住宅加装电梯工作，杭州市住房保障和房产管理局印发《关于修订〈杭州市区既有住宅加装电梯与管线迁移财政补助资金使用管理办法〉的通知》，提高了管线迁移市级资金补助额度，将原办法中涉及管线迁移所需费用的分担部分，调整为涉及管线迁移所需费用市级财政给予 5 万元 / 台的补助，其余迁移费用由区级财政保障，同时，还增加了对社区的激励机制，即每完成一台电梯加装，给予社区 8000 元资金补助，激励社区发挥主导作用，促进加装电梯业主意见统一。

四、创新协商机制让电梯"一键直达"

除了费用是一大阻力，民意统一难、审批困难也对电梯加装工作产生了较大影响。虽然政府部门一直在积极推动电梯加装项目，但其中牵涉的主体太多，职能部门、街道社区、电梯公司等各主体之间需要协调。不少小区楼道里不同楼层住户的诉求不一致，尤其是对于低层业主来说，不仅电梯利用率较低，还可能受到噪音、采光通风、停车位减少、房屋安全等负面影响，反对意见不少，这无疑使得原本政策中，加装电梯必须"单元内所有住户同意"的规定，显得苛刻。同时，在杭州市电梯加装工作试点过程中发现，由于加装电梯的主体是业主，项目不仅难以立项，而且还牵涉多个部门，在申领规划许可证和施工许可证方面，难以按照正常的程序进行审批，业主经常跑了多个部门也未能落实，怀揣着对加装电梯的热情，却步步受挫。

面对如此复杂的困境，上城区充分调研、细致分析、找到症结，针对"卡点"和"堵点"，调整创新方案，在 2017 年 6 月出台的《上城区既有多层住宅加装电梯实施方案》中取得两大突破：一个是把民意征求中的"单元内所有住户同意"条件修改为"三分之二以上住户同意且单元内无住户反对"；二是原来既有多层住宅加装电梯牵涉多个部门，审批权责多头交叉、审批过程缓慢低效，《上城区既有多层住宅加装电梯实施方案》制定了"由区政府协调的多部门联合审批制度"，由规划部门召集建设、国土、消防、质监、环保、园林、城管执法等部门和图审机构进行联合审查，解决了审批难题。因为协商与审批机制的重大创新，加装电梯终于实现了零的突破。2017 年 11 月 22 日，上城区清波街道新民村 2 幢 1 单元，杭州首台既有住宅加装电梯试运行。同年 11 月，江干区发布《江干区既有多层住宅加装电梯试点实施方案》。

2018 年，杭州坚持"业主主体、社区主导、政府引导、各方支持"的原则，不断创新工作方法，创立"集中联审"，统一申报、设计、采购、施工，缩短时间流程。杭州市住房保障和房产管理局还专门印制了《既有住宅加装电梯指导手册》，从出资参考比例、加装电梯流程到各类申请表格一应俱全。后续推出加装电梯方案审查"最多跑一次"服务，在确保房屋安全、施工质量的前提下，根据实际简化审批程序，让杭州老小区"加梯"走向了"量产"，实现了 10 个月从"1"到"441"的突破。在后续保障上，杭州也率先由电梯公司在各城区设立 24 小时应急服务点、统一接入电梯智慧监管网上平台，实现了实时在线监督、及时救援处置。

杭州市自 2017 年 8 月在上城、江干两个城区启动加装电梯试点以来，从加装电梯的方式到取得成效，每个阶段都受到了社会、媒体等各界的高度关注。央视、新华网、中国新闻网、浙江卫视、《浙江日报》《钱江晚报》《杭州日报》等中央、省、市级媒体肯定了杭州市政府部门的服务保障，给老百姓带去了有温度、有质感的服务，让更多的老百姓享受到了"电梯时代"带来的美好生活。

五、排摸需求奠定加梯工作发展基础

为了进一步做好既有住宅加装电梯工作，各地组织开展辖区既有住宅加装电梯需求普查工作，通过入户调研、座谈交流等方式，摸清辖区符合加装电梯条件的住宅基础数据，掌握群众加装电梯的真实需求。例如，杭州市西湖区住建局于 2019 年 8 月至 9 月，组织开展了辖区既有住宅加装电梯需求普查工作，镇街、社区负责实施开展，层层抓好责任落实，并做好信息整理与汇总。按照"市级统筹，属地为主"原则，普查范围涵盖全区 11 个镇街、194 个小区、3467 幢住宅、9030 个单元的多层无电梯既有住宅（含商品房、公房、房改房、农居房、保障性住房等）。普查工作结束后，将具备加装电梯的楼道，统一纳入储备库。此类详细的基础数据，为推进后续老旧小区的电梯加装工作明确了潜在对象，奠定了基础，提供了保障。

加装电梯工作承载着人民群众对美好生活的向往。通过持续探索，截至 2020 年年底，杭州加装电梯历年累计完工 1814 处，位居全省第一、全国前列，杭城近 2.2 万户居民直通美好，幸福指数"节节高"。杭州的加装电梯经验不仅得到了住建部的肯定和推广，也获得了《人民日报》、央视"焦点访谈"栏目和省委改革办《领跑者》等媒体的高度关注和肯定。

六、出台全国首个规章推动纵深发展

2021 年 1 月，杭州市在总结前期经验的基础上，发布了《杭州市老旧小区住宅加装电梯管理办法》，成为全国首个通过地方政府规章规范老旧小区住宅加装电梯的城市。该管理办法明确老旧小区住宅加装电梯工作遵循"业主主体、社区主导、政府引导、各方支持"的原则，实行"民主协商、基层自治、高效便民、依法监管"的

《杭州市老旧小区住宅加装电梯管理办法》

工作机制，建立由楼道长牵头、街道社区搭建平台、居民共商共议、第三方组织参与

调解的基层民主协商机制，在"有事好商量，众人的事情由众人商量"的氛围中，充分发挥业主的主体作用，实现政府引导、居民自治、社会参与的良性互动，破解业主意见难统一的问题。

2021年11月，杭州市政府办公厅出台了《杭州市老旧小区住宅加装电梯项目管理工作指南（试行）》，对老旧小区加装电梯进行了"顶层设计"。该指南不仅明确了加装电梯的实施流程，包括制订方案、协议公示、施工图审、联合审查、工程施工、竣工验收六道程序，还有不少从试点中总结出的"杭州条款"。比如，加装电梯协议应当经本单元、本幢或本小区三分之二以上的业主同意并签订，且这些业主的房屋专有部分应占建筑物总面积的三分之二以上；协议和加装电梯的方案，要在拟加装电梯的单元楼道口、小区公示栏等位置公示10天，等等。12月31日，杭州市政府办公厅印发了《关于积极推进老旧小区住宅加装电梯工作的实施意见》，对加装电梯的管理体系、协商机制、审批服务、品质保障、安全监管、资金落实等方面内容，做出了进一步规范，形成了多部门通力合作、多方位综合保障、多主体民主协商的"杭州经验"。

这些管理办法及工作指南的出现，让杭州30余处老旧小区加装电梯项目得以顺利完成。杭州以项目带动加装电梯，通过结合老旧小区综合改造提升工程成片推进、试点商品房小区有序开展等方式，加速推动加装电梯"盆景"变"风景"。全市结合老旧小区综合改造、未来社区创建等项目实施加梯的数量，占当年加梯完工总量的46.6%。目前，杭州市已形成以老旧小区为主，单位自管房、公租房、商品房等为辅的"1+X"、全覆盖、多类型的电梯加装模式。2021年，杭州市共新增加梯1085台，超额完成年初制定的1000台目标，且已连续五年将老旧小区加装电梯列入市政府"十大民生实事"项目。

截至2021年年底，杭州市已累计完成2899台电梯加装，惠及住户约3.5万户，位居全省第一、全国前列。

第三节　养老服务上门 实实在在的获得

以居家为基础、社区为依托的养老服务模式，逐渐成为我国养老服务体系中的重要组成部分。为积极应对老龄化社会的冲击，满足广大老年人最为迫切的居家养老需求，优化居家养老服务势在必行。

2014年4月，浙江省政府办公厅印发《关于加快发展养老服务业的实施意见》（浙政发〔2014〕13号），提出要大力发展居家养老服务，加强相关设施建设和管理，发挥各类服务设施的作用，实施无障碍环境改造，发展居家养老服务组织，通过政府补助、购买服务、协调指导、评估认证等方式，鼓励社会力量建设居家养老服务的专业机构和企业，上门为居家老年人提供助餐、助浴、助洁、助急、助医等定制服务。2015年出台的《浙江省社会养老服务促进条例》对居家养老服务的责任主体及推进方式进行了细化。2018年4月，《关于加强老年人照顾服务工作的实施意见》（浙政办发〔2018〕32号）中提出，要大力扶持专业服务机构并鼓励其他组织和个人为居家老年人提供生活照料、医疗护理、精神慰藉等服务，支持基层老年人协会开展银龄互助活动。2018年8月，《关于深化养老服务综合改革提升养老服务质量的实施意见》（浙政办发〔2018〕77号）对居家养老服务提出了更高的要求，除满足基础性服务外，还要大力推动养老服务中心运营方式改革，鼓励社会组织和企业进行服务承接，加强资源整合与互动，并加快推进居家养老服务信息平台建设，提供高效便捷的供需对接、质量评价、远程监测、数据分析与运用等服务。

目前，浙江省居家养老的服务内容主要包括生活照料、康复保健、法律维权、文化教育、体育健身、精神慰藉、安全守护七大类。低保家庭的失能、失智老人可免费享受政府购买的上门服务。

一、生活照料　让老人居家易养

基本生活照料服务，包括为老年人提供个人卫生护理、生活起居护理、配送餐、陪护、陪医、代办等服务内容。

为解决部分老年人行动不便，不能进行正常家务活动，更无法走出家门就餐、理发等生活自理难题，浙江省多地大力打造多元化老年人居家生活照料服务体系。

嘉兴市民政部门在不断完善"照料中心烹饪、养老机构配送、机关单位食堂搭伙"等传统模式的基础上，积极探索"专业老年食堂＋区域集中配送"的新型方式，重点解决行动不便、高龄、独居、失独、经济困难等特殊老年群体的吃饭问题。采用专业社会组织运作的老年食堂，以"政府适当扶持、社会化运作、社会组织自负盈亏"的模式，为老年人提供配送餐上门服务。2015年，南湖区将"市区为老助餐送餐全覆盖"项目列入了民生实事工程。9月，南湖区通过招投标引进了嘉兴市大家菜篮子工程有限公司，为老年人提供配送餐上门服务。只要户籍属南湖区，且居住在东栅、建设、新兴、新嘉、解放、南湖街道及七星街道湘都社区、湘城社区，年满60岁及以上（到2015年年底）的老年人，都能够享受这项为老助餐服务。该助餐服务依托南湖区智慧养老综合服务网，配餐单位提前发布荤素搭配合理的一周食谱，居家养老的老年人可以通过电话向所在社区居委会或社区居家养老服务照料中心订餐，社区居委会或社区居家养老服务照料中心对本社区老年人的订餐情况进行汇总，并通过区智慧养老综合服务网向中标的配餐企业预订。同时，在全区 54 个为老助餐服务点（社区居家养老服务照料中心）中分别择优选择 7 个点作为助餐中心点（每个街道各一个点），配餐企业根据订单安排餐饮制作、配送，在规定时间内送到 7 个为老助餐服务中心点，由为老助餐服务点的工作人员依据订单领取相应份数再为老年人配送上门。到 2015 年年底，南湖区的老年人实现了"足不出户就能吃上热饭菜"的愿景，为老助餐送餐实现了全覆盖。

2017 年，宁波市被民政部、财政部列入全国首批居家和社区养老服务改革试点城市之一，在保障老年人居家养老服务需要等方面取得了积极进展。为了推动居家养老服务工作继续走在全国前列，宁波市政府颁布了全国首部居家养老服务地方性法规——《宁波市居家养老服务条例》。在法规的指引下，宁波市以需求为导向，通过部门联动、突出重点、依托社区、开放市场等手段，构建起了以居家养老服务设施网络为基础，集成老年助餐、便利医疗、生活照料等多元服务，叠加政策资源人才等多重保障的"一网络三服务一保障"居家养老服务体系。在老年生活照料方面，通过建立居家养老生活照料服务项目清单、打造智慧养老生活服务平台、推行"以老助老"结对照料服务模式，构建专业化老年生活照料体系。生活照料服务清单中，包含生活照料、健康护理、精神慰藉等三大类 28 项内容，并免费为特定人群中的重度失能、中度失能人，80 岁以上老年人和计划生育特殊家庭中的 70 岁以上老年人，提供可供选择的订制套餐服务，仅 2018 年前三季度，全市就已累计投入 8400 多万元，3.7 万多名困难老年人享受了居家养老生活照料服务。构建了市、区县（市）、街道（乡镇）、社区（村）四级信息互通、管理与服务一体的智慧养老生活服务平台，为养老服务需求与供给对接搭建便利渠道，打造全市域"没有围墙的养老院"。通过建立家院互融服务中心和信息平台，实现专业养老机构与居家养老服务中心的资源整合，2018 年年底，全市已有 90 家养老机构向邻近老年人开展安全探视、康复护理、喘息托养等居家养老服务，鄞州区每年家院互融服务老年人约 100 万人次；海曙区广安智慧养老服务平台，整合了全区 62 个居家养老站点、500 多支志愿服务团队、10 个为老服务社会组织、10 家公益企业的资源，通过线上接单、线下服务的模式，为老年人提供无偿、低偿或者有偿的居家养老生活照料服务。另外，推行"以老助老"照料服务模式，通过建立各类"以老助老"志愿服务团队或活动小组，定期为居家老人开展上门理发、体检、按摩等生活照料服务，并探索形成了各具特色的"以老助老"模式，至 2018 年年底，全市已有

2900 多个社区（村）建立了"以老助老"服务队伍，共有 4.6 万多名老年志愿者，约 6 万多名老年人享受了"以老助老"结对帮扶服务。

宁波市在老年人就餐服务方面，除了打造村社食堂、中心食堂＋社区助餐点以外，还通过养老机构辐射、餐饮机构协作、中央厨房配送等模式，推进老年人助餐服务有效覆盖。通过悬挂一个老年助餐标识牌、张贴一幅老年助餐网点图、发放一张老年助餐告知卡、制作一份老年用餐周菜单"四个一"的方式，向全社会公开助餐服务信息。针对部分老年人行动不便、无法每天走出家门就餐的困境，组建送餐服务队为辖区内的老人提供送餐服务。到 2018 年年底，全市老年助餐、配送餐服务已覆盖 2222 个城乡社区，约占全市城乡社区总数的 71.5%，其中老年食堂（助餐点）有 656 个，每天约有 1.4 万名老年人享受助餐服务。

在居家养老服务方面，湖州市吴兴区以朝阳街道为试点，将数字化与居家养老服务项目深度结合，使设施"更聪明"，服务"零距离"。该项目专门引入了医疗、家政、餐饮等服务型企业，把机构服务、社区服务向居家养老服务延伸，让老人身在家中，足不出户，轻轻按下家中的"一键帮助"按钮，即可享受家政服务、助餐、护理等方面的上门服务。截至 2021 年 8 月，吴兴区朝阳街道已有 41 户老年人家庭安装了"一键帮助"按钮装置。

衢州市柯城区的现代养老智慧化"云点餐"，则是以"堂食＋配送"相结合的助餐模式，实现移动端预约点餐、餐车配餐、线下刷脸就餐全流程闭环服务。对于定制上门服务套餐的老年家庭，工作人员每周二、五上门开展送餐、洗头、理发、打扫卫生等生活服务。除定期服务外，如有其他需求，只需一个电话，工作人员就会立即安排时间上门服务。全区的居家养老智慧服务系统以"养老云"数据库为基础，18 家乡镇（街道）示范型居家养老服务中心和 275 家村（社）居家养老服务照料中心参与合作，着力打造生活照料等随叫随到的特色场景服务。

衢州市衢江区积极探索智慧养老模式，通过打造"老来帮"居家养老服务应用，在系统中设置家政、助餐、助行、开锁、助浴、护理、助医等七大居家养老便利服务功能。老年人可根据自身需求下单服务内容，打造呼叫服务——工单派发——上传服务——用户评价的"线形流程"，实现助餐、助浴、助洁、助行、助医等服务"一呼就到"。

至 2021 年，全省已实现乡镇（街道）居家养老服务中心和社区居家养老服务照料中心全覆盖。每天，全省有 1.3 万余个助餐配餐服务点服务近百万老年人口。如今，社区根据老年人实际需求继续拓展居家服务内容，将更多的服务更好地送到老年人的周边、身边、床边，使居家养老成为现实。

二、康复保健　让老人居家康养

康复保健服务包括为老年人提供疾病防治、康复护理、心理卫生、健康教育、建立健康档案、开设家庭病床等服务。

近年来，浙江省各地在相关政策的推动下，针对居家老年人康复护理的需求，通过提供家庭医生签约服务、开设家庭病床、家庭养老照护床位等，着力打造居家"医养结合"服务体系，为老年人，特别是康复期老年人和失能老年人提供越来越多的上门健康管理、医疗服务、照护护理等服务。

（一）提供家庭医生服务

老年人群中，慢性病患者与日俱增，以医院和治病为中心的医疗卫生服务模式越来越难以满足老年人对长期、连续健康照顾的需求。让家庭拥有医生，让医生走入家庭，是做好老年人健康管理的重要手段。

2015年5月，宁波市鄞州区推行契约式家庭医生制服务，并大力优化老龄医保服务。老年居民可就近选择一家社区卫生服务机构定向签约家庭医生，在服务期内，向签约老年人提供"七项免费服务＋三项优先特权＋一项优惠服务"，如需要家庭医生提供一对一"精准化治疗"，可免收门诊一般诊疗费，并在原医保基金支付比例基础上，将转诊住院报销比例提高3个百分点，同时，签约的慢性病患者，在家庭医生处就诊可享受一次配药量放宽至1个月的优惠政策，部分参保人员在签约基层医疗机构一次处方用药量可根据病情需要放宽至2个月。截至2018年年初，全区累计签约92800人，签约率63.48%，签约率位居全市前列。

金华义乌市的家庭医生签约制度面向家庭和社区，以维护和促进健康为方向，为群众提供长期签约式服务。签约后，家庭医生定期上门对老人的身体健康情况进行随访，"一查二问三叮嘱"已经成为习惯动作，为老人测血压、量血糖、进行用药指导、分析体检报告单、提供医疗保健服务等，已是家常便饭。该社区卫生服务中心以"生理—心理—社会"的全科诊疗模式为基础，制定了健康包和个性包两种优惠套餐，根据签约居民真实需求，量体裁衣地为居民提供最适宜的医疗服务。截至2019年1月，签约家庭医生服务超4万人次，包括残疾人、慢性病患者、60岁以上老年人、孕产妇及0~6岁儿童在内的十类重点人群，续约率达75%以上。

2021年，宁波市北仑区为了让社区身患慢性病的老年人享受到一体化、多学科的综合健康管理服务，北仑区人民医院联合下辖5个院区，以构建医防协同体系为重点，创新提出了"六师共管"慢性病管理模式，通过临床医师、临床护师、临床药师、医学营养师、心理咨询师、健康管理师组成的"六师"团队集中进社区上门服务的方式，为慢性病患者提供诊疗、用药、护理、营养、健康"五位一体"的综合服务。每周回访后，除了叮嘱老年人吃药，还让他们学会监测体重、血压、血糖、血脂等指标，同时保持合理膳食、规律运动。目前，北仑区的"六师共管"团队成员已经增加到50多人，有1300例慢性病患者接受专业健康管理，其中重点共管达200例。

（二）提供家庭病床服务

对于从医院转回社区医院后仍需治疗的病人，或者患有慢性病需要长期治疗的病人，浙江省试点推行了"家庭病床"服务。在经过社区医生健康评估后，老人可以在自己家里设立病床，由"家庭医生"为其提供上门医疗服务。这相当于把病房搬进了家中，医生定期上门进行"查房"。此举不仅能大大减轻病人的住院成本及家属的护理成本，而且极大地方便了移动不便、需要康复疗养的老年人。

2015年3月，杭州市各主城区开始试行"家庭病床"服务。杭州市上城区闸弄口街道社区卫生服务中心是"医养护一体化签约服务"的试点社区之一，家庭病床是签约服务的内容之一。那些需要长期往返医院的慢性病患者，可向社区医院提出家庭病床设立申请，由社区医院的医生上门对其健康状况进行评估。评估通过后，由社区医院向医保系统提出申请，通过医保系统审核后，家庭病床正式设立。虽然病人住的是家庭病床，但社区服务中心的医生对他们进行的是和住院病人一样的管理。例如，建床后第一次出诊，会详细询问患者病情，进行生命体征和其他检查，并根据检查结果制订治疗计划；每次提供相关康复理疗等服务，都要做好详细记录，并及时做好疗效评估等。对于病人来说，有了"家庭病床"，医生经常上门服务，答疑解惑，就医幸福感明显提高，并且大部分的费用都由医保报销，相比以往经常往返医院，还节省了一大笔开销。对于社区医院的医护人员来说，从以往社区医院没有床位所以没有住院病人，到现在建立家庭病床，一个医疗组的医生经常要一起讨论患者管理、规范医嘱等，既增进了交流，也提升了业务水平。护士则告别了以前只在门诊输液、打针的工作方式，上门护理明显增多，也找到了价值提升的渠道。经过不断强化政策创制，"家庭病床"在杭州市全面推行，截至2018年年底，杭州市已开设"家庭病床"8300余张。

（三）建设家庭养老床位

为了让更多有照护需要的老年人能获得专业机构的专业照护，浙江省积极响应民政部《关于进一步扩大养老服务供给 促进养老服务消费的实施意见》（民发〔2019〕88号）中提出的"探索设立'家庭照护床位'，完善相关服务、管理、技术等规范以及建设和运营政策，健全上门照护的服务标准与合同范本，让居家老年人享受连续、稳定、专业的养老服务"的号召，在杭州市率先开展设立"家庭照护床位"试点。

家庭照护床位是指依托有资质的养老服务机构，将专业照护服务延伸至老年人家中，使老年人家中的床位成为具备"类机构"照护功能的床位。家庭照护床位以专业照护机构为支点，是养老机构的延伸服务，纳入养老机构床位的统一管理，由养老服务机构派出有资质的服务人员，依托相应的设施设备，根据老年人的实际照护需求，提供专业规范的机构式照护服务。家庭照护床位以社区为服务半径，养老服务机构在以机构所在地和服务对象居住地为中心的集中范围内开展服务，一般形成 15 分钟服务半径，确保及时响应和服务可及。同时，家庭照护床位以家庭为基础，可充分发挥家庭成员在老年人照料中的基础性作用，提升家庭照护的功能和水平，实现老年人原居安养的愿望。

《杭州市家庭养老照护床位试点工作方案》

杭州市在 2019 年出台了《杭州市家庭养老照护床位试点工作方案》，确定家庭养老照护床位试点范围为上城区、下城区、江干区、拱墅区、西湖区、滨江区、萧山区、余杭区。服务对象为具有试点区户籍，年满 60 岁且能力评估达到中、重度失能或 80 岁及以上的老年人，其中低保、低保边缘家庭老年人根据本人及其家属意愿，优先考虑。参加试点的老年人家庭应当具备家庭养老照护基础，老年人及其家属自愿参加试点服务，并与相关服务机构签订服务协议。试点区民政局根据方案要求，结合实际在本区域专业医养结合服务机构中遴选确定。同时提出在两年试点期间，全市建成家庭养老照护床位不少于 800 张。

杭州市上城区探索建设家庭养老照护床位的经验与做法 [①]

为全面贯彻落实党的十九届四中全会提出的"积极应对人口老龄化，加快建设居家社区机构相协调、医养康养相结合的养老服务体系"要求，作为杭州市人口老龄化程度最高的城区，上城区于 2019 年 10 月在全省先行先试，率先推出家庭养老照护床位建设试点工作。

家庭养老照护床位的项目实施，为解决大城市中心城区养老难题探索了新举措，为缓解中心城区养老机构护理型床位不足问题打开了新思路。试点工作推进两年多来，受到服务的老年人及其家庭的好评和肯定。全区累计建床 500 余张，逐步形成了可复

---

① 由杭州市上城区民政局供稿。

制、可推广的居家养老与机构养老家院互融发展的新模式。

（一）系统谋划，全面落实要素保障

1. 出台扶持政策，落实资金要素保障。2020 年，上城区制订出台区级《家庭养老床位试点工作方案》，把家庭养老床位视同机构床位，加强项目资金保障。一方面，给予家庭养老床位信息中心一次性建设补助 20 万元和每张床位一次性建设补助 2000 元。另一方面，给予每张床位每月运营补助 600 元，可用于抵扣服务费用。同时，针对持证困难老人和分散供养特困人员，给予基础服务项目全额补助。2021 年，在市级政策出台以后，同步调整区级政策，每张床位一次性建设补助从 2000 元提高到 3000 元，老年人也改为使用养老服务电子津贴"重阳分"支付服务费用。

2. 引入专业组织，落实人员要素保障。通过社会公开遴选的方式，引进具备家庭适老化改造、平台信息化建设能力和护理站资质的养老服务组织来承接项目运营。建立岗前和定期培训机制，加强在政策文件解读、岗前和定期业务升级方面的培训课程，强化护理员的操作水平和专业服务能力。2021 年，全区 4 家承接服务的专业化项目团队共有 112 人，其中副主任医师 1 人、医师 7 人、护师 4 人、护士 5 人、护理人员 95 人。

3. 建立规范标准，落实服务要素保障。规范评估流程，明确服务对象为中、重度失能老人，充分运用"互联网＋养老"系统内现有的评估结果，对未评估的老人按照《老年人能力评估表》开展能力评估，确保公平公正。

（二）破难攻坚，破解中心城区养老难题

1. 消除传统居家养老模式服务不够专业的"痛点"。传统居家养老服务主要提供简单的生活照料类服务，对失能老人缺乏针对性、专业性的服务照顾。很多老人受传统养老观念、经济成本等因素的影响，不愿意去养老机构，而这些老人所需的日常专业照护难度较大，导致整个家庭的生活质量降低，家庭养老照护床位则在很大程度上解决了这个问题。

2. 打通机构养老服务供给价高的"堵点"。中心城区老龄化程度高，养老机构排队轮候现象时有发生。以上城区为例，一位健康老人入住养老机构的基本费用为 3000 元，想要入住单间，费用则超过 5000 元，失能失智老人还需增加超过 1000 元的护理费用，价格成为老人入住养老机构的一大"堵点"。而家庭养老床位，按照最高补助 600 元／月的服务费用，且适老化改造、智能设备安装由政府买单，老年人实际支出的费用普遍要低于入住养老机构。

3. 缓解养老机构床位建设缺乏场地的"难点"。2021 年，上城区有机构养老床位数

4948 张（护理型床位 3280 张），中心城区养老服务用房资源匮乏，新建养老机构难度较大。通过将床位建在老人家中，既方便老人居家养老，又有效减轻了政府建设养老机构带来的用地和财政压力，对于养老机构床位有限的问题可以得到更好的解决。

（三）精准服务，全方位守护老人生命健康

1. 探索"康养融合"模式，加强老人健康管理。将医养康养服务整合进家庭养老床位服务，建床前对老人进行风险等级评级，建床后医生和护士每周上门提供健康巡诊，家庭养老床位信息中心对老人生命体征进行分析，形成监测报告和建议。如清波街道单某患有高血压、白内障、小脑萎缩等基础疾病，某日凌晨，信息中心接到老人夜间离床超 30 分钟的预警信息，夜班值班人员立即通过监控确认，发现老人跌倒在地，第一时间安排应急救援人员上门。自项目实施以来，为建床老人提供居家养老服务 78203 次、医护人员上门服务 20772 次、处置应急预警 21255 次，实施紧急救援 45 次。

2. 推动线上线下结合，提供全天候服务。家庭养老床位提供"7+24"线上线下相结合的照护服务，即每日上门服务不少于 1 次，每月累计服务时长不少于 30 小时，每两周医护人员应至少上门服务 1 次，每月累计服务时间大于 30 小时。2021 年，上城区以家庭养老床位场景建设为核心模块，构建"上城颐养"智慧平台，根据"全省统建、市县补充"的要求，全面对接"浙里养"及"互联网 + 养老"服务平台，搭建全量、准确、实时的家庭养老床位项目数据仓。将以往需手工填写的服务记录、人工监管的走访记录等都集合到信息平台，通过手机等智能设备，实现数据即时上传、即时调取，通过集成养老服务数据、分析预警的可视化展示平台，实现业务流程数字化、监管考核标准化、主动服务精准化、隐私数据安全化，推进养老服务工作精细化管理。

3. 创新"私人定制"模式，量身提供照护服务。家庭养老床位提供平台信息类、生活照料类和康复护理类等基本服务项目，以及 40 多项自选定制相结合的照护服务套餐，满足不同类型老年人的多样化需求。对于有些重度失能的老年人，用药、进食等均无法自理的情况，服务组织及时上门评估，调整长期照护计划，安排住家护理员，24 小时提供"一对一"长期照护。

开设家庭照护床位，进一步健全了居家养老服务体系，促进了机构、社区与居家养老服务的融合发展，有效破解了老年人居家养老难题，使老年人特别是中、重度失能老年人，在家也享受到了专业的养老机构服务。

三、维权守护 让老人居家安养

维权守护包括法律维权服务和安全守护服务。法律维权服务包括为老年人提供法律咨询、法律援助及维护老年人赡养、财产和婚姻等合法权利的服务；安全守护服务包括定期打电话、走访、探视老年人，同时依托相应的应急救助机制，在老年人遇到意外情况时，能得到及时、快捷、有效的救助和帮助。

（一）权益维护遇难题，法律援助显真情

随着人们生活水平的提高和城市化进程的加快，人口老龄化趋势愈加突出，涉老案件逐年增加，老年人对法律维权的需求不断增加，对老年人法律援助工作提出了新的更高要求。为帮助老年人了解相关法律知识，增强法律意识，切实维护自身合法权益，安享幸福晚年，浙江省各市县为老年群体开展了不同形式的上门法律援助服务。

2011 年 7 月，杭州市西湖区颁布七大举措，为居家老年人打造法律维权新平台，除了开通法律热线、受理电话咨询、编写服务指南，提高老年人维权意识以外，还专门在区法律援助中心和 12 个司法所设立老年人维权岗，为老年人提供"三优一上门"服务，即对老年人法律咨询优先接待、涉老案件优先受理和优先承办，对行动困难老年人进行上门走访和法律服务。2013 年 6 月，杭州市西湖区在"为老年人办好十件实事"中，将提升老年人法律援助水平列入其中，并将新修订的《老年人权益保障法》列入"六五"普法计划，对老年人法律援助服务实行优先受理、优先指派和优先办理，对80 岁及以上高龄、失能、部分失能、贫困以及空巢老人提供上门法律援助服务。之后，西湖区司法局创新工作模式，全面推广"私人法律顾问"新举措。其中，宝石社区把此项工作纳入居家养老服务中，老年居民可以通过电话预约、事先登记，享受律师团队的上门服务，帮助老年人代写法律文书，解答在订立遗嘱以及其他日常法律问题方面存在的疑惑，将公共法律服务体系各项职能变得更贴心、更便民。

在杭州市的引领下，上门法律援助行动逐渐延伸到各地。2013 年 8 月，宁波市象山县司法局整合资源优势，发挥职能效应，除了通过不定期在社区开展权益保障知识讲座，引导老年人运用法律武器维护自身权益外，还结合一线走访活动，要求 44 个法律援助站点及时公开服务热线，不仅要在线解答老年人的咨询，还要对居家行动不便的老人提供上门服务。

2018 年，宁波市镇海区司法局法律援助中心也开始对年满 70 岁的老年人降低法律援助条件，不受案件范围及经济状况限制，采取无条件援助的方式，最大限度地给予老年人关怀。对于卧病在床及行动不便的老年人，援助中心开启法律援助审批主办责任制，开辟"零跑腿"绿色通道，在申请人所在镇（街道）的司法助理员上门排摸情况后，符合法律援助条件的案件会指派援助律师上门服务，最终实现将法律援助送至老年人家中。法律援助律师上门听取老人诉求，并就案件情况问询确认后，初步拟出一份当事人诉讼请求意见书，缺少的材料证明，上门律师将会陪同一起办理。除了为老年人开辟"零跑腿"绿色通道外，法律援助中心还依靠一村一顾问的律师力量，由律师为老年人跑腿代办法律业务。律师会定期前往对接的 83 个村庄提供咨询、调解等法律服务，对于在咨询过程中有法律援助要求的老年人，律师会与援助中心转达对接。对于符合法律援助条件的案件，最终由律师帮助老年人向援助中心或各镇（街道）服务站递交申请材料。自上门援助开展以来，镇海区的援助律师已为 36 位老人办理了案件。

依托公共法律服务站点，以及覆盖城乡的老年群体法律服务网络体系，浙江省畅通了为居家老年人法律服务的"最后一公里"。"一条龙""零等待""零跑腿"等人性化服务的陆续出现，让外出不便的居家老人的合法权益也得到了保障。

（二）无线呼叫一键通，安居守护有保障

如何有效防范"独居老人"居家出现安全事故，并在事故发生时能够及时给予救助，一直是独居老人居家养老的难题之一。近年来，浙江省着力打造智慧化居家养老服务系统，用一朵"云"织密居家养老安全网。

杭州市在开展家庭适老化改造过程中，为独居、空巢、孤寡老人家庭配套安装烟感、气感、门磁、睡眠呼吸监测仪等"智慧云守护"产品，将非接触感知技术应用于老年人居家安全"环境智能"建设，实现重点老年人 24 小时安全智能监测。2020 年，杭州市西湖区通过政府购买服务的方式，为一批独居空巢老人免费安装了烟感报警器、摄像头和智能网关，打造居家养老守护神。只要老人家中有报警器响起，推送短信就会立即发送到街道社区工作人员的手机上，以便工作人员尽快采取抢救措施。正因为安装的这些智慧养老系统能做到事前隐患报警、事中联动联防、事后追溯管理的全流程管理和防范，才一次次避免了居家老人安全事故的发生。除"智"守安全之外，西湖区还积极拓展其他的方式"表"达大爱。例如，古荡街道与浙江省大爱老年事务中心向辖区内 27 名孤寡老人发放康养智能手环，用智慧化服务方式，辅助开展孤寡老人养老安全保障服务。这样的智能手环，配备 24 小时的紧急呼叫平台，老人在需要帮助或遇到紧急情况的时候，可以通过手环上的紧急呼叫按钮，进行呼叫求援，真正做到了安全守护"一键通"。

杭州市萧山区作为杭州市人口第一大区，自 2020 年年底开始，将全区 4717 位高龄独居、空巢、孤寡老人家庭，纳入"安居守护"服务范围，免费上门为这些老人安装了门磁、烟感、气感、睡眠呼吸监护仪等智能设备，通过实时感知、采集和回传数据，对老人的居家安全情况进行监测。例如，智能门磁通过对开关门状态的分析，对老人居家异常情况进行预警（如果门磁好几天没动静，预示着老人在里面可能出现了状况）；圆形的白色烟感器装在客厅的天花板上，能实时监测老人的居家用火安全；气感安装在厨房的墙壁上，如果老人烧饭时忘记关煤气，气感便会发出报警，同时将信息传至后台指挥中心；睡眠呼吸监护仪安装在老人的床头，如果老人在睡觉时出现呼吸心跳异常，仪器会及时发出警报，保证老人能够第一时间获得救助。即使在老人未察觉到警情或老人想求助但无法求助的特殊情况下，智能设备也能根据云端的 AI 算法，预测包括家中着火、久出未归、睡眠质量差、心率异常、呼吸暂停等 36 种"主动感知警情"，并通过 5G 网络实时回传到"城市大脑·萧山平台"的政务云端。一旦遇到"主动感知警情"或"危难一键求助呼叫"，平台就会通过短信、微信消息、幸福热线外呼等方式，在 5 分钟内做出快速反应，落实三级救援联络：第一级联系老人、子女或监护人；第二级联系老人居家所在社区的助老员、网格员、签约医生、邻居等；第三级联系 110、120，努力实现意外发生与救援预警"零时差"。截至 2021 年 10 月，萧山区已有超过 6000 户 80 岁以上的孤寡、独居、空巢老人，进入到"安居守护"7×24 小时的云端监护应用场景，该系统已累计预警居家安全隐患 2898 次，有效守护了居家老人的安全，得到了不少居家养老家庭的大力支持与点赞。

除了杭州市区，其他各地也陆续开始在"云"上守护居家老人安全。2021 年，宁波市镇海区骆驼街道联合中国电信设计研发了一套专门针对高龄独居老人的养老系统——智慧养老管理云平台，为老年人及其家属提供更精准的服务。该平台将后台运营管理、红外监测设备、手动报警按钮、软件信息报送进行深度整合及统一管理，为街道、社区提供一套集健康检测、一键报警、信息管理、订单管理、定位等服务、手机 App 六大模块于一体的管理平台，帮助老人、子女建立一站式的"互联网 + 数字化"养老综合性服务体系。目前，红外监测和一键报警两大功能已经上线，若老人在室内超过 15 小时没有活动迹象，未被触发的红外感应设备便会自动发送预警消息至其亲属或社工手机中，提示人员及时联络或上门查看。而通过床头和卫生间安装的一键报警设备，老人在发生紧急情况时，即可按键获取紧急救援服务，如若工作人员没有在规定时间内进行处理，系统则会将消息继续推送至上一级联络人，以确保求助得到及时有效处理。不仅如此，所有设备的报警记录，都会被自动保存在社区后端，处理进度及反馈结果在系统中清晰可见。截至 2021 年 8 月，该系统已在南一社区进行试点工作，在 36 位独居老年人家庭中进行了安装，有效减少了老年人居家安全事故的发生。

湖州市南太湖新区的"云守护"，则是由智能门磁系统及后台管理中心组成，智能门磁系统体积很小，只需将设备主体和感应磁铁安装在门和框上，固定在探测点位，就可以开始使用。小小的白盒子化身"管家"，监测独居老人开关门的状态及时间，若 24 小时未开关门，门磁智能系统会发出警报预警，及时反馈给社区工作人员，实现对独居老人的"云守护"。2021 年 8 月以来，南太湖新区康山街道牵头各村结合党史学习教育"三为"实践，免费为王家漾佳苑小区 70 岁以上老人安装智能门磁系统。首批试点安装 12 户，后续将持续推广，不仅覆盖王家漾佳苑小区 8 个村的老人，还将拓展到夹山漾小区（拆迁安置），为适龄老人安装，让更多老人能够享受到智慧安全养老服务，使居家养老更放心、更安心。

类似的智能安全监护系统在浙江省还有很多，宁波市海曙区的智能电表也得到了社区独居老人的不断称赞。海曙区鼓楼街道老旧小区多、老年居民多，独居老人占比不少，虽为每个社区均配备了网格员，但仍无法做到 24 小时守护。截至 2021 年年底，街道已为秀水社区白衣小区 10 户高龄独居老人免费安装了智能电表。智能电表能实时监测老人家中电器使用情况，通过大数据、云计算分析老人生活情况，一旦数据异常，系统就会出现预警或电话呼叫，及时告知家属及社工上门探视，守护独居老人的生活安全。后续，鼓楼街道将进一步扩大智能电表安装范围，为更多有需要的老年居民提供智慧守护。

（三）法规标准监督，居家服务落到实处

居家养老服务是一项重要的民生工程，为了能够让更多的老年人实现"养老不离家"的愿望，浙江省重视居家养老服务，通过法律法规和服务标准等，监督保障居家养老服务落到实处，让居家养老服务真正惠及老年人。

2018 年，浙江省首个居家养老服务地方性法规——《宁波市居家养老服务条例》出台。2019 年，杭州市人大常委会第二十三次会议通过了《杭州市居家养老服务条例》。2021 年年底，温州市人大常委会通过了《温州市居家养老服务促进条例》，自 2022 年 7 月 1 日起施行。各地以法律的形式进一步保障了居家养老服务的开展，让老年人在有需要时，确保能获得相应的上门服务。在条例的指引下，各地更新出台居家养老服务年度考核文件，加强对居家养老上门服务的业务指导和行业监管。如湖州市吴兴区纪委、区监委联合区民政局组建专项督查组，制定了《居家养老服务评分表》，围绕日间照料、健康管理、心理关怀、医疗救助、学习娱乐等 12 项老年人养老需求，抽取全区 14 个乡镇（街道）的 42 个村（社区）进行入户走访，深入一线了解居家养老服务项目的落实情况、服务质量以及老年人满意度等。此外，浙江省还通过委托专业第三方的方式，开展现场评估，进一步加强居家养老服务质量监督。如湖州市安吉县民政局采用政府监督与社会化监管相结合，委托第三方在社会组织服务中心，组建养老服务监管平台，对服务时间、服务质量等开展过程监管和事后抽查，同时做好与服务对象的沟通联系，确保居家养老服务的质量。

四、精神慰藉 让老人居家丰养

精神慰藉服务主要是为老年人提供谈心沟通、心理咨询、心理抚慰等服务。

随着经济的发展和社会的变迁，中国逐渐告别了"多子"时代。浙江省老龄工作委员会发布的《2010 年浙江省城乡老年人口生活状况调查》显示，按子女与父母不同吃同住为标准界定空巢家庭，浙江省城镇老年人家庭空巢率已达 74.96%；农村老年人家庭空巢率为 59.56%，且呈现较快的增长趋势。空巢率的升高，使诸多社会问题开始凸显。老年人患抑郁症、自杀等现象也屡屡发生。

从精神层面上说，缺乏及时的沟通和交流，是老人患心理疾病的重要因素。如何提高空巢老人的生活质量，使他们在情感上得到满足，做到空巢不"空心"，成了居家养老服务需要考虑的课题之一。

精神慰藉，子女负有首要责任。浙江省早在 2006 年就在杭州市余杭镇中南村，推出一种新型农村家庭《赡养父母协议书》，试点将 60 岁以上的老人和子女的赡养关系用协议的形式进行约定，并将"精神慰藉"写入了赡养协议。中南村有 179 位老人，自 2006 年 6 月至 11 月，已经有 170 户村民自愿签订了《赡养父母协议书》。该协议书由村委会统一制定，上面明确了子女对老人的供养方式、安排居住、医疗待遇、生活费用和精神慰藉等方面的赡养细则。"精神慰藉"一栏显得尤为特别。"是否经常联系、看望或关心；是否节日团聚；是否参加各类活动"等，都写在赡养协议中，这是中南村在制定协议前进行"民意调查"后特意加上去的。"每年要带老人旅游一次""每天开点玩笑""多和父母见面"……和其他条款的量化标准不同，协议上填写的"精神慰藉"内容基本都无法进行测定，要靠自觉执行。中南村妇女主任说："农村普遍子女多，赡养免不了有一些争议和纠纷，将'精神慰藉'写入赡养协议的目的，是要创造一种敬老、养老和助老的和谐家庭氛围。"除此之外，浙江省各地在村务公开栏的"子女孝顺榜"中，上榜者在"常陪老人聊天"、照顾老人精神生活方面通常都做得不错。法官在子女财产继承判决时，也将精神慰藉情况考虑其中。

在鼓励子女履行职责的同时，浙江省各地通过一对一访谈、爱心志愿探访、每周敲门等制度与活动，缓解老年人的孤独感。不少地方政府更是推出"购买服务"的居家养老模式，委托当地具备资质的专业服务公司派员，定点定户上门为空巢、残疾、孤寡及特殊高龄的困难老人提供专业陪聊和心理咨询服务。

2015年，温州市瓯海区心理与社工服务中心和娄桥街道秀屿社区联合对社区空巢老人进行了一对一访谈活动。通过调查摸底，社工队来到空巢老人居住密集的玕东村老人安置房，对名单上的空巢老人进行走访慰问，询问他们的生活状况、子女外出工作情况等，及时了解和解决空巢老人的紧急需求，陪老人聊天解闷、提供精神慰藉和心理抚慰，并根据困难老人帮扶照料综合评估系统，对老人的基本信息、身理健康、生活状况、精神状况、社会支持状况等进行登记，以便日后开展帮扶活动。

2019年7月，杭州市上城区湖滨街道晴雨公益服务中心，组织20名青少年志愿者走进东平巷社区15户空巢老人的家中，针对社区70岁以上空巢老人开展慰问活动。青少年志愿者们不仅送上了亲手做的礼物、献上了各种文艺表演，还力所能及地用各种各样的方式陪伴老人。同年，温州市瓯海区会昌社区也组织青少年志愿者开展了关爱空巢老人志愿活动。由于杭州市上城区丁兰街道长虹社区老龄化程度较为严重，不少孤寡老人与亲戚朋友很少来往，迫切需要情感抚慰。2021年，区政府工作人员在走访中了解到这一情况后，立即联合区教育局、街道及相关学校，组织学生利用周末和假期开展"守护行动"。暑假期间，丁兰实验中学40多名师生走进该社区100多位孤寡老人的家中，陪伴聊天谈心、帮助打扫卫生，之后的重要节假日，孩子们都持续上门看望慰问老人。上城区通过创新机制，充实了居家老年人的心灵。

近年来，浙江省各地对老年人的"爱心守护"行动从未止步。2020年新冠肺炎疫情期间，嘉兴市秀洲区中山社区针对空巢、独居、高龄老人等特殊群体，通过定期电话连线老人，密切关注特殊老人身体状况和生活情况。并从2020年3月中旬起，开展每周"爱心敲门"行动，逐一上门走访，宣传防疫知识，开展精神慰藉、心理疏导等服务，抚慰排解老人在疫情期间的不安情绪，让他们能在家中体会到街道及社会组织的关爱与温暖，提高抗击新冠肺炎疫情的信心，提升生活幸福感。

第四节　科技赋能居家　里里外外的安心

据《浙江省2020年老年人口和老龄事业统计公报》，按户籍统计，截至2020年年末，浙江省老龄人口达到1187.52万人，占总人口数的23.43%，其中独居和空巢老人占比在60%以上。

在居家养老中，独居和空巢老年人的人身健康问题及安全隐患问题不容忽视。比如，慢性病高发的老年人群在缺乏家属照料的情况下，将在很大程度上面临"就医无门"，或者因就医不及时导致猝死等风险；一些失能卧床老人，在得不到专业照护的情况下，不仅康复希望渺茫，还会给原本脆弱的老人造成更严重的"二次伤害"，甚至危及生命；相较于有人照看的老年人来说，空巢、独居老人面临噎食、跌倒、坠床等常见的安全隐患更多，威胁更大。

浙江省针对居家养老中存在的这一系列问题，积极利用物联网、大数据、人工智能等技术，大力推出科技产品、家庭养老床位等，辅之以监督保障，助力居家老人安心养老，外地子女放心工作。

一、跨越数字鸿沟　便民服务一网通

在推进智能产品和服务进家庭的过程中，必须首先解决老年人不会用数字智能产品和服务的问题。如何填平老年人数字鸿沟，一直是社会关注的热点问题。2021 年 1 月，工信部开展了为期一年的"互联网应用适老化及无障碍改造专项行动"，推动手机 App 适老化改造。一年多以来，购物、聊天、打车、新闻等涵盖衣食住行各方面的手机软件，纷纷开发了"老年版"，为解决老年人群体在使用互联网等技术时遇到的困难，奠定了一定的基础。

专项行动开展以来，浙江省加快推进政务服务"一网通办"，将服务好特殊群体、消除"数字鸿沟"，作为重点工作之一。老年人使用手机的最大不便之处就是字体显示过小。以往，他们大都通过手机系统设置将字体放大，但这时常会产生与 App 不匹配的情况，影响使用体验。为帮助老年人跨越"数字鸿沟"，轻松搭上"数字快车"，满足老年人群体使用政务服务的便捷诉求，浙江省以填平"数字鸿沟"为核心，推出"浙里办"App 长辈版。

为了让老年人看得清、看得懂，"浙里办"长辈版在页面交互上做了贴心设计，不仅字体更大，界面更清爽，整个页面还进行了模块精简和优化设计，操作入口更清晰。已在"浙里办"上线的预约挂号、互联网医院、智能导诊、健康体检等 1000 余项便民服务均已实现大字版，这些功能进一步降低了老年人的使用门槛，让老年人会用、愿用、爱用。同时，为了更好地解决老年人群体日常办事需求，"浙里办"长辈版，在最显著位置重点推荐了高频服务，包括浙江健康码、预约挂号、互联网医院、智能导诊、健康体检、天气预报等业务均可一键直达。此外，围绕老年人日常生活中的高频事项及服务场景，长辈版设置了"退休养老""社会保障""健康医保""身份户籍""行驶驾驶""公积金"等主题栏目，实现了老年人不用走出家门，就能按办事需求进行在线办理。

而对于自助办理困难的老年群体，"浙里办"长辈版也新增了"代办联系人管理"功能。"代办联系人管理"支持添加父母、子女、其他亲属、非亲属人员作为被代办人，可代办老年优待证、城乡居民参保登记、转移接续手续等近200项政务服务。也就是说，如果子女想为父母办理老年优待证，可登录"浙里办"，进入"代办联系人管理"，添加父母信息，即可帮父母完成所有操作。目前，老年优待证已在浙江省范围内实现全程网办、授权代办、快递到家的一条龙服务。

除了"浙里办"App，浙江省人民政府门户网站和浙江政务服务网，也为有行动障碍、低弱视力、文化认知障碍以及阅读能力下降的老年人，提供"无障碍阅读"功能及"老年模式"。"无障碍阅读"功能主要包含视觉辅助和语音辅助，提供字号放大、全程键盘和人机语音互动等替代操作方式，实现文本信息语音识读、语速调节、网页配色调整、特大文字推送等功能。例如，点击"声音开关"，语音就能同步播放鼠标点击的位置，这样的形式能更好地为老年人提供便捷高效、智能友好的服务。"老年模式"则具有扁平化布局、高对比背景、大字体等特点，帮助广大老年人在家便能方便地获知政府政策，了解政府动态。除此之外，浙江政务服务网还上线了"长辈关怀"专区，该区推荐老年人高频办理事项，帮助老年人搭上"数字快车"，满足老年人线上办理政务事项的需求。

二、搭建系统平台　业务办理一站式

独居老人的健康、安全问题一直牵动着政府的心，浙江省发挥数字经济的优势，用智能技术打造科技产品，建立"互联网＋"养老新模式，使老年人足不出户，也能获得健康咨询、医疗服务、生活照料、精神慰藉、紧急救援等各类居家养老服务。

（一）温州市瓯海区"互联网＋健康养老"模式

针对老人行动不便、难以出门就诊的情况，温州市瓯海区探索实施"互联网＋健康养老"模式，通过建设医养融合信息化综合平台，包括医养融合信息化管理系统、数字电视机顶盒、手机App、紧急呼叫仪、巡回医疗车等，让老人们"足不出户，健康送到家"。

瓯海区依托云计算、大数据等高新技术，搭建智慧医养集成云平台。将社区居家养老服务过程中所涵盖的服务者与服务对象交互沟通的过程数字化，打造瓯海区医养结合综合信息平台，统一归集诊疗记录、健康档案、巡诊车辆定位等共享数据，接诊医生可根据需要随时调取患者个人医疗信息，开展问诊咨询、预约转诊、慢性病随访、健康管理、健康教育、延伸处方等服务。目前，该区已在辖区 13 家社区卫生服务中心（卫生院）成立"互联网＋健康养老"管理中心，实现社区全覆盖。考虑到老年人学习能力弱的问题，该区创新开发支持远程视频通话功能的电视机顶盒，作为患者就医需求发起的主入口。老年人只需操作电视遥控器，便可"一键"连线社区卫生服务中心值班医生。2021 年，辖区内 13843 户居家养老家庭已安装互动机顶盒，辐射全区 60 岁以上老人近 3 万人，实现了辖区内所有镇街老年人家庭互动机顶盒全覆盖。为确保患病、失能、半失能、失智、高龄老人能够及时得到精准、高效的治疗看护，瓯海区大力推进线下移动巡诊网络建设，在 13 家社区卫生服务中心配备移动巡诊车。该移动巡诊车内设有基础药房、便携式 B 超、心电仪、生化仪等检查设备，并与平台绑定实时定位。医生可利用车内 4G 网络在线实现社保即时结算、健康数据调阅、门诊诊疗、药房取药、家庭医生签约、家庭病床建立等所有院内流程。紧急呼叫仪则是为了应对老人突发疾病需急救的紧急情况。当居家老人需急救时，可通过该设备一键联系医养平台，第一时间提出急救帮助。医养平台将即刻显示呼叫居民的基本信息，清晰定位老人所在的地理位置，启动相关医疗急救措施。

"互联网＋健康养老"平台，通过构建服务序列联通居家养老孤岛，实现线上快速应答与线下按需出诊。在线上，有问诊需求的老人呼叫辖区"互联网＋健康养老"管理中心后，可通过电视屏幕与医护人员实现"面对面"交流。接诊医生根据老人的口述内容，并结合平台上可调阅的老人健康档案、体检报告以及就诊历史等信息进行联合诊断。该平台实施全天候 24 小时接诊运作模式，以 8 小时工作时间为界，平台呼叫的应答分别由辖区医院或运营公司下属的统一调度中心响应，另外，丽岙、瞿溪、梧田、新桥等四个 120 急救站，予以 24 小时医疗急救支撑。在线下，接诊医生在判断老人确有上门诊疗需求后，在平台上定位巡诊车并提交派单，接单的医生护士团队即刻上门为老人提供诊疗、护理、体检等一站式服务。目前，该区各社区卫生服务中心对卧病在床的失能、部分失能老人，每季度还提供 1 次免费巡回医疗上门服务。

截至 2021 年年底，瓯海区"互联网＋健康养老"平台连线服务 20629 人次，派单服务 19967 人次（包括上门诊疗和主动回访），公共卫生随访服务 9654 人次，巡回诊疗 4505 人次，转诊上级医院 5509 人次。

（二）"互联网＋养老"和"互联网＋监管"

针对养老服务成本高、效率低的问题，杭州市经中央网信办批准，成为首批全国人工智能条件下养老社会实验试点城市，由民政部社会福利中心、之江实验室组织实施，探索人工智能应用对未来养老模式和服务内容的影响，提出人工智能条件下有效降低养老服务成本、改善养老护理员工作、提高养老服务成效的新模式和服务内容，形成一批可复制、可推广的实验成果。

作为国家智慧健康养老示范基地和国家人工智能养老社会实验地区，杭州市持续升级"互联网＋养老"服务，搭建起业务管理、公众服务、机构运营、支付结算、数据应用五大平台，为14余万高龄、失能、孤寡、独居等困难老年人提供紧急救助、主动关怀等三大类13项服务。自2019年7月起，杭州市投入700余万元资金，搭建"互联网＋养老"系统平台，系统建设已经基本完成。"互联网＋养老"系统平台向区、县、街道各级开放，整合了各层级碎片化的信息化建设项目。通过部门数据共享，动态掌握杭州市老年人的年龄、户籍、健康状况等基础信息，方便一站式办理各类涉老业务，主动服务各项养老政策兑现。

全省各地借助智能化、信息化技术手段，采用"互联网＋监管"的方式，达到对居家养老服务过程和服务质量的全方位监管。如嘉兴平湖市将居家养老服务内容、服务时长等必要数据，在"金平湖智慧健康养老服务平台"实行电子化归档管理，监管部门可在后台实时监管；嘉兴市秀洲区则通过居家养老服务（照料）中心运维管理系统，将服务过程拍照上传，实现手机 App 实时监测。

让智慧养老飞入寻常百姓家[①]

金华永康市民政局对准数字社会老有所养数字化改革跑道，以解决农村地区老人养老资源匮乏问题为切口，致力打造"管理有精度、服务有温度、百姓充满幸福度"的智慧养老服务平台，让智慧养老飞入寻常百姓家。

（一）多元集成，数字赋能，精心打造康养平台

坚持多跨协同、系统集成，以数字化改革理念重塑居家养老服务场景，构建起精心、连心、暖心、全心、贴心的一站多跨协同智慧养老服务平台，让老年人共享数字化改革红利。

多元共享，研发软件。平台纵向贯通浙江省民政厅"浙里养"的老年人信息、机构入院信息等9类12.8万条数据，"浙里救"低保、低边等4类31万条数据；横向协同残联、社保、公安等7个部门60多万条数据，连通永康城市大脑、第三方物联平台等大数据平台；实现了养老、助残、体检、能力评估、服务机构、辅具设施、智能监测

---

① 由金华永康市民政局供稿。

等数据资源共享，并利用数据分析技术，对老人的身体状况进行分析判断，并向第三方居家康养派发服务指令，为老年人及时准确提供各类上门养老服务。

系统改造，配强硬件。平台通过对老人居家环境的适老化改造和照护设备的智能化改造，搭建监管值守、智能报警、应急响应、急救服务等信息化应用系统，并将实时动态监测数据接入系统，及时发现老人的异常状况，研判响应。截至2022年2月底，全市完成老人家庭适老化改造和智能化提升390户。同时，通过系统再造整合医院、康养联合体、乡镇居家养老服务中心、社会养老服务机构、志愿服务团队等多方资源，搭建一键快速响应平台，实现主动监测和被动应答的融合互补。

（二）制度重塑，科学管理，切实提供长效保障

永康市出政策、强保障，不断在推动完善长效养老服务制度上下功夫，出台《永康市居家康养照护床位工作试点实施方案》《永康市养老服务补贴（电子津贴）实施办法》《关于开展养老服务组织综合责任保险的通知》《永康市困难老年人能力评估实施方案》等配套文件四个，为居家康养体系提供强力的政策保障。

建立应急响应制度。为提升居家康养服务机构的快速响应服务意识，建立"一键呼叫"三级应答服务机制，根据紧急程度，分为一般类、重要类和紧急类应答。一般类为上门护理、生活照料等普通生活服务，重要类包括老人患病等需要医疗救助的服务，紧急类包括火灾、洪水或意外受伤等紧急情况。老人使用"一键呼叫"功能，服务机构收到警报提醒并在呼叫10秒内做出应答，紧急事项实现1分钟派单，一般区域15分钟内到达，偏远农村30分钟到达，重要事项12小时办结，全类型服务实现24小时内上门。

三、依托智能终端　应急服务一键达

在新的智慧养老应用场景下，老人遇紧急突发情况，可通过智能终端实现服务一键达。

（一）杭州市的养老智能终端

针对居家老人可能出现的突发状况，杭州市通过为老人配备"智能养老管家""智能水表""电子保姆"等智能终端，来实现老人的有急必应。

杭州市老年人通过手机端智能养老管家，只需输入年龄、户籍等基础信息，便可实时匹配享受的政策待遇，并提示办理渠道及材料。高龄、失能等老人遇到紧急突发情况时，只需按下手机终端上的红色按钮即可实现一键呼救。平时则由签约服务商

组织专人开展电话慰问、定期巡访等多种形式的关怀服务。截至 2021 年 10 月底，累计为签约老人提供紧急救助 1200 余次，为孤寡、独居老人提供主动关怀服务 240 余万次。

杭州市拱墅区小河街道还开展了首批独居老人智能预警监测服务，即利用水表、电表监测互感器，24 小时不间断汇聚、记录 318 户独居老人的用水用电数据。当老人用水突增持续超过设定时长，或超过设定时长无数据变化，即触发报警，让老人生活更为安全有保障。此外，针对独居老人的安全隐患问题，拱墅区通过"电子保姆"24 小时有效看护，为独居老人织密安全"防护网"。"电子保姆"是由浙江科技学院自动化与电气工程学院团队研发的"智慧居家养老环境辅助 AAL 系统"，该系统集成流水传感器、门窗磁传感器、PIR 人体红外传感器、烟雾报警器、SOS 一键呼叫器、智能网关等多项设备，通过数据服务平台可了解老年人的居家情况，实现监护老人安全到位、上门服务精准直达。2021 年，拱墅区已有 42 户特殊老人安装了"电子保姆"，2022 年计划再安装 100 家。同时，电子保姆已在浙江杭州、衢州，江苏南京、苏州和安徽等多地进行推广，为更多有需要的老年居民提供智慧守护。

（二）宁波市的"小柏家护"

不同的老年人，有不同的性格脾气。特别是对于长期居家需要照料的老人，如何为他们寻找到投缘的护理员，是一个非常现实的问题，很多家庭为了找到一个老人能够接纳的护理员，经常需要尝试多个护理员，劳心劳力也往往不顺利。针对老年人及其家庭对养老护理员技能、需求等信息不对称的担忧，宁波"小柏家护"利用人工智能，匹配适宜养老护理员，实现高端上门养老服务的有效供需对接，广受好评。

宁波"小柏家护"运用互联网思维，采用 java 底层语言、mysql 数据库、html 加 jquery 前端技术框架模式搭建系统，详细记录了所有服务人员的个人基础信息及护理技能信息，同时根据考核结果为每位护理员打上技能"标签"。再根据老年用户的需求输入系统，系统通过智能分析健康指数、性格因素、技术能力等"标签"，自动匹配，选择相对合适的护理员，为老人提供相应的服务。

宁波"小柏家护"服务已经覆盖宁波、上海、杭州三地，先后为 10 万多位用户寻找到了合适的护理员，为老人提供相应的健康护理服务。

四、创建电子津贴　结算监管一体化

为满足老人的基本生活需求，杭州在国内率先创设该市通用的养老电子津贴"重阳币"，以保障老人的支付能力。老人持社保卡可自主选择、自主管理，可用于居家养老上门服务，也可以带入各类养老服务机构，用于支付床位费及护理费等。

电子津贴分为两大类别：一类是高龄普惠服务，这类无须申请，由民政部门自动将电子津贴发放至符合条件的老年人社保卡养老服务专户中；另一类是失能失智照料服务，该项津贴需要由申请人本人向户籍地或居住地乡镇人民政府（街道办事处）提出申请。杭州市主城区计划生育特殊家庭、最低生活保障家庭、最低生活保障边缘家庭、支出型贫困基本生活救助家庭中的老年人，经申请和专业机构评估，重度失能失智的老人，可享受每月1820元的电子津贴；中度失能失智的老人，可享受每月1330元的电子津贴。杭州市主城区80岁以上的老年人，在享受智慧呼叫服务的基础上，80~89岁的老年人，每人每月可再享受40元养老服务电子津贴，90岁及以上老年人每人每月可再享受100元养老服务电子津贴。老人或家属可通过杭州市养老服务商城、杭州市各区民政部门公布的区域服务商电话、96345服务热线等方式，预约居家养老上门服务。

目前，"重阳币"已实现杭州主城区全覆盖，接受居家养老上门服务累计526万单，日均刷卡近万单，日均消费金额达50余万元。2019年7月至今，全市共发放电子津贴约4.06亿元，已有约24.77万老人受益。

在居家养老服务方面，浙江省积极应对人口老龄化新形势，从居住环境、服务便利、科技赋能等方面，探索改善居家养老环境新举措，不断创新完善社区居家养老服务网络，健全居家养老服务体系，形成了适老化改造的"浙江样本"，破解了旧楼装电梯的重重阻碍，打造了养老服务上门的"幸福圈"，开拓了科技赋能养老的"生态圈"，拓宽了居家养老的服务边界，推动了居家养老服务质量的高效提升，使老年人更加安心于居家养老。

第五章　均衡发展　缩小地区养老服务差距

CHAPTER 5

浙江省地理特征非常复杂，从浙北平原到浙南山区，从浙东海岛到浙西峡谷，可谓山河湖海无所不有。衢州、丽水等地的部分山区和舟山的部分海岛，不仅交通不便，各个自然村落分布也较为分散，而且老龄化程度更高、经济发展相对落后，未富先老的问题更加严重。加之当地的年轻人少、专业养老服务资源和能力匮乏，导致当地老年人的养老问题突出。

海岛、山区、农村老年人的养老，存在一些共性问题：首先，由于地理原因，老年人居住分散，养老资源有限且共享性差；其次，这些老年人本身就收入微薄，为了不给儿女增添负担，往往保持着劳作的习惯；再次，这些地区存在大量生活困难又不符合补助条件的老年人，对"花钱买服务"较为抵触。因此，如何满足山海老人的养老需求，保障人人享有基本养老服务，做到一个不漏，是浙江省打造基本养老服务体系中的重要一环。眼下，对于这一难题，浙江省有了全新的解决方案。

第一节　海岛支老　一起安好

舟山是省内较为特殊的一个群岛城市，共有大小岛屿 1390 个，有人居住的岛屿近百个，截至 2021 年年末，总人口数仅约 95.7 万人[①]，是浙江最早进入人口老龄化的地级市之一，老龄化程度连续四年位居全省第一。根据《浙江省 2020 年老年人口和老龄事业统计公报》，舟山市 2020 年户籍老年人口为 29.11 万人，占总人口的比例达到 30.26%，成为全省首个老年人口占比突破 30.00% 的地级市（见表 5-1）。

表 5-1　2020 年第七次全国人口普查舟山市各县（区）老龄化系数

舟山市各县（区）	岱山县	嵊泗县	普陀区	定海区	市本级
常住人口老龄化系数	27.62%	31.30%	25.04%	22.77%	24.88%

① 2022 年浙江统计年鉴 [EB/OL]. （2022-10-11）[2022-11-29]. http://tjj.zj.gov.cn/col/col1525563/index.html.

随着舟山"小岛迁、大岛建"战略的不断深入，海岛城市化进程不断加快，越来越多的年轻人离开了小岛，迁往舟山本岛或者县城所在地。但老年人受经济条件的制约，加之故土难离情结，更多地选择留在了岛上，边远海岛深度老龄化现象日益凸显，以至于有的小岛全是老人。

在这样的背景下，舟山的养老问题面临着严峻的挑战。虽然舟山有规模化的养老机构，床位充足，但价格普遍较高，普通老年人及家庭难以负担。此外，舟山市的养老护理员几乎都是文化程度较低的农村妇女，缺乏专业的护理知识与技能，中高级养老护理员、心理咨询师少，如定海盐仓街道虹桥社区尽管在2018年就建有社区居家养老服务照料中心，但日常管理缺乏专业专职的工作人员，只能由社区工作人员或者老年协会人员负责管理，导致服务效果不佳。基层医疗人员也十分紧缺，以普陀区虾峙镇东晓社区为例，户籍人口4500人，老年人1300多人，只有4名社区医生，供应严重不足。在内部管理上，舟山的养老机构普遍没有明确的养老护理等级分类，导致老人几乎被无差别对待，这种情况在乡镇养老机构更为严重。由于缺乏专业的管理人员，有健全的管理制度的养老机构少之又少，仅仅只能维持老人温饱和住宿等基本生活保障。更为雪上加霜的是，舟山岛屿众多且分散，交通极其不便，不少岛屿往往一天只有一班船，遇到台风天气，交通则彻底断绝，导致公共服务资源共享性差，外来人口也不愿留在岛上做养老护理员，岛上专业的养老服务员就更为短缺。

虽然早在2017年，舟山市就启动了"守护夕阳"活动，连续五年，通过政府购买服务的方式，购买了定海美之声、百叶居家养老服务等三家有养老服务经验的社会组织作为服务主体，为盘峙、大猫在内的七个偏远悬水海岛上的老年人定期提供理发等基本生活服务。但如何在此基础上，进一步提高海岛养老服务能力，为更多的海岛老人提供更为完善的基本养老服务，这是在进入"十四五"以后，浙江省在完善养老服务体系建设过程中开始重点关注的问题。

一、聚焦薄弱环节　启动海岛支老

为了让海岛老年人共享基本的养老服务，2021年3月，时任浙江省民政厅厅长王剑侯带领杭州、宁波、嘉兴、湖州、绍兴五个市的民政局局长，深入舟山的多个小岛调研，考虑是否能像支教一样开展支老。

经过调研，浙江省民政厅提出了海岛支老实施方案。4月，浙江省民政厅印发《关于组织开展"海岛支老、一起安好"行动的通知》（浙民养〔2021〕61号）。5月，在嵊泗县嵊山镇举行"海岛支老、

《关于组织开展"海岛支老、一起安好"行动的通知》

一起安好"启动仪式，正式开启海岛支老服务。

"海岛支老、一起安好"行动，计划在三年间，由养老服务水平较高的杭州、宁波、嘉兴、湖州、绍兴五地结对枸杞岛等15个舟山偏远海岛，上岛开展"支老"服务，为当地持续改善养老服务设施、输送和培养专业养老服务人才，助力3万余名偏远海岛老人，共享优质养老服务。

具体而言，2021—2024年间，由杭州市和嘉兴市对口嵊泗县，宁波市对口普陀区，湖州市对口定海区，绍兴市对口岱山县，分别结对支老，包干支援。由相应的市选派优秀的养老服务骨干上岛支老，依托当地的敬老院和托老所，既提供机构养老服务，又开拓居家上门服务。上岛支援的养老服务人员经过层层选拔及定向培训，业务能力、政治素质、服务水平都出类拔萃。例如，首批上岛的服务人员共30人，来自各个养老机构。这30人中，拥有中高级职称的护理人员超过半数，三分之一以上是中共党员，其中就包括2019年全国养老护理竞赛一等奖获得者、首席技师曹媛。

二、围绕补齐短板　开展支老行动

海岛支老分工明确，每一个海岛分配一名护理员和一名管理人员。护理员主要参与养老机构的护理工作，侧重生活照料、专业护理等；管理人员则参与当地养老服务机构管理，帮助建立健全规章制度，对接专业化运营组织，提升机构管理水平。重点围绕服务支老、设施支老、管理支老和文化支老四方面重点工作，尽快补齐海岛养老服务短板。

在服务支老上，参与当地养老机构护理工作，也为当地海岛居家老年人上门提供居家养老服务，缓解小岛养老服务短缺压力。在服务过程中，支老队伍为更好地与当地老年人交流，通过自学舟山方言、运用"表情＋手势＋语言"等多种方式，克服了沟通上的障碍。在解决了交流这一现实问题后，支老队伍积极作为，组织当地养老工作人员全面开展老年人能力评估、指导老年人正确使用四角拐杖等辅助用具、进行康复教学、提供为老年人测量血压等关爱老人的服务活动，以有针对性地提高老年人的生活质量。

在设施支老上，对口支援单位帮助完善岛上养老服务设施，对既有设施进行适老化改造，以提高老年人生活的安全性、便利性、舒适性。如建立老年人能力评估室，为老年人精细化评估提供设施支撑；建立老年人康复室，促使老年人合理有效利用康复器材，满足老年人恢复生理、心理的双重需求。

在管理支老上，支援人员参与当地养老服务机构管理，帮助建立健全规章制度，对接专业化运营组织，提升机构管理水平，并开展管理人员和养老护理员培训，以提升本土的管理服务水平。支老队伍通过完善台账资料、建立评估框架、制定制度汇编等，对当地养老机构进行造血式的管理扶持，并夯实当地养老行业基础，为老年人得到长期安稳、优秀的养老服务提供切实保障。

在文化支老上，对口支援地区组织社会力量，上岛开展文化体育、服务交流等活动，满足岛上老年人多样化需求，丰富老年人的晚年生活。支老队伍积极营造浓厚的"老有所为""老有所乐"养老氛围，开展多样的文化活动，教老年人做康复操、带领老年人一起做手工等，促使老年人学习知识、陶冶情操，同时也锻炼身体、交流感情，进一步拉近了支老队伍和老年人之间、老年人与老年人之间的距离。

三、慈善暖心助力　加强支老保障

海岛支老行动，离不开社会慈善的暖心助力。为了鼓励支老人员，浙江省慈善联合总会设立了"海岛支老专项基金"，向支老人员每人每月发放海岛工作补贴 3000 元。同时，所在单位积极落实支老人员的激励措施，如在同等条件下，对支老人员优先给予提拔，对优秀的支老人员给予荣誉激励，支老人员报考养老护理技能等级，认定的间隔时间缩短一年等，大大提高了支老人员的积极性。积极搭建平台，吸引省内更多优秀的社会力量上岛，为老年人举办丰富多彩的活动和更为精准的个性化养老服务。如在支老行动开始后，杭州等地民政部门发出倡议书，引导本地社会组织上岛开展志愿服务。

舟山市则以"海岛支老、一起安好"行动为抓手，组织开展"暖阳助老、九送上岛"活动，全力做好全省养老服务区域协作工作。一是主动对接，深入谋划三年行动方案。建立区域协作工作领导小组，积极主动对接协作地市，制订工作合作方案，确定双方联络人员，建立定期联络机制。二是九送上岛，补齐海岛养老短板。作为区域协作工作的配套活动，启动"暖阳助老、九送上岛"主题活动，即送善上岛、送新上岛、送情上岛、送洁上岛、送戏上岛、送技上岛、送教上岛、送医上岛、送健上岛。以区域协作工作为契机，加强与协作地市的沟通交流，互相借鉴先进经验做法，促进养老服务领域共同富裕。三是强化保障，落实落细关爱服务。主动了解支老人员需求，做好后勤保障工作。提前为支老人员进行舟山本地语言培训，便于与老年人开展日常生活基本沟通。坚持党建引领，探索在岛上成立兼合式党支部，满足支老党员的党组织生活。舟山当地政府还纷纷趁省厅组织的对口协作机会，积极引进对口协作地的先进养老机构到本地发展，寻求建立长久化的海岛养老解决方案，如嵊泗县政府在与杭州的对口协作中，与杭州的专业养老服务机构——物产中大金石集团，签署了战略合作协议，约定双方在海岛养老示范基地建设、养老服务标准化体系建设、养老服务人才培养、养老职业技能人才认定等方面开展合作。2021 年 9 月，嵊泗县民政局与物产中大金石集团就嵊泗县原福利院（颐乐山庄）项目签署了具体的合作协议，计划将颐乐山庄打造成"共同富裕"旗帜下的海岛养老示范基地，打造成能够为海岛长者带来获得感的小而美、小而精、小而专的养老基地样本。目前，物产中大金石集团已选派专业水平突出、经验丰富的机构管理者进驻海岛，后续还将按近 2000 元 / 平方米的标准，在福利院原有装修基础上进行改造提升，包括加装电梯、卫生间适老化改造、硬件设施整体优化以及庭院环境美化等工作，争取为海岛长者打造一个养老胜地。

至 2021 年年底，"海岛支老、一起安好"行动共派出 70 多名养老护理员，驻扎在 15 个偏远小岛上；共评估海岛老人 1000 余人次，慰问 1000 多人次，组织各类培训 100 多场，培训 1000 多人次；开展文化活动近百场次，参与活动老人达 3000 人次，累计惠及偏远海岛老年人 3 万余人。同时，浙江省已将加大海岛养老服务供给，列入《浙江高质量发展建设共同富裕示范区实施方案（2021—2025 年）》，继续致力于探索养老服务领域共同富裕先行示范。海岛支老行动，被中央党史学习教育领导小组办公室确定为"我为群众办实事"典型载体。

第二节　山区助老　共享资源

浙江西部，以山区为主。在浙江山区中，青壮年进城务工现象十分普遍，导致留在村里的，往往都是"下不了山，进不了城"的老年人。这些老年人分散在面积广阔的山区中，普遍存在生活缺助、安全缺护、健康缺管、精神缺慰等问题。针对这一现实问题，浙江积极探索山区协作养老模式，致力于为山区留守老人提供免费的基本养老服务。

一、"兼职保姆"温暖陪伴

丽水一些地方在探索山区养老模式的过程中，创立了"兼职保姆"制度，为留守老人带来温暖与陪伴。"兼职保姆"一般由乡镇或街道牵头、所属的村委会出面，在当地村保洁员、村务代办中心工作人员中聘请，每村 1~2 人，每年由村集体对其补助3000~5000 元。"兼职保姆"则每周按照固定时间，对辖区内的老年人进行走访，了解老年人需求，为老年人提供精神慰藉、保洁、代办、医疗协助、代购、送餐等各项养老服务事项，并引导和鼓励身体条件较好的老年人走出家门，到村里的农家书屋、乡镇街道文化中心等场所，结伴打军鼓、拉二胡、下象棋等，与其他村民一起参加健身娱乐活动，共享幸福晚年。政府重视留守老人的情感需求，由"兼职保姆"定期帮助留守老人通过电话、视频等方式与其子女交流联系、倾诉心声，抚慰思念之情，缓解老人心中的孤寂和牵挂，也让身在外地的子女看到老人的健康幸福。

二、"爱心小组"贴心服务

组织农村党员、离任老干部开展帮扶活动。利用农村良好的邻里关系，动员热心村民参加，组建名为"好邻居帮帮团"的助老志愿者队伍，由村委会引导确定开展结对服务，定时到老人家中串门走访，并开展不定期居家养老服务活动，帮助老年人解决"急、难、愁"问题。鼓励"以老助老"互助服务，依托"银发"力量，采取年轻的照顾年老的、身体好的照顾身体弱的方式，通过"一对一""一对多"或"多对一"挂钩结对、连心服务，及时掌握老人生活状况，在互助中共享幸福"夕阳红"。丽水市缙云县基于山区留守老人、空巢老人众多的现状，在缙云黄帝文化源远流长、慈孝文明蔚然成风的影响下，充分发挥当地乡贤、老医生、老教师、老党员的优势，鼓励各村依托照料中心积极探索"邻里互帮探访制度"，营造了敬老、爱老、助老的浓郁孝文化氛围。比如，在壶镇镇岩背村，当地的村干部、乡贤、镇退休干部、普通村民等自发组建了一支"养老志愿服务队"，结合本村实际积极探索"时间银行"互助模式，不仅平日为村照料中心捐款捐物，还有一位女村委每日都会在村照料中心帮忙，看到哪位老人平日里常来活动而今天没来，便主动上门探望。又如，大源镇大源村照料中心的银龄志愿者林菊玲，每月坚持为村里的孤寡及高龄老人开展理发、洗衣等志愿服务，被服务的老人都把她当成自己的妹妹，用行动弘扬了尊老爱老的传统美德。

三、"爱心驿站"整合资源

发挥党委、政府的领导力和凝聚力，设立"爱心驿站"，以驿站为平台，构建志愿帮扶服务网络，引导社工、义工、志愿者、爱心人士等社会力量参与，整合各方力量，合力做好留守老人服务。驿站通过对接社会组织为留守老人提供资金、物资等方面的支持。如组织猕猴桃慈善拍卖、乡贤联谊会捐助、慈善认捐等活动，为留守老人筹集善款，保障他们的基本养老服务。建立免费理发店、爱心洗衣房等公益设施，全面解决留守老人无人理发、被服换洗难等生活难题。此外，驿站还对接品牌养老机构进驻，进一步提升当地养老院的服务质量。以丽水龙泉市为例，龙泉市制定了"定期走访服务、帮扶慰问、生产生活帮扶、应急救援服务、经费保障、联动推进"等工作制度。其中，城北乡从 2017 年开始，累计筹集善款 63.5 万元，用于留守老人的生活保障；设立免费理发室 35 个、爱心洗衣房 22 个，累计为全乡 60 岁以上老人提供免费理发 3 万余人次，换洗被褥、冬服 5000 余次。基本实现"室外活动有场地、室内娱乐有场所、隔三差五有人问、头疼脑热有人管、日常琐事有人帮"的"五有"目标，让每一个山区老人都不再"留守"，身边都有了贴心的"好儿女"。

四、"来料加工"增收养老

丽水市云和县通过建立"长者益智幸福坊"，让当地的留守老人在养老的同时实现再就业，提升他们的幸福感。

云和县，是浙江省丽水市下属的一个小县城，自"小县大城"发展战略实施以来，大量农村中青年人群走出大山，而山区留守老人数量不断增多。为此，云和县民政局结合当地实际情况，开展了一系列针对老人的服务工作，建成了一批居家养老服务中心和照料中心。作为乡镇（街道）一级的居家养老服务中心，可以提供吃饭和住宿等服务，但是并没有得到普通留守老人的积极响应。经过调查，民政人员发现，原来这些不满足政府生活救助条件的留守老人，一部分人除了子女赡养之外，基本没有生活费用来源，无力支付老年食堂吃饭和养老院住宿的费用，另一部分老人则是劳作惯了，不愿意整天无所事事，加之老人们平时都习惯于省吃俭用，就形成了这一局面。根据这一发现，居家养老服务中心积极与当地来料加工经纪人对接并达成协议，推出"长者益智幸福坊"，让老年人在居家养老服务中心吃饭的同时，还可以通过在幸福坊里做一些简单的来料加工工作，获得一定的收入，在抵扣掉饮食费用支出后，还能有剩余资金。这一措施推出后，吸引了更多分散在各村、原来不愿意到居家养老服务中心的留守老人。将这些老人汇集到居家养老服务中心后，中心除提供餐饮服务外，还开放了 12 张床位，为老人提供午间休憩、夜间住宿的场所。除此以外，"幸福坊"还为老人提供看病、理发等贴心服务。通过与基层医疗卫生机构和医务人员签约合作，建立了老年人数据库，对老人的健康情况建档立册，乡卫生院的医生会定期上门为老人量血压、测体温、做视力检查，提供日常诊疗护理服务等；理发店会定期上门为老人理发等，为来服务中心的留守老人提供全方位的服务。目前，云和县每个街道、社区和村庄都建立了这样的居家养老服务中心，实现了全覆盖，让老年人在"幸福坊"里越过越幸福。

温州市泰顺县在探索"轻成本"养老新模式的过程中，除了提供来料加工机会外，还创新用活了边角地资源，鼓励老人们参与"最美菜园"创建，并将菜园作为养老照料服务中心的"自备菜园"。2 公顷多"最美菜园"结出的蔬菜瓜果，全部免费供应到居家养老照料服务中心。这一举措不仅减少了养老成本，也适应了山区老年人"活到老、干到老"的习惯，增强了老年人在养老过程中的获得感和自尊心，得到了很多山区老人的欢迎。

目前，浙江省各基层政府仍持续以老年人的需求为导向，通过山区协作、来料加工等创新模式，不断加强山区养老服务，让山区老人也能享受到安心暖心又舒心的养老服务。

第三节　农村互助　共添活力

农村留守老人的养老工作，不仅关系到广大农村老年人和外出务工人员的生产生活，关系到农村社会的和谐稳定，还关系到党在农村的执政基础。农村留守老人的养老，是浙江城乡一体化养老服务体系建设过程中的重点，也是养老服务工作中的难点。随着浙江城镇化建设与老龄化步伐的加快，农村人口结构逐步发生变化，留守老人逐渐增多。据初步统计，浙江有超过一半的老年人生活在农村。同时，农村留守老人的精神需求困境十分突出。在家庭生活、隔代抚养、参与农村公共事务上，农村留守老人往往处于弱势，甚至一些老年人面临着劳作无休、寻医无门、孤独无慰等问题，常被媒体称为"孤独的守望者"。

面对如此紧迫的农村养老问题，浙江省加强政策引导力度，加大资金投入力度，凝聚各方力量，不断完善农村养老服务体系。

一、政策体系　加强保障

浙江省出台了一系列政策，将关爱农村留守老人落到实处。2018 年，浙江省政府办公厅印发《关于加强老年人照顾服务工作的实施意见》（浙政办发〔2018〕32 号），要求"强化农村留守老年人关爱服务工作"。2018 年年底，浙江省民政厅联合省公安厅、省司法厅、省财政厅、省人力社保厅等八部门印发《关于加强农村留守老年人关爱服务工作的实施意见》（浙民福〔2018〕136 号），提出建立留守老年人基础台账，落实赡养义务人主体责任，完善社会救助，开展志愿服务和社会工作、加强平安守护、弘扬尊老敬老社会风尚等措施，加快健全农村留守老年人关爱体系。

《关于加强农村留守老年人关爱服务工作的实施意见》

2019 年，浙江省委、省政府出台《关于推进新时代民政事业高质量发展的意见》（浙委发〔2019〕27 号），将"探索困难群众探访慰问制度"作为重要内容列入，要求"到 2022 年，全面建立社区探访制度，重点对象月探访率达到 100%"，积极引导社会力量参与探访慰问服务。

建立特殊困难老人探访关爱制度 当好银发守护者[①]

2019 年，浙江省委、省政府《关于推进新时代民政事业高质量发展的意见》（浙委办发〔2019〕27 号）中提出，要聚焦特殊群体，探索探访关爱制度。

绍兴市越城区 60 岁以上老年人有 220735 人，老龄化率为 26.21%。其中，纯老年人家庭的老年人达到 39700 人；失能老人 3084 人；低保、低边老人，高龄独居，孤寡残疾，失独，留守等特殊困难老人 3649 人。为更好地维护这些特殊困难老年人的生活质量和生命安全，越城区于 2020 年在部分镇街开展了探访关爱服务试点，并在 2021 年作为区级民生实事工程全面铺开，探索出了一套科学有效暖人心的探访关爱制度，实现摸排、评估、分类、探访、发布、响应、解困、评价、监督全程闭环管理，做到及时防范和处理意外风险，切实帮助解决生产生活中碰到的困难，并和一些特殊困难老人建立了亲人般的情感联系，有效发挥了民政兜底保障职能。其中，对核准的 2219 名特殊困难老年人进行滚动式探访，已帮助 187 名困难老年人解决问题 235 个，成功处置孤寡老人卧床无人救治等意外事件 20 起。

（一）聚焦重点人群，精准锁定"关爱圈"

一是全面摸排，保障"一个不漏"。形成区、镇街、村社三级摸排机制，在部门掌握人员、镇街关注人员、村社走访人员基础上，由民政局牵头属地镇街、村社，组织开展入户调查，全面摸清底数，重点聚焦政府兜底、农村留守、独居空巢、失独孤寡、失能失智等特殊困难老年群体，筛选出"最基层、最困难、最弱势"老人及其家庭为目标群体，共汇集 3711 人列入特殊困难老年人探访关爱评估范围。

二是科学评估，保障"一个不多"。将特殊困难老人基本情况汇编成清单，并录入老年人探访关爱综合平台，由社工、医护、心理咨询师等专技人员组成评估小组，综合老人家庭支持系统、生活自理能力、心理健康状况、生产生活困难等因素，筛减已落实亲人看管、福利机构供养、精障等老人，最终确认 2219 名老人为探访关爱服务对象，并同步录入探访关爱数据库，进行实时更新、动态调整。

[①] 由绍兴市越城区民政局供稿。

三是精确分类，保障"一个不错"。依托全省首个社会风险评估专家库，邀请专家对拟探访关爱的服务对象进行生理和心理安全风险等级评定，在充分尊重服务对象意愿基础上，根据评定结果，将关爱服务等级分为一般、重度、高风险三类，按每隔15天、7天、4天一次的频率，实施入户探访，隔7天、4天、2天的周期，实施电话探访。服务内容上，对一般对象，重点帮助解决生产生活中碰到的困难和给予精神慰藉；对重度和高风险对象，提供心理咨询服务，切实做到及时防范和处理意外风险，守护老人生命安全。

（二）注重关心关爱，高效实施"服务圈"

一是分类分片实施，按需探访。根据历年行政区划调整实际，将全区划分为5个片区，因地制宜开展探访，每个片区配备3名专职社工，负责项目策划、实施、督导，每个镇街落实1~2名公益岗位专职人员全程跟进，在与特殊困难老人签署探访服务协议后，按照老人服务意愿与等级类别，开展"电访＋探访"关爱模式，围绕老人医疗、代办、康复、生活、心理等服务需求进行登记，按需回访。

二是云端发布需求，线下"买单"。依托"越城有约"党建小程序和越城区五邻总社"益起来"公益爱心平台，由专职社工负责定期上传探访过程中收集到的老人微心愿和服务需求，打造"困难老人需求线上下单，党员干部、爱心企业、公益组织线下买单"模式。解决陪聊、陪医、代购、代办等服务需求337次，帮助老人实现拥有一把新轮椅、一根四脚拐杖、一个助听器、一台电视机等微心愿54个，接受捐赠物资与慰问金共计62万元。

三是统筹服务资源，全社响应。依托村社居家养老服务照料中心、文化礼堂、树兰城市书房等活动阵地，引入10余家公益组织，提供托老服务、文化娱乐、教育培训、医疗养生、法律咨询等服务，营造探访关爱浓厚氛围。以服务对象需求为切入点，村社五邻社为单位，建立任务小组、焦点小组、社会化小组、自助互助小组，点对点满足老人服务需求。同时，引导各村社利用闲置场所，打造服务老人公共设施场所，开辟村级"爱心驿站""社区食堂"，为特殊困难老年人提供惠民商品，解决就餐助餐问题。建立"五邻爱心基金"，募集资金用于特殊困难老年人个性化援助支出，实现社会联动"他助、自助、互助"机制。全区已有6家社会组织、34名五邻专职社工、78家服务企业、892名社会工作服务者、7201名志愿者参与到特殊困难老年人关爱活动中，形成政府帮扶的重大助力。

四是配合应急响应，温暖救助。在突如其来的疫情中，短短3天打出6000多个电话，询问老人轨迹，普及防疫常识，疏导恐慌情绪，了解物资需求，并为20多个老人提供配送餐等服务。在寒潮来临之际，为 167 名老人送上棉衣、棉被等保暖用品。非常时期响应快速精准高效，成为政府一插到底、兜底保障的有力臂膀，有效避免了突破道德底线的事情发生。

浙江省各地将继续通过重要节日及平时日常的慰问活动、建立社区心灵驿站等各种方式，将温情服务送到老年人的心坎里，用陪伴及关爱化解孤单与焦虑，进一步大力弘扬中华民族尊老、爱老、敬老的优良传统，增强老年人的获得感、成就感、幸福感，合力托起老人的幸福晚年。

二、银龄互助　守护夕阳

浙江省在农村地区启动了以基层老年人协会为依托的"银龄互助"活动，以老助老、以老帮老、以老管老，进一步发挥各地老年协会的作用，补齐农村养老服务短板，有效缓解农村"养老难"，尤其是贫困群众养老难问题。

"银龄互助"，从本质上讲，是老年支援服务活动，鼓励低龄、健康的老年人为高龄、空巢、失能的老年人提供帮扶服务。这是老年人实现自我管理、自我服务的重要平台，是对家庭赡养和居家养老服务的有效补充。从 2010 年开始，浙江各市就已普遍开展"银龄互助"试点工作。2010 年，《关于在全省农村开展"银龄互助"活动的通知》（浙老工委办〔2010〕9 号）出台，将"银龄互助"试点工作的范围从城市逐步推广到农村，以基层老年人协会为依托，开展互帮互助、以老助老的"银龄互助"活动。在社区照料中心服务不能覆盖的自然村，则整合居家养老服务站、星光老年之家、文化礼堂等为老服务设施资源，建设"农村银龄互助服务社"，为"银龄互助"活动的开展提供基础设施保障。充分发挥村委会的作用，通过实地摸排，将确实需要帮扶的空巢、高龄、病残、失能老人，列入帮扶对象，推动"银龄互助"模式有效展开。基层老年人协会同步招募愿意参与的老年志愿者，动员身体健康的低龄老年人，加入"银龄互助"服务队伍，并通过各自的特点，建立形式多样的"以老助老"互助组织，如"助老分会""敬老互助会""银龄互助服务社""高血压俱乐部""糖尿病俱乐部"等。

各地通过建立"银龄互助"活动规章，设立"银龄互助"活动台账，签订"银龄互助"帮扶协议等方式，明确帮扶人员和帮扶对象的参与条件、帮扶内容、帮扶方式以及帮扶对象子女应承担的责任和义务，进一步推进"银龄互助"制度化、规范化。

在规章制度的指导下，由村老年人协会负责"银龄互助"具体实施。先根据前期摸排，确定具体的帮扶对象。然后根据帮扶对象的实际需求，按照"住地相邻、兴趣相近、自愿量力"的原则，有针对性地安排选择志愿者进行一对一帮扶，结成帮扶对子，开展助老服务，定期或不定期地为老人提供力所能及的生活帮助和精神慰藉，解决老人生活中的实际困难，取得了良好的成效，让居家养老服务实实在在走入了农村老人的家中。

目前，"银龄互助"在农村主要有三种形式，分别是集中式、点面式和"1+1"式。

集中式，即多对多集中帮扶，具体分为以下几种组织形式：

·文体辅导组。即发挥老年人在曲艺、医学、法律、体育等方面的特长，组织高龄、空巢、孤寡及有相关需求的老人开展集中教学辅导。

·集体帮困组。即利用基层老年经济实体、老年人协会，为病残、特困、亡故等老人提供资金扶助、探病陪护、物资捐助、集体送葬等。

·团体结对组。由基层党组织、共青团、妇联等具有较强优势的组织牵头，与村级困难、高龄、空巢、失能老人结对帮扶，为这些农村老人提供节日慰问、打扫卫生、陪伴聊天等帮扶服务。

点面式，即一对多按需帮扶，具体包括：

·整合基层资源。以便民服务中心为平台，把"银龄互助"与其他为老志愿服务活动有机结合，统一汇聚后向辖区内的老人发放便民卡。老年人通过拨打便民卡上的热线服务电话，便能获得即办类、代办类、陪办类、咨询类、调解类等服务，有条件的村（居）、社区还可结合当地实际，增加家政介绍、护理介绍等特色服务项目。

·建立老年调解队伍。由辖区内政治素质高、阅历丰富、德高望重的老人组成老年调解队，利用共居一方乡土、同处一个年纪的优势，为当地老年人调解赡养、邻里、财产等方面的纠纷。

"1+1"式，即一对一结对帮扶，主要提供以下几类服务：

·亲情互助。发挥农村中同姓宗族的优势，发动同宗亲属中的晚辈，为长辈提供陪同看病、代购、代卖、代办事宜等帮扶服务。

·邻里守望。组织居住相近、关系较好的邻居进行互帮互助，老人之间每日敲门、促膝谈心、生活照料，既排解了寂寞，又相互得到了照顾。

·生活照料。在帮扶人员能力范围内，对帮扶对象进行生活照料服务，帮助解决日常生活中的一些困难。如帮助打扫卫生、洗衣、做饭、陪同看病、代购、代卖、代办事宜等。

·精神关爱。通过"走进去、带出来"等办法，即帮扶人员上门陪聊，联络感情，倾听帮扶对象诉求，适时适度做好心理安慰和疏导；陪伴帮扶对象出户到居家养老服务照料中心、星光老年之家等老年活动场所参加各类活动，愉悦身心，排解烦恼。

·维权调解。协助基层"两委"调解老年人的家庭、邻里矛盾，做好劝导、说服工作，解决老年人子女赡养、财产分配、邻里关系不和等纠纷，帮助投诉、代理诉讼，维护帮扶对象的合法权益。

与此同时，为了助推"银龄互助"活动，政府在政策上给予了一定的支持。每月提供互助服务的老人，都能得到一定的生活补助，同时也根据累计的服务时间，兑换"实物＋服务"。如在绍兴市越城区，1 个小时的为老志愿服务时间，可以换取 1 枚时间币。时间币除了可以为自己和家人换取同等时间的养老护理服务外，还可以换取同等价值的生活物品，或者以献爱心的方式捐给有需求的老人，让其享受免费护理服务。部分市、县定期开展评选表彰活动，各基层老协通过评优创先等形式，对"银龄互助"工作开展检查评估，表彰奖励先进单位和先进个人，以建立有效的"以奖代补"的长效机制，促进"银龄互助"活动深入开展。如湖州市安吉县报福镇统里村每年年终都要开展评选优秀志愿者和孝子、孝媳、孝孙的"三孝"活动，温州乐清市开展"银龄互助"活动优秀志愿者和"老有所为之星"表彰活动，充分展示了夕阳壮美风采，进一步提高银龄志愿者的积极性，吸引更多老年人自觉参与到志愿服务队伍中来，推进"银龄互助"新发展。

目前，随着"银龄互助"活动的展开，该模式逐步走向规范化、制度化和日常化。如嘉兴海宁市老龄办制定了一套"银龄互助"活动表格，包括《帮扶对象情况表》《志愿者登记表》《结对名册》等，并统一印发了《海宁市银龄互助手册》，对实际工作的开展提出了规范管理和操作的要求，做到了实际操作有章可循、有据可依。杭州市桐庐县制定了"银龄互助""五有"标准，即有组织、有人员、有场地、有对象、有费用，并制定了服务制度和抽查通报制度，确保"银铃互助"活动良好运行。同时，桐庐县各"银龄互助"活动小组间注重加强交流与学习，定时召开交流会，及时总结和推广各地新项目、新措施、新办法，不断充实"银龄互助"活动内容体系，不断巩固"银龄互助"活动新成果。

三、养老驿站 破解难题

杭州市临安区的农村，已在各镇街、各社区建立了居家养老服务照料中心，但在实际运行过程中却发现许多服务功能无法开展，很难正常运营，甚至最后沦落为棋牌活动室，并且也没有社会组织愿意来运营。究其原因，最大的问题就是缺乏资金。农村老年人经济条件有限，无力支付有偿服务，导致照料中心无人问津。对此，临安区推出"居家养老服务照料中心"的升级版——养老服务驿站，为农村老人提供免费服务。

养老服务驿站集生活照料、助餐服务、健康指导、文化娱乐、心理慰藉于一体，在原来照料中心的基础上，拓展了康复与助餐等功能，可以提供日托服务，还增设了康复室，配备按摩椅、血压计、轮椅等，基本的医疗康复服务都可以解决。同时，通过"党建引领、社会化运营、社会参与"的养老服务模式，建立起了一支稳定提供服务的志愿者队伍，并通过发动社会乡贤捐款捐物，加上一定的政府补贴，解决了居家养老服务照料中心运营经费短缺的问题，有力保障了驿站的正常运营。

临安区淤口镇迎丰村、天目山镇九里村、锦北街道西墅居委会，作为区"养老服务驿站"的试点，各具特色，都在顺利运营中。淤口镇樟颐养老驿站委托村老年人协会经营管理，专门在驿站里设立了老年电大教学点，由当地成人学校老师为老年人提供菜单式教学课程。天目山镇久颐养老驿站由村"两委"和老年协会负责运营，驿站开辟志愿者"爱心菜园"和老年人"开心菜园"，老年人通过参与手工活动、"开心菜园"服务或提供自家种植蔬菜进行"爱心换购"等，部分抵扣老年人在养老驿站享受养老服务所产生的服务费用；同时，该驿站还开设了"俞老师工作室"，帮助处理邻里纠纷，为老年人排忧解难。锦北街道西墅养老驿站通过引入品牌社会组织的方式，开展社会化运营，在保障六大服务基础上，低偿提供中医推拿、针灸理疗等康复护理服务，并开设"爱心理发室"，为老年人提供免费理发服务。

目前，临安区已建起了10多个养老服务驿站，大大提升了全区村级照料中心的运营率，进一步增强了当地老年人幸福感和获得感。

银龄互助、养老服务驿站……多种创新的农村养老模式，让农村养老不再是难题，让农村普通老人也能实现老有所养，安度幸福健康的晚年生活。

第六章 聚焦关键 致力为老队伍建设

养老服务从本质上而言，是以照护为核心的服务，其服务的数量和质量，在很大程度上取决于养老服务队伍的数量和质量。随着老年人群体规模的扩大和养老服务的多样化需求的不断增长，对养老服务人员的数量和专业化水平，也提出了更高的要求。

然而，在我国，养老服务队伍总体上存在着人员供给不足和队伍结构不合理等问题。由于养老服务行业福利待遇低、工作压力大、相关保障缺乏、社会认同感低，使得当前养老服务人员呈现"供不应求"的局面。《全国民政人才中长期发展规划（2010—2020年）》提出，2020年我国养老护理员计划要扩充到600万人，但实际还不足100万人，缺口量高达500万人之多，特别是中高端人才更为缺乏。

为解决养老"用工荒"问题，《养老护理员国家职业技能标准（2019年版）》将养老护理员的受教育要求由"初中毕业"调整为"无学历要求"。尽管该政策在一定程度上可以扩大从业人员数量，但专业知识缺乏、临床护理能力不足、人文素养与法律意识欠缺及管理能力不足等问题，导致养老护理员整体队伍职业能力不足，养老服务质量难以得到保障和提升。

针对上述问题，浙江省委、省政府在2019年印发了《关于推进新时代民政事业高质量发展的意见》（浙委发〔2019〕27号），提出实施养老护理员素质补短工程。浙江省通过政校合作培养养老服务与管理人才、政企合作培训技能人员和培训师资，逐步建立起了"用资源培育人才，用待遇吸引人才，用平台发展人才，用情怀留住人才"的为老人才队伍建设模式，在壮大养老服务队伍的同时提高养老服务队伍的质素，从而进一步提升养老服务质量，为浙江省幸福养老服务体系建设提供人员队伍保障。

第一节 谋今思远 重视护理"持证数"

业由将广，功以才成。没有符合时代要求的专业化、职业化、多层次养老服务人才队伍，养老事业和养老产业就失去了可持续发展的基本前提条件。因此，浙江省一直以来高度重视养老护理队伍建设。首先是确立了人才引领发展的战略，优化创新人才培养模式，鼓励技工院校开设养老护理方面的专业，加大招生力度，吸引初高中毕业生就读养老护理专业，提升养老护理员队伍的素质。其次是狠抓技能等级培训、评价等工作，推进新型学徒制培养工作，鼓励采取"工学一体"培养模式，对在岗养老护理员通过理论、技能操作培训提高专业技能水平。最后是通过提升养老护理人员待遇水平，有效缓解人才流失问题，以提升养老服务质量，构建养老服务发展新格局。

一、政校合作 培养养老服务专业人才

浙江省委、省政府高度重视养老服务人才队伍建设工作，早在2012年，浙江省就在全国率先启动养老服务人才大专学历教育（成人教育）。同年，浙江省政府办公厅专门印发《关于加强养老护理人员教育培训工作的意见》（浙政办发〔2012〕138号），对养老护理人才队伍建设做出了全面部署。该意见指出，要建立健全以职业技

《关于加强养老护理人员教育培训工作的意见》

能教育为主、专业教育为辅、岗位培训和普及辅导相结合的养老护理人员教育培训体系，促进全省规范化培训体系建设，确保老年服务水平。要求浙江省财政厅、省教育厅等部门，支持部分大中专院校开展养老服务人才教育，采取"3+2"或"五年一贯制"模式，培养养老护理人才。

据此，浙江省通过政校合作，高规格布局养老服务学科建设、高起点创新养老服务人才培养模式，经过几年的努力，建立起了中职、高职、本科、研究生等不同层级的高校康养类专业人才培养

"五年一贯制"与"3+2"教学模式简介

体系。截至2020年，全省共有140余所院校开设了养老服务业相关专业，仅2020年招生数就达到5.41万人，在校生数16.43万人，为提升浙江省的养老服务水平创造了良好的人才队伍基础。

（一）本科教育

早在2008年，浙江农林大学就率先开设了公共事业管理（健康管理）专业。随后，浙江中医药大学、杭州师范大学等院校也相继开设了该方向的本科专业，培养可在卫生行政部门、各级医疗单位、企业、非政府组织等从事健康管理服务的高素质应用型人才。2011年，杭州师范大学成立了中国首个健康管理学院，并获得公共管理学一级学科硕士学位授予权，同时拥有健康管理学二级学科硕士学位授予权。

2016年，浙江省民政厅与浙江树人大学签署战略合作协议，探索养老人才培养和服务的政校合作新机制，决定由双方共建"浙江省养老与家政产业学院"。该学院以招

收养老与家政产业本科生为主，兼顾搭建中职、高职、本科学历教育"专业群"和贯通桥梁。本、专科（高职）每年招生均不少于 100 人。双方还共建"浙江省养老服务与家政管理人才培训基地""智慧养老与家政服务协同创新中心"，以提升养老与家政领域的应用型学科建设。2017 年，浙江树人大学又成立了健康与社会管理学院，开设护理学、社会工作、公共事业管理三个本科专业。

2019 年，全省共有浙江大学、温州医科大学、浙江中医药大学等 27 所本科高校招收该领域本科生，共设立了康复治疗学、护理学、预防医学等本科医学类专业点 183 个，招生 1.36 万人，在校生 5.45 万人。

（二）专科教育

宁波卫生职业技术学院在 2013 年开设了全省首个护理（老年护理方向）专业，学制三年，就业方向主要面向综合性医院、老年专科医院等从事临床护理工作，以及面向社区、居家照护、养老院、护理院等机构从事延续性医疗护理、老年人群健康管理和促进等工作。

2015 年，湖州市民政局在全省率先探索养老护理员定向委培工作，委托湖州师范学院定向委托培养 40 名护理（老年护理）专业人才，切实把有志于投身养老服务事业，具有良好思想品德和职业道德，能够胜任养老服务工作的初高中毕业生，通过定向委培方式，提前吸收进养老护理员队伍。学生按期毕业后，按签订的定向培养就业协议，到各县（区）养老服务机构工作。学生可凭学费发票，至市民政局报销在校就读期间的学费。

随后，绍兴职业技术学院在 2017 年创办了绍兴市首个大专层次的护理学院，为综合医院、专科医院、急救中心、社区医疗服务中心等医疗卫生机构培养从事临床护理、涉外护理、社区护理和预防保健等工作的高素质技术技能型护理人才。2020 届护理专业毕业生护士执业资格考试通过率达 99.51%，就业率达 98.00%，其中到非三级医院和事业单位就业的毕业生占 42.40%。

与本科院校不同，专科院校的课程设置更注重实操性。据浙江省民政厅统计，2019 年，全省有 40 所本专科院校开设了包括家政服务、健康管理、康复治疗技术、老年护理、社区与家政管理等专业及方向。金华职业技术学院、浙江医药高等专科学校等 13 所高职院校，共设立了康复治疗技术、健康管理等高职医药卫生类专业点 136 个。

（三）中职教育

2011 年，海宁卫生学校设立学校附属医院（海宁市第二人民医院），既为社会提供综合性基层医疗诊疗服务和健康指导服务，同时也为学校卫生类专业的技能教学、临床见习、实习教学，提供全真教学环境和优秀的师资队伍。同时紧密对接养老产业发展人才需求，在全省同类学校中，率先全面开设养老护理方向、口腔护理方向、社区护理方向，药剂专业开设中药保健方向等健康服务类方向，优化人才培养，组织学生参加养老护理员、育婴员等国家职业资格考证，引导学生面向基层健康服务产业就业发展。2014年，学校与嘉兴湘家荡颐养中心等开展长期合作，建立养老护理人才培养"产学研基地"，全面开展养老护理人才培养、师资共享、科研共育等合作，有效缓解了养老护理等社会健康服务企业迫切的专门化人才需求。

目前，全省共有52所中职学校开设了包括护理、老年护理、康复技术等20多个专业及方向，专业布点数达107个，招生3.04万人，在校生8.39万人。从对100多名浙江省老年服务与管理专业毕业生的问卷调查统计结果来看[①]，持有养老护理员专业等级证书的毕业生占总人数的70.59%，其中高级证书占持有证书的44.44%；54.90%的毕业生毕业后选择了在养老行业就业，76.40%的毕业生表示可能会继续选择在养老行业工作。调查结果还显示，大部分的本专业毕业生都认为养老服务与管理专业是一个有前景的专业，选择很有前景和较有前途的受调查者超过了70.00%；绝大部分的老年服务与管理专业毕业生对学校在所学专业的课程安排，学校培养的专业知识和技能，学校提供的教学资源、条件以及学校提供的就业指导和就业服务方面感到满意。

此外，浙江省创新推动养老服务人才培养模式改革，推行"1+X"证书试点，20所学校3340名学生参加了老年照护、失智老年人照护等"1+X"职业技能等级证书考试。另外，浙江省还开展了康养类中本一体化人才培养模式试点，有6所学校开展了试点招生，共招收学生120人。

同时，浙江省注重养老相关专业的教学内容改革，聚焦养老服务的差异化需求，浙江省民政厅邀请省内知名养老服务与管理相关专家，结合养老服务需求及职业技能等级要求，统一编写相关专业的课程教材，以形成具有浙江特色的养老护理职业培训系列教材。目前正在编写《养老护理操作规程》《居家养老护理》《老年人保健指导手册》等教材。

---

① 赵静，秦利.浙江省老年专业毕业生职业发展状况调查报告[J].科教导刊（电子版），2021（4）：7-9.

"1+X"证书与中本一体化人才培养模式

"1+X"证书鼓励学生在获得学历证书的同时，取得多类职业技能等级证书，从而提升职业教育质量和学生就业能力。"1"是指学历证书（即文凭），"X"是指若干职业技能等级证书。

"中本一体化"招生，是指国家中等职业教育改革发展示范校、省"三名"工程建设学校以及具有特殊专业需求的中等职业学校，与应用型本科院校合作开展的一体化人才培养计划。学生通过各市统一中考，按计划招生数进入各中职学校就读，三年后升本科时参加中职升学"文化素质＋职业技能"全省统一考试，上线后再进入相应的本科院校就读四年。

二、三方联动 拓展养老护理培训途径

2017年，人力资源和社会保障部印发《关于公布国家职业资格目录的通知》（人社部发〔2017〕68号），其中国家职业资格目录中取消了"养老护理员"这一项。虽然国家取消了养老护理员职业资格认定工作，也不会向社会再发放"国家级"养老护理员职业资格证书，但这并不意味着养老护理员没有了准入门槛。相反，是希望能够激发市场和社会活力，促进就业创业，由市场认可的组织、机构以及企业挑起养老护理员职业能力水平培训与认定工作的大梁，使养老护理员的培养更切合实际工作的需要。为此，浙江省充分利用高校和医疗机构、专业养老机构的护理培训资源，开展养老护理培训基地建设以及分层分类培训。

（一）明确基地标准及开展认定

为了规范养老护理员培训工作，2016年，浙江省质量技术监督局批准发布《养老护理员培训规范》（DB33/T 2001—2016），这是浙江省首个养老护理培训省级地方标准。《养老护理员培训规范》（DB33/T 2001—2016）对培训场地和设施做出了严格的规范，要求理论培训场地学员人均使用面积不少于3平方米，每间面积不小于60平方米，技能操作场地学员人均使用面积不少于6平方米，至少有120平方米技能操作培训场地，同时配备至少4名专职培训教师。

为了推进培训基地认定工作，2020年，浙江省民政厅印发《浙江省养老护理人员培训基地认定和管理办法》（浙民养〔2020〕44号），确定从2020年下半年开始，由省、市、县民政部门分别组织，认定一批省、市、县三级培训基地，严控数量，确保

培训质量。技能培训场地要求提供至少能够容纳 10 人的工位，师资力量上不再按职业等级细分师资要求，而新增了对专职培训教师的学历及技能等级的要求。同时还新增了对专职管理人员、财务人员以及后勤人员的配备要求。

《浙江省养老护理人员培训基地认定和管理办法》

据浙江省民政厅统计，2020 年，浙江省认定了省级养老护理人员培训基地 7 家，市、县级培训基地 83 家，家庭照护者培训基地 65 家。

（二）创新做好培训基地建设

2009 年，浙江省老年学学会老年护理专业委员会与杭州师范大学护理学院共同组建"浙江省老年护理实训中心"，培养首批居家养老护理员。2015 年，杭州师范大学与浙江省民政厅、浙江省人力社保厅就业培训中心建立校政合作平台，充分利用全省各地方护理院校的资源，在省级基地的基础上，拓展了衢州、丽水、海宁、金华四个分基地，作为养老护理应用型人才培养和培训基地。"一中心、一基地"，在构建符合浙江省区域社会发展需求的老年护理人才培养体系、规范养老护理职业培训、制定浙江省养老护理地方性标准等方面，在全省乃至全国院校中起到了引领、示范作用。

2017 年，绍兴市民政局、市人社局、市红十字会联合绍兴职业技术学院护理学院，先后成立了"绍兴市养老与家政产业学院""红十字会参与养老服务培训基地"。绍兴职业技术学院护理学院依托这两个平台，推进产教融合、医校合作，加强养老护理领域的应用型学科建设，提升培养培训质量，为全市乃至全省养老与家政服务行业培育更多优秀人才。截至 2020 年，已培训各类护理员 1.8 万余人次。绍兴职业技术学院护理学院还成立了首个养老护理省级技能大师工作室——应美玲工作室，引领区域养老服务工作水平提升。

2020 年，宁波大学医学院附属医院，设立了浙江省首个老年专科护士实践基地。宁波大学医学院附属医院老年医学中心首期开放病床 25 张，采取医养结合、医护结合的模式，让老年人在疾病发生的前、中、后期，也就是在预防、治疗、护理、康复等整个过程中，都能享受到专业的服务。实践基地以临床、科研双导师制的方法对学员进行培训，由资深护士长与全日制研究生一同承担专科护士的培训任务。

2020 年，浙江特殊教育职业学院与浙江胤瑞老龄产业发展有限公司共建校企合作实训基地。以实践教学基地建设为合作起点，老龄产业发展有限公司与学院共同建设"养老生态服务平台"，整合老龄产业教学资源。通过实践教学基地建设，共同开发老龄产业特色课程，推进学院老年照护职业技能"1+X"证书制度试点工作。通过校企合作，浙江胤瑞老龄产业发展有限公司被中国社会福利与养老服务协会确定为首批老年照护职业技能考评站，实现了校企双方共赢。

2021年，浙江东方职业技术学院与绿城康养集团有限公司、温州现代养老产业发展有限公司、温州康宁医院签订了医康养护教协议，创办了浙江首个"医养教"产教融合示范基地。该基地是浙江首个产业化、规模化、品牌化的"医养教示范基地"。通过搭建"校政企医"四方平台，实现上课、实习、就业一体化运作，培养了大批高质量的养老服务技能人才。

医康养护教：产教融合新模式 [①]

2013年，温州市民政局与浙江东方职业技术学院共建民政学院。针对养老专业面临人才培养方案适应性差、留行率低、产教融合不深入等问题，构建了集医疗、康养、养生、照护和教育等功能为一体的"医康养护教"产教融合实训基地，实现校内学习、院内实训、园内实习就业一体化，探索出了一条富有温州特色的创新型养老服务人才培养路径。

一、实施背景

浙江东方职业技术学院是温州市国有企业——现代服务业发展集团有限公司旗下的一所国有民办高校，2013年与温州市民政局共建了温州民政管理学院，开设智慧健康养老服务与管理、民政服务与管理、健康管理和护理四个专业。为彻底解决人才培养针对性和对接性不强等问题，现代集团投资8.7亿元，牵头引进民政学院、现代养老公司、绿城康养以及康宁医院，打造了集教育、康养、医疗为一体的康养综合体——金竹嘉园，建立并实践"医康养护教"五位一体的人才培养体系，通过"园中校、校中院"的实践，将医疗、康养、养生、照护和教育等养老服务功能进行融合，通过共同制订人才培养方案、实习岗位任务书、多向交叉任职、共建科研平台等方式，创建"医康养护教"产教融合新样本。

二、主要做法

（一）系统研究养老人才培养难题，构建"五位一体"人才培养模式

通过对历届毕业生、养老机构、居家养老服务中心以及医院的调研，针对之前养老专业人才培养模式单一，未能建立满足多元养老需求的复合型专业人才培养体系的问题，着力构建"医康养护教"五位一体人才培养模式。一是"医养教"结合，在养老院内开办学院、医院，将养老机构资源、学校资源和医院功能有效结合；二是"养护

---

① 由浙江东方职业技术学院供稿。

教"结合，学院与养老院和康复治疗中心深度融合，共建共享康复（实训）中心，实现老年人康复治疗与专业教学同步开展；三是"医教""教养""教康"互训，理论授课教室和实训中心、实践基地在同一园区有机结合，交叉共享，便于学生在理论学习的同时，开展老年人生活照料、基础护理、康复服务等多种实训项目的综合性实践。

"医康养护教"五位一体人才培养模式的实施，开创性地实现了校内学习、院内实训、园内实习的一体化运行，既加强了各个专业课程的整合与融通，又打破了"工学结合"在人才的校内培养过程中难以彻底实行的困境，有利于培养出强理论、精技能的复合型老服人才（见图6-1）。

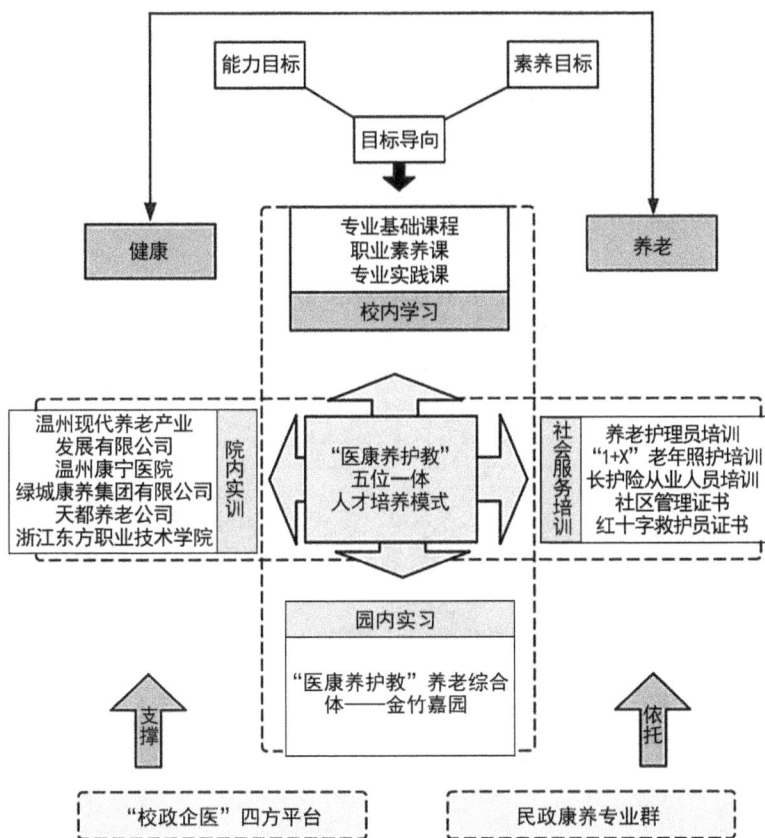

图6-1　"医康养护教"五位一体人才培养模式

（二）聚焦教师专业实践经验缺乏，搭建"理实一体"师资共享平台

校内师资力量不足，任课教师缺乏一线从业经验，教学内容与实践联系不紧密等，一直是困扰各高职院校的问题。而这些问题可能导致学生职业认同感降低，留行率低，并影响养老人才培养质量，制约养老机构的健康发展。通过校企共建，依托"园中校、

校中院"的优势，学校与园区内机构共同建立"理实一体"的师资共享平台。专任教师到园内养老院、康复中心和医院挂职学习，参与管理培训、顶岗实习，不断提高教师整体职业素养、教学水平和实训指导能力，推动"双师型"师资队伍建设。同时，学校聘任园区内有经验的一线医生、护士、康复师、护理员和养老机构管理者作为兼职教师，从事理论讲授及实训指导工作，将临床照护经验、企业经营管理经验引入课堂，形成一支具备丰富理论知识、一线从业经验和实训指导能力强的师资队伍，缓解课堂教学与实际需求之间脱节、师资不足等问题。养老机构、医院及学校三方面师资在园内的无缝衔接和时时互动，开创性地实现了养老服务人才培养在师资上的"理实一体"紧密结合。

（三）破解产教融合貌合神离难题，打造"双平台、三阶段"实践教学体系

针对当前各高校产教融合过程中遇到的种种困难和问题，学校和民政局、养老机构以及医院深度对接，依托"民政综合技能实训基地"和"产业学院"，实行实训基地与产业学院双联动机制，将产教融合贯穿人才开发培育全过程，实行"工学交替"的现代学徒制培养模式。专业群与校企单位合作开发课程、教材，构建"开放型、共享型"教学资源平台，依托产业学院建设实践教学平台，实施在校学习、顶岗实习和毕业实习"三阶段"培养，打造"双平台、三阶段"的实践教学体系（见图6-2）。

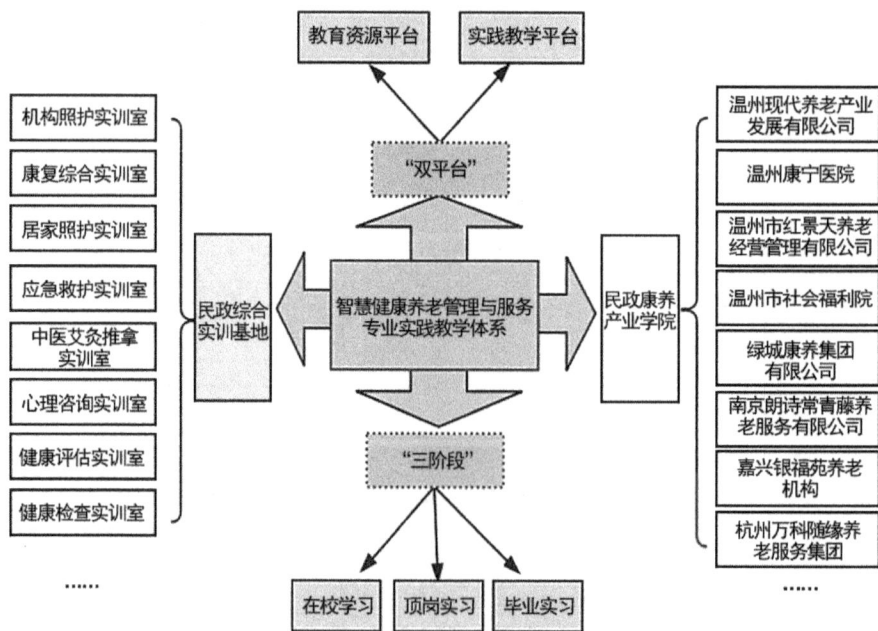

图 6-2　专业实践教学体系

三、实施成效

（一）协同育人成效显著，教研水平稳步提升

学生在浙江省内各中高端养老机构中口碑极佳，毕业生已任养老机构院长3人、副院长9人、项目负责人若干人，成为养老机构骨干力量。在全国职业院校民政职业技能（养老护理员）大赛中，分别获得一等奖1名、二等奖5名、三等奖5名。2021年，在浙江省高职院校养老服务技能大赛中获得一等奖。

团队教师近五年立项课题省部级8项、市厅级15项，发表论文近30篇。其中，论文《媒体融合时代高职院校老年服务与管理专业教材改革框架研究》获第二届长三角养老行业人才培养与发展论坛征文一等奖。

（二）产教融合助推发展，社会服务广受好评

"医康养护教"产教融合实训基地的建立，一方面，为"颐养温州"提供了高端养老的温州样本，推动了温州市养老服务机构档次的提升；另一方面，基地为浙江省提供了大量的养老和护理人才，目前，基地已培训养老护理员5000余名，社会工作者近万名。同时，基地还开展养老机构星级评定、相关行业标准起草等工作，助推养老服务行业的专业化和规范化发展。

（三）基地建设成果丰硕，成果辐射效应明显

2016年，智慧健康养老服务与管理获批温州市重点专业、重点实训基地；2017年，智慧健康养老服务与管理被授予浙江省普通高校"十三五"特色专业称号，民政管理综合技能实训基地获批浙江省示范实训基地；2020年，"医养教"产教融合示范基地获批温州市高水平产教融合实训基地，民政康养专业群获批温州市特色专业群，学校获批温州市养老护理员培训基地；2021年，学校被评为"1+X"失智老年人照护证书培训考核优秀试点院校。产教融合实训基地先后接待政府部门、兄弟院校、医院、养老院等参访200余次。

2021年，浙江省人力社保厅、省民政厅等18个部门联合出台《关于实施"金蓝领"职业技能提升行动的通知》（浙人社发〔2021〕9号），进一步完善了政府引导、企业主体、社会参与、劳动者共享的职业技能培训机制，经认定取得的职业技能等级证书统一纳入全省和全国职业技能等级证书系统。支持指导企业重点抓好职工岗前培训、技能提升培训和开展职业技能等级认定，同时支持和引导技能大师工作室建设，加强"传帮带"。

《关于实施"金蓝领"职业技能提升行动的通知》

（三）持续做好护理员及师资培训

高质量、高水平的养老护理员队伍是养老机构的生命线，浙江省立足长远，不仅重视养老护理员培训，还高度重视养老护理师资培训。以目标、需求和问题为导向，科学设置培训课程，逐步探索出了"培训一批好师资、教出一批好学员、培养一批好师傅、带出一批好徒弟"的新模式。

2012 年，浙江绿康医院成立介护职业培训学校，不仅开展理论教学，而且将医院作为教学见习和实习基地。浙江绿康医院采取了现代学徒制培训模式，招工即招生，由人事部门招收农村转移就业劳动者，公司对其进行养老护理员职业培训。入职即开展教学，第一周学习理论，第二、三、四周将学员安排至医院或养老院进行见习、实习、顶岗实习等递进式的专业实践教学。除了传授专业技能知识，还重视塑造学员敬业爱岗的职业道德。培训结束后由公司自主考评，对鉴定合格者，报浙江省人力社保厅职业技能鉴定中心认定后，核发相应等级的养老护理员国家职业资格证书，之后立即由公司与其签订劳动合同，安排其到公司所属医院或养老院就业。上岗后，对护理人员仍会定期开展继续教育，如学习护理伦理学、人际沟通能力、康复护理知识等。

2013 年，湖州市开办首届中、高级养老护理员培训班，培训为期五天，来自湖州市、县（区）各养老护理机构的 43 名养老护理员参加了培训，其中高级培训 12 人，中级培训 31 人。培训邀请了行业专家讲授养老护理知识和职业技能，授课内容为老年人生理心理特点与护理、老年人营养护理、老年人常见疾病护理、危重病护理、急救、健康教育、康复护理、心理护理等。培训结束后进行了理论和技能考核，向考核合格者颁发中高级养老护理员国家职业资格证书。中高级养老护理员培训班的首次开设，填补了湖州市多年缺少系统培训中高级养老护理员课程的空白，考核合格的中高级护理员在全市养老护理岗位上发挥了积极的示范作用。

2014 年，浙江省就业培训中心与绍兴诸暨市暨阳美好服务技能培训学校共同承办了全国首期高级养老护理师（中家协）培训班，特聘养老行业专家担任老师，从养老政策解读、浙江省养老行业发展与经验、日本养老行业发展与启示、中国台湾地区养老与医养结合的运用、养老项目规划设计运营模式实战分享、养老护理行业人才培养及技能要求标准等六个模块进行授课。通过课堂面授、情境体验、养老项目实地考察等形式，加深学员对新形势下养老政策的理解和把握，通过借鉴其他国家与地区养老机构的运营模式和成功运作经验，推动养老服务业发展。培训结束后，学员按养老护理员职业资格三级（高级）要求进行考核。

浙江省各类养老护理员培训一直如火如荼地进行着。2019 年，浙江省人力社保厅、省财政厅印发《浙江省职业技能提升行动实施方案（2019—2021年）》（浙人社发〔2019〕53号），支持企业兴办职业技能培训，鼓励企业和社会组织兴办职业技能培训机构，鼓励职业院校、高校到县（市、区）设立培训点开展技能培训。经人社部门同意，自主开展就业技能培训项目，可享受政府先行拨付50%培训补贴资金的支持。仅2019年，全省就开展了养老护理知识技能培训1120场次，培训养老护理人员2万人次，省民政厅还组织开展了浙江省养老机构失智症老年人照护培训，共有150多人参加。2020年，浙江省民政厅、省人力社保厅印发《浙江省养老护理人员职业技能提升行动实施方案（2020—2021年）》（浙民养〔2019〕149号），将养老护理员纳入浙江省职业技能提升行动计划。放宽对养老护理员培训年龄的限制，男性护理员年龄放宽到60岁，女性到55岁。如果女性领取养老保险金的，可放宽到60岁。在政策的推动下，政校企合作，2020年共培训护理人员12万人次。

《浙江省养老护理人员职业技能提升行动实施方案（2020—2021年）》

　　养老护理员的高质量培训，离不开优秀的师资队伍。与养老护理员一样，护理员培训师资同样紧缺。为此，2012年，浙江省民政厅与杭州师范大学建立老年学研究院，次年，根据《浙江省民政厅关于设立老年服务与管理教育培训中心的通知》（浙民福〔2013〕165号）精神，杭州师范大学成立了"浙江省老年服务与管理教育培训中心"，同时开展首届浙江省养老护理师资培训班，来自全省各市养老护理培训基地的93位培训老师在学校接受了为期八天的有关养老服务"政策理念、基本知识与基本技能及教育教学能力"的培训。此外，还邀请了15位专家，就应对老龄化的策略、老年服务政策、照护文化、养生与康复、健康管理、心理咨询与沟通技巧等内容进行培训和交流，拓宽学员的视野。该中心共举办了八期养老护理师资培训班，培训养老护理师资近千人。

　　此外，针对已经参加过培训的学员，杭州师范大学近两年还每年开设养老护理师资复训班。在课程内容上，增加了更多国内养老服务领域新政策和国内外新进展、新科技及热点问题，如认知症照护与管理、长期照护保险等方面内容，邀请省内著名专家团队进行授课。师资复训班改革了传统理论授课方式，大量采取经验交流及培训说课方式，将理论与实际、课堂教学与现场工作融入课堂环节，在教学中解决实际问题，在实践中验证理论。通过复训，使参加过培训并取得证书的学员，及时了解国家及省内养老服务发展有关政策的新动态，不断更新业务知识内容，持续提升学员的教学、实践以及科研能力，进而提高养老护理师资的整体水平。

　　在浙江省，师资培训和养老护理员培训，不仅仅局限于公办学校和养老机构，专业的民办机构也是一支重要力量。例如，民办的宁波市柏育职业技能培训学校，就是第一批省级养老护理员培训基地、宁波市五星级民办培训机构。该校专注于养老护理人员培训，至2021年年底，已建设完成初中级养老护理员线上学习视频46个，培训养老护理人员7376人，其中养老护理师资464人，高级养老护理员813人，家庭照护师739人。

养老护理师资培训"魔鬼训练营"①

一、背景

2020年，为健全养老护理员技能培训机制，提升养老护理师资的综合能力，提高认知症老人的照护及打造认知症专区的建设标准，浙江省民政厅组织了全省范围内的养老护理师资培训班，以加强养老护理师资力量。

宁波市柏育职业技能培训学校长期专注于养老护理服务人才培训，被选为此次师资培训班承办单位。为办好培训班，浙江省民政厅领导两次到柏育学校进行调研，听取柏育学校对照护人员的培训工作方案汇报，提出要从严从难培训护理员，要拿出"高中考大学"的学习精神和要求进行培训和学习，组建养老护理师资培训"魔鬼训练营"，以"培训一批好师资、教出一批好学员、培养一批好师傅、带出一批好徒弟"为目标。

二、做法

根据浙江省民政厅对养老护理师资培训的高标准、高要求，宁波市柏育职业技能培训学校采取了以下具体做法。

（一）培训方式重实效："小班化 + 流水线"

考虑到参训人数众多，结合学校场地优势，柏育学校将培训学员分成20人左右的小班，每班又细分3~4个组进行培训。学校设置10个实操专项培训教室，每个教室安排两名培训教师，专项培训指导一个重点实操项目，10个小班按流水作业式顺序进入各个实操室进行学习，要求每位学员都动手实操，熟练掌握每一个照护技能技巧，有效避免了培训"大锅饭""只看不练"的现象。

（二）培训节奏安排紧："8+2"

浙江省养老护理师资培训班，时间有限，一期只有4天的培训时间。为了在有限的时间内取得较高的培训质量，同时也考虑到培训内容多，信息量大，学校在日间8

---

① 由宁波市柏育职业技能培训学校供稿。

小时培训的基础上，又安排了晚自习，每天18：00—20：00组织两个小时的自习时间。晚自习学习形式为小组讨论、分组实操练习。晚自习期间，学校同样安排专门教师进行课堂组织与指导。

（三）培训内容项目多："理论＋实操"

柏育学校根据浙江省民政厅的培训要求，多次深入养老机构调研培训需求，并结合养老事业的发展要求，多次组织专家组研讨确定课程内容。将传统课程以理论授课为主、养老宏观理念为主、失能老人照护技术为主，升级为实操实用为主、养老服务素养为主、失能照护兼顾失智照护。在培训过程中，还兼顾养老服务的完整性，安排了老年人能力评估课程及照护方案制订课程。整个课程从老年人身体健康状况评估、个案照护计划撰写、失能失智老人照护技术、失智症专区建设、培训教师基本素养以及授课技巧等多个方面进行。课程内容包含康养体系建设、老年人能力评估和老年人照护方案制订等14项理论和11项实操课程，最大限度地满足了目前养老服务机构对护理培训师的能力需求。

（四）培训师资规格高："业内专家＋获奖选手"

为了保证教学质量，柏育学校根据课程内容，邀请专家进行授课。整个养老护理师资培训班共邀请到37名养老方面的专家。其中，日本专家1名，我国台湾地区专家1名，省内外养老行业经验丰富的院长3名，学院内护理专家6名，2019年全国养老护理职业竞赛评委5名，2017年以来养老护理职业竞赛获奖选手10名，三级以上医院从事医疗康复护理医护人员11名。

（五）培训考核要求严："省赛标准＋技师难度"

对培训的效果与质量的最好评判手段之一就是考核。柏育学校联合宁波市第三方技能等级认定机构共同进行护理师资结业考试。考试形式参照养老护理员省赛标准，考试内容难度参照养老护理员技师难度，高标准高要求，精练出了一批养老护理员"好师傅"。

三、成效

养老护理师资培训班，由于高标准、严要求，针对不同的培训对象进行分级分类培训，经过养老护理员和认知症优质照护专项两期师资的培训，共培养养老护理师资360人，《养老护理师资培训合格》结业证书发放359人，《老年人能力评估》结业证书发放176人，《认知症专项培训合格》结业证书发放77人，二级养老护理员技能等级认定合格34人。

"魔鬼训练营"学员反馈很累很充实，学习内容很实用，可以直接借鉴回机构进行实施。与他们以往参加的其他培训不一样，课程注重一线的实际需要，注重实操性。特别是认知症专题培训班，让他们在亲身体验中更好地了解了认知症，对认知症的专业照护也有了新的认识和体会。

三、提升待遇　吸引留住养老服务人才

水积而鱼聚，木茂而鸟集。为了吸引和留住为老人才，浙江省逐步提高养老护理员的福利补贴，畅通职业晋升通道，加大政策宣传力度，营造良好的职业氛围，从而加大对养老护理员的"推力"和"拉力"。

（一）创新实施"入职奖补"和技能津贴

《浙江省老年服务与管理类专业毕业学生入职奖补办法》

为了切实提升养老服务人员的待遇水平，浙江省采取了多方面措施。2013 年，浙江省民政厅会同省财政厅等有关部门，联合印发《浙江省老年服务与管理类专业毕业学生入职奖补办法》（浙民福〔2013〕113 号），创新实施养老服务人员"入职奖补"制度，引导、鼓励高校和中职学校老年服务与管理类专业毕业生到养老服务机构就业。该制度对于最终从事养老服务工作的相关专业毕业生给予入职奖补，即毕业生在养老服务机构工作满五年后，可获得本科奖补 4 万元、大专奖补 2.6 万元、中专奖补 2.1 万元。

2014 年，杭州市为了鼓励养老护理员持证上岗，对于取得初级、中级、高级、技师等护理员职业资格证书，且在主城区养老服务机构工作满两年（到每年年底）并持续缴纳劳动保险的非事业编制养老护理员，给予每人 1000 元、1500 元、3000 元、4000 元的一次性奖励（采取补差方法）。宁波市对公办和非营利性民办养老服务机构中取得不同技能等级证书的护理人员，按照初级、中级、高级、技师不同等级，分别给予每人每月 100 元、150 元、200 元、250 元的特殊岗位津贴。

2017 年，浙江省民政厅联合省财政厅、省教育厅、省人力社保厅印发《关于"十三五"期间延续老年服务与管理类专业毕业学生入职奖补办法的通知》（浙民福〔2017〕23 号），奖补对象增加了营养与保健、健康服务与管理等七个专业，进一步扩大了奖补范围。

2021 年，浙江省民政厅联合省财政厅印发《浙江省养老服务专业人员入职奖补办法》（浙民养〔2021〕210 号），进一步加大对养老护理人才队伍建设的支持力度。奖补金额方面，中职毕业生在浙江从事养老服务工作的，奖补金额从原先的 2.1 万元提高

到 3 万元，专科（高职）毕业生的奖补金额从 2.6 万元提高到 4 万元，本科及以上学历毕业生的奖补金额从 4 万元提高到 5 万元。发放年限方面，此前是从事相关工作满五年后发放奖励，《浙江省养老服务专业人员入职奖补办法》（浙民养〔2021〕210 号）实施后，服务满三年后发放 30% 的奖励，满四年后发放 30% 的奖励，满五年后发放 40% 的奖励。奖补范围方面，从原先奖补对象为非营利性养老服务机构内的养老护理员，扩大到养老服务机构内从事医疗保健、康复护理、营养调配、心理咨询、技术培训、能力评估等工作的人员。

　　2015 年出台的《浙江省社会养老服务促进条例》提出，实行养老护理人员特殊岗位津贴制度，具体办法由设区的市、县（市）政府规定。各地陆续建立岗位津贴，到 2021 年年底，一半以上县（市、区）建立了这项制度。台州市对公办养老机构中从事养老护理工作一年以上，从第二年起每月给予特殊岗位津贴，按照高级技师、技师、高级工、中级工、初级工不同等级，每月分别给予 500 元、400 元、300 元、250 元、200 元的岗位津贴。从 2022 年起，台州玉环市对在本市养老机构中从事养老照护工作且取得《养老护理人员职业技能等级证书》的养老护理员，按照不同等级，分别每月给予 1000 元、800 元、600 元、500 元、400 元的岗位津贴，所需资金由市财政承担 50%。

《台州市养老护理员特殊岗位津贴制度实施细则》

　　除了奖励和津贴，浙江省各地也为养老服务人员的住房保障提供了支持。例如，杭州市将符合公共租赁住房申请条件的养老机构护理人员纳入优先保障范围，只要在杭各类养老服务机构累计服务时间满三年，并获得了初级养老护理员以上证书，就可向养老服务机构所在地房管部门申请公租房；累计服务时间满五年，并获得了初级养老护理员以上证书，可向养老服务机构所在地房管部门申请廉租房。在同期同批的申请家庭中，给予符合条件的养老护理员群体"单独摇号、优先选房"的待遇。

　　（二）突出养老护理员持证上岗指标

　　持证养老护理员，是指在养老服务机构、护理院、荣军医院、康复医院、养老社区、老年活动中心、残疾人托 (安) 养机构或家政公司工作，签有劳动合同或协议，持有养老护理职业资格证书、技能等级证书、护理执业证书、康复治疗证书等的在职养老护理人员。

　　2019 年，人力资源和社会保障部、民政部发布《养老护理员国家职业技能标准（2019 年版）》，以职业技能等级代替原有的养老护理员职业资格等级，并将养老护理员职业技能等级增至五个，新增一级 / 高级技师等级，中职中专毕业生可直接申报四级/中级工，拓宽了养老护理员职业发展空间。随后，浙江省积极响应，同年出台《关于印发浙江省企业职业技能等级认定试点办法的通知》（浙人社发〔2019〕66号），遴选公布了第一批20家试点企业，启动实施职业技能等级认定试点工作。其中，三替集团有限公司、浙江绿康医养集团有限公司、浙江爱加康健康管理有限公司这三家康养服务龙头企业，分别获得了开展家政服务员、养老护理员、医疗护理员职业（工种）技能等级认定试点的资格。物产中大金石集团通过杭州市下城区人力社保局审核批准，成为杭州市城区首家可自主开展养老护理员职业技能等级认定的试点企业。

2021年，浙江省以养老护理人员持证上岗数代替床位数，作为提升养老服务质量的新抓手，将每万名老年人拥有持证养老护理员数量，列入浙江省经济社会发展"十四五"规划和共同富裕示范区建设的重要指标，进一步为养老护理员的职业规划提供了方向。同年，浙江省民政厅、省财政厅、省人力社保厅联合印发《关于加强养老护理员技能培训与评价工作的通知》（浙民养〔2021〕147号），提出分类制定评价任务。要求杭州、宁波、嘉兴、湖州、绍兴五个市，2022年年底每万名老年人拥有持证养老护理员至少达到21人、2025年年底至少达到27人；温州、金华、舟山、台州四个市，需要达到全省平均水平；丽水、衢州可略低于全省平均水平。同时将这一指标列入对各地党委、政府的考核指标。截至2021年，浙江省从事养老服务工作的持证养老护理员共有2.28万人，每万名老年人拥有持证养老护理员已经达到18.2人。

《丽水市养老人才培养
实施办法》的政策解读

2021年，丽水市开始对养老照护人员进行职称评定管理，设置照护员、助理照护师、照护师和高级照护师四个等级。这是浙江省首个将养老照护人员纳入专业技术人员职称评定管理的地方尝试。评定管理由市人力社保局组织实施。具有助理照护师、照护师和高级照护师任职资格，且实际从事一线养老照护服务的专业技术人员，分别给予每月200元、300元和500元的岗位补贴，所需资金由当地财政保障。2021年全市首批评定了15人。

2021年，浙江省卫生健康委等12个部门联合印发《关于深入推进医养结合发展的若干意见》（浙卫发〔2021〕34号），强调促进医养结合人才队伍建设，建立医养结合服务队伍激励机制，养老护理服务机构中具有执业医师或护士执业资格的人员，与医疗卫生机构医务人员享有同等的职称评聘待遇。

（三）用心提升养老护理员职业形象

浙江省在积极提升养老护理人员薪资待遇、福利保障的同时，还加大对有突出贡献的专业技能人才的宣传和表彰力度，彰显"行行出状元"的良好社会氛围，以消除职业偏见，提升养老护理员的社会地位。

2011 年，浙江绿康医养集团有限公司在全国首创"5·29 护理员节"，护士节在 5 月，"9"在数字中是最大数，寓意长久长寿，"29"寓意两个九，与九九重阳老人节又巧妙关联，将传统与现代有机结合，有尊老、敬老、爱老、助老的特别含义，而"5—2—9"谐音是"我爱九"，即我爱老人、我爱长者，既强调了对护理员的尊重，又弘扬了孝善的传统。绿康每年坚持主办"5·29 护理员节"，不仅对提升护理员行业地位、职业素养、技术技能、综合服务水平等发挥了明显的引导作用，而且也在全国养老行业和社会各界产生了广泛影响力。

2018 年，杭州市江干区也将 5 月 29 日设为本区的护理员节，以"颂养老服务精神，享'原居安养'生活"为主题，在全省率先举办区级"养老护理员节"。在养老护理员节，江干区以"居家服务之星""机构服务之星""睦邻互助之星"的"养老服务三星"评选活动为重要载体，得到了各街道、辖区的养老机构、居家养老服务组织、企事业单位和社会各界的广泛关注和积极参与。最终通过严格的评选标准和层层审核，评选出共计 60 位优秀人员，于 5 月 29 日在"养老护理员节"活动现场进行表彰奖励。通过"养老护理员节"活动，彰显了养老护理员、社区助老员、爱心公益人士的敬业奉献精神，进一步调动了各养老服务社会组织、企业、养老机构以及社区居民参与为老服务的积极性，提升了一线养老服务工作者的职业使命感和荣誉感。

2019 年，浙江省授予历届全国护理员大赛中获一等奖的 7 位选手"功勋养老护理员"称号；2019 年第九届全国民政行业职业技能竞赛养老护理员职业竞赛，12 位一等奖获得者中，浙江占四分之一，总分第一名，3 位一等奖选手得到时任省长袁家军的接见。2020 年，在浙江省政府举办的浙江技能大赛中，对获得第一名的养老护理员，授予"浙江省首席技师"称号，对获得第 2~5 名的养老护理员，授予"浙江技术能手"称号，增强了优秀养老服务人员的荣誉感和工作热情。

另外，浙江省还将养老护理列入了"十百千"新时代浙江工匠遴选。对获奖的养老护理人员不仅在经济待遇上给予支持，在社会待遇等方面也落实了相应的支持激励政策。"浙江大工匠""浙江杰出工匠"由省政府颁发证书，纳入各级党政领导联系的人才范围；"浙江杰出工匠"同步纳入浙江省高层次人才特殊支持计划，即浙江省"万人计划"高技能领军人才项目。"浙江工匠"由省人力社保厅、省总工会共同颁发证书；"浙江青年工匠"由省人力社保厅、团省委、省教育厅共同颁发证书。"浙江大工匠"优先推荐申报中华技能大奖、全国劳动模范和全国先进工作者、全国技术能手、全国五一劳动奖章、全国"三八"红旗手、全国青年岗位能手。其他各层级工匠优先推荐申报相应层级的技术能手、劳动模范和先进工作者、"三八"红旗手、青年岗位能手等，有效提升了养老护理员的职业荣誉感。

**优政策　强服务　重关爱
持续推进养老护理员队伍健康发展** ①

一、解决的问题

随着老龄化程度的不断加深，养老专业护理在老年特殊需求中的占比越来越大，打造高质量养老护理员队伍是养老机构开展优质服务工作的必要保障。当前，养老护理员队伍普遍面临"低配"困境，即收入待遇低、社会地位低、学历水平低。湖州市长兴县按照养老护理员专业化、职业化、年轻化发展目标，高度重视养老护理员队伍建设，全县持有养老护理职业资格证书和技能等级证书的养老护理员达 422 人，每万名老人持证护理员人数达 26.5 人，高于全省平均水平 45.6%。在养老护理员队伍逐年壮大的基础上，如何提升养老护理员的待遇、社会地位和综合素质，让养老护理员有"位"有"为"，是长兴县养老服务工作的重要内容。

二、主要做法及成效

近年来，长兴县将培育养老护理员列入政府民生实事项目，通过优政策、强服务、重关爱，逐渐培育了一批不仅具备专业技能和专业意识，同时具有较高归属感和职业荣誉感的专业人才。

一是高站位、强谋划。起草了《长兴县人民政府办公室关于长兴县推动养老服务人才队伍建设激励措施实施意见》，着重体现"留人留心、育人用心"，激励措施涵盖提高养老从业人员收入待遇、开展持续教育、注重个人发展、保障权益维护等各个方面，对提升养老从业人员的社会地位具有重要意义。

二是全方位、强保障。增加劳动报酬，保障津贴、补贴。从 2014 年起，长兴县就建立了养老护理员特殊岗位津贴制度。2021 年发放养老护理员特殊岗位津贴 32.6 万元。从 2021 年起，养老护理员特殊岗位津贴从原来的每人每月 100~400 元提高至每人每月 200~800 元。2014 年以来，全县累计发放养老护理员特殊岗位津贴 200 多万元。

三是重专业、强培育。大力推进养老护理专业化发展，2021 年，共有 30 名大学生入职养老服务机构，其中定向委培的 6 名护理专业大专生全部入职养老机构。对养老企业引进的全日制本科生给予购房补贴 5 万元、安家补贴 1 万元、租房（生活）补

---

① 由湖州市长兴县民政局供稿。

贴 1.8 万元；全日制专科（高职）生给予安家补贴 0.6 万元、租房（生活）补贴 1.44 万元；大学生到养老企业就业的，再给予 4.5 万元就业补助。全县养老服务机构中大专以上学历人员达到 320 人，35 岁及以下 331 人。不断强化护理员技能水平，护理员培训支出 63.5 万元。现有养老护理员培训基地 4 家，技能等级认定机构 2 家，完成养老护理员培训 5 期。2020—2021 年，养老护理员中有 197 人考取了康复护理员证书、184 人考取了红十字救护员证书、26 人考取了社会工作师等证书，培训家庭养老护理员1200 人。

四是广宣传、强认同。畅通养老护理员晋升通道。每年举办养老护理员大赛，将护理员大赛纳入全县新时代工匠技能大比武活动，对获得第一名的选手核发技师等级证书，获得前三名的选手授予"长兴县技术能手"称号，其他合格者核发高级养老护理员证书。通过比赛，2021 年新增技师 1 人、高级养老护理员 54 人。6 名养老护理员经考核纳入全市养老护理人才库，全县养老机构中有 12 名养老护理员晋升为院长和副院长，先后有 48 名养老护理员获得市县"最美护理员"和"十大孝贤"，5 名养老护理员获得县委表彰以及"长兴好人""道德模范"等荣誉称号，1 名养老护理员当选县人大代表。

第二节　培优育强　锻造管理"领头雁"

在养老服务中，管理人才作为需要能读懂"中国社会化养老"这一概念的职业经理人，承担着规划、运营、管理等一系列重要职责，是影响养老服务高质量发展的重要因素。然而，养老服务作为一个新兴产业，现有经营管理人员基本上是从其他行业，如医疗、家政、行政、投资、教育、保险、房产等行业跨界而来的外来者。这些人员具有较好的综合素质，有其他行业的先进管理经验，有极强的客户服务理念和市场意识，更有一整套运营方面的成熟经验，但缺乏对养老服务的深入了解，导致养老机构或养老社区的运营效果往往难如人意。因此，缺乏懂得养老产业属性的管理"领头雁"，也是制约养老机构可持续发展的一大障碍。

浙江省针对这一客观情况，多措并举，精准发力，推进企业、行业协会与福利组织开展专业管理人才培养合作，鼓励同行业之间、国与国之间的交流与学习，支持养老服务管理人才定期参加国内外调研和考察活动，提升养老管理人才对于国内先进集体和其他国家优良经验的学习与借鉴，致力于打造一支高素质、懂养老、善运营的养老管理人才队伍。

一、深耕校园阵地 提升管理理论素养

为应对养老管理人才的短缺问题，浙江省开启政校合作新模式。2013 年，杭州师范大学开设了老年服务与管理成人教育专业，招录从事养老服务事业、具有高中及相当于高中文化程度的社会人员，以及在养老机构、社区从事养老服务管理的在职人员，通过国家成人高等学历教育统一入学考试后，以三年制的职业教育为主，侧重培养养老服务机构管理人员。截至 2021 年 9 月，全省已有约 350 名学员参加养老服务与管理大专学历教育（成人教育）。

2015 年，温州市民政局和浙江东方职业技术学院联合建立温州民政管理学院，主要开设老年服务与管理专业。通过国家统招，采用全日制教学和选修课程相结合的教学模式，以老年心理学、老年健康照护、老年病学、老年护理、实用养老机构管理、老龄政策研究与实践等为主干课程，开展养老服务业管理人才培养，通过三年学习，毕业时颁发教育部授予的大专文凭。

2017 年，在浙江省医院协会、健康服务业促进会、社会办医协会的共同推动下，浙江大学在国内率先开设了面向健康产业培养经营管理人才的医疗健康产业工商管理硕士项目（简称 HMBA 项目），着力培养包括养老产业在内的健康产业职业经营管理者和创新创业者。该项目每年招收 50~70 名有志于未来从事健康产业的在职人员，进行"商学 + 健康产业"专业知识与技能培养。2021 年，浙江省民政厅还与松下东亚公司、广宇集团一起，在浙江大学管理学院设立了"老龄化与养老产业研究中心"，开展养老产业研究。

2021 年，浙江省民政厅印发《关于做好 2021 年护理学及公共事业管理（老年服务与管理方向）本科学历教育招生的通知》（浙民办〔2021〕养 34 号），正式在温州医科大学启动"老年服务与管理"本科学历教育招生工作，这是继 2012 年首次开设养老服务与管理大专学历教育（成人教育）以来，第一次开展本科层次的管理类学历教育。该专业设立在护理学以及公共事业管理两个专业下，除两个专业主干课程外，还开设了"老年服务基础""老年服务管理""老年康复服务""老年社会工作"等核心课程。课程学习时间共 2.5 年，采用"面授 + 自学"的教学形式，线上线下相结合，每学年集中授课 2~3 次，每次 1 周左右，学生可在职利用业余时间学习，符合学位授予条件者可获得学士学位。

通过鼓励养老行业在职人员参加高校开设的面向养老行业在职人员的学历教育，

不仅提高了浙江省养老行业管理人员的学历层次，更是提升了养老行业管理人员的专业管理素养。

二、加强交流培训　增强养老行业认知

浙江省民政厅高度重视养老服务管理人才队伍建设，近年来不断加大资金支持力度，与浙江省人力社保厅合作，积极制订养老管理人才培养计划，政企合作，组织开展高级培训，着力提高养老服务管理人才对养老行业的认知水平。

2017年，杭州师范大学召开"养老·人才·健康"高峰论坛，与会学者以"养老护理、健康管理人才培养及产业发展"为主题，围绕人口老龄化对养老、人才、健康带来的机遇及应对策略，探讨养老护理、健康服务和管理人才培养的需求、标准与实践，共同推进养老服务与管理人才队伍建设。

2019年12月，由中国社会福利与养老服务协会、浙江省民政厅、浙江省老年服务业协会主办，江南养生文化村承办的"2019年第五期全国养老服务机构院长培训班"在杭州桐庐江南养生文化村拉开序幕，来自全国各地养老企业的近200名养老机构院长和高层管理人员参加了此次培训，共话养老，一同探讨了养老服务行业的新发展、新形式，使浙江的养老机构管理者对国内养老服务业的发展，有了更深更全面的了解。

2020年，丽水市通过政府购买服务的方式，委托丽水学院继续教育学院，组织实施两期养老精英人才专修班，每期持续两年，共开设了三个班：涉老部门业务精英专修班，重点培养一批有理念、懂政策、会谋划的政府养老专业人才；养老运营管理精英专修班，重点培养一批有理念、懂运营、善管理的机构运营管理专业人才；养老护理服务精英专修班，重点培养一批有情怀、精业务、能传授的专业护理服务人才。专修班所需培训资金列入市财政年度预算。全市首期养老精英人才专修班于2020年12月正式开班，共有75名学员参加学习。

民政部《关于进一步扩大养老服务供给　促进养老服务消费的实施意见》（民发〔2019〕88号）中明确提出，2022年年底前，培养培训1万名养老院院长、200万名养老护理员、10万名专兼职老年社会工作者。浙江省民政厅响应国家号召，与物产中大金石集团整合全国及境外资深专业师资，于2020年8月合力举办"浙江省市县社会福利院负责人培训班"。来自浙江省各地和吉林省养老机构的120名养老院院长和民政干部参加了此次为期三天的培训。培训采用"线下实体教学＋线上直播"的方式进行，同期网络直播课程共有超过20万人观看。

2021年4月，由浙江省老年服务业协会主办的首期全省养老机构院长培训班在嘉

兴举行，来自杭州、宁波等市、县（区）的 200 余位养老机构院长参加了培训，共同学习养老机构评级标准，找差距、补短板，进一步推动养老机构标准化建设和规范化管理。

2021 年 7 月，由中国社会福利与养老服务协会、浙江省老年服务业协会主办的全国养老服务机构高级管理者培训班在杭州举办，来自浙江、安徽、山东、陕西、贵州、北京等 14 个省市的 230 余名学员参加了培训。来自中国康复研究中心、杭州师范大学、西安市民政局、扬州市社会福利中心的 14 位专家学者和资深人士，为大家重点讲授"十四五"国家养老政策法规，分类讲解养老人才培养模式、养老院安全管理和护理服务规范，为养老管理人才输送了专业知识。

通过组织和推动举办各种养老服务机构管理人员交流会和培训班，促进了国内同行之间的学习和交流，也使养老机构的经营管理者得以及时了解国家的养老政策法规、养老机构管理的专业知识，提升了在职管理人员对养老行业的了解，增强了管理人员对养老机构管理的有效性。

三、搭建研学阵地　借力先进国家经验

他山之石，可以攻玉。日本、德国等国家经历了较长时间的老龄化进程，已形成了比较完善的养老服务模式和体系。要想积极应对我国老龄化进程，也需要借鉴海外的先进经验。为了适应全省老龄化不断增长的趋势，满足养老服务专业化、规范化的发展要求，浙江省通过选派管理人才出国研修、汲取先进经验的方式，推动养老管理工作的高质量发展。

2017 年 7 月，时任浙江省副省长熊建平率养老服务考察团访问德国和日本，考察了两国的养老院、配送餐的中央厨房、康复辅助器具租赁，与德国和日本的官员进行了深入座谈交流，探讨养老服务特别是长期照护保险的发展历史、运行情况及政策改善。日本静冈县健康福祉部原部长山口重则多次来杭州访问，考察浙江省老年活动中心等设施，与时任浙江省民政厅厅长王剑侯签署合作框架协议。

2017 年，浙江省人力社保厅、省财政厅开展"金蓝领"高技能人才国外培训工作，符合条件的优秀高技能人才，可获得由财政补助的国外企业和机构的实地观摩、学习机会，优秀养老人才管理者也在其中，符合条件的可纳入"金蓝领"高技能人才国外培训计划。

2018 年，浙江省制订《养老院服务质量建设专项行动实施方案》，浙江省民政厅重点组织开展养老服务管理人员境外研修、养老护理师资培训、养老服务工作人员培训、

老年活动中心负责人培训和养老院院长能力竞赛，为各地培养一批养老服务骨干人才。

据此，2017 年、2018 年两年间，浙江省民政厅连续三次派遣 60 位人员赴日本、德国进行培训。2019 年，浙江省还选派护理员赴日本静冈骏府葵会研修三个月，既学护理，又学管理，为养老护理的长远发展积累人才。同时，邀请日本专家来浙，为全省认知症老年人照护培训班讲课。

2020 年，物产中大金石集团积极推进与日本静冈县知名养老机构的合作，引入其全面、成熟、专业的培训体系，在朗和（银湖）国际医养中心倾力打造"日系"专业养老教育基地——浙静养老服务培训基地。基地引进了日本先进的养老服务理念和技术规范，致力于提升养老机构的服务水平，培养专业优质的服务人员。通过基地建设，中日企业在养老服务方面优势互补、互学互鉴，助力本土养老服务吸收国际领先经验，在规范行业标准、健全人才梯队、进一步提升服务水平上发挥了重要作用。

2021 年，由物产中大金石集团主办，广宇安诺实业有限公司、杭福安诺养老事业发展中心、杭州市萧山区湘湖颐养中心协办的中日合作养老专题精品课程培训班开班，来自浙江医院、浙江康复医院、杭州市社会福利中心、杭州市第二福利院以及在水一方、金色年华、驭信科技、湘湖颐养、杭福安诺、杭州市钱塘区多家养老机构的近 40 名康养专家应邀授课。课程以网络直播方式进行，供全国所有养老从业者同步观看。日本养老专家通过视频，分享了日本静冈在认知症照护上的丰富经验、技术和体系，为浙江省认知症照护服务质量的提升，提供了可供借鉴的经验。

无论是出国研修还是开设国外专家培训讲座，都为国内的学员们提供了优秀的国外养老服务样本，互通经验、互通资源、互通信息，促进了借鉴启发，在深度了解掌握国外养老服务特色业态的同时，也极大增强了学员们投身我国养老产业建设发展的信心和能力。

第三节　公益同行　扩大为老"人才库"

目前，浙江省 98% 以上的老人是居家养老。这些老人的养老服务，需要社区和家庭共同提供。因此，如何扩大除养老护理员以外的为老服务队伍，也是构建完善的养老服务体系所必须解决的重要问题。浙江省通过制定社会工作制度，提升家庭照护能力，引入志愿者机制，构建为老服务"人才库"，实现了养老服务社会多元参与，在一定程度上缓解了"护工荒"。

一、通过示范项目 推动社会队伍建设

2013 年，浙江省推出计划生育特殊家庭老年社会工作服务示范项目，以特殊家庭计划生育老年人为切入点，推动老年社会工作的开展。项目以杭州市下城区、宁波市海曙区、嘉兴市南湖区为试点，为三个区域内的计划生育特殊家庭提供专业化社会工作服务，形成新的社会支持系统，同时旨在提高社区工作者的专业化服务能力。在实施一年后，试点项目中实务性的社会工作服务被汇编成《生命影响生命·浙江省计生特殊家庭老年社会工作示范项目优秀案例集》，集合相关的服务流程和服务管理的规章制度，形成了示范效应，推广至全省。

浙江省特殊困难老人社会工作服务示范项目

·城市特殊困难老年人社会工作服务示范项目

以街道为依托，建立社会工作服务平台，覆盖街道所辖社区，辐射周边地区。重点为城市空巢、失独、病残、失能老年人提供精神慰藉、情绪疏导、危机干预、生活照顾、关系调适、资源链接、能力提升、社会参与等方面的专业服务，使服务对象能够应对困难处境，减少消极情绪和极端行为，融洽家庭和社会关系，帮助服务对象建立同伴、邻里和社区支持系统，修复和发展社会功能，改善晚年生活质量。

·农村特殊困难老年人社会工作服务示范项目

以乡镇为依托，建立社会工作服务平台，覆盖乡镇所辖社区，辐射周边地区。重点为农村留守、贫困、受灾老年人提供精神慰藉、情绪疏导、生活扶助、资源链接、生计发展、社会参与等方面的专业服务，使服务对象能够缓解贫困和灾难伤痛，树立生活信念与愿景，发展生计脱困项目，帮助服务对象建立自助、互助和群助支持平台，促进社区参与和能力建设，增强社会生活和生计发展能力。

2015 年，浙江省老龄办对计划生育特殊家庭老年社会工作服务示范项目进行了巩固和深化，委托浙江省之江社会工作发展服务中心，以政府购买社会组织服务的方式，实施浙江省特殊困难老人社会工作服务示范项目，并在全省确立了 11 个示范区，杭州市西湖区、嘉兴市平湖区、台州市黄岩区等多地被列入全省特殊困难老人社会工作服务示范项目实施点。试点项目由浙江省之江社会工作发展服务中心通过团体督导、个体督导、实务观摩、日志回复等多样化形式，为示范区老龄社工骨干提供个性化的为

期一年的督导支持。该项目旨在通过在社区层面导入整合性、专业化的社会工作服务，构建专业化的社会工作人才队伍，探索具有本土特色的老年人社会工作服务模式，促进发展一批为老服务的社会工作专业人才和专业机构，为各地推进养老服务社会化、专业化提供示范借鉴。为顺利展开督导工作，2015 年年末，浙江省老龄办在浙江省委党校举办"浙江省特殊困难老人社会工作服务示范项目"骨干培训班，邀请各方面专家讲解社区参与式老年人服务的方法、心理咨询技术在老年人社会工作中的应用老年社会工作的实务和技巧等，各地市老龄干部以及 11 个试点县（市、区）骨干社工、社会组织负责人，共计 130 人参加了培训。通过这 130 名骨干社工，产生服务范围裂变，带动各辖区为老服务领域的其他社工及义工开展为老服务。

　　2016 年，绍兴市柯桥区开展为老服务专业社会支持与保护网络试点工作，遴选 10 名专职社区工作者进行团体督导和个别督导，并对全区参加项目的精英社工、骨干志愿者团队共 72 人进行为期 4 天的为老服务技巧方面的培训。在项目推进过程中，由浙江省之江社会工作发展服务中心专业人员每个月进行督导，团体督导共督导学员 73 人次，个别督导 63 人次。

"青鸟探巢"——精准帮扶农村失独独居老人[①]

　　一、解决的问题

　　2017 年 7 月，宁波市奉化区锋之社社会工作服务中心志愿者对全区 12 个镇（街道）212 户 60 岁以上失独家庭进行了入户调查。调查发现，农村失独老人问题尤其突出，主要存在缺乏寄托、精神创伤极大、经济收入偏低、健康水平偏低等几方面困境。这些老人生活自信心不足，健康状况普遍不佳，82% 的人群患有慢性疾病。要解决上述问题，亟待引入新的帮扶机制。

　　二、主要做法

　　针对农村失独老人上述情况，宁波市奉化区锋之社社会工作服务中心实施了"青鸟探巢"农村失独老人幸福晚年项目，通过精准化对接需求、浸入式入户帮扶、多元化助推发展，帮助农村失独老人重筑精神支柱，大幅度提升其获得感和幸福感。

　　（一）精准化对接需求。2017 年 7 月，团队对全区 51 户 60 岁以上农村失独家庭进行了入户调研，精准掌握失独老人群体实际生产生活需求。通过调研分析，对农村失独老人群体集中体现的"精神寄托缺乏""生活自信心不足"及"健康状况普遍不佳"

---

① 由宁波市奉化区民政局供稿。

等三类问题，制订"四陪四到、五心五助"方案，确保项目精准化实施。同时组建"社工＋医疗志愿者＋社会志愿者＋本地志愿者"组合队伍，建立"4+1"帮扶模式，做专做精"青鸟探巢"志愿服务项目。

（二）嵌入式入户帮扶。项目实施初期，针对失独家庭入户难问题，创新建立"五心工作法"，突破入户难问题。同时以项目人群需求率最高的助医帮扶为切入点，积极发挥医疗志愿者专业优势，在做好日常健康监护、健康数据收集的同时，提供就医陪诊、住院陪疗、康复陪护、临终陪送等"四陪伴"服务，实现全程式健康追踪和就医陪伴，全面提升项目人群健康水平。此外，发挥社会志愿者力量，以生日必到、节日必到、生病必到、每月必到的"四必到"承诺式帮扶，做好生活照料和日常陪伴，着眼细节，贴心关爱。

（三）多元化助推发展。随着项目的深入，根据帮扶对象的不同需求，建立了"一人一档一策"帮扶机制，推出包括心理水平提升、生产创业增收、生活环境改善等更为全面的帮扶内容，逐步构建起"助医、助乐、助居、助创、助收"等五大类多元化帮扶体系，推动项目纵深发展。如推出"月月聚""月月游""月月乐"三大主题活动，从入户陪伴、户外体验到兴趣培养，带动项目人群树立自信心，融入社会；推出"暖心亮居"工程，对居住环境差的帮扶对象农村旧屋进行改造，提升他们的生活舒适感；推出"暖心超市"，通过建立"线上＋线下"销售平台，助力帮扶对象自产农产品销售，全面提升经济收入。

三、工作成效

项目实施以来，已累计提供上门服务5430次，就医陪护356人次，心理咨询、应急帮扶389次，采集健康信息数5150份，项目人群健康自我保护意识（按时服药和定期健康体检）提升91%；建立实体化运营的"暖心超市"3家，农产品销售额达42万元；建立了宁波市首家实体化、专职化运作的"暖心家园"健康帮扶中心，扩大帮扶服务对象。目前，帮扶人群达212户，实现全区60岁以上失独老人帮扶全覆盖。该项目获评浙江省、宁波市新时代文明实践志愿服务项目大赛"双金奖"，浙江省省计生协"十佳改革创新案例"。

浙江省老龄办多年来通过浙江省特殊困难老人社会工作服务示范项目的推进，培养了一批又一批专业为老年人服务的社会工作者，他们活跃在各个社区基层，帮助老年人应对困难，消除消极情绪，提升晚年生活质量。

二、推广社区培训　提高公众照护能力

为了弥补因为专业照护力量稀缺所带来的不足，2012 年，浙江省政府办公厅印发的《关于加强养老护理人员教育培训工作的意见》（浙政办发〔2012〕138 号）指出，要推进养老护理知识技能进家庭、进社区，以提升家庭的照护能力。该意见要求对全省失能、半失能老人家庭的护理人员普遍进行一次护理知识技能辅导，城乡社区普遍为社会公众开展养老护理知识技能普及活动。随后，各区、市（县）积极响应号召，开展各类相关活动，提高公众对养老护理知识的认知。

2013 年，杭州市萧山区开展首期养老护理知识技能进家庭进社区集中培训。来自南阳街道各村（社区）的老年人家属、居家养老助老员、居家养老服务站（照料中心）管理人员、村（社区）民政联络员等 120 人参加。培训讲授了护理的基础知识、老年人饮食营养、运动常识、用药常识等理论知识和老人噎食处理、翻身叩背等实践操作技能。同时印发了《萧山区养老护理知识技能手册》15000 本，分发到各镇、街，普及养老护理知识。

2015 年，杭州市西湖区在全国首倡"大爱港湾"——家庭长期照顾者社会支持系统项目。项目针对长期（连续 180 天以上）在家庭中承担病患（包括失能、失智、癌症、精神病、肢体及智力残疾等患者）日常护理和照料的照顾者（配偶、子女及护工等），由浙江省大爱老年事务中心的专职人员、浙江工业大学的专家和志愿者组成的队伍，进入各个社区，搜集家庭长期照顾者的基本信息，建立服务对象数据库，了解照顾者的需求。随即搭建线上线下倾诉平台，开启"喘息服务"，帮助他们建立人文关怀和专业支持的社会支持系统，为这些背负巨大身心压力的照顾者，提供喘息、减压、释负、充电和拓展社会资源等服务，并由浙江省立同德医院的专家对照顾者进行培训，提高其日常照护技能和监护能力。目前，该项目受益人群达 7000 人以上，覆盖直接受益家庭 5000 户以上。

2016 年，杭州市江干区民政局委托江干区人民医院专业护理人员，开展失能老人"助护"行动。该活动除了传授基本的家庭护理知识外，还注重普及氧气鼻导管、面罩等医疗器具的使用方法，提高老年人及其家属的自救、互救技能，以理论教学和实际操作相结合的方式，上门为全区 8 个街道的 500 户（名）失能老人家庭开展培训，帮助老年人及其家属掌握基本的护理和康复知识技能。

2018 年，乐活公益服务中心在杭州市拱墅区东一社区举办"人人都是家庭护理急救员"的讲座，为大家讲解长期卧床老人的护理与照料。讲座结合知识点介绍和动作

演练，为老人家属——讲解各种并发症的预防与护理知识。经过对往期"人人都是家庭护理急救员"讲座知识的梳理总结，乐活公益服务中心编写了《杭州家庭急救护理手册》，书中涵盖了心肺复苏、居家护理、用药管理等多个实用篇章，每次讲座结束后，在社区发放这份护理急救实用宝典。

2020年，丽水市青田县将"开展家庭照护者培训"列入民生实事项目中，以增强失能老年人的家庭照护能力，提升失能老年人的生活质量，减轻家庭照护者的照护压力。家庭照护技能培训主要包括老年人日常护理、安全防范及应急处置、慢性病护理、康复护理、心理慰藉、饮食照料、生活照料、特殊照料等内容，专业化程度高，实用性强。为了方便学员参训，培训机构对偏远山区的学员提供上门服务，接送学员前往基地培训。全年培训家庭照护者977人，完成任务数的195%，学员满意率达95%以上。

2020年8月，温州乐清市民政局联合全市25个乡镇（街道）社会事务办，共同组织第一批免费家庭照护者培训。凡乐清户籍老人的家属（特别是失能失智老人家属）、困难群众家庭有劳动能力成员、社会工作者、志愿者等均可报名。除已享受基本养老保险待遇的人员外，不超过55岁的女性和不超过60岁的男性均可免费参加。每个学员需完成20个课时的学习，每课时45分钟。此次家庭照护者培训，分理论学习、分组演练和实习三个部分，包括职业道德及职业工作、老年人护理基础知识、老年人的安全防范及应急处置、饮食照料、排泄照料、清洁照料、活动保护等方面的内容。培训结束后，学员通过家庭照护者培训基地按照规定组织的考核，可取得培训合格证书。此外，参加培训的所有学员，可享受一次由人力社保部门组织的免费体检。乐清市民政局对举办培训的培训基地，按照每人500元的标准给予补助，经费从"职业技能提升行动专项资金"中列支。2020年，参加各乡镇（街道）养老服务中心举办的家庭照护者培训的人员达2425人。

在全省各地广泛开展的家庭照护者培训，很大程度上弥补了家庭照护者专业照护知识和技能的不足，让更多居家养老的老年人得到了更好的照护。

三、建设志愿队伍 增强普惠服务力量

建设为老志愿服务队伍，既弘扬了中华民族敬老爱老的传统美德，又在一定程度上弥补了为老服务人员数量上的不足。浙江省在养老服务体系建设过程中，注重为老志愿服务队伍建设，创新志愿服务参与模式，鼓励更多人参与志愿服务，立足社区，邻里守望，服务社会。

（一）创新建设志愿队伍　开展各种为老志愿服务

志愿者是为老服务不可或缺的力量。1996 年，杭州市志愿者协会下设敬老服务总队，成员中 60% ～ 70% 是在校大学生，离退休人员也占到 5% ～ 8%，其余会员是社会各界的各种职业人群。该总队通过指导志愿者开展工作、培训新志愿者等活动，在单位和社区广泛开展为老服务活动。其中，学生志愿者主要为"低保""孤寡""三无"老人家庭提供上门服务，或是在养老机构开展志愿服务；党员志愿者根据老人实际需求，提供政策咨询、健康咨询、法律咨询、医疗跟踪等多样服务；社区志愿者则以城乡社区空巢老人等困难群体为服务重点，广泛开展"邻里相伴"等志愿服务活动。杭州市志愿者协会注册志愿者人数近 3 万人，敬老服务总队参与福利院等地的志愿服务人数已达 10 万人次以上。"空巢老人的事常挂心""'零遗漏全方位'居家养老服务""志愿者活动处处暖人心"等各类关爱空巢老人志愿服务活动，为社区独居空巢老人解决了诸多生活难题，给老人提供了实实在在的帮助和便利。

2005 年 7 月 25 日，为了解决偏远海岛缺医少药、渔农民看病难问题，舟山市红十字会成立了群岛渔农民流动医院（舟山市红十字会海岛巡回医疗队），配置便携式彩色 B 超仪、心电图机、眼科裂隙灯等检查仪器及近百种常用药品，招募了 950 名医护志愿者（多为市属各医院的业务骨干），利用双休日、值班后的休息时间，

《舟山群岛渔农民流动医院管理办法》

前往居住地无医疗机构（点）的偏远岛屿、乡村（近几年为平均每周两次的服务频率），免费为渔农民群众进行检查治疗。服务内容从单一的诊病发药拓展到开展贫困高血压病人免费服药项目，以及在送医送药服务时，增加理发、健康讲座、传授急救知识、入户照料卧病老人等项目。在医疗服务中遇疑难、重症病人，专家们主动留下就医联系卡，方便老百姓日后再次就医和医疗咨询，对其中的贫困病人，流动医院尽可能的提供长期医疗服务。注册的志愿者每人每年志愿服务不少于 3 天，服务时间计入其本人晋升技术职称要求的下基层服务时间。到 2018 年的 13 年间，海岛巡回医疗队足迹遍布全市的所有悬水小岛和偏远岛屿乡村，共巡回医疗 760 次，服务渔农民群众 43 万余人次，参与志愿者达 9000 人次。该项目受到群众的由衷欢迎和社会各界的广泛赞誉，先后荣获第三届浙江慈善奖、第二届中国青年志愿服务项目大赛银奖、浙江省首届志愿服务项目大赛金奖等荣誉。

2010 年，《关于在全省农村开展"银龄互助"活动的通知》（浙老工委办〔2010〕9 号）倡导在全省农村开展健康的低龄老人与高龄、空巢、独居老人及失独家庭的老人结对帮扶。杭州市在萧山、余杭等七个区、县（市）中各选两个条件成熟的行政村作

为"银龄互助示范村"，以点带面，全面推开"银龄互助"活动，该项目在宁波、台州、湖州、舟山等试点相继推广。2012 年，台州市黄岩区在全省首创"1+1"助老行动。由黄岩区老龄工委牵头，同黄岩义工协会组建了两支队伍，即由低龄老人组成的银龄互助总队和义工组成的为老志愿者服务总队，各服务总队分为若干个服务小组，共成立银龄互助小组 60 个，成员 89 人，义工为老服务小组 60 个，成员 101 人。银龄互助小组每周至少上门服务一次，以陪单身老人聊天、散步，帮助老人代为购物、代缴水电费，向村 (居、社区)"两委"反映老人困难等为主要服务内容；义工为老服务小组每月至少上门服务一次，以帮助老人理发、打扫卫生、陪老人看病、排查居住环境的安全隐患等为主要服务内容。截至 2020 年，银龄互助小组和义工为老服务小组已为全区 1070 位居家安养的单身老人开展志愿服务。如今，针对居家单身老人的医疗需求，黄岩区卫生健康局、黄岩区老龄办进一步拓展服务内容和服务方式，将"1+1"助老升级为"1+1+1"助老行动，每个有需求的居家单身老人都有一个银龄互助小组、一个义工为老服务小组、一个家庭医生团队长期结对帮扶。2014 年，杭州市民政局筹建了杭州市志愿者协会银龄互助分会，将杭州市原先散点状的志愿服务组织化，在主城区范围内深入全面铺开，为有需要的和有服务热情的老年人搭建桥梁，形成常态化、规范化的互助氛围。2014 年签约了 1000 多对，同时签约的志愿者可以获得一份意外伤害保险，为开展活动和实施服务时发生意外提供了保障。

2019 年，杭州市民政局印发《杭州市养老服务"时间银行"试点工作方案》，在拱墅、滨江两区开展为期一年的"时间银行"试点工作，为广大老年人提供方便、快捷、优质、精准、可持续的志愿服务。开发涵盖志愿服务时间记录、存储、积分生成、积分兑换与捐赠、服务公开、需求发布等在内的"时间银行"线上信息化管理系统和移动客户 App 终端，构建"区运营管理中心—镇（街）服务站—村（居）服务点"的三级实体服务网络，实现服务需求线上线下对接。鼓励和引导职能部门、企事业单位、社会组织、社区志愿者注册团体会员或个人会员，为老年人尤其是高龄、失能、失智、独居、失独、空巢老人提供精准优良的志愿服务，促进多元主体参与互助养老。目前，已经形成了拱墅区"公益银行·阳光积分"项目试点实施方案及积分兑换细则、滨江区"滨滨有你·时间银行"公益志愿服务平台等成果。省内各地的如"帮帮码""衢州通"等，也都在为老志愿服务中有良好的表现。

（二）完善志愿队伍激励　保障志愿服务持续化

为了保障持志愿服务的持续开展，浙江省各地政府出台了各种激励政策。

2010 年，杭州市委、市政府出台《关于进一步改进和完善我市志愿服务工作的实施意见》，鼓励机关、学校和企事业单位，在同等条件下优先录取和聘用有志愿服务经历且表现突出者，并作为评先创优的重要条件。同时，杭州市级财政将志愿服务工作经费增加到 300 万元，且每年递增 10%。同年，杭州市委办公厅、市政府办公厅出台《关于深入推进我市社区志愿服务工作的若干意见》，市级财政在现有志愿服务工作年度预算经费之外，从 2011 年起，单独设立"全市社区志愿服务工作专项经费"120 万元（后续按志愿者人数增长比例递增），由市志工办（团市委）根据各地社区志愿服务活动开展情况，按照"参与活动志愿者 6 元 / 年"的标准额度，下拨给各主城区，并要求区级财政给予 1 ∶ 1 经费配套。萧山区、余杭区和各县（市）各自单独设立社区志愿服务工作专项经费（每地每年不少于 20 万元，后续按志愿者人数增长比例递增），经费划拨方式和额度参照市级标准执行。同时，市志工办（团市委）根据各区、县（市）和杭州经济开发区、西湖风景名胜区社区志愿服务工作推进情况及工作绩效，建立相应的考核督查机制和项目评估机制，采用以奖代拨、项目补助等方式，每年从市级志愿服务工作年度预算经费中列支 10%，给予"志愿服务示范（先进）街道（乡镇）"和规范化"社区志愿服务站"一定的经费奖励或补助，并要求区级给予 1 ∶ 1 经费配套。

2015 年，杭州团市委推出专业化的志愿服务互联网产品——"志愿汇"。志愿者参加志愿服务活动并在"志愿汇"平台上签到签退，产生信用时长，自动生成公益币。公益币可兑换各种福利，志愿服务记录可转化为个人信用记录，良好的志愿服务记录可以修复

"志愿汇"平台

个人信用。待信用体系建立完善后，志愿服务记录良好的老年人，在自己或者子女享受社会服务优先或优惠时将有据可依，如目前已在杭州市滨江区试行的积分入户和外来随迁子女积分升学政策，部分公立医院的志愿者积分换免费体检政策等。杭州市上城区湖滨街道率先将"银龄互助"与"时间银行"的概念融合起来，将这项业务进行了全面的规范化管理与升级，如规定，结对的老人必须每天上门看望，以防止空巢、独居老人发生意外；服务者只要达到一定的服务时长，就可拿到兑换券，直接在"孝亲文化特色街"上进行消费；湖滨街道与孝亲街上的 37 家商铺达成合作，推出为老服务体验点，在孝亲街上就可实现日常生活的方方面面。

2019 年，浙江省文明办、省民政厅出台的《浙江省志愿者激励办法（试行）》（浙民慈〔2021〕123 号）规定，志愿服务记录时长累计达到 100 小时、300 小时、600 小时、1000 小时、1500 小时的，可以分别评定为一星级、二星级、三星级、四星级、五星级志愿

《浙江省志愿者激励办法（试行）》

者。《浙江省志愿者激励办法（试行）》（浙民慈〔2021〕123号）还提出，浙江慈善奖、学雷锋志愿服务先进典型、最美浙江人等评选表彰，应当设立激励优秀志愿者的奖项。优先推荐星级志愿者和获得表彰的志愿者参评高级别的志愿服务评选表彰。鼓励企业和其他组织在同等条件下，优先招用有良好志愿服务记录的志愿者。公务员考录、事业单位招聘应当将志愿服务情况纳入考察内容。鼓励国家机关、团体、企事业单位和社会各界根据实际情况为有良好记录的志愿者提供免费、优惠、优先或专项服务。该办法大力弘扬志愿服务精神，增强了广大志愿者的荣誉感和获得感。

2019年年末，阿里巴巴发布《公益时评定准则》，这是国内首个衡量志愿服务时长和公益行为价值的准则。该准则创新性地将线下志愿服务及线上互联网公益进行了统一的公益时价值衡量。公益时用户可获得免费使用机场贵宾厅、免费领取志愿者保险、免费体检等日益增加的权益。同时，公益时与芝麻信用打通，纳入芝麻信用评估维度。杭州市滨江区民政局与阿里巴巴公益基金会签署"时间银行"合作备忘录，意味着公益时将可存入"时间银行"，用于兑换未来的养老服务。

根据《2020年浙江省民政事业发展统计公报》，全省共有标识志愿服务组织1141家，注册志愿者1540万人，志愿服务队伍6.2万多支。在强有力的志愿服务运行体系推动下，2020年，全省共开展助老为老服务志愿活动1.29万场次，17.62万人次志愿者参与其中，志愿服务时长达到78.64万小时[1]，敬老养老助老蔚然成风。

人才是每个领域发展都绕不开的话题，引得来是基础，育得出是关键，用得好是要旨，留得住是重点。浙江省牢筑人才是第一资源的发展理念，在养老服务领域实施积极开放的人才政策，着力为养老护理从业人员营造良好的氛围，持续提升养老服务机构管理人员的素质，努力扩大为老服务队伍和调动为老服务人员的积极性，为建设和完善浙江养老服务体系提供了强有力的人才队伍保障。

---

[1] 浙江省2020年老年人口和老龄事业统计公报［EB/OL］.（2021-11-22）[2022-03-21].http://www.zchsp.com/home/news/info.html?id=88&catId=32.

第七章　借力科技　数字赋能提质增效

CHAPTER 7

2017 年以来，数字浙江建设加速推进，从"最多跑一次"改革到政府数字化转型，再到当下的数字化改革。浙江省信息基础设施、数字政府、数字经济、数字民生等领域均位居全国各省区市前列。在信息基础设施建设上，浙江省的网民规模和互联网普及率都高于全国平均水平，据《浙江省互联网发展报告 2020》显示，截至 2020 年 12 月，浙江省网民规模达到 5321.8 万人，互联网普及率为 82.4%，手机网民规模占全省网民总数的 99.7%。在数字政府建设上，浙江省全面推进政府数字化转型，着力打造"掌上办事之省""掌上办公之省"。如今，"浙里办"已成为群众和企业办事"一站式"服务的窗口，"浙政钉"成为省、市、县联动及各部门协同的高效工作平台。在数字经济发展上，浙江省电子商务继续引领全国，网络零售额规模稳居全国第二，县域数字农业农村发展水平位居全国第一。在数字民生打造上，浙江省数字化社会应用场景不断丰富，数字技术在健康、医疗、教育、人社、养老等公共服务领域深度应用，让人民群众在数字时代有了更多获得感、幸福感、安全感。

在养老服务领域，浙江省着力推进智慧养老服务应用，通过一组数据、一部手机、一张地图、一个平台，解决了养老服务数据资源共享不充分、政务事项办理困难、供需双方信息不对称、养老服务监管难等问题，实现了多部门数据共享交互，政务事项"一站式"办理，养老资源"可视化"展示以及服务质量全程数字化监管，保障了养老服务"由有向好""由多到准"的发展，使为老服务更趋便捷化、个性化、精准化。

第一节　一组数据掌握养老态势

人口老龄化程度的不断加深，对我国传统养老模式带来了巨大的挑战。一方面，老年人健康特征的复杂多元以及需求的日趋多样化，导致家庭照护难度增加，传统单一的养老模式已无法满足老年人对美好生活的向往，而资源分散、信息杂乱或模糊等问题的存在导致养老服务机构难以精准定位服务对象及其需求，老年人及其家庭难以获得准确可靠的养老服务信息；另一方面，相关数据信息相互独立及各地市、各部门政务系统的"各自为政"，导致数据壁垒产生，老年人办事困难重重。

"智慧养老，数据为先"，数据是智慧养老精准服务的基础。浙江省政府高度重视养老服务数据库的建设工作，从顶层设计出发，鼓励各地市因地制宜进行方法创新，最终通过汇聚、打通和关联，推进了养老服务数据共治共享，通过互联互通，及时掌握养老态势，为优化资源配置、精准对接养老供需、精简优化办事流程、提高办事效率等奠定了数据基础。

目前，浙江省养老数据库共分为六大类，具体类别及主要内容如表7-1所示。

表7-1　浙江省养老数据库分类及主要内容

养老数据库类别	数据库主要内容
老年人基础数据库	老年人自身基础信息，包括身份证号、姓名、性别、住址、联系方式、人员类别、健康状况等
养老服务组织数据库	养老服务商类、评估机构、适老化改造技术单位等养老服务组织信息
养老从业人员数据库	养老服务评估人员、等级评定专家、为老服务机构工作人员等人员信息
为老服务机构数据库	养老机构、居家养老服务中心、老年食堂、照料中心、康复辅具租赁点、老年用品店、老年大学等机构信息
老年人政务事项数据库	老年人事项申请、养老津贴申请、养老机构备案等事项信息
养老公共服务数据库	养老服务派单信息、老年人出入院信息、床位码信息、养老机构等级评定信息等

一、顶层设计　分类施策

《加快推进"最多跑一次"改革实施方案》

为持续增进民生福祉，浙江省聚焦民生改善，按照"群众提、大家定、政府办"的理念，切实办好民生实事。早在2016年，为从根本上提高政府部门的办事效率和办事质量，浙江省委、省政府根据浙江基层工作创新经验，首次公开提出"最多跑一次"改革。2017年年初，"最多跑一次"改革在浙江省政府工作报告中被正式提出，要求各地根据"全面推进，重点突破，示范引领""全面梳理，分类要求，分步快走""条块结合，重在基层，加大指导""功能互补，优化流程，提升服务"的基本原则，从与群众生活关系最紧密的领域和事项做起，充分运用"互联网＋政务服务"和大数据，全面推进政府自身改革，通过让数据"多跑路"，换取群众和企业"少跑腿"甚至"不跑腿"，让群众的获得感明显增强、政府办事效率明显提升。

在政策引领下，浙江省各地加快构建数字化养老步伐，开展养老数据库与信息平台建设工作。在基础数据来源上，浙江省多地通过组织驻村干部，召开数据库项目指标说明会，并落实责任主体，进行实地走访，做到村不漏户、户不漏人、人不漏项，深入基层挨个摸排及确认，确保老年人基础数据的准确有效性；在平台数据库搭建上，各地市根据平台应用场景及服务范围，通过因地制宜、分类施策的方式，将初始数据及所需跨部门数据录入、打通，并加以整合利用。

最早搭建的宁波市江北区智慧养老服务平台数据库，通过对接、签约等方式，缓解了"银发困局"。该平台的数据库不仅对接了卫计部门的健康数据，还导入了民政部门掌握的各养老机构及其从业人员的数据。目前，该数据库已经录入全区6万多名老年人的数据，不仅包括老人的基础数据，还有老人的生活习惯、健康状况、疾病状况等信息。除此之外，数据库中还囊括了区域内100多家各类为老服务机构的信息，集成送餐、家政、医疗、维修、陪护、文娱等30余项为老服务内容，将服务项目、从业人员、志愿者团队数据等均归档入库。通过政府部门数据与服务资源数据的结合，江北区智慧养老服务平台打造了区、街道（镇）、社区（村）三级养老服务网络。

绍兴市智慧养老综合服务平台的多个数据库，通过基层收集、跨部门整合比对等方式，实现了养老资源的精准对接。其中，绍兴老人数据库中，通过整合比对公安系统、市民卡系统、殡葬系统等数据，目前已涵盖全市60岁以上老人数量，各区、县（市）老人数量，已使用过养老券人数等多组数据；老人服务主体数据库中，政府部门收集了老人较为关心的全市居家养老服务点、养老产品供应商、助餐配送点等共计4000多个不同类型的养老服务资源，实现了任意点开一个养老服务资源即可轻松查阅其具体位置、相关负责人、联系电话等信息。针对绍兴市养老服务电子券发放工作，平台也专门建立了专项补贴券数据库，实现补贴券发放和使用情况的精准查询与对接。

杭州市"互联网＋养老"平台数据库，通过引进养老服务对象、签约养老服务商家及养老服务人员等各类工作人员，并与公安数据协同，建立老人数据库、服务机构数据库、从业人员数据库，用姓名、身份证号、户籍等信息进行生物信息比对，验证老年人、养老从业人员的真实性；还依托杭州市民卡，增设养老服务专户，实现电子养老卡与电子社保卡多卡、多码联合，打通支付结算壁垒；通过人社、医保、卫健等相关部门的数据互通，扩大数据覆盖范围，实现养老数据实时、在线可查及养老服务情况实时分析、统计，为养老服务监管及涉老政策制定提供依据，防止多享受、漏享受、重复享受、多头享受等情况出现。以数据为牵引，颗粒化政策所需协同的数据，通过充分整合各类资源，加强数据交互，实现业务联动，真正做到以"数据跑"代替"老人跑"。在杭州市"互联网＋养老"平台养老数据库的基础上，西湖区继续利用数字化为群众需求"画像"，并从中提炼形成改革任务，创新研发了"一键养老"应用平台。"一键养老"数据库不仅涵盖了"互联网＋养老"服务平台中原有的公安、人社、医保、卫健、养老资源等数据，还打通了民政、宣传、文旅、教育等多部门数据，将医疗资源、教育资源、产业资源、文化资源、政务资源等汇聚其中。通过将各领域数据资源打通融合，实现多源数据共享集成，打造以老有所医、老有所养、老有所护、老有所康、老有所安、老有所食、老有所居、老有所行、老有所依、老有所为、老有所学、老有所乐等12个"老有"为主题的养老服务数字化生态圈，以数字化助力养老服务，让养老服务变得触手可及。

各地市（区）的积极探索、勇于创新，使得养老数据库搭建工作顺利推进，为浙江省智慧养老服务体系的构建奠定了坚实基础。

二、综合集成 协同共治

省内"最多跑一次"改革不断纵深发展，养老服务数字化已成为突破浙江养老服务发展不平衡、不充分，供需对接不顺畅，支持政策不够聚焦的重要途径和手段。在此背景下，浙江省充分利用各地市初步完成的养老数据库及信息平台，继续以数字化改革为牵引，致力于打造一个以养老服务大数据为依托，归集各市县个性化养老系统数据，为各级各类用户提供养老政务、公共、公益服务，链接市场服务的统一平台。

2019年7月，浙江省民政厅发布了"浙里养"智慧养老服务平台的建设框架。该平台由政府和市场主体共建，用户覆盖政府、市场主体、老年人及其家属三类。其中，政府用户贯通省、市、县、乡镇（街道）、村（社区）等各级政府部门，市场主体涵盖养老机构、养老服务组织、社会组织、志愿者组织、金融机构、从业人员等为老服务组织机构和人员。平台建设以全省养老服务大数据为基础，引入"最多跑一次"改革、互联网思维、共享开放等理念，提供居家社区养老、机构养老、康养结合、医养结合、人才培养、志愿服务、老年产品租售、旅居养老等服务，依托受理中心、评估中心、办理中心、支付中心、监管中心等，实现多方式受理、统一评估、一证通办、线上支付及严格监管。坚持政府搭台、专业组织服务、老年人及其家庭自主选择的市场原则，加速提升养老服务质量。目前，"浙里养"1.0版的开发与推广已顺利完成，平台数据库通过民政部门内部协同汇聚数据、政府跨部门跨层级打通数据、各地市信息平台共享数据、各县市基层填报补录数据等方式，进行了各类数据的归集整理，同时对数据进行梳理筛选，确保系统信息的准确性。

三、螺旋迭代　数据上云

数据信息是服务开展的"指南针"，数据质量是服务精准的"生命线"。为进一步推动养老服务数字化改革，加快建立高质量、现代化的智慧养老服务体系，全面提高养老服务水平，浙江省 2020 年发布的《新型基础设施建设三年行动计划（2020—2022年）》提出，要优化布局、做大做强云数据中心，推进智慧养老设施建设，在原有数据库的基础上，利用更先进的技术手段，以更科学的管理方式，依托省公共数据平台探索建立"养老云"数据库。

2021 年 5 月，浙江省民政厅印发《浙江省养老服务数字化改革工作方案》（浙民养〔2021〕101 号），明确了"养老云"数据库的涵盖要求及实现功能、数据协同方式及数据共享清单。在涵盖范围及实现功能上，"养老云"数据库需包括涉及养老的各种基础数据、动态数据、监管数据。通过省公共数据平台和有关部门的信息系统自

《浙江省养老服务数字化改革工作方案》

动收集、核实、标记涉老数据，形成入驻机构老人专用数据库、享受补贴老人专用数据库和养老从业人员专用数据库等。通过对数据的实时调用与比对，实现各类表单数据的智能填充、实时验证和养老数据综合分析，确保数据收集实时化、动态化、精准化。在数据协同上，围绕老年人的全生命周期、养老服务机构的全营业周期、养老从业人员的全职业周期，分别建立老年人、市场主体和从业人员主题数据仓。通过省公共数据平台等，实现发改、公安、人社、卫健、医保、残联、法院、电力、供水、军人事务、综治、应急、住建、市场监管、自然资源、生态环境、税务、广电、民政等相关部门数据共享。根据相关协议和平台数据要求，按需推送各类数据信息，由平台进行数据采集、核实、标记、管理、分析和共享。根据规划，2022 年年底前"养老云"数据库将基本覆盖市场主体、从业人员和 80% 以上老年人，形成积极应对人口老龄化全貌数据。

实现数据共享，为智慧养老带来更多惊喜：从卫健部门获取老人基础健康体检资料和医疗卫生机构出具的不适宜入住养老机构的传染病体检资料，免去了重复体检；及时将养老床位数据、入住老人信息推送给大数据局，便于精准掌握全域养老信息；集成各类养老服务机构信息，可为老人及其家属提供养老服务及时准确的信息；动态及时收集各类便民养老服务消费使用情况，使政府的监管更加准确……

数字经济是浙江省的特色和优势，在数字化改革的不断推动下，通过不断扩充、打通、融合全省各项养老数据，完善智慧养老服务应用数据库，加快全省统一养老服

务平台建设，可有效弥补养老服务的数字短板，引领养老服务"由有向好"高质量发展，为打造浙江"幸福颐养"标杆区提供数据指引。

第二节　一部手机通办养老事项

办事地点太远、办事材料繁多复杂、自助设备不会使用、手机扫码"障碍"重重、腿脚不便不能现场签字办理……针对不少"银发族"办理政务事件中遇到的实际问题，浙江省不断通过智能化服务创新，聚焦涉及老年人的高频事项和服务场景，做实做细适老服务举措，扎实推进互联网时代下政务服务"适老化"工作，让老人们享有更直接、更便利、更贴心的数字化政务服务。

2021年，为进一步贯彻落实《国务院办公厅印发关于切实解决老年人运用智能技术困难实施方案的通知》（国办发〔2020〕45号）要求，浙江省政府办公厅印发的《浙江省切实解决老年人运用智能技术困难实施方案》（浙政办发〔2021〕39号）提出，要优化"互联网＋政务服务"应用，推动涉老政务服务事项业务流程再优化、表单材料再精简、数据共享再提升，持续优化老年人办事体验，切实保障老年人办事服务便利化。浙江省各地按照涉老服务场景和高频事项启动调研，分类梳理制约老年人办事的堵点、痛点问题，并针对性地出台解决对策，通过完善服务体系、服务网络，在不断总结经验的基础上，更全面地优化传统服务，更直接地开展就近服务，更暖心地提供主动服务，积极探索老年人政务服务事项办理的"数字红利"。

《浙江省切实解决老年人运用智能技术困难实施方案》

一、从"窗口办"到"掌上办"

从"最多跑一次"到"最好不用跑"，掌上"一站式"服务越来越简便快捷。2017年以来，浙江省各市、县（市、区）行政服务中心持续推进"减窗口"工作。从按照"整体政府"设置"无差别受理"综合窗口，到政府数字化转型带来的以"掌上办"代替"窗口办"，"减窗口"的背后，是浙江以"最多跑一次"改革为牵引，以数字化变革为动力，不断迭代升级群众、企业办事流程的过程。

自2014年"浙里办"手机App上线以来，浙江省正逐步构建全省统一的"互联网＋政务服务"体系，通过联通全国一体化在线政务服务平台，拓展网上政务功能、推进模式创新、优化服务体验。如今，为了满足老年人群体使用政务服务的便捷诉求，浙江省不仅以填平"数字鸿沟"为核心，对应用平台进行适老化改造，推出"浙里办"

长辈版，还打造了专门为老年人群体服务的"浙里养"应用平台，方便老年人在线上通过手机直接办理。老年人通过"浙里办"或"浙里养"办理的政务事项已达 100%。

由于各地数据共享不够充分，为提高掌上"一站式"办结覆盖率，浙江省各地依靠数字赋能，加快推动"一网通办"。

湖州市吴兴区自主创新研发"家里办"，实现老年人户籍事项"零跑腿"。在"浙里办"应用平台上 41 项户籍事项中，仅有 14 项"五星"业务可网上办结，而其他业务囿于《常住人口登记表》无法进行网上核对和签名认证等程序限制，仍需到窗口办理。针对这种情况，吴兴区公安分局以数据赋能，自行研发了吴兴户证"家里办"小平台，并配置"e 签宝"网签程序，实现了网上操作闭环，并进一步完善线上线下"适老"服务机制，对家中有子女照顾的老人，将办理的网签通知短信同步发给子女，由子女协助老人在家完成网上业务办理。对子女不在身边的老人，专门为各派出所配备"家里办"平板电脑，由辖区民警上门手把手指导网签，成功将"窗口"挪至老人家中，实现了户籍事项 100%"掌上办"。

衢州市则率先推行待遇无感认证，精准提供老年人便利化社保服务。从 2019 年起，衢州市在全省率先推出社保待遇资格"无感认证"新机制，全面取消原来每年一次的离退休老人社保待遇资格集中认证，使老年人不必每年出门跑一趟。通过集中力量攻坚开发"无感认证"功能模块，开通人脸识别"线上认证"，并主动对接上级部门，积极打通全市社保、医保、卫生、交通、民政、公安、司法等活跃数据采集渠道，通过数据共享实现"数据认证"。而对于信息比对中未能获取数据的退休人员，市内人员委托邮政部门提供上门认证服务，市外人员则通过其留在社保信息系统的联系方式，发送短信进行提醒告知，或通过移动终端以微信视频的方式予以核实，打通了社保资格认证服务的"最后一公里"，实现了老年人社保待遇资格认证"掌上办"。

二、从"不好办"到"帮你办"

政务服务有温度，老人办事无难度。为确保政务服务适老化真正造福于民，浙江省多地立足特殊需求，采取了一系列诸如使用教学、事项代办、上门服务等暖心举措，帮助老年人更好地享受信息化发展成果。

2020 年，宁波市江北区人力社保局通过开通"'浙江政务服务网社保大厅'+'浙里办'手机 App+ 微信公众号 + 自助服务终端"的多渠道电子政务经办渠道，让老人选择适合自己的经办方式来办理社保业务。此外，在区社保经办大厅，还专门设立了老年人业务办理绿色通道，设置了为 60 岁以上老年人优先服务的"长者绿色专窗"，实行"免排队""优先办";在社保待遇资格认证等服务方面,面向高龄、重病、伤残等行动不便人员,提供上门服务,特别是对80岁以上的老年人以及重度残疾人,优先提供上门服务,并建立了高龄服务台账实施动态管理,尽可能让老年人"零跑腿"。

2020年8月,宁波慈溪市围绕老年人日常生活场景和高频事项,有机整合便民服务中心工作人员、村社网格员、退休干部等,组建志愿团队——"智小二",以现场帮办、上门代办、情景化教学等方式,精准服务老年人群体。他们除了在大厅手把手帮办、代办之外,还绘制了业务操作流程图,包括怎么扫码买菜、怎么挂号等日常生活中的常用功能,让老年人一目了然。"智小二"服务品牌推出三个多月时,慈溪市就整合了相关志愿者150余人,提供上门智能技术服务超千次。不仅如此,对于行动不便的独居老人,慈溪市还积极推广上门帮扶服务,开展政务服务"大篷车",定期组织业务经办人员,上门为老年人提供即时、高效的服务;同时,将高频办理事项,以授权、委托的形式下放至镇(街道)和村(社区)便民服务中心,延伸至银行、邮政网点等,方便老年人就近办理。

2021年4月,杭州市西湖区为老年人办事"兜底",推出"暖心窗口"服务、延时服务、上门服务和预约服务。通过将全区政务服务各窗口对外公布的45个办事咨询电话整合为一条全区专线,由各窗口分线人员并行接听,协助老年人办事或在线引导老年人按照操作流程进行"掌上办",尽量让老年人"不跑腿"也能办成事。

同时,为老年群体新增了"浙里办"中的"代办联系人管理"功能以及"浙里养"中的"亲情绑定"功能,实现了近200项服务的授权代办。

在了解到老年人"不好办""不会办"后,主动选择"帮你办""为你办",浙江省一直关注老年人的需求,有效解决了老年人面临的"数字鸿沟"问题,让老年人在感受到"科技温度"的同时也感受到"浙江温度"。

三、从"申请办"到"主动办"

相比于老年人难以适应线上办理而形成的"数字鸿沟"来说,因各种缘由导致政策"漏人"或人找不到政策所产生的"鸿沟"更加深层。随着经济社会的发展,惠老政策越来越多、越来越细,传统的由办事人自主申报办理的模式,已然跟不上现实需求。如今,浙江省各地正在主攻主动服务及"无感智办""秒办"等智慧服务,将以往享受政策待遇都需要申请的部门思维,逐渐转向用户思维,做到非必要不用申请,利用数字化手段主动提供服务,不仅可以免去老年人忘办、漏办等诸多麻烦,也可以让政策更加精准高效落地,实现政策应享尽享。

2020 年，杭州市搭建城市大脑"民生直达"平台，将"直达"理念扩大到民生领域。该平台针对惠民政策散、办事多头跑、申请材料繁等问题，基于云计算服务，通过数据协同、流程再造，实现自动匹配公共信息，查找服务对象，实现"政策找人"，将补助及时、精准地发放到群众手中，实现了普惠性享受公共服务"一次都不用跑"，救助政策覆盖"一个都不少""一天都不差"。对老年群体来说，高龄津贴、补助申请等事项，以往需要本人前往社区办理，如今，系统通过数据的比对碰撞，会根据年龄主动提醒老年人办理老年卡或者申领高龄津贴等事项，社工根据提醒的内容主动与老人对接，通过上门或电话的方式采集电子资料。以往需要花费很大精力审核的补贴发放，因此也变得更加精准、快捷，通过"民生直达"平台，目前已成功发放资金 4790 余万元，资金发放审核周期由之前的 3 天减少至 2 小时。

衢州市紧扣养老待遇、社保卡应用等老年人最关切的事项，积极推行主动、精准服务。通过大力推行"百姓秘书"短信提醒服务，对退休人员关注的社保待遇发放等事项主动发送告知短信。2020 年内共发送疫情防控、待遇发放等提醒告知类短信 12 万余条。这个被称为"百姓秘书"的应用，就是为了避免群众因不知情、不记得而错失政策享受而诞生的。该应用运用深度学习等人工智能技术，构建服务事项和用户两个画像库，精准建立两者之间的联系，从而将政务服务事项主动推送给符合办事条件的用户。

从"事事申请"到"非必要不用申请"，在养老服务模式不断更新迭代之际，主动服务这一初心显得愈发重要。"政策找人""主动发放""到时提醒"等智慧功能的出现，让政务服务既便民又高效，不仅使政策得以准确落实，而且也提高了老年人的获得感，让为老服务充满了"温度"。

第三节 一张地图展示养老资源

随着人口老龄化时代的到来，养老服务需求日益旺盛，而老年人对于养老服务缺乏了解、缺失信任、寻找困难、申请烦琐等问题，使养老服务需求无法得到有效满足，更无法直接捕捉。对于养老机构来说，同样面临着老年人数据资源分散、服务提供渠道不畅、需求情况不明等困境。在此背景下，浙江省各地积极推进养老服务信息系统建设，在充分整合养老信息数据库的基础上，打造"多点供给""多线响应""多方联动"的老年人养老服务管理模式。

养老地图就是在我国养老服务市场资源整合过程中应运而生的产品。为提升这幅聚合老年生活所需各类服务信息的"地图"的准确度、数据量和可信度，浙江省政府积极主导"地图"构建，并不断创新迭代，使养老地图的功能和角色逐渐由选择养老机构的信息入口向老年人本地生活服务的渠道入口延伸；由链接社区养老、机构养老、居家养老为核心向赋能和聚合本地老年生活服务商延伸，使其得以一站式地聚合老年生活所需的各类服务，让老年人一"图"在手，对身边可及的养老服务资源一"览"无余，一"键"下单，各种高频服务到身边。

一、一张地图　资源展眼前

"跟着地图去养老"，是目前浙江省多地正创新打造"15分钟养老服务圈"的服务项目之一。通过各地服务平台上的"养老地图"，老年人能直接定位到离自己最近的养老机构及老年服务资源，并在线直观了解养老机构的相关设施和条件，养老机构、乡镇（街道）居家养老服务中心、社区照料中心、护理院、康复医院、老年活动中心等与老年人生活密切相关的设施，都能在地图展现。

2019年，杭州市"互联网＋养老"平台打造的"养老地图"，实现了老年人对周边养老服务资源的便捷查询，"养老地图"动态展示养老服务机构、护理院、老年大学、老年活动中心等机构。老年人在查询到周边养老设施后，可进行导航。点击任一养老服务机构，可获悉机构简介、具体地址，了解负责人、床位数、可提供的服务、收费价格、与用户的距离以及联系方式等详细信息。对于选定的养老机构，还能进行线上预约床位。通过VR全景导览功能，手机点点即可查看养老机构内各空间设置、活动场地、户型布局，老年人足不出户就能对心仪的养老机构有更为直观的了解。"养老地图"让老百姓得以在家找机构、在家看机构、在家预约机构。与"养老地图"一同上线的，还有"养老服务顾问"功能，它分为政策顾问和服务顾问。当老年人提供基本信息后，政策顾问可以列出老年人曾经享受的、正在享受的以及还可以申请享受的各类养老政策；服务顾问则可以为老年人提供符合条件和需求的服务，在餐饮、医疗、养老机构入驻、上门服务、老年教育、文体娱乐、旅游、养生、产品等方面的服务信息推介，实现服务的主动推送。目前，该平台面向杭州市所有的区、县、街道各级开放，共计覆盖数千社区，管理和服务老人信息超过百万，实现了全市174万老年人通过手机App即可在智慧平台查询养老设施布局及机构VR全景，并购买商家提供的助老服务。

数智赋能，居家助老　杭州推进"互联网＋养老"养老新实践 [①]

杭州市是国内较早进入人口老龄化的城市之一。截至 2020 年年底，全市 60 岁及以上户籍老年人口 188.3 万人，占总人口的 23.13%，80 岁及以上高龄老人 29.42 万人，占老年人口的 15.62%；失能、半失能老人 11.03 万人，占老年人口的 5.86%，人口老龄化、高龄化、失能化、空巢化"四化叠加"趋势明显。

依托浙江省民政厅"浙里养"平台建设规范体系，并依据《杭州市居家养老服务条例》相关要求，杭州市从顶层设计、整体谋划，到线上线下、服务融合，再到数字赋能、服务升级，形成了一套从"城市大脑"到"水表电表"的自上而下智慧养老总布局，全面实施"互联网＋养老"服务行动。

围绕数字化改革的总体要求，以便捷养老服务供需对接、提升养老综合治理能力为导向，杭州市民政局搭建了涵盖"业务管理、公众服务、机构运营、支付结算、数据应用"等五大平台的"互联网＋养老"系统，17 个项目列入全市民政系统数字化改革应用场景建设清单。

在养老政策的推送方面，汇集市、县两级民政为老政策，电子"养老管家"推送"幸福清单"，老人或家属可以在手机端输入年龄、户籍等信息，实时匹配高龄津贴和养老服务补贴等政策待遇及办理渠道、办理材料等。以数据推送代替主动申请，实现高龄津贴发放一次不用跑。

在养老补贴结算方面，杭州市在全国率先创设全市通用的养老服务电子津贴"重阳分"，其中低保低边、重度失能老人每月可补贴 1820 元（最高标准），破解传统的政府购买养老服务"纸质券"结账弊端。"重阳分"打入老年人社保卡（市民卡）中的养老服务专户，老人可自主管理、自主消费，有效解决老年人户籍地与居住地不一致的跨区域服务。

在养老服务资源网聚方面，"互联网＋养老"平台依托市民卡平台建立养老服务商城，老年人及其家属可预约助洁、助浴、助行、助医和康复护理、辅具适配等服务，按需订制养老服务方案以及定期上门的个性化服务，老年人选择养老服务就像在"饿了么"点餐那样方便。目前，已入驻为老服务商家 311 家，提供 53 项服务，9000 余名互联网养老护理员随时在线接单，累计提供养老服务 580 余万单，日均 1 万单以上。

在养老服务资源展示方面，"互联网＋养老"平台实现了养老地图 VR 全景导览功

---

① 由浙江省民政厅供稿。

能。"养老地图"动态展示养老服务机构、护理院、老年大学、老年活动中心等机构，老人和家属可随时获悉机构简介、具体地址、联系方式、收费价格等，方便老百姓在家找机构、在家看机构、在家预约机构。尤其是VR全景导览功能，手机点点即可查看养老机构内各空间设置、活动场地、户型布局，老年人足不出户就能对心仪的养老机构有更为直观的了解。

"互联网+"养老行动的实施，充分利用物联网、云计算、大数据、智能硬件等新一代信息技术产品，为老年人及其家属提供高效便捷的服务，形成了养老服务高质量发展的"杭州样本"。

2021年，与杭州的"互联网+养老"平台类似的温州市"养老地图"也在温州市民卡App以及温州民政微信公众号上线。需要寻找养老服务的老年人，打开温州市民卡App或温州民政微信公众号，进入"养老地图"界面，即可查看温州市内所有养老服务机构，其中包括187家镇街养老服务中心、2373家日间照料中心、274家养老机构及助餐点。该服务以电子地图为支撑，通过VR全景的形式，能最大限度地打破空间壁垒，还原真实场景，展示养老服务机构的相关信息，包括地理位置、服务设施、床位预约及收费情况，使广大老年人及其亲属足不出户即可了解各类养老机构的基本信息，实现对养老服务机构的快速遴选。同时，"养老顾问"功能也可以让老年人根据自身年龄、健康等情况查询到在出行、就医等方面的政策福利待遇。

与温州市"养老地图"一同上线的，还有宁波镇海区的养老IP与手绘养老地图。养老IP"珍阿婆""海大伯"，其和蔼的形象、丰富的表情和最美的微笑，让镇海养老服务增温增暖，尽显"大家小我"；手绘养老地图上公开各类养老服务设施以及机构的具体位置和基本信息，包含养老院、居家养老服务机构、助餐服务场所、公共场所的无障碍设施等，并提供精准、便捷、高效、翔实的信息查询服务，让家门口的养老设施更加一目了然。手绘养老地图上添加的养老IP及专属标识，让老年人对附近的养老资源有了更直观的感受，走到这些服务机构门口就能一眼认出，并享受一些基本服务，如歇歇脚、喝口水、上厕所、防止走失、紧急救助等。

绍兴市的"绍兴养老一张图"，基于养老大数据平台构建，整合了全市公安、民政、人力社保、卫生健康、残联等各方资源，汇集了约400个社会养老服务企业（组织）、138个养老机构、2000余个城乡社区居家养老服务照料中心等单位的信息。老人或其家人可通过电脑端或手机端访问，全市百余家养老机构的名称、地址、联系方式等信息一应俱全，不少机构还有3D全景图。

湖州市安吉县的"养老地图"只要通过"安吉民政"微信公众号"安民养"模块进入，即可看到全县 19 家养老机构的介绍信息及 VR 实景，并可以在线进行机构预约。

不同形式"养老地图"的出现，将以往老年人了解甚少、寻找困难的养老服务资源都通过互联网送到了老人及其家属眼前，不仅消除了供求之间的信息不对称，将养老需求和供给更加精准地对接起来，而且让老人不用一家家跑、一家家看，实现了足不出户周围服务信息全知晓的良好生态，使老人能够更方便地寻找到心仪的服务。

二、一键直达　服务在手边

在通过互联网集成本地各种老年人所需要的服务资源以后，"一键护理""一键点餐""一键听课""一键医疗"……浙江省多地的手机"一键"功能，让广大老年群体动动手指，就能得到所需要的服务。通过数字化手段，解决老年人高频需求场景和生活关键问题，实现了养老服务从眼前到身边的跨越。

从 2019 年起，宁波市奉化区充分应用 5G、物联网、大数据、云计算等新一代数字技术，按照数字化改革要求，通过开发区智慧养老服务系统和进行运维升级，提升服务效能。为解决部分老人不会使用智能手机点餐的"触网难"问题，区民政局指导各助餐点安装了人脸识别机器。同时，为了让行动不便的老年人在家享受线上点餐、线上支付、配送上门等助餐服务，奉化区还组织开发了手机端微信小程序"奉化区智慧助餐老人端 V1.0"，老人订餐、收餐、评价整套流程均可实现"指尖办"，居家康养服务一键即达。

2021 年 4 月，杭州市西湖区创新开发"一键养老"应用平台，从老年人的视角来设计服务框架，以更加人性化的方式，设置老年人专用界面，通过明亮色来突显功能标识，实现所需功能一键直达，操作方式简单高效。例如，点击"我的警察、律师、医生……"即可开展防范欺诈、法律咨询、远程问诊等业务项目。除此之外，医疗资源、教育资源、文化资源、政务资源等皆被汇聚其中，还配备了许多视频和电子书资源，线上课堂结合线下课堂，例如，"去上课"模块的视频内容，涵盖科学健身、教育课程、医疗课程、科普课程，并且在"线下课堂"里，还能看到社区即将开展的活动内容，能直接在线上报名预约。"云书房"模块，除了可以供老年人翻看各类电子书籍外，也可以实现预约借阅，在挑选好想要借阅的书籍后，收到预约的工作人员整理好借阅书籍后，在第一时间电话通知老人，告知其取书的时间。目前，西湖区的老年人只需在"一键养老"应用中点一点，就能享受远程问诊、康复治疗、送餐上门等 30 多项居家养老服务。

杭州市西湖区打造"一键养老"数字应用
让养老服务"触手可及"①

一、解决的问题

根据浙江省政府工作报告中提出的要让"养老服务触手可及"，杭州市西湖区以数字化改革为契机，用数字化手段解决老年人高频需求场景和生活关键问题，从单纯的"寻找服务模式"转变为"我要服务、为我服务"模式，打破条块化管理的壁垒，从纵向和横向打通服务过程中的一切堵点，实现真正的"一键养老"。

二、主要做法

（一）聚焦数字养老的需求，创设"一键养老"服务场景

1. 贯通资源，实现多跨协同。通过民主察民情，充分发挥"民意小圆桌""人大代表联络站""居民议事会""请你来协商"等载体，多层次、全方位征集数字养老的实际需求及痛点难点，累计召开民生圆桌会、议事会56次，收集意见860条。统筹卫健、人社、教育、文广旅体、公安、司法、市场监管、共青团等24个部门的既有优势，打通融合教育、医疗、文化、政务等公共服务领域资源，创设"一键养老"多跨协同应用场景。该场景包含"通用版""老人版"两大模块，同步上线"美丽西湖"App和"浙里办"平台，设置养老高频场景模块6个，包含养老服务30项。

2. 精准定制，实现全域服务。"一键养老"场景包含老有所养、老有所学、老有所为等12个"老有"服务功能30项，并延伸拓展健康养生、志愿服务、兴趣爱好等模块，支持防范欺诈、法律咨询、远程问诊等功能。绘制全息态养老数字地图，包含养老服务场地介绍、活动预约等功能，动态展示辖区养老服务情况。24小时服务全域老年人及其家属13.9万人。此外，面向高龄孤寡、独居、空巢老人的安全需求，借助全区安全生产物联感知平台，累计为1600名空巢老人安装烟感、电感、气感、红外智能守护"四件套"设备。

（二）聚焦养老实用的需求，提升"一键养老"服务能级

1. 新构亲情互动模式。通过"一键养老"场景，老人家属可通过手机端进入，完成亲情关注，实现代为下单、支付及评价，共享服务过程；通过物联网感知设备，实时监测老人身体健康数据、视频连线老人在家情况，构建数字时代下的亲情互动新场景，打造数字化场景居家养老服务新模式。同时，平台根据老人及其家属对服务的反

---

① 由杭州市西湖区民政局供稿。

馈和评价，对相关为老机构开展绩效测评，促进平台内为老服务企业发展良性循环。

2. 弥合服务"数字鸿沟"。充分运用物联网技术，在"一键养老"场景中特别设置老人版专用界面，选择明亮色块标识平台内为老服务的功能，选择偏大的字体提高识别度，确保老年人服务一键直达、精准定位。同时，组建志愿者团队，安排志愿者上门"一对一"对接，帮助老年人实体操作，提升老年人的获得感和幸福感。

（三）聚焦持续养老的需求，保障"一键养老"服务可持续

1. 与居家康养服务紧密衔接。通过"一键养老"应用，采集老人健康档案、体适能、认知障碍、生活自理能力等评估信息，并形成智能分析结果；同步结合社区康复训练、护理服务等数据，有针对性地为老年群体提供养老服务方案，科学有序地提供健康知识宣教、体适能训练、家庭养老照护床位建设等服务内容，实现数字化手段夯实家庭养老功能，全面满足老年人居家康养服务的个性化和多元化需求。

2. 与民生综合体扩面紧密衔接。将"一键养老"场景融入"幸福西湖民生综合体"建设，数字养老的内容与实体化民生综合体建设相融合，实现线下、线上养老服务融合发展。结合老年人的需求，精准服务信息和内容，有针对性地推送"15分钟生活圈"的民生服务设施与项目，让民生综合体成为数字养老服务"体验馆"。

3. 与未来社区建设紧密衔接。按照未来社区养老场景建设要求，初步在上保社区试点"未来社区"智慧养老多跨应用，分设"享优待""约服务""智守护"三个子场景，实现主动告知、精准推送、智慧巡查、紧急帮扶等功能，并接入浙里办"我的家园"，提高老人生活质量。目前，已在西湖上保、滨江冠山、滨江东信、上城杨柳郡、绍兴大渡、衢州白云、衢州余东村等7个省级未来社区及乡村推广落地。

三、实际成效

目前，西湖区"一键养老"平台，已导入全区11.2万名老年人数据，入驻社区服务机构913家，用户数量20万人次。根据11个镇街邀请的203名"银龄体验官"操作体验"一键养老"应用场景老人版相关模块反馈结果，满意率为98%。

2021年5月，丽水市整合智慧养老和96345便民服务两大平台、由市区共建的"丽水居养96345"小程序正式上线，其中涵盖了全区养老便民服务资源、第三方社会化服务商、志愿者公益组织等内容，可为老年人提供"菜单式"的多元养老服务。小程序主界面共分为预约服务、找养老院、便民信息、志愿服务、在线学习、申请加盟六个板块，其中，在预约服务板块下，含有养老服务、设备维修、水电维修等十多项便民服务；进入养老服务菜单，医疗保健、助浴、送餐、防护、辅具租赁、心理咨询、

找家庭照护员等各类居家生活服务都包含在内，具有相关需求的老年人只要动动手指，就能快速预约下单、上门服务。

温州乐清市的"老年人一站式服务"系统实现了老人只需按一下"智能一键式服务"即可享受服务。志愿者接到短信通知后，即会联系老人进行上门服务。大到问诊、送医，小到聊天、买药，全都囊括其中，而且智慧平台中已将辖区内所有居家老人的健康、体检信息全部录入，以便工作人员在需要时能追踪其身体情况变化，精准提供服务。

立足需求，浙江省各地基于信息化技术，将各种为老服务资源，通过线上线下整合的方式，将服务"一键"送到老年人身边，切实提高了老年人获取服务的便利性。

三、智慧终端　安心伴身旁

为了能让独居的老人安心、家属放心，近年来，浙江省多地积极运用物联网、人工智能分析技术等，通过养老服务平台，探索建立"智慧+安全"服务模式，主动为老年人的身心健康、居家安全等搭建起全方位保护屏障。

2020年，湖州市德清县福利院通过为老人配备"健康小管家"，实现老年护理服务提前加入、精准实施。该福利院在全院范围内安装了智慧养老智能枕，通过智慧养老健康管理平台，实时监测老人入眠期间心率、呼吸等身体体征异常情况。所有老人的健康信息都会形成阶段性的曲线图和数据库，如果有波动和不稳定，"健康小管家"就会自动报警，提醒院方工作人员及时干预。到2020年年底，德清县福利院180多位老人，已全部安装了智能监测仪器。同时，这套监测系统也已经开始面向德清县的居家老人，尤其是独居、失能失智老人运用，老人睡眠时的异常体征信息会通过系统实时反馈到相应的村（社区）医生手机上，医生根据信息情况及时上门服务。

2020年，嘉兴市秀洲区在嘉兴第一医院内建成了秀洲区首个家院融合·养医护康智慧康养中心，为王店镇260多位空巢独居老人配备智能传感器等设备，这些设备能在老人睡眠时记录呼吸、心率等健康数据。通过中心配置的"最强大脑"指挥室，建立了健康档案和健康问询、健康关怀、建议就医的三级预警机制，一旦发出预警信息，就会第一时间将异常数据传送到老人家属和签约家庭医生的手机App上，家庭医生将根据预警信息立即上门询问、检查并提供相应服务。之后，秀洲区进一步完善养老服务细节，注入更多的"智慧+"元素。到2021年8月底，秀洲区为506名空巢独居老人送去了由智能水表、雷达跌倒报警、智能烟感、智能煤气报警、一键呼叫设备组成的助安"五件套"，实实在在地为有需要的老年人构筑独居安全屋。

2021 年 5 月，杭州市水务集团积极探索运用"互联网＋技术远传水表"，通过线上和线下相结合、网络预警和实体服务相结合的形式，实现在水表上"云守护"老人。杭州市拱墅区的小河街道作为首批试点区域，已有 260 余户老人安装了"智慧水表"。在小河街道"云共治"指挥中心大屏上的"公共服务——日常关怀"板块内，集成了辖区内 260 余户安装"智慧水表"的老年住户情况。该平台结合老人平常用水的实际情况，设置了持续大水量、持续小水量、全天零用水、高峰时段零用水等四种异常情况，用水数据每隔 30 分钟更新一次。老人每天的用水时间、用水量，都在无感状态下得到动态监测、分析，一旦出现用水异常，数据平台就会发出预警信号。社区工作人员收到预警后，就会立即致电老年人和其紧急联系人，并约好时间上门探访，精准提供老人需要的帮助。目前，杭州市水务集团已在全市铺开"智慧水表"的运用，已有六个街道的 1600 余位老人用上了"智慧水表"，所发出的 200 余次预警，都得到了妥善处理。

宁波市江北区通过优化智慧养老服务平台、完善系统机制，实现"数据＋"信息联通，构建云上养老闭环。该平台创设电子派单系统、数据评估模块和远程监控体系，打造了集服务预约、服务反馈与安全监管为一体的养老云系统。其中，安全云监管通过为有需求的高龄、失能、独居、空巢老人家庭免费安装"照护宝"紧急呼叫设备，实现全天候远程安全照护。如设备监测到老人家里有紧急情况发生，照护宝将会及时向平台发出报警信息，平台第一时间打电话告知老人或家属，以及时解除危险。不仅如此，江北区着眼老人居家安全保障，面向辖区内独居、特困老人，启动特殊老人关怀项目，统一为其安装了"智能水表"。其后台同步构建可视化监护系统，借助物联网大数据技术采集老人用水数据，以判断老人在家的安全状况。若老人长时间未用水或短时间大量用水，设备通过算法识别自动向系统发出警报，其家属及社区（村）网格人员可快速响应处理。目前，该系统已惠及独居、特困老人家庭 149 户，系统运行良好。

老有"数"养，是为了更好地老有"安"养。从福利院的"健康小管家"、康养中心的智能传感器，到老人家中的智能水表、雷达跌倒报警器、智能烟感……浙江省将这样的"助老套装"从街道社区的试点慢慢普及，"智能安全屋"已经开始走入城乡普通老人的生活。这一张庞大的安全"网"，实现了老年人居家安全守护全服务链"可视化"管理，让养老服务做到"不呼叫，也能到"，让老年人随时"被守护"，可以生活得更加安心、放心。

第四节 一个平台管理养老服务

搭建养老服务信息平台后，养老服务的供需得以精准对接，服务效率明显提升。但如何确保养老服务资金及相应补贴使用到位，如何对系统中的繁多复杂的服务组织做出准确评估，如何对养老服务质量实施常态化的跟踪管理，这是政府养老服务监管必须解决的现实问题。

为建立一个公平公正的养老服务综合监管制度，在数字赋能时代不断创新养老服务监管方式，提高监管效率，落实监管责任，不断优化养老服务业营商环境，持续提升养老服务质量，更好地满足人民群众日益增长的养老服务需求。2020年11月，国务院办公厅发布的《关于建立健全养老服务综合监管制度促进养老服务高质量发展的意见》（国办发〔2020〕48号）提出，要创新监管方式，加强信息共享，推行"互联网＋监管"，充分运用大数据等新技术手段，实现监管规范化、精准化、智能化，减少人为因素，实现公正监管，减少对监管对象的扰动。2021年12月，浙江省政府办公厅印发《关于加强养老服务综合监管促进养老服务高质量发展的实施意见》（浙政办发〔2021〕88号），对创新数字监管方式的具体要求及责任单位做出了明确规定。在数据汇集方面，要依托一体化智能化公共数据平台，实现"养老云"数据的共享应用；在监管手段方面，要开发"浙里养"平台智慧监管场景，运用远程监管、移动监管、预警防控等非现场监管手段，及时掌握情况，实施动态监管。大力推动技术对接、数据汇聚，实现养老服务质量、财政资金使用等监管数据可比对、过程可追溯、问题可监测等综合监管"一张网"。

目前，浙江省养老服务监管体系已逐渐完善，从以往的仅依赖手工核对信息、线下实地检查、形式考核等评价监督方式，逐渐转变为管理精细化、数据可视化、过程可监控及与线下考核紧密结合的综合绩效评价体系，最终形成了对浙江省养老服务数字化改革、养老服务体系建设、社区养老居家服务情况、养老护理队伍建设情况、"办实事"项目推进情况、创新亮点等进行全方位管理的监督体系，推动了养老服务的高质量发展。

一、从形式到实质

在养老服务监管深度应用数字技术之前，各市街道的居家养老服务中心及社区照料中心社会化运营的效果未达预期目标、第三方服务内容单一、信息不真实、虚报或多报服务补贴，导致养老服务资金未充分发挥应有效益的问题时有发生。这与各地市的服务监管重评估轻监督、不习惯使用服务信息系统、信息系统中的数据未进行有效关联、数据信息不足等因素密切相关。在重评估结果轻过程监管的体制引导下，各地的服务监管及检查大都以政府购买居家养老服务满意度测评为重点，兼顾居家养老配套设施运营，或由各区民政局组织相关部门成立检查小组，进行不定期抽查为主，不仅催生了大量临时的"表面工作"，而且也不利于养老服务质量的提升。

为解决各养老服务机构的服务质量难以把握、虚构服务次数套取政府养老资金、内部监督力度不足、养老服务市场秩序混乱等监督失灵问题，浙江省各地市充分利用省内数字化发展优势，通过建立智慧养老监测系统，筑牢监管防线，将浮于形式的服务监管落到实处。

2015年，宁波市江北区民政局针对当时养老服务市场化、专业化程度偏低、监管不力的情况，从做好顶层设计出发，制定了智慧养老服务监管与运营的整套标准，并在充分调研全国各地做法的基础上，启动搭建并运营了智慧养老监管平台，实现对养老业务管理和养老服务过程的实时监管和统计分析。通过政府购买服务的方式开展管理监督运营工作，主要包括养老服务热线的接听和处理、专业养老服务组织的引入和服务监管、线上和线下结合的服务回访、养老服务投诉的处理等，并通过向民政部门进行项目日报、周报、月报等汇报方式，协调各类需要解决的问题。依托全面的管理、标准化的运营及严密的监管，江北区的养老服务组织能力有效提升，养老服务效果明显改善。

2019年，杭州市"互联网＋养老"平台构建"养老服务综合监管"场景，通过数据充分共享，用"一张图"呈现全地区养老服务数据，主要包含对服务机构消防、食品、用药和服务质量的数字化监管，对居家养老服务过程、服务质量、服务评价的数字化监管，对居家养老服务设施的常态化运营监管，对养老专项资金的使用监管。并通过区块链技术，双链路自动校验，对养老机构安全巡逻、需求评估、所提供的服务，实施动态监管，对管理和服务过程中产生的数据资料，全部留痕。同时加强居家养老护理员的信用管理和养老机构的等级评定和质量评价，实现了养老服务的可视化闭环监管，市民政局通过平台可方便地对居家养老、机构养老、社区养老等各类养老服务进行综合监管和安全巡查。

2020年，湖州市针对养老服务机构点多面广、监管难度大的问题，建设智慧养老监测系统，及时拧紧"清廉养老"安全阀。通过融合老年人信息管理系统、服务中心运营系统、服务机构业务管理系统、服务工单管理系统、养老大数据监管系统等多个管理系统，实现老年人信息统计、服务派单、工单跟踪、服务质量反馈、服务数据分析等，并每月向区民政局出具一份智慧化监管评估报告，为决策分析提供支持。对政府购买养老（居家养老）服务对象住宅进行定位并张贴服务二维码，系统自动根据服务人员扫码的时间和服务时长，实现了服务程序智能化、服务内容清单化。同时，对服务对象进行电话回访，收到积极反馈后，方可记录为有效服务时长，有效规避了服务机构事后为考核结果而弄虚作假的风险，确保基本养老服务落实到位。对 15 家乡镇（街道）示范型居家养老服务中心和 197 家村（社区）居家养老服务照料中心，安装监控，对服务（照料）中心日常运行进行监管，同时进行人流量自动统计，将该数据作为服务（照料）中心运行考核和运行经费拨付的依据之一，有效加大了对养老廉政风险点的安全监管力度。

2021 年，金华市婺城区创新形成"云上＋线下"监管架构，"云上监管＋实地巡查"双管齐下，从严从紧从实抓好养老福利服务机构疫情防控工作，为老年人构筑安全屏障。"云上"即以智慧养老综合平台为依托，开展数字监管。目前，婺城区面向 9 万多名老人，创新打造"区—镇街—村社"三级联动智慧养老综合监管平台，覆盖婺城区全部乡镇（街道），视频监管监控所有的居家养老服务（照料）中心及就餐点。通过平台视频监控可实时查看服务中心及村社照料中心服务情况，一旦发现存在服务不规范等问题，可以及时连线，督促整改，实现快速高效处置。

2021 年，嘉兴市秀洲区通过搭建"安心养"居家养老服务监管场景，实现对居家养老服务中心及机构养老服务中心的实时管控。目前，已覆盖全区 137 家居家养老服务（照料）中心，重点监管实时人流量、活动开展情况、上门服务情况等；机构养老监管场景则整合智慧消防、智慧用电等系统，对全区 6 家养老机构进行全天候安全监管。

通过将以主观评估结果为主的监管方式转变为实时动态的过程管理，浙江省对养老服务的监管已不再是依据流于形式的考核评估结果。通过服务现场和服务过程的实时监控，提高信息透明度，实现了服务过程的全流程、常态化事实监督。

二、从粗放到精细

在养老机构监管实现全程监控后，由于数字监管具体的规则和引导、信息安全保障制度、不同主体间数据技术规则标准的缺乏，以及各监管主体之间存在系统壁垒，导致各部门间实行精细监管及联动落实困难。为解决信息不对称问题，破除养老服务监管痛点，提高监管精度，浙江省各地积极探索监管新方式，着力打造数字化监管新高地。

湖州市安吉县在全省率先上线运营"浙里养·一床一码一人"智慧养老系统。床位使用数在以前都是通过机构自行申报，工作人员上门核查、结算的方式进行，不仅工作量大而且不能实时掌握老人住院、去世等动态变化情况，使得床位补贴的发放不够精准。2021年，为解决这一监管难点，湖州市安吉县在全省率先上线运营"浙里养·一床一码一人"智慧养老系统。"一床一码一人"指的是每个床位都有一个唯一的数字码，这个码是依托安吉县大数据平台，打通了民政、财政、公安、卫健等部门数据，为养老机构的每张床位生成的全省唯一的数字码。这一码不仅能实现及时将养老床位数据、入住老人信息推送给县大数据局，而且一有空床位就会立即发出通知，便于精准掌握全县机构养老服务信息，还实现了民政补助金的精准发放，从以前的"补床头"转变为现在的"补人头"，遏制了一些养老服务机构蓄意骗补行为，倒逼其着力提高服务质量。在补贴发放过程中，老年人入住机构确定床位，在床、码、人完成匹配后，系统按日自动生成养老机构综合运营补贴，按月形成补贴发放清单，供民政、财政、审计等部门使用，做到精准、无感智补，在进一步提高补贴资金使用效率的同时，做到了全程无痕监控。截至2021年6月，系统已应用生成床位绑定"数字码"2232个，纳入系统管理的老人820名，通过数字码测算，2021年1—4月发放补贴金额约50万元。

需求导向、数据引领、智慧支撑
一键开启"家庭养老床位"智慧服务新模式[①]

一、解决的问题

宁波市北仑区现有户籍老人约10.2万人，占户籍人口的24.4%，其中80岁及以上户籍高龄老人约1.39万人，占户籍老人总数的13.7%。为切实解决老年人"就地养老"问题，让老年人在家中也能享受到专业化的养老服务，北仑区一键开启"家庭养老床位"智慧服务新模式，让老年人居家更安心。

二、主要做法

北仑区主动承接浙江省民政厅"家庭养老床位"场景应用改革试点任务，以宁波"甬易养"智慧养老服务平台为支撑，聚焦"一键监护"核心业务，开启"家庭养老床位"智慧服务新模式。

（一）以"场景应用"重构家庭养老服务新模式。一是从"市场失序"到"政府主导"的服务主体重构。北仑区围绕居家养老需求精准发力，强化顶层设计，从出台《北

---

① 由宁波市北仑区民政局供稿。

仓区家庭养老床位试点工作方案》，到设定行业准入门槛，再到给予资金支持、制定服务标准，持续规范家庭养老服务市场的发展方向。二是从"单点切入"到"链式场景"的服务体系重构。企业主导下的"家庭养老床位"服务体系往往采用"单点切入"方式布局服务场景，服务产品单一、服务内容割裂，难以提供满足老人全方位需求。北仑区着眼于全链式服务体系构想，以专业化的养老服务机构为主体，以系统平台为枢纽，布局12个社区居家养老服务中心及护理站，通过产品链、管理链、人才链等，集成含医、康、护、养等全服务链的场景需求，实现居家、社区、机构三大应用场景相互贯通，以链接闭环、体验流畅的服务场景，解决养老服务割裂难题。三是从"家政场景"到"专护场景"的服务品质重构。以往居家养老服务大多以洗衣、清洁等家政服务为主，北仑区重点针对试点床位中56位重（中）度失能老人身心特点和照护需求，通过在老人家中进行居家式、智慧化的照护环境改造，免费为试点家庭安装价值2400元的智慧监护设备套餐，包含床边智能终端、健康监测、安全监护三类设备，提供8项智慧监护服务和40项专业照护服务，让失能老人享受更加有个性化、更加有尊严的优质服务。

（二）以"数据治理"再造家庭养老服务新流程。一是开发系统平台创新多层次服务流程。北仑区聚焦"家庭养老床位"申请、签约、服务、监管、评价等核心业务流程，开发建设涵盖民政监管、服务管理、预警中心、社会大众等八个模块，流程统一和管理统一的居家养老智慧监护系统平台，实现居家养老服务分层管理和数据共享。在"供、需、管"三个层面上，服务商端可线上派单、终端刷卡；老人以及监护人端可线上申请、线上评价；民政监管端在平台上可线上审批、实时监管。目前，平台可实现各类服务流程18项，线上审批率达到100%，远程监管不间断。二是整合数据资源实现多视角服务共享。整合服务机构、服务对象、服务内容、服务标准等各类服务数据，确保系统功能不偏离需求。各类应用人群可通过手机、PC端、社区触摸屏等应用终端随时随地办理业务，借助于高效、精准、睿智的"指尖服务"，即可查看所需服务数据。目前，该系统已收录试点床位老人基础信息862条，服务视频80条，服务照片600多张，健康数据近4000条。三是统一行业标准实现多维度服务交互。统一行业标准，规范居家养老企业的准入资质，完善服务标准、评估标准和监督机制。同时建立统一的信息技术标准，在软件和硬件接口上尽量做到互联互通、相互兼容，实现监护设备完全接入、服务过程完全接入、数据反馈完全接入。现区内从事居家养老服务的7家服务商，近200名从业人员，以及46条服务标准现均统一纳入"一键监护"平台。

（三）以"智慧监护"丰富家庭养老服务体验。一是丰富"一键监护"场景。北仑区在床位试点建设中按实际需求在老人家中安装智慧床垫、远程血压血糖仪、红外防跌倒、一键呼救、烟感等11类智能监护设备，针对居家养老过程中可能出现的安全问题，从健康监护、防跌倒、防走失等场景源头防控安全隐患，并建立智能活动模型，形成老人健康指数和活动规律的分析评估报告，每月为服务对象提供一次健康管理指导、风险评估预警和安全优化对策，让老年人居家更安心。二是绘制"一键可视"地图。运用VR技术和GIS技术，将辖区内经民政备案的养老服务机构运营状况、收费标准、服务水平、评估等级、地理位置、专业化程度以及服务对象监护数据等信息汇总，绘制家庭养老床位"一张图"，解决供需双方"找不到、信不过、选不清"等问题，使老年人及其子女足不出户即可快捷、详细地获取承接"家庭养老床位"服务的机构信息，从而享受更贴心、更直接的便利化服务。三是提供"一键点单"服务。通过手机，老年人可便捷查询相关服务项目及服务价格，进行"点单式"预约，足不出户即可享受智慧监护、康复、护理、生活照料四大类专业服务，并根据老年人需求差异匹配"智慧养老服务套餐"，形成"推荐服务清单"，切实为老年人提供能用、会用、想用、好用的多样化家庭养老服务。

三、工作成效

目前，北仑区已完成80户家庭养老床位安装，监护系统每日收集心率、呼吸、离床等健康数据和防跌倒、烟感、门禁等安全数据近千条，成功实现"线上智慧监护＋线下专业服务"深度融合。目前，系统接听呼叫电话112次，处理各类监护报警信息276条，有效解决了失能照料、健康监护、空巢关爱等家庭养老难题。平台月均线下服务工单派发量30余次，线上服务200多单，真正实现老年人所期盼的"人在家中坐，服务上门来"的养老体验。

三、从过程到结果

在全面实施养老服务过程全透明监管后，浙江省养老服务质量及效率明显提升。但是，系统中大部分监管数据和信息仅储存在后台数据库，并未进行有效的挖掘与开发，使用和展示场合较少，运用方式较为单一，面临着监管结果运用不充分、数字监管质量应用不足等问题。不仅如此，各地市的监管系统独立，监管数据及评价结果公开程度较低，导致监管结果的激励作用不明显的同时，也无法对各地市养老服务开展情况进行比较，难以有效推动各地养老服务对标学习。

为全面、合理运用监管数据信息，更好地推动养老服务数字化建设，打造数字话语体系。2021 年，浙江省继续对标数字化改革，立足"浙里养"建成并高效运营，树立"以数字说养老、以数字评绩效"的理念，开始以综合绩效评价为引导，检验养老服务体系成效，推动养老服务高质量发展。通过《浙江省养老服务综合绩效评价工作指南》，按照规定方式及评分标准，对各地的养老工作开展情况进行业务评定，并通过监管中心展示综合绩效指标，根据综合分数和单项分数，对 11 个设区的市进行排名，实时发布，作为年度考核、评优和资金分配的依据，以进一步推动养老服务工作的开展。

在综合绩效评价的主要考核指标上，按照养老服务综合绩效总分 100 分计算，共由数字化改革 40 分、养老服务体系建设 40 分、为实事项目推进 10 分和群众满意度 10 分四个部分组成，另有创新亮点附加 5 分。其中，数字化改革评价以"浙里养"推广应用为核心，分为受理、办理、评估、支付四个中心的应用，分别占 10 分。另外，《浙江省养老服务综合绩效评价工作指南》对于各类指标中主要考核内容的积分计算公式，均有明确、详细的规定。在绩效评价的评分模式上，养老服务综合绩效以县（市、区）为主体评价，设区市的综合绩效分数，按所辖县（市、区）指标数据加权计算；单项指标主要以百分比的形式体现，分数为总分乘以百分比；创新亮点积分采取赋分法。主要的评分计算方法有定额比例法、目标接近法、排名打分法、差值计算法、亮点赋分法、抽样调查法、倒扣积分法等七种。

《浙江省养老服务综合效绩评价工作指南（第二版）》

2021 年年底，养老服务综合绩效评价工作已全面开展，2022 年 10 月，《浙江省养老服务综合绩效评价工作指南（第二版）》（浙民办〔2022〕养 79 号）发布。综合绩效评价工作通过数字大屏展示、梳理各地市指标得分情况并进行排名，倒逼各地市养老服务提升质量，促进了省内养老服务你追我赶良性竞争格局的形成，共同为打造共同富裕示范区"浙里长寿"金名片持续努力。

第八章　强化基层　党建红托起夕阳红

注重老龄工作基层党组织建设，充分发挥基层党组织的战斗堡垒作用和基层党员的先锋模范作用，以"党建强"促进"服务强"，以"党建红"造就"夕阳红"，是浙江省在养老服务体系建设中始终重视的方面之一。2021年，浙江省民政厅印发的《浙江省养老服务发展"十四五"规划》（浙民养〔2021〕65号）提出，做好养老机构党建工作，实现公建民营机构和所有民办养老机构全覆盖，加强党在养老服务领域的影响力、渗透力、控制力。积极引导党员干部参与养老服务，充分发挥离退休党员干部、工青妇等群团组织的作用，最大限度凝聚为老服务力量。

"党建红"造就"夕阳红"：浙江探索推进公建民营养老机构党建工作

浙江现有公办养老机构834家，其中公建民营的495家。公建民营后，如何加强并体现党的领导，化解社会特别是老年人对民营的担忧，强化院内老年人的理想信念，增强管理护理团队红色追求，从而更好地发挥好公办机构兜底保障作用，维护好老年人和经营者两方面的合法权益，迫切摆在了我们面前。为此，我们认真探索，积极试点，切实加强公建民营养老机构的党建工作，以"党建强"促进"服务强"，以"党建红"造就"夕阳红"。

一、多形式推进公建民营养老机构党建

养老机构不论公办民办，都必须解决老年人的思想信仰问题和职工的政治追求问题，需要加强党的建设、体现党的领导。公建民营养老机构直接关系政府形象，关系兜底老年人的生活质量和幸福指数，党建短板亟须补上。我们针对不同层级、不同地域、不同规模的公建民营养老机构党建工作情况和对象差异大的实际情况，采用不同模式，有针对性地开展党建工作。

同步推进机构党建。对有条件建立党组织的，要求尽快建立党组织，严格落实党内基本制度；对暂不具备组建条件的，派遣党建指导员，推进党建工作有效覆盖。民政部门通过养老服务处（科）推动此项工作，具体管理上分类指导，公建民营机构实行民办非企业单位登记的，纳入社会组织综合党委管理；实行企业登记，纳入属地的企业党建。金华永康市委两新工委、市民政局出台《关于开展"一心向阳、最美夕阳"工程推动养老机构党建强服务强的实施意见》，提出通过单独建、区域建、联合建等多种方式，推动符合条件的养老机构建立党组织，力争2023年实现全市公建民营养老机构党组织单建率100%。

因地制宜组织设置。目前主要有三种模式：一是单一型党支部建设模式。如嘉兴市嘉善县银福苑党支部共有党员51名，其中正式关系党员3名（均为职工党员），临时关系党员48名。二是双向型党支部建设模式。如嘉兴市南湖颐养中心成立两个支部，分别为养老服务工作人员参加的红船百龄党支部，入住老年人群体参加的红船银晖党支部，两个支部共有22名党员。三是混合型党支部建设模式。如宁波颐乐园成立党总支，下设四个支部，共有党员121名，每个支部既包含养老机构职工党员，又包含入住养老机构的老年人党员，便于党建工作融入养老服务与老年人日常生活。为了照顾老年人的感受，解除思想顾虑，采取"三不变"原则，即老党员原党组织隶属关系不变、交纳党费原渠道不变、原单位服务管理体制不变。

选优配强党组织书记。对已经建立党组织的，积极选拔政治素质好、事业心强、服务能力优的党员担任专职书记；对没有合适书记人选或书记较弱的，通过从局机关选派优秀党员干部担任专职书记、第一书记或党建指导员的方式，加强党建工作；对暂时不具备建立党组织的，通过下派党建指导员，指导党建工作。一批县级民政局的养老服务科长下派担任党组织负责人，经受了党建工作历练，也促进了机构党建工作，每周至少一次到养老院。一些退居二线的县级机关部门领导，进入公建民营机构担任书记，平时在养老院上班，开展党建和服务活动。

二、全方位规范公建民营养老机构党组织职责

如何既保障经营者职权，又充分发挥党支部作用，从而形成合力，妥善解决公建民营后容易出现的系列问题，是检验党建成效的重要指标。

明确支部职责。遵照党章规定，结合养老机构党员与公建民营机构的特点，做到普遍性与特殊性相结合，规定党组织"8+5"项任务。"8"，就是党章规定的基层党支部普遍性的8项任务，即宣传和执行党的路线、方针、政策，充分发挥党员的先锋模范作用；组织党员认真学习；对党员进行教育、管理、监督和服务；等等。"5"，就是从养老机构特殊性出发的5项具体任务，即调解各类矛盾纠纷，维护老年人、工作人员和养老机构的正当权益，营造和谐氛围；通过老年人党员密切联系老年人，经常了解老人对机构管理层和工作人员的批评和意见；反映老年人和工作人员诉求，对机构

运营提出意见和建议；支持运营机构和院长依法行使职权；向民政部门汇报机构整体运营情况。

发挥支部作用。尊重经营者的职权，支部主要发挥党员教育管理、联系服务老人、民主协商议事、民主监督管理等作用。一是以组织生活的方式让老年人产生归属感。根据老年人的年龄特点、身体状况和心理需求，开展主题党日活动、亮党员身份、谈心谈话等，让组织生活在养老机构内顺利开展起来，保障老年人党员就地、就近、就便过上组织生活的需求，切实增强他们的组织归属感。这就让院内老年人感到，公建民营后，党委、政府并没有抛弃他们，党组织就在他们身边。二是以思想工作的方式让职工产生信赖感。发挥这些书记长期在机关事业单位工作的优势，协助经营者完善管理制度，建立工会、共青团、妇联等群团组织，做好职工的思想政治工作，让他们感受到党组织的温暖，鼓励他们积极向组织靠拢。三是以定期汇报的方式让经营者产生危机感。公建民营，容易让民政部门出现撒手不管的情况，也容易让经营者产生松懈情绪，甚至向政府部门封锁信息。书记需要定期向民政部门汇报经营情况，保持信息畅通，保证民政部门及时处理违规情况，解决公建民营后民政部门不管的"错觉"。

推进结对共建。按照以大带小、以强带弱、就近就便的原则，推动机关、农村、两新等先进党支部与养老机构"1+1"结对共建。先进党支部每季度对养老机构帮助指导党建，开展红色服务，解决机构运行和老年人实际困难。永康市成立市民政局党组牵头，养老服务有关部门、养老机构、相关医疗单位、公益组织等共同参与的养老机构"同心圆"联盟党委，形成"组织共建、资源共享、工作互动"的联动机制。杭州市桐庐县四家敬老院党支部成立后，与县级机关部门、社会组织等党支部开展结对共建工作，帮助老人解决生活、就医、心理等方面的问题，推进党建工作与敬老院运营发展互融互促。如横村镇敬老院党支部与县卫健局结对，分水镇敬老院党支部与友好医院结对。

三、多方面激发公建民营机构党建效益

公建民营机构加强党建工作，增强了党组织的政治功能和服务功能，实现了监管服务"双提升"。

提高机构入住率。公建民营养老机构入住率与党建工作开展情况呈正相关关系，拥有党组织、党建活动丰富的机构入住率较高。宁波颐乐园成立了4个支部，嘉兴市南湖颐养中心成立了2个支部，杭州和睦老人公寓和嘉善县银福苑各成立了1个支部。宁波颐乐园入住率为98%；嘉兴市南湖颐养中心入住率为91%；杭州和睦老人公寓入住率为85%以上；嘉善县银福苑刚开业一年多，入住率就超过50%。

增强机构凝聚力。党建工作成为机构增强合力、凝聚人心的重要抓手。通过党员职工带动非党员职工，通过职工带动被服务的老年人，不仅增强了组织性和凝聚力，而且激发了职工工作的积极性。2020 年新冠肺炎疫情期间，老人党员积极捐款捐物，体现了党建引领的凝聚力，宁波颐乐园有 106 名党员为支持一线抗疫，捐款 46000 元，机构职工无一人离职。

促进文化影响力。党建工作开展较好的养老机构，以制度建设和组织建设为基础，以阵地建设为依托，以爱老助老和文化生活为抓手，分别开展各具特色的文化养老活动。嘉兴市南湖颐养中心多形式开展主题党日活动，组织老人学习习近平总书记系列重要讲话，观摩城市发展，重温入党誓词，传承红船精神；杭州和睦老人公寓、嘉善县银福苑开展多形式、多样化的活动，丰富老年人文化生活，满足了疫情防控封闭管理期间老年人的精神文化需求，老年人及其子女满意度较高。

提升矛盾化解力。党支部每月收集问题，包括在院老年人所遇困难、心理障碍，支部党员特别是老年人党员发挥模范带头作用，带动周围老年人帮助解决困难。对不良现象进行批评，老年人党员的说服调解有效缓解了老人之间的矛盾。在老年人家庭与养老机构产生纠纷时，党支部出面居中调解，更容易赢得老年人家庭的信任。

公建民营机构情况各异，全部单建党组织难度大，山区海岛公建民营机构难以找到近距离联建的党组织。下一步，浙江将总结完善养老机构党建做法，进一步推进养老机构党建有效覆盖，推动浙江省养老机构高质量发展。

第一节　支部建在机构

截止 2020 年年底，浙江省共有养老机构 2299 家，其中民办机构 1580 家，占比 68.73%。不仅如此，浙江省还是全国最早开展养老机构公建民营的省份之一，全省 834 家公办养老机构，其中公建民营 495 家，占比 59%。由此可见，浙江省的养老机构具有社会力量介入深的鲜明特点。加强公办养老机构，特别是民办和公建民营养老机构的党建工作，在养老服务中加强和体现党的领导，增强管理护理团队的红色追求，强化院内老年人的理想信念，化解社会特别是老年人对养老机构民营的担忧，是各级政府所需要解决的问题。

对此，浙江省进行了认真探索、积极试点，把养老服务工作与党建工作有机融合，抓基层、打基础，以养老机构为重点，持续扩大养老机构基层党组织的覆盖面，采取多种方式，努力实现党建工作有效覆盖全省各养老机构及其他为老服务组织。

一、以评促建 树立党建风向标

在养老服务体系建设过程中，养老机构等级评定对养老机构的服务提升、品牌塑造、客群来源、外部支持等都会产生重大影响。由于这是关系到养老机构生存和发展的一件大事，所以各养老机构通常都会给予高度重视。浙江省以养老机构等级评定作为重要抓手，按照"评建结合，以评促建，重在建设"的工作思路，用养老机构等级评定这一指挥棒，激发养老机构党建工作活力，变"被动"党建为主动党建，提升党建工作在养老机构全局工作中的显示度。

2020年12月，浙江省民政厅印发《浙江省养老机构等级评定管理办法》和《浙江省养老机构等级评定工作实施细则》（浙民养〔2020〕111号），将"注重养老机构党组织建设，党的工作全覆盖"列为必备指标之首，将"创建党建品牌"指标列为创新指标之首，并具体关注"党组织领导班子健全，分工明确，

《浙江省养老机构等级评定管理办法》及实施细则

有年度工作计划""有党群组织、有活动场所、有经费保障""建立党员服务机制，设立党员突击队、党员志愿服务队""党建带三建、关心支持群团工作，积极开展各项活动"等四个方面。

指标的作用在于发挥政策引导性。把党建工作纳入养老机构等级评定考核评价体系，并作为参评的基本条件，是新形势下加强养老机构基层党组织建设的重要手段，也是推进养老机构基层党建工作制度化、规范化、科学化的重要举措。浙江省的养老机构等级评定，以"小指标撬动大建设"，指标设计既抓组织建设的"有"，也更加重视实干实效的"（有）为"，其目标不仅是要把党支部在养老机构内建起来，还要让党组织活起来，让党员动起来，使得党建工作在养老机构落地生根，开花结果，真正起到凝聚人心、团结老人、优化养老服务、促进养老机构健康发展的保障作用。

二、分类指导 明确党建路线图

浙江省是全国营商环境最公平透明、民间资本最活跃、社会力量动员能力最强的省份之一。多年来，在浙江省"国内国外一视同仁，公办民办一视同仁、国企民企一视同仁"高度开放、公平竞争的政策鼓励引导下，民间资本积极进入养老服务领域，社会力量踊跃兴办养老服务机构。与公办养老机构相比，民办和公建民营养老机构在党建方面存在着认识不到位、动力不足、党员基础薄弱、员工缺乏党务工作相关经验、

缺乏系统的体制机制保障等问题。在民办和公建民营养老机构中，如何厚植"红色基因"不仅是摆在浙江省养老主管部门面前的新课题，放眼全国，也是一道全新的党建课题。

针对不同性质的养老机构党建工作情况存在较大差异的现实，浙江省因地制宜，分类施策，采用不同模式，指导不同性质和情况的养老机构，有针对性地开展党建工作。

2020年10月，宁波市委组织部、市民政局印发《关于进一步规范加强养老机构党建工作的实施意见》，明确了养老机构党建工作中组织设置、组织管理、组织关系等事关基层党组织体系建设的若干重要问题。该文件特别就民营养老机构和公建民营养老机构党建工作，给出了具体的路线图指引，明确：公建民营养老机构党组织，由公建方或属地镇乡（街道）党组织管理；工作人员正式党员人数不足三人的，可以采取同业共建、挂靠组建等方式，组成联合党支部。没有党员的养老机构，可通过选派党建工作指导员联系服务、组建群团组织开展工作等方式开展组织活动；公建民营养老机构党组织负责人，原则上由公建方选派，已有党组织的选派第一书记；不具备条件成立党组织的，选派党建工作指导员；公建民营养老机构党组织健全、党的活动正常开展的，可由民营方党组织选派或从养老机构内部选举产生党组织负责人。

《关于进一步规范加强养老机构党建工作的实施意见》

余姚市成立首个中国共产党余姚市民营养老机构联合党支部 [①]

2020年，宁波余姚市共有登记在册（备案）养老机构38家，其中公办养老机构22家，党员覆盖率达91%，建有党支部11个；民办养老机构16家，党员覆盖率仅为50%，建有党支部1个。民营养老机构存在党员人数少、党组织关系复杂、老年群体精神文化生活松散等问题。

为进一步推动余姚市养老服务高质量发展，提升基层党组织在养老服务行业中的党建工作水平，实现党建工作与养老服务相融合，2020年9月10日，余姚市成立了首个中国共产党民营养老机构联合党支部。新任党支部书记通过选举产生，并在12家民营养老机构党建联络员会议中，就关于加强养老机构党建工作做具体指导和说明，同时设立行业党建工作指导员和基层党建工作指导员，指导民营养老机构的党建工作。

---

① 案例来源：http://www.yy.gov.cn/art/2020/9/11/art_1229132618_57372933.html.

　　联合党支部充分发挥纽带作用，通过行业党建工作指导员、基层党建工作指导员、机构党建联络员层层互动模式，加强党组织和民营养老机构融合联动，为养老机构孵化培养政治素养好的养老管理人才。积极发展党员，推动党组织组建，发挥党员作用，传达党的声音和对养老事业、老年群体的关怀。同时，依托党支部的组织凝聚、平台搭建，建立双向联系沟通机制，建立老党员信息登记制度，发挥老党员先锋作用和模范表率作用。通过增强党员工作人员的社会责任感和使命感，促进了党组织之间、群众和党员之间的互动交流，以党建引领养老新生活，打造出具有示范意义的"党建＋养老"享老新模式。

　　此外，浙江省在离退休老干部生活、学习、活动比较集中的场所设立社区"银辉"党支部，在浙江省老年服务业协会等社会组织内成立了党支部，部分地区还整合链接资源，充分凝聚力量，探索发展出"养老服务行业党建红色联盟"等党建工作新样态，通过组织联建、活动联办、工作联抓，实现多方互动、资源共享、优势互补，形成行业党建聚合力，打造养老服务行业党建"共同体"和"朋友圈"。

　　总体而言，浙江省运用"联合联建谋发展"的策略，切实解决了民办和公建民营养老机构党建工作中遇到的现实困难。所谓"联合"，即面对党员基础薄弱的现状，采取组建联合党支部或者党建红色联盟的形式，把党支部建在基层，把党员团结起来，确保党员参与党组织活动不落单、不掉队，确保党的路线方针政策在养老机构内有人宣传引导、贯彻落实，确保党员的先锋模范作用有人以身作则、身体力行。所谓"联建"，即面对党建工作认识不到位、动力不足、缺乏相关经验等问题，上级党组织派遣党建工作指导员或第一书记，为养老机构党建工作赋能，充当政策理论的宣传员、党建工作的组织员、内外关系的协调员、社情民意的调研员、依法运营的监督员；或者通过党建红色联盟，共建共享、互学互促，构建"共建组织、共抓队伍、共享资源、共谋发展"的党建工作新格局。"联合"与"联建"的目的，在于"谋发展"，即谋党建工作内生发展，支部建立起来了就有了堡垒，党员组织起来了就有了力量，通过"联合""联建"，逐步在民办和公建民营养老机构内，建立和完善党建工作的体制机制，在服务中展现合格共产党员的形象，起到凝聚民心、吸引人才、培育新生代党员力量的作用，从而为养老机构注入"红色基因"，赓续"红色血脉"，发展壮大一支"又红又专"的养老服务队伍，让养老机构能够肩负起更高、更远、更久的养老服务使命。

三、开辟阵地 打造党建强磁场

2018年7月3日，习近平总书记在全国组织工作会议上强调，坚持新时代党的建设总要求，不断提高党的建设质量，把党建设成为始终走在时代前列、人民衷心拥护、勇于自我革命、经得起各种风浪考验、朝气蓬勃的马克思主义执政党。[①] 党建阵地是基层党组织开展党员活动，进行党员教育管理，加强党的自身建设的场所，强化基层党建阵地建设，是提高党的建设质量的必然要求和重要举措。基层党组织建立起来后，只有继续抓好阵地建设，才能让基层党组织有设施完善、内容丰富的基地，才能让党员有随时可找的温暖之家，才能形成党建强磁场，凝聚党员力量，提高党性修养，推动党组织工作做实做好，给党建效果装上放大器。

浙江省以提升养老机构党组织阵地建设规范化、标准化、信息化水平为目标，全面推进阵地建设，确保活动场地设立规范，上墙内容布置规范，设备设施配备规范，日常制度执行规范。在养老机构强化阵地保障，整合养老机构内部空间场所，通过悬挂门牌、点亮标识、制度上墙、宣传上墙、书籍上架，打造"老年党员之家"。配备投影仪等设备，在硬件上做好学习、交流、活动开展条件保障，以充分发挥党支部的作用，让党支部成为凝聚机构老人的"中心磁场"。

同时，浙江省还创新性地开辟养老服务领域党建工作的第二阵地。例如，杭州市富阳区针对老年党员读书看报学习困难的实际情况，以慈善助力连接社会资源，在养老机构率先打造"有声党建，文化养老"红色学习站，通过该区慈善总会捐赠和喜马拉雅有声阅读平台的技术支持，老年党员只要通过手机扫一扫，就能收听到习近平新时代中国特色社会主义思想学习纲要、"不忘初心、牢记使命"主题教育等党建知识音频。设立"益路同行"为老公益项目展示站，开辟"党建先锋""爱暖夕阳""文化养老"三个板块，选出九个优质为老公益项目进行展示，突出支部特色，展现发展历程，体现支部党小组、党员在养老服务市场引导、能力提升、服务扩面等方面的联动优势，在宣传公益项目、公益组织的同时，有效激发了为老联合党支部覆盖服务组织的奋斗精神，促进了支部内部的比学赶超。

各地在遵循党建规律、把握基本原则和科学方法的基础上，与时俱进，开拓创新，及时采用新方式、引入新工具，让党建阵地保持活力，开辟出了养老服务党建工作新天地。

---

① 习近平在全国组织工作会议上的讲话[EB/OL].（2018-07-03）[2022-10-24]. https://www.12371.cn/2018/09/17/ARTI1537150840597467.shtml.

第二节　组织就在身边

养老服务基层党组织建立起来后，如何有效地开展支部活动，是每一个党支部需要进一步落实的问题。思想建设是党组织的基础性建设工作，党的政治建设需要在党的思想建设中，通过统一思想来实现。浙江省把思想政治工作作为养老服务组织党建工作的中心环节，以党员之家为阵地、知识读本为载体、主题教育为契机、重要讲话为指引，充分发挥养老服务组织中资深老党员多、威信高、经验足、党性强、觉悟高的优势，通过老党员的言传身教，不断增强党的政治领导力和思想引领力，坚定养老服务战线党员和老年党员"感恩新时代、永远跟党走"的信念。

一、红色文化　滋养党员精气神

随着我国经济社会发展水平的不断提高，老年人对晚年美好生活的追求已经不仅仅只限于吃饭、住宿、医疗等物质需要，还有对文化、体育、休闲、娱乐等多个方面的精神追求。文化养老已成为老年人养老又一大诉求。

红色文化是中国共产党在革命战争时期形成的精神品质，是博大精深的中华文化的重要组成部分。它是马克思主义与中华优秀传统文化相结合的产物。当代老年人，生在红旗下，长在春风里，拥有红色情怀，饱含赤子之心，对红色文化情有独钟。因此，大力弘扬红色文化，把红色资源利用好，把红色传统发扬好，把红色基因传承好，是养老服务领域党建工作的重要内容。弘扬红色文化，一方面能够以优秀文化满足老年人的文化养老需求，滋养心灵，润泽生命，提高老年人的精神气质；另一方面能够发挥红色文化的激励作用，深刻感悟同舟共济、迎难而上、艰苦奋斗、无私奉献的红色精神，从而激发养老服务战线的党员开辟新时代养老服务事业发展新境界的强大精神力量。

浙江省利用革命遗迹遍布全省、红色资源种类丰富、红色文化底蕴深厚的优势，将弘扬红色文化融入基层党建工作，以红色文化指导基层党组织的思想建设、制度建设、作风建设，不断提升基层党组织的凝聚力和战斗力。为庆祝中国共产党成立 100 周年，2020 年，嘉兴市南湖革命纪念馆进行展陈调整，改造升级。在党史学习教育活动中，参观南湖革命纪念馆、瞻仰南湖红船，成为浙江省老年党员追溯红色记忆、感受红色文化、重温入党誓词的第一选择。

浙江省充分发挥习近平新时代中国特色社会主义思想重要萌发地的政治优势，通过对当年省委、省政府领导同志，省直部门和地市领导干部，企业家和基层干部，专家学者和记者等的访谈，形成了反映习近平同志任浙江省委副书记、代省长和省委书记期间领导工作历程的《习近平在浙江》采访实录，并在全省党员干部中掀起学习热潮。通过学习《习近平在浙江》采访实录，老党员回忆起习近平同志作为省委书记全面领导浙江省工作的点点滴滴，感悟在习近平同志亲自擘画实施的"八八战略"指导下，浙江省经济社会发展取得的历史性成就，同时也使年轻党员得以更加深刻地领悟习近平新时代中国特色社会主义思想的历史渊源和时代价值，能够切实传承好、运用好习近平同志在浙江工作时创造的宝贵思想财富、精神财富和实践成果。

除此之外，浙江省还将红色文化传播融入为老年人的日常服务之中。2021 年，杭州市余杭区鸬鸟镇组建了"乐龄说书"党史学习教育宣讲团，由镇上党员干部、文艺骨干、乡贤等十余人组成，以越剧联唱、红歌演唱、趣味说书等形式，"宣""讲""唱"有机融合，将时事要闻、党建知识、理论政策"翻译"成老年人听得懂的"乡音土话"进行宣传。宣讲团的宣讲地点设在老年食堂，老年人不仅可以吃到热乎乎的饭菜，还能品味适宜的精神佳肴，富足自己的精神世界。

总之，浙江省在党的基层组织和党员的政治思想建设方面，在全面遵循党中央总体要求的基础上，注重充分挖掘本土文化资源，有效发挥"三个地"的政治优势，着力构筑富有"红船味""浙江味""新时代味"等具有浙江省辨识度的思想政治工作内容体系。同时，坚持以人为本，分类施策，关注老年人的特点、需求和痛点，将思想政治工作与养老服务结合起来，通过政治思想教育，实现政治思想工作高效能、养老服务高质量。

二、三会一课　定期蓄能共奋斗

加强党的建设，基础在基层，重点在支部，而"三会一课"乃是最基本的活动形式和最主要的教育路径。"三会一课"制度（即定期召开支部党员大会、支部委员会、党小组会，按时上好党课）是基层党组织生活的基本形式，是加强党员日常教育管理的主要途径。主题党日活动，则是落实"三会一课"制度、加强党员教育管理、促进党员发挥先锋模范作用的有效载体，是党组织生活方式的重要创新。

党的十八大以来，浙江省养老服务组织和老年人基层党支部以深入学习贯彻习近平新时代中国特色社会主义思想为主线，围绕党的群众路线教育实践活动、"三严三实"专题教育、"两学一做"学习教育、"不忘初心、牢记使命"主题教育、党史学习教育，以及学习习近平总书记系列重要讲话精神的要求，以党支部"三会一课"、主题党日活动为载体，以集中学习、专题培训、实地参观等形式，组织养老服务战线的党员和老年党员，开展思想政治教育培训。同时，依托党校、老年大学等平台，邀请名师、老党员、老战士、老支书授课，用身边事教育身边人，增强学习教育的实效性和针对性，切实把红色基因注入思想、融入灵魂。在学习中创新学习方式，注重学习质量，坚持原原本本、全面系统学，坚持"学以致用、学用结合"的原则，把思想政治建设同总结经验、推动工作结合起来，同解决实际问题结合起来。例如，金华市浦江县扎实开展"我为群众办实事""我为企业解难题"等实践活动，组织离退休干部进社区、进学校、进企业，在开展党史宣讲的同时，为群众办实事办好事，从而推动各项学习教育内容入脑入心。

2021年，浙江省还以数字化改革为牵引，着力构建党建在线学习平台，建设"指尖课堂"，组织开展"云学习"。为了给老年党员参与线上学习奠定能力基础，浙江省多地将思想政治教育和服务老年人跨越数字鸿沟结合起来，在推进党建学习的同时，开展智能手机使用培训活动，在提高党员思想学习积极性的同时，推动老年党员尽快融入智慧社会，适应数字生活。

桐乡市委老干部局："云上党建"，打造数字赋能党建体系 [①]

为力所能及地帮助老同志学习应用日常智能技术，更好适应数字化生活，嘉兴桐乡市委老干部局，从老干部实际需求出发，充分运用数字化技术，积极建立离退休干部"云党建"体系，实现离退休干部党建从"面对面"向"屏对屏"的更新升级。组织了"互联网＋学习"，引导老同志关注"离退休干部工作""浙江老干部"等微信公众号，利用"学习强国""读嘉"等学习载体，组织老干部收看网上专题辅导，参加"党史知识竞赛"等网络学习活动，拓宽学习渠道，实现教育全覆盖。开展了"互联网＋组织生活"，利用"红船云"平台，使支部组织生活线上线下相融合，实现网上开展主题党日、"三会一课"，利用"桐乡党史·红色印记"平台，网上"零距离"参观茅盾故居、王会悟纪念馆等。推动了"互联网＋作用发挥"，依托"微家园"平台，组织动员老干部参与社区治理和线上议事。开展了"志愿汇"平台运用培训，引导1200余位老同志完成"志愿汇"平台注册，积极参与各类线上线下志愿服务活动。

为了增强"云党建"体系相关平台的易用性和便利性，提高老同志使用率，桐乡市委老干部局还组织实施了数字鸿沟帮扶计划，开展"携手跨越'数字鸿沟'"主题志愿

---

① 案例来源：https://mp.weixin.qq.com/s/CIKGuQjA4hgmP6XteO6n7Q.

服务活动，推出"智享生活"系列智能手机培训公共课，开展专题培训33场，受训老年人2000余人次。通过活动的开展，提升老同志对"云党建"的黏着力，帮助老同志跨越"数字鸿沟"，使他们能够乐享数字生活，为"数字化＋党建"提供可参考可借鉴的经验。

通过定期学习，基层党组织的创造力、凝聚力、战斗力显著提高，党员自我净化、自我完善、自我革新、自我提高的能力不断增强。养老服务战线的党员，深深感受到了信仰的力量，坚定了对党忠诚、为党分忧、为党尽职、为民造福的政治担当，提振了谋事创业的信心，努力助推养老服务业高质量发展再创佳绩、再立新功。同时，推动了老年党员养成终身学习的习惯，促进思想与时俱进，观念得到更新，视野得到开阔，从而永葆共产党员的先进性，老有所为，再做贡献。

三、监督执纪　守护老年人利益

随着党和国家在民生领域投入的持续加大，民生领域存在较大的廉政风险。养老服务领域作为民生服务领域，不可避免地也存在"微腐败"的风险。2022年1月16日，反腐主题电视专题片《零容忍》播出的第二集《打虎拍蝇》中就提到甘肃省永登县民政局低保办原主任赵永璀沉溺赌博，连困难群众的救命钱都不放过，从13名受害人手里非法索取共计55万元人民币。吃拿卡要、"雁过拔毛"、截留挪用等啃食群众利益的"小贪小腐"，看起来虽然小，却极易造成大祸害。

防治养老服务领域"微腐败"的关键措施之一，就是加强基层党组织建设和加强监察监督。加强养老服务战线党员干部的思想政治建设，从多方面、多角度、多层次持之以恒地进行党员的党性教育，筑牢不想腐的思想防线；全面强化纪律建设、作风建设和制度建设，推动党员法治教育、廉洁教育常态化、廉洁自律制度上墙，态度坚决、旗帜鲜明地对"微腐败"实施"零容忍"，强化不敢腐的震慑效应；建立健全养老服务综合监管制度，加强对养老机构的纪律监督、监察监督、派驻监督、巡视监督，建立不能腐的有效机制。

党的十八大以来，浙江省贯彻落实全面从严治党战略部署，坚持无禁区、全覆盖、零容忍，坚持重遏制、强高压、长震慑，始终保持惩治养老服务领域腐败的高压态势。例如，2017年以来，金华兰溪市纪委聚焦民生，深入摸排廉政风险点，对全市87个居家养老中心、93个敬老院开展全面体检。按照"紧盯项目工程，严查建设不规范、不真实问题；紧盯专项资金，严查使用不合理、不合规问题；紧盯重点人员，严查滥用职权、徇私舞弊问题"的要求，兰溪市委巡察办通过实地走访、查阅台账、问卷调查、个别谈话等手段，调查惩处了一批养老服务领域的"微腐败"问题。2021年10月，舟山市普陀区纪委、区监委整合党风政风监督室等相关科室，驻区民政局纪检监察组、区民政局，相关镇、街道、管委会纪（工）委等多方力量，采取"室组地"联动方式，对全区公办养老机构的老年人供养经费管理情况开展专项督查，通过"不打招呼、明察暗访"的方式，分两组实地走访抽查，重点督查养老机构财务规章制度建设及执行情况、养老机构老年人供养经费使用管理情况和业务部门主管责任、属地监管责任履行情况。

通过党组织思想政治教育、纪委监委在养老服务领域的监督执纪工作，有效防治了养老机构及工作人员的"啃老"行为，切实保障和维护了老年人的合法权益，党组织成了老年人幸福生活的忠实守护者。

第三节　争当服务先锋

民之所望，施政所向，浙江省委、省政府每年都将加强保障和改善民生工作作为政府工作的重要任务之一。从2004年开始，在时任省委书记习近平的倡导下，浙江省建立了为民办实事长效机制，把每年为民办实事，纳入了规范化、制度化的轨道。养老服务作为民生保障领域的一项重要工作，是浙江省每年的十大民生实事项目的重要内容。浙江省委、省政府把人民群众对养老问题的关切放在心头，每年以养老方面的民生实事项目为抓手，积极推进基本养老服务触手可及，优质养老服务有效供给。

在每年民生实事项目落实和养老服务体系建设过程中，浙江省养老服务战线的党员干部，不忘初心、牢记使命，干在实处、走在前列、勇立潮头，坚决贯彻省委、省政府的决策部署，扛起强基兜底赋能职责，唯实唯先、善作善成，为浙江省建立健全基本养老服务体系贡献了智慧和力量。

一、冲锋在前　匠心服务铸卓越

为人民服务，是党建工作的头等大事，也是党建工作的根本目的。思想政治建设坚定为人民服务宗旨意识不淡薄，组织建设筑牢为人民服务的根基不松懈，作风纪律建设推动为人民服务"不打烊"，制度建设保障为人民服务的初心始终不变。党的建设实效，最终要落实到为人民服务的行动中去。党员干部坚守初心使命、理论联系实际、立足实践、为民办实事，解决人民群众身边的实际问题，在为老服务各项工作中发挥先锋模范作用，才能最终实现党的建设目标。

浙江省在养老服务战线的基层党建工作，铸造了坚强有力的战斗堡垒，锻造了一支信念坚定、政治可靠、素质优良、作用突出的基层党员干部和养老服务党员队伍，组织有命令时他们身先士卒，老年人需要时他们响应在前，遇到困难时他们挺身而出，关键时刻他们冲得上、顶得住，用扎实有效的工作，展现了新时代共产党员的责任担当和初心使命，有效保障了养老服务高质量发展和老年人的平安幸福。

用"党建红"点亮"夕阳红"

横街镇探索党建引领农村养老"心"局面 [①]

一、解决的问题

横街镇位于宁波市海曙区中西部，是"中国竹笋之乡""桃源之乡"、浙江省级生态镇。全镇总面积 121.7 平方千米，为山区、半山区和平原混合带。全镇下辖 28 个行政村和 2 个居委会，常住人口 4 万余人，其中 60 岁以上老人 1.2 万余人，占全镇人口的 30%。人口老龄化程度的不断加深、农村适龄青壮年外出务工求学、镇属敬老院容纳量有限等情况加剧了山区村空巢、失独、低收入老人的养老困难问题。如何尽快解决基层"养老难"问题，打通养老助老"最后一公里"，高质量托起幸福"夕阳红"，成为基层政府探索的方向。

二、主要做法及成效

2019 年 9 月，横街镇党委积极组织谋划，将党员作为此次养老服务升级的中坚力量，由镇敬老院党支部成立安养党员志愿服务队，通过定期走访排摸，细分服务群体，对镇上相对困难、情况特殊的老人进行"一对一""多对一"等方式结对帮扶，推动养老助老服务走出敬老院，延伸到全镇，做到"一堵院墙不设防，墙内墙外敬老情"，把党建优势转化为养老服务的提质动能，以"党建强"促进"服务强"，以"党建红"点亮"夕阳红"，奏响幸福乡居乐章。

（一）细分群体，实现服务精准化。安养党员志愿服务队通过村干部排摸和社保、残联、民政等部门大数据的汇总分析，筛选出以独居老人、高龄老人、退役老兵、残疾人为主的服务对象。通过细化服务群体，在保障更好地服务老年人的同时，进一步提高服务满意度。万华村困难家庭蒋某某、范某某夫妇年老体残且多病，蒋某某双手

---

① 由宁波市海曙区民政局供稿。

双脚无法正常活动，已无劳动能力，儿子离婚后外出打工，孙子则由他们照顾，范某某便以打零工来挣点钱。安养党员志愿服务队成立后便制订一户一策一方案，定期组织筹款、上门看望，了解老人的身体状况和生活情况，从生活物资供给到心理沟通，多层次、多维度地进行帮扶。2020年4月，范某某意外摔倒导致骨折，安养党员志愿服务队得知这一情况后，第一时间安排党员上门，对接镇卫生院协商开通绿色通道，由医生定期上门对其进行治疗。同时，党员们利用休息时间轮流上门做饭做菜、打扫卫生。

（二）细分业务，实现服务全面化。新冠肺炎疫情期间，针对山区村际公交车辆停运，山区老年人日常生活受到影响的特殊情况，安养党员志愿服务队针对性地推出了高山"采购"服务，着力解决山区老年人"采购难"问题。党员志愿者以3人为一小队，实行包片服务，集中统计需求后，采取"片区统一采购、次日送货上门"的方式，最大限度地降低老年人的出行频次，让高山区老年人足不出户就能"坐享其成"。新冠肺炎疫情期间已帮忙采购大米、食用油和食盐等物资共计138次，涉及金额5万多元。2019年起，安养党员志愿服务队结对了横街居委会抗美援朝老兵周某某，此后他的中餐和晚餐均由党员志愿者专人上门配送。一次，党员志愿者上门探望老人时，发现老人床头放着一个脸盆，询问后得知由于房屋老旧，经常会漏水，便立即联系工程队进行修补，安养党员志愿服务队还与镇民政口对接安排周某某入住镇敬老院。如今，老人气色很好，经常同人讲起抗美援朝的故事，有时还跳朝鲜族舞蹈。

（三）细分队伍，实现服务升级化。在推进养老服务"走出院门"的同时，安养党员志愿服务队还积极筑牢养老服务阵地，组建专项服务队，不断深化养老举措，推进敬老院内养老服务细化。在新冠肺炎疫情期间，由于封闭式管理，老人毛某某行动不便，加之又思念子女，导致经常以泪洗面。心理疏导队了解这一情况后，立即联系其家属，通过视频的方式让老人与其子女进行聊天沟通，缓解了老人的情绪。同时，文化宣传队通过自导自演节目、组织合适的体育运动，满足老年人多样化、多层次的养老服务需求。此外，安养党员志愿服务队还梳理总结了敬老院内好的养老服务举措和经验，推广应用于院外结对困难老人，加快提升养老服务水平。目前，已累计结对困难老人10人，走访帮扶50人次，捐赠各类生活用品、食物等物资6000余元。

三、实际成效

（一）织密了高山区助老服务体系。依托安养党员志愿服务队，通过完善的高山区服务需求群体排摸，精确的"三问三访"登记以及系统化的服务对象分类，为高山区老年人搭建了一条足不出户、"最多跑零次"的高速"下山路"，为高山区老年人实现业务办理需求的同时还满足了他们的心理需要，形成了横街镇高山区老年人与党员志愿者精准对接的高山助老服务文化圈，织密了高山区助老服务体系。

（二）搭建了专业化的助老服务团队。通过党员志愿者服务驿站这一志愿服务统筹平台，结合横街镇的高山代办服务基础，将高山代办服务作为志愿服务项目登记上墙，由党员志愿者和原有的高山代办员组成高山红色爱心服务队，进一步吸纳更多有医学基础、心理学基础等有专业特长的党员志愿者加入服务队伍，促成志愿服务规模化、体系化、专业化，提升服务质量。

（三）形成了特色化的助老服务理念。针对横街镇域地貌完整，山区村、"空心"村多，山区村老年人多、年轻人少的特点，横街镇党委通过安养党员志愿服务队这一为老志愿服务队，在精准对接山区村老年人群体需求的同时，将党员志愿者特别是年轻党员志愿者与老年人连接起来，让年轻党员在服务中加强与老年人的思想交流，在实践中去除"浮躁"之气，也让尊老、爱老、敬老这一优秀传统文化真正地在横街镇绵延下去，形成具有横街特色的助老服务理念。

在抗击新冠肺炎疫情的阻击战中，浙江省养老机构党组织带领全体党员干部发挥先锋模范作用。在这场没有硝烟的战争中，做到了守土有责、守土负责、守土尽责。2020 年 1 月 25 日，浙江省民政厅在全国率先发布《关于加强全省养老服务机构封闭式管理的通知》，省内各养老机构紧急行动起来，落实封闭式管理的各项措施，筑起长者"生命防线"。在一些养老机构，由于封闭式管理，部分员工被隔离在外无法到岗，党员同志挺身而出，利用自己的休息时间，主动承担起其他岗位的工作，使得整个团队形成互帮互助的工作氛围，有人身体不适，其他人就主动提出与其调换岗位；有人休息，党员就站出来替其完成岗位工作。党员干部发挥先锋模范表率行为，有力保证了在新冠肺炎疫情期间人手紧缺的情况下，丝毫未影响工作，为全省养老机构老人无一例感染，做出了重要的贡献。

在 2021 年浙江省民政厅组织开展的"海岛支老、一起安好"行动中，浙江省养老服务战线的共产党员积极响应，冲锋在前。首批上岛的 30 名支老服务人员中，三分之一以上是中共党员。他们放弃了陆域城市优渥的工作和生活条件，选择了来到条件相对艰苦的偏远海岛支老，体现了共产党员舍小家为大家的大无畏精神。他们经得起风浪，受得了寂寞，闯过了"语言关、生活关、信任关、群众关"，将专业护理服务和管理能力带到了偏远海岛，带到了老年人身边。不仅如此，在"授人以鱼"的同时，他们

"授人以渔"，结合实际传授护理知识、管理经验，帮助当地敬老院提升护理能力、管理水平，从而让更多偏远海岛的老年人能够受益。

二、不忘初心　银龄生辉献余热

"退休退职不褪色，离位离岗不离党"。老党员、老干部为党的事业和国家建设付出了毕生精力，是国家建设的功臣。他们在社会主义革命、建设和改革的伟大事业中，磨炼了性格、锤炼了意志、锻炼了能力，拥有坚定的思想信念、良好的工作作风，在群众中有较高威信，对人民群众有着强大的向心引导力，他们对党组织有强烈的归属感，对人民有深厚感情。浙江省各地充分调动老党员的积极性，让老党员在思想政治教育活动中充当宣讲员，在养老机构服务中充当好助手，在社会志愿服务中充当参与者。

2021年，在党史学习教育中，浙江省充分发挥老党员红色资源优势，结合庆祝建党百年系列活动，组织了"老党员宣讲团""老干部宣讲团""老兵宣讲团"等，让老党员、老干部、老兵走进地方党政机关、企事业单位、学校、社会公益团体，开展党史学习教育宣讲活动，以自己的亲身经历和感悟，传播党的光荣历史、先进思想、优良传统和作风。老党员身上的崇高品格和精神风范，是开展党史学习教育的鲜活教材，有他们的参与，党史学习更加鲜活生动，从而助推了党史学习教育活动走细做实。

在养老机构中，活跃的老党员是引领老年群体的一面旗帜。他们本身就是老年人，来自老年人群体，了解且理解老年人的所思、所想、所盼，他们能够充当养老机构中工作人员与老年人之间的沟通桥梁，有助于推动养老服务工作的顺利开展。在疫情防控期间，杭州市社会福利中心由休养老党员组成的临时党小组主动出击，筑起坚强的"红色堡垒"。休养老党员小组长带头配合落实各项管理措施，通过微信群等线上方式，积极将官方发布的最新疫情防控信息转发至群内，及时对一些转自非官方渠道的"不良"信息进行辟谣；此外，部分休养老党员通过微信群献言献策，针对疫情防控工作提出了诸如"减少食堂座椅，保持良好秩序"等建设性意见和建议。党小组主动化身"润滑剂"，劝说身边休养员尽可能减少不必要的请假外出，持续加强自我防护，引导全中心休养员科学防疫，稳妥有序地逐步推进养老服务恢复。

在助力基层社会治理方面，老年党员是有经验、有学识、有能力的群体，他们具有较强的政治优势、经验优势、威望优势，做群众工作更有经验、更有方法，更容易和群众达成共识，在处理群众的棘手问题时更有水平，是推进基层治理的可靠力量。把老党员力量吸纳到基层治理中来，既弥补了基层治理短板与不足，也让老党员找

银领先锋：讲党史、话党恩 [①]

2021 年是中国共产党成立 100 周年，举国见证党的百年华诞，从百年党史中汲取奋进新征程的强大力量。在浙江广大离退休干部党员队伍中，涌现出了一批讲党史、话党恩的银领先锋，为党史学习教育凝聚力量。

90 岁的温州市平阳县退休教师郑志兴耗时 1 年，完成了 26 万字的党史作品《浙江红都凤卧》的创作。1939 年 7 月 21 日至 30 日，中共浙江省第一次代表大会先后在平阳凤卧镇凤林村的冠尖与马头岗召开，铸就浙江党史上的丰碑。在书中，郑志兴细数发生在凤卧的峥嵘岁月、人物春秋、红色记忆，全方位反映在凤卧发生的革命故事。每一次党史的编纂和档案整理，如同一次次红色洗礼，让郑志兴深刻体会到，在这群山连绵的小山村里，中国共产党早已播下了革命火种。"虽然没有枪林弹雨的战斗经历，但我把人生的后半段交给了党史事业。"郑志兴说，"整理党史就是我践行初心的一种责任，希望能以文字的形式还原历史，让宝贵的精神留给一代代年轻人学习和传承。"

94 岁离休干部朱亚有着 77 年党龄。被大家称为"红色老人"的朱亚在红船旁为年轻党员讲党史课，在南湖游船上为南湖区老党员代表讲述红船精神……每一次讲课前，朱亚都认真备课，结合自身经历，娓娓道来，让倾听者从党史课中汲取这位老党员传递出来的巨大能量。在当地许多年轻党员心中，朱亚就是"红船精神"忠实的践行者，用实际行动诠释了忠诚为民的奉献精神。

到了新的能够有所作为的舞台。多年来，浙江省深化"党建 + 正能量"工作，大力引导广大老党员、老干部树立积极老龄观的理念，做到党员身份、能力建设、作用发挥"三个不退休"；打造"银耀之江"志愿服务品牌，使全省老党员、老干部成为推动浙江省经济社会发展的重要力量。在基层社区治理中，老党员、老干部银耀志愿者，是排忧解难的"调解员"、社区自治的"红管家"、困难群体的"帮扶者"、传递正能量的"领航员"，在基层社区治理建设中散发出耀眼的银色光芒。

[①]　案例来源：http://zjdaily.zjol.com.cn/zjlnb/html/2021-12/31/content_3984077.htm.

甬耀银辉：宁波市"银辉"志愿者联合会 [①]

新时代老干部工作面临的社会条件、制度环境、内部结构等，都在发生着深刻变化，老干部工作已经进入转型发展的新阶段。宁波市立足全市老干部工作实际，通过体制机制和平台方式的创新，匠心打造"甬耀银辉"工作品牌，引领老干部正能量活动，由"个体"行为发展为"组织"行为。在 2014 年 9 月成立宁波市老干部志愿服务大队的基础上，2015 年 8 月成立宁波市"银辉"志愿者联合会，通过这一枢纽型的社会组织，把全市原先成立的区县（市）老干部志愿者组织和行业系统老干部志愿者组织都整合起来，形成上下联动的整体化工作格局。

机构总揽提升"组织力"。联合会发挥中枢的功能，将老干部志愿服务者个体和分散、零星的志愿服务，组织成"珍珠"有机串联，由"盆景"变"风景"，由"风景"转"风尚"，从而实现了对老干部群体的组织整合和对志愿者力量的相互协同。每年 5 月，定期召开联合会理事（扩大）会议，总结成绩、梳理经验、廓清问题、明确方向。每年举办两期"银辉"志愿者培训班，帮助"银辉"志愿者提升专业知识技能。

组织健全提升"辐射力"。在联合会框架之下，既有各具特色的"银辉"志愿服务团队和志愿服务基地，也在各区、县（市）和部分市直单位建立了分会，形成了向全市辐射的伞形"银辉"志愿服务网络。既能纵向把服务资源下沉到街道（乡镇）、社区（农村），让"银辉"志愿者能够就近就便地发挥作用，也能横向发挥各专业团队人才优势，推动志愿服务专业化、特色化、多元化发展。

人才集聚提升"吸引力"。依托老干部活动中心、老年大学等阵地，利用大型活动、社团活动等时机，广泛招募银色人才，不仅仅是老干部参与进来，也带动吸引更多的社会老年人参与进来。通过开展"两优一最"（优秀老干部志愿者、优秀老干部志愿服务团队、最佳老干部服务基地）评选，编印先进事迹材料，把一批典型抓在手里，以"关键少数"引领"绝大多数"。

通过组建"银辉"志愿者联合会，越来越多的老党员、老干部走出家门，以学习、延续、参与、传承、建言、公益等多种参与方式，参加"银辉"志愿服务，从"单位人"到"社会人"再到"公益人"，把生命线拉长、生活圈拉宽、人生价值标杆拉高，更好地帮助老人实现了晚年人生价值。

[①] 案例来源：http://www.nblgb.gov.cn/art/2020/7/10/art_1229622211_2943.html.

三、改革创新 破难提质增福祉

养老服务的发展，离不开改革创新。而最初的创新实践，又往往来自基层一线党员干部的推动。台州温岭市养老服务指导中心主任钟赛作为一名共产党员，坚持以问题为导向，坚持向改革要动力，向创新要活力，积极强化政策支持，着力推动养老服务提质增量，创新养老服务模式。她建议对在养老服务机构中从事养老护理工作且取得证书的养老护理员，发放200~800元的岗位津贴，这一创新举措被台州市民政局采纳并将在全市进行推广。她积极推进市养老中心纳入政府地方债，仅用六个月时间就推动第二养老中心项目一期开工建设，推进温岭市沁溪源颐养城等六家养老机构建设，总投资近15亿元，新增床位4000张，极大地缓解了养老床位"一床难求"的问题。她推出养老"一件事"集成办理，将老年优待证、高龄补贴、养老服务补贴等八个项目实现一站式办理、一体化服务，并创新实行老年优待证办理等五个项目无感知办理模式，被台州市民政局作为样本在各县、市（区）推广。她还全力打造新河镇屿头社区争创全国养老示范社区，积极申报国家级"积极应对人口老龄化综合创新试点县级市"项目，两个试点均被推荐到国家发展改革委。

在养老服务人才队伍建设方面，浙江省除了重视培养养老护理员之外，还高度关注社会工作者这一新兴职业在养老服务中的作用，创新探索社会工作融入为老服务。2019年11月，浙江省委组织部、省民政厅、省教育厅、省财政厅、省人力社保厅等五个部门联合印发《关于加强社会工作专业人才队伍建设加快推进社会工作发展的意见》（浙民慈〔2019〕125号），旨在进一步加强全省社会工作专业人才队伍建设，推动社会工作在社会治理和社会服务中更好地发挥专业作用。浙江省还明确要求相关事业单位、城乡社区和社会组织的从业人员参加全国社会工作者职业水平考试，持证上岗，多地民政和组织部门联合出台奖励措施，给予社工师上千元考试补贴，2021年浙江省社会工作者报考人数达17.6万人，创历史新高，占全国报考总人数比例的21.23%。

浙江省社会工作事业的快速发展，不仅得益于省委、省政府的大力支持，也离不开基层共产党员发扬与时俱进、开拓创新的精神，弘扬善于学习、勇于实践的品格，他们在自身领域内成绩突出、示范引领作用明显，在业内产生了较大的影响力。2021年12月，浙江省民政厅发布浙江省首批共10名社会工作领军人才名单，全部都是共产党员。杭州市社会福利中心专职社工秦芸就是养老服务战线的优秀代表。近年来她发动全体人员主动融入社会工作助推养老服务的发展趋势，推动老年社会工作向专业化、职业化发展。在中心的支持下，她发起并成立了浙江省首个养老机构内部专注老年社会工作的"芸汐工作室"。工作室成立以来，延伸中心老年社会工作经验，探索架构老年社会工作培训机制，以年度重点课题为抓手，开展机构社工社会工作服务能力提质项目，多次组织老年社会工作的相关知识普及、理念倡导、实务培训等讲座，并制定了2.2万余字的中心社会工作标准化制度，进一步提升了中心社会工作的专业性与精准度。不仅如此，她还积极走出去，发挥共产党员"传帮带"的作用，扩大辐射范围，以"空间共享、资源共享、服务嵌入"的理念，将老年社会工作服务范围辐射到辖区街道，参与小河街道社工站的督导运营，开展街道社工站、社区社工室的督导工作，为基层社工在服务过程中面临问题、遭遇困惑及服务技巧排疑解难，帮助街道培育基层社工人才队伍。2021年7月16日，浙江省副省长王文序一行到小河街道社工站开展老年社会工作调研，充分肯定了小河街道社工站建设取得的成效，鼓励社工站工作人员积极探索创新社工服务机制，切实发挥公办养老机构的资源优势，科学助老、规范养老、专业助老，打造杭州市养老社会工作特色样板站。

党的十八大以来，以习近平同志为核心的党中央高度重视老龄工作，加强党的领导逐步成为新时代老龄工作的首要原则。党的领导不仅体现在深入研究、综合分析、科学决策、精准部署等总揽全局、协调各方的"大党建"方面，还体现在为做好老龄工作提供坚强的政治保障、组织保障和服务保障的"小党建"上。浙江省充分发挥中国革命红船起航地、习近平新时代中国特色社会主义思想重要萌发地、改革开放先行地的政治优势，推动养老服务战线基层党组织设置广覆盖，织密组织网，筑牢服务网，努力实现"哪里有养老机构，哪里就有党的组织，哪里就有先锋服务"。全面加强养老服务战线基层党组织的政治建设、思想建设、组织建设、作风建设、纪律建设以及制度建设，夯实基层战斗堡垒，增强党组织的凝聚力和向心力，建立健全基层党组织有效运行的保障机制，实现基层党组织的高效运转，党员的有效管理、科学教育和健康发展。充分调动了广大养老服务战线党员的为老服务积极性、主动性和创造性，把"冒尖"党员培养成业务骨干，同时鼓励党员在实践的基础上开拓创新，确保党的老龄工作路线方针政策和决策部署得到贯彻落实。

第九章　共富共享　着力打造"浙里康养"

党的二十大报告指出，从现在起，中国共产党的中心任务就是团结带领全国各族人民全面建成社会主义现代化强国、实现第二个百年奋斗目标，以中国式现代化全面推进中华民族伟大复兴。作为高质量发展共同富裕示范区的浙江省，将更加积极地应对人口老龄化，高质量推进新时代老龄工作全面协调可持续发展，让全省老年人共享共同富裕发展成果，安享幸福晚年。

第一节　打造"浙里康养"金名片

促进全体人民共同富裕，是一项艰巨而长期的任务。浙江省富裕程度较高、均衡性较好，在探索解决发展不平衡不充分方面取得了显著成效，具备开展共同富裕示范区建设的基础和优势。通过在浙江率先形成促进共同富裕的目标体系、工作体系、政策体系和评价体系，能够为全国其他地方促进共同富裕探索路径、积累经验、提供示范。据此，党中央、国务院做出了支持浙江高质量发展建设共同富裕示范区的重大战略部署。

2021年5月，中共中央、国务院印发的《关于支持浙江高质量发展建设共同富裕示范区的意见》，以习近平新时代中国特色社会主义思想为指导，紧扣推动共同富裕和促进人的全面发展，围绕构建有利于共同富裕的体制机制和政策体系，对支持浙江高质量发展建设共同富裕示范区做出了谋划与部署。聚焦共同富裕示范区建设亟须突破和创新的重要方向和关键领域，明确了浙江示范区建设"高质量发展高品质生活先行区""城乡区域协调发展引领区""收入分配制度改革试验区""文明和谐美丽家园展示区"四个战略定位。

一、"浙里康养"提出背景

共同富裕是社会主义的本质特征，是中国特色社会主义现代化的重要特征，更是人民群众的共同期盼。在浙江，户籍人口中老年人口约占四分之一，常住人口中老年人口约占五分之一。这是一个日渐增长的庞大群体，又是一个相对而言的弱势群体，既是共同富裕的参与者，也是共同富裕的享受者，还是共同富裕成色的检验者。在共同富裕示范区建设中，率先提出打造"浙里康养"金名片，具有以下四方面的深远意义。

"浙里康养"着眼于贯彻积极老龄观、健康老龄化。习近平总书记高度重视老龄工作，2021年，在中国传统节日重阳节来临之际，习近平总书记对老龄工作作出重要指示。习近平指出，各级党委和政府要高度重视并切实做好老龄工作，贯彻落实积极应对人口老龄化国家战略，把积极老龄观、健康老龄化理念融入经济社会发展全过程，加大制度创新、政策供给、财政投入力度，健全完善老龄工作体系，强化基层力量配备，加快健全社会保障体系、养老服务体系、健康支撑体系。要大力弘扬孝亲敬老传统美德，落实好老年优待政策，维护好老年人合法权益，发挥好老年人积极作用，让老年人共享改革发展成果、安享幸福晚年。①党中央、国务院把积极应对人口老龄化上升为国家战略，专门制定了加强新时代老龄工作的意见。浙江省打造"浙里康养""浙有善育"金名片，就是更加关注"一老一小"问题，为全国示范、提供可复制的样板。

"浙里康养"着眼于突出老年人健康快乐、精神富有。党的十九届五中全会提出，要加快构建居家社区机构相融合、医养康养相结合的养老服务体系。对康养这个词，不同的人有不同的理解，有的认为是康复养老，有的认为是健康养老，也有的认为是健康养生。康养是对老年人全生命周期的养护，不仅致力于生命长度，更关注生命质量。长寿不是目的，健康快乐、精神富有才是关键。因此，浙江省政府决定把"浙里长寿"迭代升级为"浙里康养"，把快乐的老年生活作为一个重要的指标突出出来。通过有效的制度安排和政策设计，使全体老年人既能享有优质的基本服务，又尽可能丰富精神文化生活，实现生活无忧、精神愉悦；还可利用浙江省丰富的康养资源，带动产业发展。

"浙里康养"着眼于实现老年服务与经济增长的良性互动。共同富裕首先是富裕，这就要求经济实现持续的高质量发展。既要看到为老年人提供保障服务的各类制度和政策基于充分的财富积累，也要看到老年保障服务的事业和产业作为现代服务业的重要组成部分，可吸纳更多人就业，助推经济发展和社会财富增长。当前要精准摸清老年人的现实需求，并适度引导需求转型升级。尊重市场规律，吸引更多资源进入老年

---

① 习近平对老龄工作作出重要指示 在重阳节来临之际向全国老年人致以节日祝福 [EB/OL].（2021-10-13）[2022-10-24]. https://www.xuexi.cn/lgpage/detail/index.html?id=4355416325587258171.

保障服务领域，采用先进的科学技术手段，满足老年人的现实需求和未来的新需求。建立有效的筹资机制，落实政府的基本公共服务职责，稳步提高老年群体及其家庭对社会化保障服务的购买能力。

"浙里康养"着眼于老年人参与共同富裕建设。扎实推进共同富裕，需要贯彻共建共治共享的原则，有效组织包括老年人在内的全体社会成员共同参与。按照积极老龄观的理念，在构建老年保障服务体系的同时，营造良好的社会环境，使老年人能够就业创业、参与社会生活并发挥积极作用。事实上，老年人参加适当的劳动、适宜的社会活动，不仅有益于身心健康，更好地实现其人生价值，而且有益于全社会的经济发展和精神文明建设。当前的重点是培育并正确引导老年人看待老去的态度和中青年人对老年人的态度，建立健全老年人劳动就业和参与社会生活的权益保障制度及相关政策，稳步实施延迟退休政策以及相应的配套政策。老年人的人力资源开发出来了，提高了每个人的社会生产率，某种意义上比单纯追求出生率更有效。

二、"浙里康养"目标图景

"浙里康养"按照整体谋划、系统重塑、多跨协同思路，从"老有所养、老有所医、老有所学、老有所为、老有所乐"着手，健全社会保障体系、养老服务体系、健康支撑体系，发展老龄产业，完善老年友好环境，让浙江每一个老年人都能享受到有保障有质量有活力的福寿康宁美好生活。"浙里康养"着眼于老年人的物质富裕精神富有，致力于通过有效的制度安排和政策设计，使全体老年人都能够享有可靠的基本生活保障，享受基本医疗服务和基本照护服务，并且无障碍地参与相应的社会活动，实现生活无忧、精神愉悦；"浙里康养"着眼于老年人共同参与共建共享，按照积极老龄观的理念，在构建老年保障服务体系的同时，营造良好的社会环境，使老年人能够就业创业、参与社会生活并发挥积极作用；"浙里康养"着眼于老年保障服务与经济增长良性互动，充分的财富积累，为老年人提供基本的保障服务，老年保障服务事业和产业作为现代服务业的重要组成部分，助推经济发展和社会财富增长。

根据浙江省民政厅〔2022〕264号文《推进高质量发展建设"浙里康养"工作方案（2022—2025年）》，高质量发展建设"浙里康养"的总体目标是：让每位浙江老年人都能享受有保障有质量有活力的福寿康宁生活，实现富裕富有、普及普惠、尊老孝老、乐活乐享的可感知图景。到2025年，高水平形成"老有所养""老有所医""老有所学""老有所为""老有所乐"五方面标志性成果，社会保障体系逐渐完善，养老服务体系日益优化，健康支撑体系不断加强，老龄事业健康发展，老年环境愈加友好，养老发展整体水平走在全国前列，为高质量发展建设共同富裕示范区背景下实现"浙里康养"提供省域范例。

"浙里康养"可感知图景被概括为四个方面16个字，即富裕富有、普及普惠、尊老孝老、乐活乐享。富裕富有，是政府保障层面，物质上富裕、精神上富有；普及普惠，是服务获取层面，范围上普及、价格上普惠；尊老孝老，是社会氛围层面，社会上尊老、家庭里孝老；乐活乐享，是个人感受层面，让老年人感受到生活就是享受。四个方面缺一不可。富裕富有、普及普惠、尊老孝老是过程，乐活乐享是结果。这四个方面16个字，既是对"浙里康养"的高度概括，也是老龄工作的长期奋斗目标。

在2022年5月17日浙江省委全面深化改革委员会召开的第十九次会议上，时任省委书记袁家军在听取"浙里康养"集成改革汇报后指出，打造"浙里康养"金名片是社会建设的主战场，是深化改革的硬骨头，是共同富裕成效的直接检验。要求以"浙里康养"重大应用为抓手，更加注重破解"三大差距"，更加注重特殊群体，做好供需精准对接，集成康养场景，建立完善政府保基本、家庭基础支撑、全社会广泛参与的协同机制，推动共建共治共享，让全省老年人共享改革发展成果、安享幸福晚年。袁家军书记的指示中，进一步明确了"浙里康养"的三大定位，要求聚焦三类人群、缩小三大差距、形成三方合力。

确立三大定位。"浙里康养"涵盖社会保障、养老服务、健康医疗、产业发展、老年环境等方面，把老年人的养、医、学、为、乐都纳入一个体系中，既立足政府保障，又关注服务获取；既引导社会氛围，又关注主体感受，实际上是建立一整套的面向老年人的高质量社会政策体系，从这个角度讲，"浙里康养"是社会建设牵一发而动全身的关键点，是社会建设的主战场。养老看似是每个家庭的小事，实则是关乎经济社会稳定发展的大事，既要保障经济上的养老（养老金），也要保障服务上的养老（健康支撑、养老服务），还要保障精神上的养老（老有所学、老有所为、老有所乐），因此是一项异常复杂的系统工程，需要改革突破，需要制度重塑，需要持续推进、久久为功。改革突破的难度不小，有工作体制的问题，有思想观念的问题，也有政府、市场、社会、家庭各自作用的问题，需要攻坚克难、务求必成，因此是深化改革的硬骨头。让老年人成为共同富裕的参与者、享受者和检验者，实现富裕、共享以及人的全面发展，是共同富裕示范区建设的重大民生问题，"浙里康养"做得好不好，直接关系老年人的生活品质，直接关系老年人的家庭负担，直接关系经济社会发展程度和共同富裕示范区的建设成色，也直接检验共同富裕的成效。

聚焦三类群体。"浙里康养"要聚焦失能失智老年人、困难老年人和山区海岛老年人。做好精准供需对接，既要看平均数，又要看最低数。失能失智老年人是老年人身体健康状况的最低数，需要建立失智失能照护专业机构、提升专业服务能力，提供人身照护和医疗服务；困难老年人是老年人经济状况的最低数，没有购买服务的能力，政府需要提供兜底保障；山区海岛老年人是老年人居住区域状况的最低数，公共服务和市场服务的成本都很高，政府需要加强对这类老年人的服务覆盖。"浙里康养"需要聚焦这三类群体，加强制度化安排、政策性保障。

缩小三大差距。共同富裕就是要缩小城乡差距、区域差距和收入差距，养老问题也一样。城乡差距主要是农村和城市之间的差距，重点是提升农村的服务水平，建设农村居家养老服务中心，推进康养资源下沉，引导未来社区、未来乡村更加关注"一老一小"问题等；区域差距主要是山区海岛和平原丘陵之间的差距，重点提升山区海岛养老的服务水平，同时也要关注大中城市老旧小区养老资源短缺，解决"一床难求"问题；收入差距主要是指不同经济状况老年人的差距，重点关注困难老年人以及中低收入老年人的养老问题，兜底保障好困难老年人的基础上，减轻中等收入群体的养老压力。

形成三方合力。打造"浙里康养"，要形成政府、社会、家庭协同机制。政府发挥保基本、兜底线和政策引导的作用，老年人因为不同的经济条件、身体条件、照护需求和兴趣爱好，政府没有必要也不可能去满足每个人的需求。社会要发挥服务提供者的作用，既可以通过市场的途径，也可以通过公益的途径，引导更多的企业和社会组织参与到"浙里康养"之中，提供多样化的服务。无论是居家养老还是机构养老，家庭亲情、天伦之乐都是最好的精神慰藉，发挥家庭的支撑作用，巩固家庭在养老中的基础性地位，这也是由中国传统文化所决定的。

未来，在共同富裕下的"浙里康养"图景里，"浙里"将形成人人都有基本保障、基本养老服务触手可及、优质多元养老服务有效供给、银发经济蓬勃发展、人人尊老敬老孝老的景象。老年人晚年生活不仅在物质层面上富裕富足，同时在精神心理上乐活乐享，真正过上有保障、有质量、有活力的福寿康宁的美好生活。

三、"浙里康养"建设内容

《推进高质量发展建设"浙里康养"工作方案（2022—2025年）》提出，在高质量发展建设"浙里康养"的过程中，将从老有所养、老有所医、老有所学、老有所为、老有所乐五个方面确立主攻方向，形成24项标志性成果，不断做深做细做大做厚，支撑"富裕富有、普及普惠、尊老孝老、乐活乐享"可感知图景的实现。

　　老有所养，老年人依靠政府、社会和家庭得到所需的生活照顾和经济、物质保证。在国家要求建立基本养老服务清单的基础上，研究制定老年人公共服务清单，实现城乡老年人同质同标普惠共享多样化的公共服务；整合医养康养资源，以乡镇（街道）居家养老服务中心为依托，与乡镇卫生院（社区卫生服务中心）建立紧密合作关系，建立康养联合体，实现乡镇（街道）全覆盖；积极推动长期护理保险试点，建立长期照护综合保障制度，加大对失能失智老年人的政策支持，减轻中等收入群体的养老压力；实施全省老年人自理能力评估，核对老年人的家庭经济状况，准确掌握老年人的基本需求，形成老年人精准画像。人人享有养老保障，到2025年，企业职工基本养老保险净增参保缴费人数330万人；城乡居民养老保险待遇水平位居全国省区市第一。

　　老有所医，根据老年人的身体特点，积极推进老年健康服务体系建设，为老年人提供连续的健康管理服务和医疗服务，帮助老年人延年益寿、安享晚年。为此将做到医疗保险人人享有，2025年基本医疗保险参保率（户籍）超过99%；人均预期寿命居全国前列，2025年超过82岁；落实城乡同标同质免费健康体检制度，2025年完成城乡参保老年人健康体检550万人；发挥中医药在老年健康服务中的独特作用，建设老年健康领域中医药重点学科和重点实验室，提高二级及以上公立中医医院设置老年医学科的比例，不断提高65岁以上老年人中医药健康管理率；全省域内开展安宁疗护，到2025年，全省每个县（市、区）至少建立1个安宁疗护病区。

　　老有所学，根据老年人的特点，开展多种形式的教育活动，使老年人更新知识、丰富精神生活、继续发挥作用。为此将加大对老年教育发展的政策支持，推进老年活动学习阵地建设，提升老年大学入学率，2025年老年大学（学堂）入学人数达到老年人口占比的13%；整合教育资源，促进老年学校提质扩容，2025年实现乡镇（街道）老年学堂全覆盖；建立支撑全省老年教育发展的学习资源库和数字化资源配送体系，2025年全省建设100门具有较高影响力的老年教育特色课程。

　　老有所为，鼓励老年人退出劳动岗位后，用自己长年积累的知识、技能和经验继续为社会做出新的贡献。为此将建立专技人才退休专家库、老年人才信息库，准确掌握老年人才的健康信息、职业信息、技术特长、再就业意愿等，及时有效地对接相关用人单位的需求，实现供需关系精准匹配；帮助有意愿的老年人提升技能，将一定范围内的老年人纳入培训补贴范围；鼓励各级公共就业和人才服务机构，为超龄人员提供基本就业创业服务；深入推进老年人就业意外伤害保险制度。将为老服务作为"时间银行"的重点板块，形成科学合理的兑换机制，积极引导志愿者参与为老服务；引导开展"银龄互助"活动，每年开展省级层面的以老助老优秀志愿服务团队、优秀志愿服务项目、优秀志愿服务者评选，到 2025 年，全省离退休干部志愿团队达到 5000 个，志愿者 30 万人，志愿者活跃度不低于 50%。

老有所乐，根据老年人的生理、心理特点，建设老年友好环境，开展文娱体育活动，使老年人幸福快乐、安度晚年。为此将开展"老年友好城市（县城）"创建工作，制定评价标准，到 2025 年创建 10 个；开展示范性老年友好型社区创建，到 2025 年累计创建 250 个；提升老年人体育公共服务水平，制订出台《浙江省老年人体育事业发展"十四五"规划》（浙体群〔2022〕127 号）；加强老年人文化和旅游公共服务，到 2025 年，全省建成"15 分钟品质文化生活圈"20000 个左右，新建城市书房 819 家、文化驿站 421 家、乡村博物馆 1000 家；积极引导老年人参加文化旅游活动，开展"银尚达人"选树，2025 年全省"银尚达人"达到 10000 名；组织开展为老示范型社会组织创建，鼓励社会组织更多地参与为老文化体育、开展文艺演出等活动，丰富老年人的晚年生活，让老年人更加快乐；建设和提升老年人文体活动场所，老年活动中心实现乡镇（街道）全覆盖。

为了实现上述图景和取得上述 24 项标志性成果，浙江省确立了"浙里康养""3+1+1"工作体系，从社会保障体系、养老服务体系、健康支撑体系、老龄产业发展、老年友好环境五个方面形成了 41 项突破性抓手，并将其中的长期护理保险试点参保人员扩面、机构跟着老人走、普惠养老机构建设标准、建设康养联合体、康复辅具产业园、困难老年人善居工程、老年教育浙学地图、家庭养老褒扬制度等八项内容作为重大改革项目。通过抓实抓好落地落细重点工作和重大改革项目，不断推动上升形成标志性成果。

四、"浙里康养"数字化应用

打造"浙里康养"，需要通过数字化改革来重塑流程、提高效率、优化服务，在数字化场景下更好地重塑政府、社会、企业、个人的关系，精准供需对接，让老年人及其家属触手可及。根据浙里康养系统架构图，将"浙里养"迭代升级为"浙里康养"，纳入浙江省委数字化改革一本账。总体框架是将"浙里养"的"1+5+N"升级为浙里康养的"1+5+5+N"。即建强一个"康养数据舱"，从不同维度构建老年人精准画像；建设五大场景应用，从治理端、服务端分别展现"老有所养""老有所医""老有所学""老有所为""老有所乐"标志性成果；优化五个流程环节，解耦重塑受理、评估、办理、支付和监管五个政务公共服务流程环节，统一从"浙里办""浙政钉"入口进行受理和办理，集成共享老年人能力评估、护理员等级评估、养老院星级评定，统计财政支出、产业发展、老年人消费，实施消防、食品、金融和综合绩效监管；打造智慧养老院、邻里养、家庭养老床位、健康服务、福利直达、云上老年大学等 N 个为老微服务。

"浙里康养"是集成改革，就是通过省级统筹，把分散的资源整合起来，跨部门、跨层级、跨领域、跨政企集成涉老服务和场景，方便老年人及其子女使用。多跨场景建设主要是如下"六个一"：

一画像，绘制老年人精准画像。对全省 60 岁以上老年人普遍开展自理能力评估，并共享老年人救助、社保、医保、健康体检等数据，形成老年人个体化精准画像，按不同类型提供不同的基本公共服务和补助。运用智能预测模型，分析浙江省老龄化趋势，构建失能照护综合保障制度，建立与老龄化趋势相匹配的财政稳定增长机制。

一清单，发布养老公共服务清单。着眼共同富裕省域示范，在中央要求各省份发布基本养老服务清单的基础上，协同多个部门研究老年人福利、优待、健康、教育等事项，构建公共服务政策配置模型，制定发布全国首个老年人基本公共服务清单，构建福利直达、智能匹配、精准推送，变"人找政策"为"政策找人"。

一张图，建立康养地图。把老有所养、老有所医、老有所学、老有所为、老有所乐等涉老资源，利用 3D、AR 等技术汇聚成一张图展示，配置地图引擎，智能推送为老服务机构，享受专业性、个性化服务，让养老一图可及。以浙江省政府所在地杭州的康养地图为例，康养地图可查找周边的养老设施，也可在家查看机构内部情况。将各地正在编制的养老设施专项规划数字化，叠加到国土空间规划"一张图"上，形成专项规划图。这样，治理端一图看清供需情况，需求端一图找到资源。

一超市，打造养老服务综合超市。把涉及为老提供服务的企业、社会组织及其产品，经主管部门严格审核后，集中放在一个系统上，进行运行、服务和全程监管，并且与养老地图相衔接，既让老年人放心获得服务和消费，也便于培育养老消费市场。

一指标，形成浙里康养评价指标。从治理端角度出发，归集相关数据，进行考核评估。构建综合指标、"五个老有"指标、友好环境指标等七个方面的指标，并进行满意度测评，建立评价数学模型，定期发布"浙里康养"指标，考评各地各部门推进情况和贡献度。

一跨越，跨越老年人数字鸿沟。以长者码、刷脸、实体卡、语音等为主，保留电话、按键等传统手段和线下服务。创新运用视觉增强、触控辅助、语音交互、远程操控等技术，帮助老年人消除数字鸿沟，方便老年人使用。

第二节　打造更为全面可靠的社会保障体系

社会保障体系作为一种再分配制度，在建设共同富裕的道路上能够有效抓痛点、消难点，进一步促进社会公平。社会保障制度的不断发展，将为应对人口老龄化问题提供更为全面的政策选项，让所有人都能够获得幸福安享晚年的机会。

"十四五"期间，浙江省政府将积极开展社保制度改革探索，全面建立覆盖全民、统筹城乡、权责清晰、保障适度、可持续的多层次社会保障体系。通过完善多层次养老保险制度、健全医疗保障制度、加快建立长期照护保险制度、深化"1+8+X"社会救助体系建设、完善老年人社会福利制度，统筹社会保障制度安排；通过"企业职工养老保险提标扩面、稳步提高城乡居保待遇、稳步提高救助保障标准、规范高龄津贴发放、长期护理保险试点参保人员扩面、开展个人养老金制度试点"这六个突破性抓手，努力补齐现存短板和弱项，不断促进社会保障制度体系完善、整体结构优化与保障功能提升。

一、完善多层次养老保险制度

新发展时期，在科技进步与消费升级的推动下，催生出了更多新型就业形态，现有的养老保险制度框架，无法全面契合新形态下劳动者的养老保险保障。

为实现"人人享有养老保险"，"十四五"期间，浙江省将以"企业职工养老保险提标扩面"为抓手，持续扩大养老保险的覆盖面，制定完善灵活就业人员、新业态从业人员参保缴费政策，在将新就业形态从业人员按规定纳入职工养老保险体系的同时，努力吸纳更多农业转移人口、灵活就业人员等不同群体，争取到 2025 年，全省企业职工基本养老保险净增参保缴费人数 330 万人；积极响应养老保险政策"全国一盘棋"统筹实施工作，全面实施企业职工基本养老保险省级统筹制度，稳妥推进城乡居民基本养老保险基金省级管理制度，进一步完善机关事业单位养老保险制度，以期有效提升养老保险的可及性和便民度，提高全省养老保险体系运行管理质量，促进区域平衡发展。

为了实现"城乡居民养老保险待遇水平位居全国省区市第一"的目标，"十四五"期间，浙江将"稳步提高城乡居保待遇"。通过创新完善城乡居保政策，健全鼓励多缴费、长缴费的激励机制，增加个人账户积累；根据共同富裕示范区建设的要求，结合国家基础养老金调整的总体部署，研究制订省定基础养老金最低标准调整方案，保障养老金实际购买力，保障人民基本生活水平；完善养老保险待遇调整机制，结合全省经济社会发展水平科学调整养老保险待遇，逐步缩小职工与居民、城市与农村的筹资和保障待遇差距。

同时，浙江省将支持发展企业（职业）年金、个人储蓄性养老保险和商业性养老保险，加快多层次养老保险体系建设。经过多年的探索与实践，当下我国社会已形成由以下三大支柱组成的基本养老保险保障体系：由政府主导并负责的第一支柱基本养老保险（城镇职工基本养老保险和城乡居民基本养老保险）；由国家政府倡导、单位企业自愿发展的第二支柱补充养老保险（职业年金和企业年金）；完全出于个人自主意愿缴纳的第三支柱个人商业养老（个人储蓄性养老保险和商业养老保险）。"十四五"期间，浙江省将始终按照兜底线、织密网的发展思路，不断完善第一、第二支柱养老保险建设机制、稳步扩大养老基金筹资增值渠道、持续扩大收益人群，为最广泛人民群众的基本养老生活做好强有力保障。面对第一支柱逐年加大的供需矛盾，积极采取省级养老基金统收统支计划、加快建立养老保险基金省级管理工作、研究实施渐进式退休方案延迟制度，以及加快第二、第三支柱养老保险保障补充的解决方案。对于第二支柱养老保险，"十四五"期间，浙江省将大力发展企业（职业）年金，积极推进中小企业和民营企业人才集合年金计划，以期解决目前覆盖人群局限于机关事业单位或大型国企的问题。对于第三支柱的发展，浙江省将选择一个市开展个人养老金制度试点，实现制度突破，逐步扩大个人养老金制度覆盖范围和人群。

二、加快建立长期照护保险制度

高龄化时代，失能失智老人的数量和比例都会大幅上升，未来，失能失智照护将成为刚需。除了高昂的时间成本与经济负担，由于缺乏专业照护技能，失能失智老人家庭将承受巨大的压力，这需要政府和社会提供援助与支持。

为让失能失智老人得到更好的照料，提高生存质量，帮助老人家庭减轻负担，自2016年人力资源和社会保障部办公厅印发《关于开展长期护理保险制度试点的指导意见》（人社厅发〔2016〕80号），在全国开展长期护理试点起，近年国家持续推广探索建立长期护理保险（简称"长护险"）制度试点工作。2020年5月，国家医保局发布《关于扩大长期护理保险制度试点的指导意见》（征求意见稿）中，明确将"长护险"作为继养老、医疗、工伤、失业、生育之后的第六个社保独立险种。浙江省积极响应国家号召，截至2021年年底，先后在杭州市桐庐县（2017年1月）、嘉兴市（2017年9月）、宁波市（2017年12月）、义乌市（2018年9月）和温州市（2019年7月）开展了长期护理保险试点工作。如表9-1所示，限于发展初期阶段的诸多矛盾，在目前的试点建设中，长护险的保障范围侧重于失能、半失能老人，失智老人还无法享受长期护理保障；不同试点的筹资方式、参保人群、支付水平等均有所不同，未建立统一的基础标准；各试点的发展建设水平也存在参差不齐的现象。

表 9-1　浙江省五大长期护理保险试点差异性比较 [1]

试点地区	失能评估标准	政策保障对象	政策服务内容	待遇保障标准	政策筹资标准
桐庐县	《上海市老年照护统一需求评估标准》	职工基本医疗保险和城乡居民基本医疗保险的户籍参保人员；重度失能	医疗机构护理＋养老机构护理＋居家上门护理	医疗机构：40元/床/日；养老机构：30元/日；居家上门：540元/月	90元/人/年：由参保个人、医保基金、政府分别承担1/3
宁波市	《宁波市长期护理保险失能评估试点办法》	宁波本市级三个市辖区参加本市职工基本医疗保险的户籍人员（不含参加住院医疗保险人员）；重度失能	医疗机构护理（可同时按规定享受基本医疗保险住院待遇）＋养老机构护理，逐步探索居家护理	40元/天	职工基本医疗保险统筹基金累计结余中的2000万元作为启动资金，单位和个人均不缴费
嘉兴市	《嘉兴市长期护理保险失能等级评定办法》	参加本市基本医疗保险的参保人员（覆盖本辖区内外来务工人员）；重度失能	医疗机构护理＋养老机构护理＋居家上门护理	医疗机构：最高限额3000元/月；养老机构：最高限额2400/月；居家上门：最高限额1500/月	120元/人/年，居民居保人员采取个人缴费＋财政补助的模式，其中，个人缴费30元
义乌市	《义乌市长期护理保险失能评估表》	参加本市基本医疗保险的户籍人员；失能等级在4级及以上以及中度与重度失智	医疗机构护理＋养老机构护理＋居家上门护理	医疗机构：最高限额130元/天；养老机构：最高限额90元/天；居家上门：最高限额90元/天	123元/人/年：个人缴费36元，其余由单位或财政负责（困难群众由财政全额补助）
温州市	《温州市长期护理保险失能等级评定管理办法》	市区职工医保户籍参保人员；重度失能	医疗机构护理＋养老机构护理＋居家上门护理，鼓励机构上门护理	支付比例由失能等级（最高限额分别为全省在岗职工月平均工资的50%、40%及30%）和护理方式（40%和80%）共同决定	通过划拨职工医保住院统筹基金和个人账户资金等途径筹集：在职人员183元/人/年，个人账户划拨30元；退休人员：214元/人/年，个人账户划拨60元

---

[1]　资料来源：《桐庐县长期护理保险制度实施细则（试行）》《宁波市长期护理保险试点制度试点方案》《嘉兴市长期护理保险暂行办法》《义乌市长期护理保险制度实施意见（试行）》《温州市长期护理保险试行办法》等相关试点地区的政策文件。

为解决现存问题，"十四五"期间，浙江省将聚焦失能失智及高龄老人长期照护需求，探索建立"普惠型长期照护模式"。积极推动长期护理保险试点，整合养老服务补贴、重度残疾人护理补贴和工伤保险等，建立长期照护综合保障制度，通过财政加大养老服务补贴力度，加大对失能失智老年人的政策支持，减轻中等收入群体的养老压力。以"长期护理保险试点参保人员扩面"为抓手，开展长期护理保险标准化、规范化建设，在政策标准、待遇给付、经办服务管理等方面，构建具有浙江特色的长护险制度政策体系和标准体系，2022年长护险参保人员达到1500万人，2025年前争取经国家批准同意实现全省长护险参保人员全覆盖。

为此，浙江省将首先加快建立全省统一互认的老年人能力综合评估制度，同时推进失能失智等级评定专业机构品牌化建设。作为长护险工作流程中最重要的一环，确定老年人能力等级是后续提供服务保障的依据。2022年，浙江省在全国率先实施了全省老年人自理能力评估，并核对老年人家庭经济状况，准确掌握老年人基本需求，以综合考虑老年人身体能力、经济状况、养老方式等因素，确定老年人分类保障的梯度。

其次，加快推进资金筹集机制建设与落实工作。政策的有效运行，需要稳健资金投入来保障，筹资问题是长期护理保险制度实施的核心保障因素。前期通过整合财政养老服务补贴、重度残疾人护理补贴和工伤保险等进行过渡，未来浙江省将加快建设政府、企业和个人三方共同承担的缴费机制。缴费比例根据全省长护险运行成本、政府财政负担能力以及社会经济发展水平等综合因素进行确定，统一标准、规定最低保障水平，同时，允许各地市结合当地实际情况进行适当调整。同步拓展诸如适量划拨本省福利彩票事业公益金、鼓励社会各界慈善捐助等资金筹集方式，进一步保障长期护理保险体制的长效稳健运行。

再次，加快全省长期照护服务业发展。长期护理保险本质上是为相关人群提供护理服务，现金补助只是作为一种补充形式，本质需求还是照护服务。政策完善后，相关配套设施和服务力量亟须跟上，优先解决专业长期照护服务输送难题。

最后，加快发展商业长期护理保险。鼓励商业保险公司开发优质适宜的长期护理保险产品和服务，打造养老产品全链条。充分挖掘保险业在产品供给、投资运营、风险管理与客户服务等方面的专业优势，发挥商业保险对社会长期护理保险制度的补充作用，丰富养老保险特别是照护险产品供给，以兼顾"普惠型"和"富有型"群体，满足人民群众多元化长期照护保障需求。

三、健全一体化社会精准救助体系

社会救助是我国重要的社会保障机制之一。浙江省社会救助保障发展基础扎实，成绩显著。为适应新的社会发展格局、扎实推动共同富裕、实现"浙里康养"，浙江社会救助制度也需与时俱进，确保有困难的群众，特别是困难老人，在全省实现共同富裕的道路上，"一个都不掉队"。为此，"十四五"期间，浙江省将继续深化"1+8+X"社会救助体系建设，健全分类分层、城乡统筹的社会救助体系，并稳步提高救助保障标准。

"1"即进一步深化社会救助领域数智化改革，建好用好省域社会救助信息平台。"十四五"期间，浙江省将持续优化提升"浙里救"各类功能，推进智慧大救助平台建设，为全国做出先行表率。通过加快推进老年智能手环、手机紧急呼救功能等随身携带设备的普及以及居家适老化改造，特别是对于独居、高龄等重点关注老人，利用"一键呼救""智能水表"等智慧监控设施，为老人提供及时有效的救援和安全防护服务。浙江省也将通过数字化手段，不断提升完善救助老人的质量与效率，提供分类分档精准救助，便民高效智慧惠民，为"浙里"困难老人保驾护航。

"8"为提升完善低保、特困、受灾、医疗等八大领域基本救助。浙江将拓展社会救助类型和对象，加强政策宣传和监督检查，确保所有符合条件的老年人，按规定纳入最低生活保障、特困人员救助供养等社会救助保障范围。"十四五"期间，浙江省将完善特殊困难失能老年人兜底性长期照护服务保障政策，落实特困供养人员基本生活和照料护理标准，对因赡（抚）养人无力履行义务造成事实生活困难的老年人给予兜底保障。计划到 2025 年，生活不能自理的特困人员集中供养率达到 95%。[①] 对于有集中供养意愿的特困人员实行集中供养服务，对于分散供养的特困人员全面落实委托照料服务。同时，根据浙江省经济社会发展水平和物价变动情况，以不低于人均可支配收入的增幅，稳步提高救助保障标准，到 2025 年最低生活保障年标准达到 13000 元以上。

"X"指社会多元力量。未来浙江省将不断引导和支持社会力量参与社会救助，充分发挥社会多元力量，鼓励开展面向老年人的慈善公益活动。全面落实居家社区探访制度，普遍建立居家社区养老紧急救援系统，空巢、留守、失能、重残、计划生育特殊家庭等特殊困难老年人每月至少探访一次，并提供相应援助服务。利用政府号召力与舆论宣传，充当资源对接桥梁作用，鼓励相关企业、组织机构发展老年慈善公益事

---

① 浙江省民政事业发展"十四五"规划 [Z]. 2021-04-14.

业，积极开展困难群众慈善老年眼部疾病手术、失独老人心理关怀、失智走失老人救援等救助项目。建立健全现代志愿服务体系，打造崇善行善浙江品牌。未来浙江省将通过积极培育慈善组织、完善企业和个人捐赠激励政策、发展慈善信托等方式，促进慈善事业快速发展。充分发挥慈善第三次分配作用，倡导大爱无言的社会风尚，构建互帮互助的和谐关系。

四、健全医疗保险及老年人社会福利制度

经过多年的努力，浙江省已建立覆盖全民、统筹城乡的医疗保障制度，户籍人口基本医疗保险参保率达到99%以上，基本上做到了人人享有医疗保险。下一步的工作重点在于进一步完善职工基本医疗保险和城乡居民基本医疗保险制度，健全稳定可持续的筹资运行机制，全面做实基本医疗保险市级统筹，稳步推进省级统筹。进一步完善老年医疗保障服务，不断优化医保经办线上线下适老化服务渠道，为老年人就医提供便利。支持发展商业健康保险，深入推进和进一步扩大老年人意外伤害保险的覆盖面。进一步完善老年优待政策，推进优待项目向常住和流动老年人覆盖。进一步完善公共服务场所老年人优待标识，公布优待项目，鼓励与老年人日常生活密切相关的各类服务单位和服务窗口为老年人提供优先、便利、优惠服务。

第三节　打造更加优质可及的养老服务体系

为全面提升"浙里康养"养老服务体系建设质量，"十四五"期间，浙江省将以"机构跟着老人走，服务供给一图可及，海岛支老山区助老，公办养老机构护理员提升工程，居家养老服务网络，认知障碍照护专区建设，构建城乡老年助餐体系"为突破性抓手，整合服务资源、拓展服务内容、创新服务方式、提升服务质量、扩大服务辐射范围，人人享有多样化、普惠型的基本养老服务，优质养老服务高效便捷，综合照护能力显著增强，实现养老服务触手可及。

一、建立基本养老服务清单

随着经济的发展，财政收入的增加，政府也将进一步扩大基本养老服务面，让经济发展的成果，惠及更多民众。"十四五"期间，浙江省将从实际财政承受能力出发，制定明确规范基本养老服务对象、服务内容、服务方式、服务标准和责任对应主体等问题的基本养老服务清单，将基本养老服务由碎片化向整合清单化转变，让老年人一

目了然可以拥有哪些基本养老服务。对活力老人、部分失能老人、失能失智老人、经济困难老人等不同老年群体，分类分层提供生活照料、康复护理、社会救助等优质适宜的为老服务，并根据经济社会和科技迭代发展进行动态调整。

目前政府的养老服务工作，主要关注的是特困、低保低边、高龄等特殊老人的兜底保障，对普通中低收入家庭面临的养老困境，还存在制度支持不足的问题。浙江积极探索"扩中""提低"的实现路径，"十四五"开局之年，浙江省率先提出，将"多措并举减轻中等收入家庭在养老方面的支出压力"①。未来，随着经济社会的不断发展，浙江省将不断扩大基本养老服务对象的涵盖范围，加大公益性、多样化、普惠性养老服务供给，减轻中等收入家庭的养老压力，将养老服务对象逐步由特殊群体为主向普通群体转变，在养老服务普及普惠上不断创新实践，让社会主义建设成果更多更好地惠及广大人民群众。

为保障基本养老服务体系更快更好推进，"十四五"期间，浙江省政府也将不断完善养老服务投入保障机制。首先，加强党的领导，坚持党政主要负责人亲自抓、总负责，建立"浙里康养"工作专班，建立统分结合机制、任务部署机制、工作汇报机制和定期例会制度，消除权责不清、条块壁垒，为"瞄靶心"、干实事扫清不必要的障碍。将养老服务体系建设作为公共财政支出的重要内容，在继续增加财政对养老服务预算支出的同时，建立稳定的养老服务体系建设经费投入保障机制，并加大对基层、乡村、海岛等地区的经费投入。其次，统筹使用省本级福利彩票公益金和各级政府用于社会福利事业的彩票公益金，"十四五"期间，计划将55%以上的彩票公益金用于支持养老服务和医养结合服务。再次，完善和落实相应鼓励政策，引导各类社会资本投入养老服务建设，倡导社会各界进行慈善捐赠，形成财政资金、社会资本、慈善基金等多元结合的投入机制。同时落实相关财税支持政策与养老服务设施土地供应政策，无论是以出让还是租赁方式，对养老服务设施用地均以低地价和租金的标准供应，加快出台养老服务设施规划建设和用地保障措施相关条例，将养老服务设施建设项目纳入省、市国土空间总体规划，支持通过使用预留城乡建设用地规模、城镇弹性发展区等方式，满足养老服务设施用地需求，以期从制度上解决养老服务设施的用地保障问题。"十四五"期间，浙江全省11个地市和50万人口以上的县（市）将编制实施养老服务设施布局规划，并纳入国土空间规划"一张图"。

---

① 浙江高质量发展建设共同富裕示范区实施方案（2021—2025年）[R]. 2021-06-25.

二、增加持证护理员数质量

人才培育是养老服务发展的关键。随着全社会老龄化程度的不断加深，养老护理员的缺口也在不断扩大，解决人才供给的问题迫在眉睫。"十三五"期间，养老服务建设评价侧重于"机构床位数"，而"十四五"期间，浙江省将以"护理员提升工程"为抓手，持续提高每万名老年人拥有持证养老护理员数量，并增加高级、技师护理员的比例，以期全面提升养老服务人员专业化、职业化、规范化水平，满足老年人持续增长的优质养老服务需求。

"十四五"期间，浙江省政府将推动全省各地建立岗位津贴制度，全面落实《浙江省社会养老服务促进条例》中的养老护理员岗位津贴政策。完善统一职业技能等级标准制定与评定工作，针对不同职业技能等级的护理员，给予每人每月百元至千元不等额度的岗位津贴奖励；对于对口专业高校毕业生从事一线养老服务行业的，给予万元入职奖励。通过为养老护理从业者提供奖励津贴、提高养老服务一线人员薪资待遇，吸引更多优质人才。

健全养老护理员职业管理体制，开展养老护理员等养老服务从业人员职业技能培训、等级认定工作。通过人性化的管理模式，营造友爱的工作氛围；借力科技力量，引入科技辅具，以减轻繁重的体力劳动；为从业者打造一个透明、合理的晋升体系，完善持证上岗和信用评价体系，建立全省护理员信息管理系统，对护理员进行分层培养，定期开展职业培训与测评，让养老护理员在工作中感到有希望有温暖。

开展省级养老护理员职业技能大赛。通过举办模拟老人真实生活场景、重在考察护理员实际专业操作技能的省级规格赛事，对表现优秀的养老护理员进行表彰和奖励，提升从业人员的自我认可度，扩大社会影响力，同时为行业从业者提供交流分享的平台，进一步促进养老服务行业的良性发展。开展优秀护理员转型提升为康复护士培养计划，为护理员开辟更加广阔的职业发展空间。同步尝试确立养老护理员日，通过法定节日的确立，提高护理员社会地位、增强职业自信。预计到 2025 年，浙江省每万名老年人拥有持证养老护理员数将达到 25 人。[①]

三、提升社区养老服务能力

社区强则养老优，社区好则老人乐。"十三五"期间，浙江已经建成城乡社区居家

---

① 浙江省民政事业发展"十四五"规划 [Z]. 2021-04-14.

养老服务照料中心 2.34 万个，基本实现城乡全覆盖。[①] 同时为解决老人中短期托养问题，满足老年人及其家庭多元化养老服务需求，浙江省自 2018 年起，积极推动乡镇（街道）居家养老服务中心建设，至 2021 年，浙江省已建成乡镇（街道）居家养老服务中心 1456 家，实现了乡镇（街道）居家养老服务中心全覆盖。为进一步解决目前服务中心存在的服务内容不健全、服务流程不规范等问题，浙江省将整合医养、康养资源，引导医疗、康复、养老资源下沉到乡镇基层，以乡镇（街道）居家养老服务中心为依托，与乡镇卫生院（社区卫生服务中心）建立紧密合作关系，建立康养联合体，实现康养联合体乡镇（街道）全覆盖。

"十四五"期间，浙江省将进一步加强居家养老服务网络建设，加快推动养老服务设施布局专项规划落地建设，提升机构辐射社区服务的能力，推进居家养老服务设施长效运行，完善服务网络，形成 15 分钟养老服务圈。加快推动养老资源向老人身边集聚，将工作重心由关注养老服务机构床位数等硬件指标，转为聚焦社区康养结合养老服务供给等软性能力的全面提升上，从全人全程的角度出发，坚持以老年人需求为中心，机构跟着老人走，让老人在家门口就能够享受到优质、便利、普惠的养老服务。优化养老服务设施布局，推动养老服务机构进入城市主城区、老年人集聚区，重点发展社区嵌入式、小微型养老机构，满足老年人"家门口幸福养老"需求。

在生活服务上，构建城乡老年助餐体系，大力发展社区居家养老助餐、助浴、助急、助医、助行、助洁等服务，扩大助餐配送餐服务范围，老年人有助餐配送餐需求的社区，做到服务全覆盖、运营可持续。对于由于老年人口规模不足，无法开办、独立运营老年食堂的城乡社区居家养老服务照料中心，统一选择所属乡镇（街道）养老服务中心的"中央厨房"作为送餐点。若选择餐饮公司进行外包服务，所属同一地市的服务中心联合与合作商进行集体谈判，通过公开招标，优选最佳供应商，用心保障老人健康营养膳食要求。

在康复护理服务上，除了通过提高社区养老机构护理床位占比，提升社区长期照护服务能力以外，浙江还将建设社区居家"虚拟养老院"，扩大家庭养老床位的设立，为居家高龄、失能等有需要的老年人提供上门服务。未来，有长期护理需求的老人可以根据实际条件，自行选择是前往乡镇（街道）居家养老服务中心接受医养康养服务，还是在家中由相关专业护理人员上门提供服务。通过城乡社区照料服务中心充分触达老年人群，对于日常简单助洁、健身保健、就餐等日常服务，通过所在社区居家照料服务中心

---

① 浙江省民政厅关于省政协十二届四次会议 702 号提案的答复 [Z]. 2021-09-02.

提供，而对于定期身体机能状况监测、开具处方药等需要相关医学资质与更为专业能力的康复护理服务内容，则由对应的乡镇（街道）康养联合体的工作人员提供服务，充分发挥乡镇（街道）康养联合体作为社区居家相协调、医养康养颐养相结合的重要载体和纽带作用，两者统一协调、错位配合，共同为社区居家老人提供健康保障。

四、完善长期照护服务模式

为迎接长寿时代的到来，积极应对高龄化必然带来的失能化现象，未来浙江省将持续推进长期照护服务能力的提升，推进养老服务市场专业照护供给侧结构性改革，强化公办养老机构（含公建民营）的公益属性，打破"一人失能，全家失衡"的魔咒。

2022年，浙江省在全国率先印发了《全省老年人自理能力筛查实施方案》（浙民养〔2022〕82号），组织开展对全省1200多万名老年人自理能力的全面筛查，以摸清老年人能力底数。失能失智的老年人搞清楚了，如何精准提供服务就有了可靠的基础。"十四五"期间，浙江将大力推进养老机构结构性调整，聚焦失能失智和高龄老年人的长期照护需求，提升养老机构护理型床位占比。计划到2025年，全省养老机构护理型床位数占比达到60%。[①]

认知障碍老年群体的长期照护，是未来亟须解决的一个社会问题。对于这类随着步入暮年，由阿尔茨海默病、血管性疾病或听力受损等疾病引起的脑部疾病，早发现和积极干预对延缓疾病进程、提高老人身心状态至关重要。但目前的现实情况是公众整体认知程度低、老人排斥、家人缺乏专业护理与干预训练技能，给整个家庭带来沉重的身心压力。为精准服务老年认知障碍患者及其家庭，浙江省政府将加强失智老人早筛工作、推进养老机构认知障碍照护专区建设。一是加快确立、出台全省统一的认知障碍老年人筛选评估、服务评估、服务提供及设施配件等标准手册，开展认知症社区筛查工作，以尽早发现，加强干预。二是加大认知障碍照护供给，推进落实认知障碍照护专区建设，规定30万人以上的县（市、区）建有专门的认知障碍照护机构，30万人以下的县（市、区）在养老机构里设认知障碍照护专区，到2025年，实现每万名老年人配有认知障碍照护床位20张[②]的建设目标。

鼓励养老服务专业机构向社区延伸。浙江省将以"老年人高密度居住区新增社区嵌入式养老床位"为切入口，落实"机构跟着老人走"行动。部署养老服务机构专项规划编制工作，以老人分布密度为配建指标依据，在老年人居住密集区建设更多的嵌入

---

① 推进高质量发展建设"浙里康养"工作方案（2022—2025年）[R]. 2022-04-28.
② 浙江省民政事业发展"十四五"规划[Z]. 2021-04-14.

式微型养老机构，并根据地区高龄老人比例，相应提高床位配备标准。积极鼓励养老机构连锁化、品牌化运行，更多的提供居家社区服务、发展上门业务。深化医疗卫生机构与养老服务机构的签约合作，创新居家医养结合服务模式，推进"互联网＋照护服务"，为居家高龄和失能老年人等重点人群提供线上线下相结合的健康养老服务。依托城市医联体和县域医共体，统筹各类医疗卫生机构和养老服务机构资源，探索建立从专业机构到社区、家庭的长期照护服务模式。

实施家庭养老支持政策，增强家庭照护能力。在熟悉的家庭环境中养老，老人可以享受儿孙满堂的天伦之乐，有助于身心健康。"十四五"期间，除了加强社区养老服务，浙江省将多方并举，巩固家庭养老的基础地位。鼓励成年子女与老年人就近居住或共同生活，鼓励成年子女陪护老年父母，为老年人提供日常照料，让老人感受到亲情的温暖。落实符合条件的老年人随子女迁移户口政策，探索建立在职子女陪护假制度，适当加大对独生子女家庭养老政策的倾斜力度，建立独生子女家庭护理假制度。独生子女父母在身体不适需要进行照料期间，子女可根据实际状况（父母身体等级评定等），每年累计享受一定时间的护理假。完善家庭医生签约服务制度，提高失能、高龄、空巢、重残、计划生育特殊家庭等老年人家庭医生签约服务覆盖率，提高服务质量，切实满足老年人家庭个性化、专业化健康服务需求。支持符合条件的相关卫生机构，为有需求的居家高龄、失能老人，以及受困于疾病、出院后仍需医疗服务的老人等建立家庭病床。落实推进乡镇（街道）居家养老服务中心等养老机构，为社区内有需要的家庭提供针对失能失智老年人的长期照护专业指导，对需要长期照护的失能失智老年人家庭提供免费或低偿的喘息服务，对家庭照护者（配偶、子女、亲属、邻里、保姆等）进行免费照护知识和技能培训。

五、全面提升乡村养老品质

浙江省的养老事业还存在区域发展不平衡以及优质服务供给不够充分这两大主要短板。乡村地区，特别是西南地区的养老服务品质建设发展仍然较为缓慢。"十四五"期间，浙江将开展"海岛支老、山区助老"专项行动，加大对乡村，特别是山区、海岛等地区基本养老服务的财政投入和服务供给，加快补齐乡村养老服务短板。

开展海岛支老、山区助老，提高浙江省老年服务区域最低数。在"十四五"期间，将继续实施舟山市"海岛支老、一起安好"行动，并进一步推广到台州、温州地区。发行共同富裕即开型彩票，启动山区助老行动，采取区域设点、流动服务、家庭互助等多种方式，更好地解决山区养老问题。培育发展为老社会团体，促进社会组织、志愿者参与为老惠老活动，鼓励公益创投设立更多为老惠老项目，开展"山区助老"行动，用慈善捐款和志愿服务等方式，加大资金和人力投入，提升山区老年人居住环境和生活水平。

加强乡村养老服务网络建设，缩小农村与城市之间的差距。"十四五"期间，浙江省将继续推进乡村公办养老机构改革，通过公建民营、政府购买服务的模式，鼓励社会养老服务机构主体走入乡村。加强对乡村低龄活力老人和留守妇女的相应技能培训，使其参与到乡村养老服务建设工作中来。加快推进农村留守老人关爱体系建设，积极发挥农村基层党组织、村委会、老年协会等的作用，为老年人提供多种形式的关爱服务。大力发展农村互助养老，激活乡村人民互帮互助的热情，将零散的互助行为有效组织起来，通过村委、政府购买服务或者通过志愿者等公益组织，调动起广大乡村居民的集体性力量，有效补充乡村养老服务发展，提高乡村养老服务品质。

持续推进敬老院提升改造工程，全面提升敬老院照护服务能力。敬老院作为落实保障特困人员的供养服务设施，在农村养老服务体系建设中起到了支撑作用。"十四五"期间，浙江省将建立专人专项行动小组，全面排查各地敬老院的安全隐患，并监督落实整改工作；提高敬老院膳食条件水平，充分保障乡村老人营养摄入水平；丰富敬老院精神文化活动服务建设，关爱乡村老人精神卫生健康；同时对敬老院的活动场所、卫生间、过道走廊等进行适老化改造等。"十四五"期间，浙江将投资 15 亿元[1]，计划于 2022 年年底完成敬老院改造，使省域全部敬老院都达到国家养老院二级以上标准。同时整合资源、合理布局，以实际需求和预计老龄发展趋势为衡量，及时取缔不必要的敬老院。浙江省预计将全省敬老院数量控制在 350 家至 400 家，床位数 7 万张，其中护理型床位占 58% 以上，并基本实行社会化运营。[2]

第四节　打造更加高效适宜的健康支撑体系

促进健康老龄化是积极应对人口老龄化的长久之计，只有建立适宜老年人特点的全人全程全方位的老年健康支撑体系，才能更好地保障人民的品质养老生活。

"十四五"期间，浙江省将发挥政策与规划的引领作用，根据老年人的身体特点，积极推进老年健康服务体系建设，重点通过实施老年健康服务"五大行动"、建立老年人健康评估和功能维护机制、深入推进医养结合发展、引导和鼓励更多中医药服务进

---

[1]　浙江省民政事业发展"十四五"规划 [Z]. 2021-04-14.
[2]　浙江省社会发展"十四五"规划 [Z]. 2021-03-31.

入社区、健全老年医疗服务网络、推进家庭医生全面签约服务，为老年人提供连续的健康管理服务和医疗服务，帮助老年人延年益寿、安享晚年。

一、构建全人全程健康管理模式

促进"以疾病为中心"向"以健康为中心"转变，是实现健康老龄化的必然要求。"十四五"期间，浙江省将立足积极老龄观，加快构建并不断完善全人全程老年健康管理体系建设，在充分激发老年人积极生活态度的同时，前移管理关口，更好地守护老年人的生命健康。

加强老年人健康教育，全面提升老年人健康素养。在城乡社区加强面向老年人及其照护者的全人全程健康知识宣传和教育。成立老年教育联盟，利用多种方式和媒体媒介，广泛开展健康教育和健康科普宣传，引导老年人形成健康的生活方式和习惯，加强对老年人常见病、慢性病的健康指导，提升老年人健康认知。发放《老年健康手册》，借助老年健康宣传周、敬老月、重阳节、世界阿尔茨海默病日等契机，积极宣传《老年健康核心信息》《预防老年跌倒核心信息》《阿尔茨海默病预防与干预核心信息》等相关知识，同时将老年健康教育融入临床诊疗工作，要求家庭医生做好个性化健康教育工作，鼓励将老年健康教育纳入基层卫生医疗机构绩效考核内容。推进中医药老年健康促进工作，提升老年人中医药健康文化素养水平，增强老年人对健康的关注，引导和鼓励更多的中医药服务进入社区，更好地满足老年人的健康服务需求。

加强健康评估，开展老年健康服务专项行动。浙江省将建立老年人健康评估和功能维护机制，落实国家基本公共卫生服务老年人健康管理和医养结合服务项目，建立重点疾病早筛早诊早治制度，持续开展城乡老年人免费健康体检、结直肠癌免费筛查、慢性阻塞性肺疾病免费筛查和流感疫苗免费接种。落实《关于印发浙江省城乡居民"三免三惠"健康行动实施方案的通知》（浙卫发〔2021〕40号）和《关于印发浙江省参保城乡居民健康体检管理办法的通知》（浙卫发〔2022〕2号），2025年完成城乡参保老年人健康体检550万人。开展老年健康服务专项行动，实施老年人"光明"行动、"口福"行动、"失智老人"关爱行动、老年人营养改善行动和老年健康"智慧助老"行动，开展老年糖尿病患者眼底筛查，实施困难老年人白内障复明手术，做好老年人认知功能早期筛查和心理健康评估，为老年人建立口腔健康档案和营养监测档案，并给予营养膳食指导，以期从源头保障老人的健康生活质量。"十四五"期间，浙江省将加快落实健康管理电子档案工作，为65岁及以上老年人实施慢性病全周期健康管理。

二、增强医疗服务的适老性

进一步健全老年医疗服务网络。老年人往往同时患有多种慢性疾病，在综合性医院就医时常常面临多科就诊、多次挂号的烦琐流程，给本就体能不佳的老年人带来了诸多不便，同时治疗药物也因混合服用而存在风险。随着老龄化进程的不断加快加深，诸如冠心病、帕金森病、阿尔茨海默病等常见老年病的发病率将会上升，老年抑郁症等新型老年心理卫生疾病也会增多。未来，浙江省将加快老年专科建设，打造长三角地区老年医学医疗高地，推动浙江医院建成老年病国家和省级区域医疗中心，各市以三级医院老年医学重点科室或有实力的老年医院为基础建立老年医疗中心。加快推进二级以上综合医院建设老年医学专科，为老年人提供多学科综合诊疗服务，改善老年人的就医体验、促进老年健康服务模式的建立和发展。"十四五"期间，全省各市至少培育1家老年医疗学科特色突出的三级以上医院，全省二级及以上综合性医院、中医医院设置老年医学科的比例达到85%以上。优先支持老年医院、康复医院、护理院（中心、站）、乡镇卫生院（社区卫生服务中心）等机构建设和床位资源配置，加大土地供应、财政保障和政策支持，支持一部分医疗机构转型为康复和护理机构。计划到2025年，全省新增老年医院和护理院、康复医院等接续性医疗机构100家以上。[①] 加快老年人重大疾病中医药研究，推进中西医协同攻关。制定老年友善医疗卫生机构标准，在规范建设的基础上，强化督导和评估，使绝大多数医疗机构成为老年友善医疗机构。

继续加强基层医疗服务能力，方便老人就近就医。打破现行医院评级制度的限制性，鼓励并支持更多符合条件的乡镇卫生院和社区卫生服务中心参评二级医院，解决由于等级评审原因导致的基层医疗资源配置水平低下问题。巩固完善医疗卫生服务"兜底"工程，将新增政府办村卫生室（社区卫生服务站）纳入省政府民生实事项目。通过落实乡村医生定向委托培养工程、加强基层医疗卫生机构人员指导培训、全科医生培养计划等方式，加强基层全科医生培养力度，提升全科医生服务水平。支持乡村特别是山区、海岛地区定向医学生免费培养项目，以及骨干人员特岗津贴补助和大学生招聘补助项目。加强对村卫生室和社区卫生服务站的综合管理、技术指导及乡村医生培训等工作。对于具备条件的乡镇卫生院与社区卫生服务中心，支持其建设成为县域医共体内提供老年护理、康复医疗、安宁疗护等住院服务的病区。为扩大优质医疗服务覆盖面、持续推动城市优质医疗资源精准下沉，浙江将加快推进网络医院建设和

---

① 浙江省老龄事业发展"十四五"规划 [Z]. 2021-05-07.

远程医疗服务，大力发展"互联网＋医疗健康"与"互联网＋护理服务"。通过专科联盟、远程医疗协作等多种形式，创新服务方式，推进线上与线下服务结合。重点支持优质医疗资源向山区、海岛等偏远地区精准下沉，持续开展"优质服务基层行"工作，实施医疗卫生"山海"提升工程，安排省内综合实力最强的 13 家省市级综合医院，重点帮扶 32 个山区海岛县提升医疗服务能力。建立海岛、山区等乡村偏远地区基层医疗机构岗位激励制度，落实乡村地区相关补贴政策，吸引更多高素质人才下沉，为每一位老人的健康保驾护航。

《浙江省家庭医生签约服务
工作规范（2019 版）》

完善家庭医生签约服务，提升慢性病管理能力，切实满足老年人家庭个性化、专业化健康服务需求。家庭医生作为人民群众的健康守护者，通过对签约居民的健康状况进行全方位了解、评估、干预和管理，可以有效推动慢性病的管理，提高患者治疗依从性、提升治疗效果，同时降低医疗成本，减少社会和家庭的经济压力。"十四五"期间，浙江省将进一步推动家庭医生签约服务扩面提质，重点加强失能、高龄、残疾、计划生育特殊家庭等人群的家庭医生签约率。结合城乡居民健康体检，在家庭医生服务中开展高血压、高血糖、高血脂"三高共管"，同时加快推进家庭病床、上门巡诊等居家医疗服务。对有条件的地区，在家庭医生执业登记和工作区域范围内，可依法依约为老人提供有偿的个性化签约服务，如安宁疗护、心理咨询等，以更好地满足老年人家庭个性化、专业化的健康服务需求。未来，浙江将不断健全、提升家庭医生签约服务，以"网络布局合理、服务功能健全、人员素质较高、运行机制科学、管理规范有序、居民体验满意"为建设目标，打造服务精准贴心、就医"无缝对接"的家庭医生团队服务。

三、补强老年人健康服务短板

"十三五"期间，浙江省在制度创新、政策供给与财政投入力度中，持续加大对老年健康服务体系建设，取得了较为明显的进步。但由于建设时间较短，也还存在着不少服务短板，加之老龄化程度不断加深、人民对于健康服务质量的需求不断提升，现有的老年健康服务体系亟须补强升级。

第一，为应对高龄化趋势带来的失能化比例加深，未来需加快增加康复护理服务供给。"十四五"期间，浙江省将以医共体建设为抓手，持续提升基层医疗卫生机构老年康复护理服务供给能力。通过提高乡镇卫生院与社区卫生服务中心老年康复护理床位占比等建设指标，为辖区老年人提供康复、护理、长期照护等服务。同时支持社会力量积极参与康复照护服务，推进以社区为基础的小规模、多功能的整合型、嵌入式护理服务中心、社区护理站建设，推动照护服务机构专业化、品牌化发展。浙江省将优先支持老年医院、康复医院、护理院（中心、站）、乡镇卫生院（社区卫生服务中心）等机构建设和床位资源配置，计划于2025年实现常住人口超过300万的设区市至少设置一家康复医院，每个县（市、区）建成一个护理院（中心），每万名老年人拥有医疗机构康复护理床位55张的目标。

第二，为满足居家为首选的养老发展格局，让老人安心享老，浙江省将大力推进上门居家医疗服务。支持符合条件的医疗卫生机构和有能力的医养结合机构，为行动不便的失能、高龄、残疾，以及慢性病、疾病康复期或终末期、出院后仍需医疗服务的老年患者等建立家庭病床，开展上门服务。探索医养结合机构养老床位和医疗床位按需规范转换机制，探索"一床到底"的失能老人长期照护服务模式，减少老人及其家人辗转奔波的不便。同时，加快规范居家医疗服务行为、加强居家医疗服务管理、加大支持保障力度，进一步丰富上门医疗服务内容，提高医疗服务人员的综合素质，健全居家医疗服务的风险防控机制，以保障上门医疗服务的更快发展。

第三，近年，老年心理健康问题不断凸显，然而目前社会整体对老年人心理健康问题的关注度不高，心理健康服务体系不健全。为此，浙江省将加大力度提高老年精神慰藉服务工作，在财政上适度加大对老年人心理健康教育与服务的投入，持续开展老年人心理关爱项目。充分发挥社区作用，除加大心理健康教育科普之外，依托乡镇（街道）居家养老服务中心，设立心理咨询师，配备专业辅导，帮助有需要的老年人开展心理疏导与治疗工作。加强对老年人心理健康的评估与干预，强化空巢、失独等重点老年群体的心理健康服务，完善定期上门探访、陪聊等心理健康服务。扶持心理健康服务类社会组织的发展，鼓励具有心理健康相关专业知识背景的志愿者，通过"邻里守望"、上门陪聊等方式，向老年人提供心理关爱等服务。通过政府购买服务等形式，引导社会组织积极参与老年人心理健康教育、咨询等服务，完善社区、社会组织、社会工作者"三社"联动机制，不断优化心理健康服务，提高老年人心理健康水平。

第四，全省域开展安宁疗护。随着社会认知水平的不断提高，安宁疗护作为减轻痛苦、提高临终生命质量，以期让病患安详、有尊严离开的专业疗护服务，逐渐走进大众视野。由于社会整体认知水平较低、政策支持缺乏、产业体系不完善等诸多原因，目前安宁疗护服务市场仍处于起步阶段，专业安宁疗护医护人员和床位远远不足，使得一些有需求的老人及其家属无法及时获取帮助。对此，浙江将加快建立以居家社区为基础、机构为补充，综合、连续以及机构和居家相衔接的安宁疗护服务体系。加强对医务人员和社会公众安宁疗护相关理念和知识的宣传教育，提升对安宁疗护的认知度。研究制定安宁疗护准入标准、服务规范和医保、财政支持政策，加大政策支持力度与保障措施，让安宁疗护服务"有法可依""有利可图"；探索建立安宁疗护服务联动机制，完善转诊和会诊服务，加快建立安宁疗护工作体系和服务网络。加强安宁疗护病区和床位建设，出台政策或专项资金支持建立安宁疗护联合体，引导综合医院、中医医院等大型医院设置安宁疗护科；支持符合条件的二级及以下医院、社区卫生服务中心，按要求转型为安宁疗护中心；同时支持和引导社会力量建设发展专业化、品牌化的安宁疗护机构，鼓励医疗机构、医养结合机构积极创造条件，开展机构和居家安宁疗护服务。制订出台《浙江省安宁疗护培训计划（2022—2024年）》，加强安宁疗护人才培养，在浙江医院设立安宁疗护培训中心，各市至少设立1个安宁疗护培训基地，加强对各级医疗卫生机构相关科室医务人员的培训。通过建立公立医疗机构安宁疗护服务岗位医务人员待遇激励机制等方式，吸引更多人才加入。未来期望形成"二、三级医院，主要为突发急性病变或身体、心理症状较重，需要住院治疗的安宁疗护患者提供安宁疗护服务，并承担安宁疗护技术支持、安宁疗护专业人才培训等任务，基层卫生服务机构、社会办护理机构、养老机构等，主要为诊断明确、症状轻且稳定的安宁疗护患者提供居家社区和机构安宁疗护服务"的格局。预计到2025年，浙江省每个县（市、区）至少建立1个安宁疗护病区，20%以上的乡镇卫生院（社区卫生服务中心）开展安宁疗护服务。[①]

四、深入推进医康养融合发展

"十四五"期间，浙江省将重点落实医养康养联合体建设，整合医养康养资源，引导医疗、康复、养老资源下沉到乡镇基层，以乡镇（街道）居家养老服务中心为依托，与乡镇卫生院（社区卫生服务中心）建立紧密合作关系，建立康养联合体。制定康养联合体建设标准和管理规范，培育并打造不同层级、不同模式的康养联合体，实现康养联合体乡镇（街道）全覆盖。落实财政经费，开展乡镇卫生院（社区卫生服务中心）提升医养结合服务能力试点项目，通过完善医疗设施、加强队伍建设、拓宽服务范围等举措，提升基层医养结合服务能力。深入推进医养结合发展，加大医养结合政策支持和保障力度，多渠道增加医养结合机构供给。通过深化医疗卫生机构与养老服务机构的签约合作，提升养老机构康复、护理服务的能力。整合资源，开展医养、康

---

① 浙江省老龄事业发展"十四五"规划[Z]. 2021-05-07.

养联合行动,对于 100 张以上床位的养老机构,要求建立康复室,所有护理员都具备基本的康复知识,高级护理员掌握康复技能并且能指导老年人开展康复训练。充分发挥乡镇(街道)居家养老服务中心的作用,在实现乡镇(街道)康养联合体全覆盖的基础上,促进专业管理团队、人力、资金等各类资源的集中利用,创新居家医养结合服务模式,推进"互联网 + 照护服务",为居家高龄和失能老年人等重点人群提供线上线下相结合的健康养老服务。发布《浙江省医养结合机构服务质量提升行动实施方案(2021—2023 年)》(浙卫办〔2021〕8 号),制订年度计划,推动各地通过全面自查—整改核查—总结提升,解决影响医养结合机构医疗卫生服务质量的突出问题,为老年人提供安全、规范、优质的医疗卫生服务。到 2025 年,全省将创建 100 个医养结合示范项目。

第五节　打造更加协同有力的老龄产业

老龄产业是指以老年人为服务对象,围绕老年群体的生活、社交、健康、安全以及社会参与需求,为老年人及其相关人员提供各种产品和服务的经济活动的集合。具体包括但不限于直接以老年人为服务对象的老年社会保障服务、老年医疗卫生服务、老年生活照护服务、老年教育培训和文化旅游、人力资源中介服务、养老金融服务、老龄科技服务、老年产品制造、老年用品及相关产品销售和租赁服务、老年设施建设等。

在我国,从供给的角度看,老龄事业是指以政府为主提供的具有公益、普惠、兜底性质的基本养老服务和产品,老龄产业则是指通过社会力量为老年人提供的具有多样性、营利性、竞争性的非基本养老服务和产品。从需求的角度看,老龄事业主要是针对老年人的基础养老需求,而老龄产业则为满足更为高阶、个性化的需求。从发展进程的角度看,社会往往是先发展兜底性老龄事业,而后走向老龄事业和产业"双业并举"的发展阶段。

随着人民群众对于养老服务需求更为高阶和品质化的追求,当下的养老服务供给还无法满足日益多元和个性化的需求。未来,浙江省将引导更多社会力量,参与养老服务、丰富老年市场服务供给,以"鼓励市场研发老年产品用品、引导扩大老年消费、设立康复辅具展销洗消示范点、举办老龄产业博览会、引导国资发展养老产业、培育一批养老服务头部企业、培育一批老年用品龙头企业"为突破性抓手,因地制宜发展具有当地特色的老龄产业,带动地方经济和老龄产业高质量发展,更好地满足老年人品质化生活需要。

一、推动产业与事业融合发展

不久的未来，随着老龄化程度的进一步加深，基于全人全程大健康理念的养老消费需求将全面剧增。为解决养老服务市场发展不充分、区域发展不平衡、有效供给不足、服务质量不高等问题，亟须用改革的办法和创新的思维解决发展中的问题。虽然养老产业潜力大、前景广，但由于其前期需要进行消费者教育，且投资大、回报周期长，在产业初级发展阶段，亟须政府的引导扶持，以推动老龄产业的健康有序发展。

"十四五"期间，浙江省将积极推动老龄产业和老龄事业融合发展。具体包括：将老龄产业作为新的经济增长点加以培育，在制度创新、政策供给、财政投入力度上，加快健全老龄产业相关政策法规，增强支持力度。编制、发布老龄产业发展规划，打造高度开放、公平竞争、稳定透明的营商环境，深化"放管服"改革，吸引社会力量积极参与老龄产业建设。鼓励国有企业履行社会责任，引导国企利用自身房产、医疗和人力资源，投身养老产业，支持国有闲置用房优先用于养老服务设施建设，在招租方式、长租期和租赁价格等方面给予政策优惠。积极推动老龄产业相关协会建设，充分发挥行业协会在政策研究、标准制修订、宣传推广、新产品展览展示、国际交流合作等方面的作用。建立行业协会信息发布机制，加强产业发展趋势研究，支持协会增强服务能力，组织开展质量信誉承诺等活动，维护行业信誉，及时反映企业诉求，反馈政策落实情况。鼓励各地利用自身禀赋资源优势，开展老年消费服务、老年用品开发和制造、老龄产品和企业品牌打造。鼓励地方政府建立老龄产业园，设立老龄产业发展引导基金，出台优惠政策，发展区域特色老龄产业，表彰优秀企业和品牌产品，以推动老龄产业蓬勃发展。

二、鼓励老年用品开发和制造

虽然人们对"银发经济"已经不再陌生，但是目前市场并没有真正重视老年群体的需求，适合老年人的用品仍然较少，大多数企业也没有能够站在老年人的角度，进行"适老、宜老"产品的开发和制造。随着我国社会人口结构的进一步改变，老年消费需求的快速扩容，将使得老年产品供需矛盾日益显著。

"十四五"期间，浙江省将大力鼓励企业和科研机构开展老龄科技产品研发攻关，提质扩容生产优质适用的老年用品。加大对老年用品关键核心技术研发及产业化的支持力度，丰富老年服装服饰、日用辅助产品、养老照护产品、康复辅助器具、适老化环境改善产品等老年用品市场供给，满足老年人对用品功能性、安全性、便利性、舒适性和时尚性的需求，加快推进新技术和智能设备在老年用品领域的深度应用。主要措施如下[①]：

增强企业设计研发能力。围绕主动健康、先进康复器械、智能穿戴设备等重点领域，组织实施一批重大科技攻关项目，加快突破一批基于老年人认知水平和使用习惯的智能交互、智能操作、多机协作等关键技术，进一步增加养老服务和产品的科技供给。加快培育老年用品创意设计产业，引进和培养创意设计人才。

推进科技创新平台建设。鼓励有条件的机构创建省级重点实验室、临床医学研究中心、新型研发机构等创新平台，构建政产学研用紧密结合的创新平台体系。结合传统产业改造提升、新兴产业培育，支持老年用品企业创建国家级和省级制造业创新中心、企业技术中心、工业设计中心、工程研究中心等研发设计载体，提升老年用品设计研发能力。培育发展一批网络协同设计平台，积极探索众创、众包、众设等新模式。

着力推动重点领域老年用品升级创新。一是发展功能性老年服装服饰。针对老年人对服装服饰功能性、便利性、舒适性和时尚性的需求，加强服装面料、款式结构及辅助装置等方面的改进。提升老年服装吸湿速干、抗菌、易护理、拉伸回弹等功能性和适老款型的设计，以及阻燃性护理面料的开发应用。推动智能型材料、感光材料、防紫外线材料及高性能纤维在老年服装等领域的应用，开发具有安全防护、蓄热保暖功能的服装服饰。加强老年人足部健康研究，开发适合老年人脚型、轻便舒适和具有防滑等功能的老年鞋。二是发展适老食品药品。针对老年人饮食健康需求，重点提升老年食品的安全性。发展膳食补充剂、营养强化食品、功能保健食品、抗疲劳（衰老）食品等老年营养食品。加强功能性膳食纤维、功能性糖原、功能性油脂、益生菌类、生物活性肽等生物技术保健食品的开发。开展食药物质管理试点，做大做强铁皮石斛、蜂产品、珍珠粉类、灵芝类、保健酒类、维生素类等养生保健食品。以天然绿色、环保安全为方向，支持各地因地制宜开发药品和适老营养食品。三是发展智能化日用辅助产品。针对老年人生活辅助需求，发展生活起居、出行移动、交流通信、休闲娱乐等老年产品。发展适老化安防监控、辅助起身、家电、家具、新型照明、洗浴装置、坐便器和家务机器人等智能家居产品。发展智能轮椅、生物力学拐杖、助行机器人等各类老年行走辅助工具和跌倒防护产品。发展智能助视器、高端数字助听器、辅助阅读和发声、适老化计算机软硬件和手机应用程序等交流通信产品。发展老年益智类玩

---

① 关于加快老年用品产业发展的指导意见 [EB/OL].（2022-09-09）[2022-11-29]. https://jxt.zj.gov.cn/art/2022/9/15/art_1582899_24080.html.

具、弹拨乐器、心理慰藉和情感陪护机器人等老年休闲娱乐产品。四是发展安全便利养老照护产品。针对机构养老、日间托老、入户护理等照护需求，发展辅助清洁卫生、饮食起居、生活护理等方面产品，包括二便护理、口腔护理、褥疮防治、辅助如厕、辅助洗浴、辅助用餐、辅助穿脱衣等照护产品，提升尿裤、护理垫、纸尿片、护理湿巾、溃疡康复用品等护理产品的适老性能。发展老人搬运、移位、翻身、夜间巡夜等机器人产品，开发多功能护理床、智能监护床垫、位姿转变、睡眠照护仪等产品。发展智慧养老产品、软件及服务系统，开发环境监控、养老监护设备、防跌倒监测仪、防走失室内外定位终端等人工智能辅助产品。五是发展康复训练及健康促进辅具。针对老年人功能障碍康复和健康管理需求，加快人工智能、脑科学、虚拟现实、可穿戴等新技术在康复训练及健康促进辅具中的集成应用。发展外骨骼康复机器人、认知障碍评估和训练辅具、沟通训练辅具、失禁训练辅具、运动肌力和平衡训练辅具、老年能力评估和日常活动训练等康复辅具产品。发展用药和护理提醒、呼吸辅助器具、睡眠障碍干预、便携式健康监测设备、自助式健康检测设备、健康预警设备、可穿戴生理参数监测等老年健康管理和促进辅具。针对老年人生理特征变化，鼓励发展适老型体育用品。六是发展适老化环境改善产品。针对家庭、社区服务中心、养老机构等老年人日常活动场所的适老化环境改造需求，提供适老化改造与无障碍环境建设，发展扶手等支撑装置、地面防滑、移动式坡道、斜坡垫等住房安全、无障碍环境改造产品。根据老年人支撑需要，开发易于抓握、手感舒适的扶手和抓杆类产品。根据地面防滑处理需要，开发防滑贴、防滑垫等产品。为住房出入口、通道无障碍改造开发便利产品。发展易燃气体和火灾自动监测报警、防灾应急包、绳降机、平层避险装置等老年应急防护产品。根据老年人生活需要，提供信息无障碍产品及服务，消除数字鸿沟。

加大新产品开发力度。顺应老龄消费变化趋势，引导企业综合运用新材料、生命健康、"互联网 +"技术和产业协同，针对老年人照护、老年功能障碍干预、适老化环境改善等核心需求点，开发新产品和新解决方案。

加快专精特新企业培育。推动老年用品企业向"专精特新"方向发展，培育一批专精特新"小巨人"和省级隐形冠军企业。发展一批老年用品配套企业，提高协作配套水平。提升老年用品企业个性化定制、网络化协同、智能化制造、服务化延伸、数字化管理能力，培育一批智能制造标杆。促进优势企业、研发机构集聚发展，支持有条件的地区建设康复辅具产业发展平台。

三、繁荣老年消费服务市场

目前，制约老龄产业发展的一大因素是老年人的消费观念和消费能力。一方面是全社会还不太适应老龄社会，不知道老年人需要什么或者老年人不知道市场上能够提供什么；另一方面是目前主流的出生于 20 世纪三四十年代的老年人舍不得消费，或者收入有限消费不起。所以尽管老年群体庞大，但实际有效的市场规模有限。

为此，浙江省有针对性地将"引导扩大老年消费"，作为促进老龄产业发展的突破性抓手之一，着力提高老年人的支付能力，丰富老年产品用品环境，改善老年人消费购买的良好体验环境，拓展老年人消费渠道，引导老年人转变养老消费理念，以促进和扩大养老服务消费。

全面加强舆论引导。支持主流媒体广泛宣传积极老龄观，转变老年人被动养老的传统观念，激发老年群体自主生活的积极性与创造性，树立"乐享乐活"观念，引导扩大老年消费。利用政府公信力，为社会专业力量提供宣传平台，多渠道开展老年健康教育、老年辅具和住宅适老化改造功能与作用宣传，以及开展老年"名优特"产品和服务系列报道，提高社会对老年用品和老年服务的认知度和消费意识，提升群众对本土制造或提供的老年用品和服务的信任度。

挖掘老年消费潜力。在加强对老年用品和服务宣传推介和消费引导的同时，组织企业参与"孝老爱老"购物节活动，鼓励各大电商、零售企业开展购物活动，形成品牌效应和消费热潮。支持有条件的地方建立老年用品专业市场和消费街区，打造老年用品一站式购物中心。支持建立老年用品网络交易平台，鼓励老年用品企业参加展会和论坛等，拓宽推广销售渠道。在 2025 年前，在设区市各建立一个康复辅具展销洗消示范点，设立集展示、体验、租赁、销售为一体的康复辅具适配服务平台，普遍开展康复辅具租售业务，引导老年人养成使用康复辅具的习惯，提高市场对康复辅具器具的消费需求。在乡镇（街道）养老服务中心设立统一的为老服务中介站，通过"浙里康养"服务平台，提供旅游、健康管理、金融保险、教育培训、老年产品购买、老年就业、科技辅具租赁等中介服务，以及线下产品使用培训等，为老年人就近消费提供一站式服务，同时为各类为老服务产品和服务，提供具公信力的统一营销渠道。

打响涉老展会知名度。对标国际性会展，举办老龄产业博览会，鼓励老年用品企业参展参会，拓宽推广销售渠道。省与地方联动，打响杭州国际老年康复及护理用品展览会、国际养老服务业博览会等涉老会的知名度，支持以集群为主体，加强与日本等老龄产业先发国家和地区的交流合作与资源对接，支持有条件的地方谋划布局老年用品赛事活动等。

四、打造老龄产业龙头企业

老年人消费观念保守、谨慎，为了引导老年人消费、推动老龄产业做大做强，未来浙江省将着力将打造一批"浙江智造""浙江服务"的知名品牌，培育一批品牌化、规范化、连锁化的养老服务头部企业，培育一批产品创新、质量可靠、品牌建设成效突出的老年用品龙头企业。

提升产品质量保障水平。严格落实企业质量主体责任，推广运用精益服务、精益制造、全面质量管理、卓越绩效等先进质量管理技术和方法，开展质量比对、质量攻关、质量改进等活动。在老年食品药品等领域，探索推进覆盖产品全生命周期的质量管理体系。鼓励老年用品企业和为老服务企业争创中国质量奖和省政府质量奖。

强化涉老知名品牌建设。加大为老服务品牌和老年产品品牌的培育力度，培育一批涉老"品字标"品牌。支持品牌企业创新线上线下融合、个性化服务、创意经济等商业模式，与大型养老机构、社区、医院、老年文化中心、互联网平台等合作，提升品牌知名度。加强老年用品区域品牌建设，鼓励企业开展国际品牌并购，注册境外商标。

培育养老服务头部企业。优化养老服务市场竞争环境，建立健全养老产业相关服务的标准规范，加大对养老服务企业和项目的支持，大力支持养老服务企业品牌化、连锁化发展，培育一批为老服务浙江品牌和养老服务头部企业。鼓励大型养老服务机构连锁运营，支持各地政府通过整体打包的形式，将地方公建养老服务机构通过招标形式，引进大型养老服务机构进行整体化规范经营。鼓励各专业为老服务机构之间建立合作和联盟，开放乡镇（街道）养老服务中心场所，共同搭建一站式为老服务平台。开放"浙里康养"网络服务平台，为各类专业为老服务机构相互合作，提供统一的线上展示和交易服务平台。

打造老年用品龙头企业。进一步健全老龄产业扶持政策，鼓励各地因地制宜、从实际出发，在规划、土地、财政、人才、投融资、科技以及服务模式等方面积极实践、勇于创新。鼓励各地结合相应制造业基础，打造高水平老龄产业园区或康复辅具产业园，集聚老年用品研发生产制造企业，同时配套优惠政策，以优质的营商环境为企业发展提供全方位的支持。

五、推动老龄产业规范发展

"十四五"期间，浙江省将强化信用监管和信息公开，加快研究适应老龄产业新技术、新产品、新业态、新模式发展的监管制度，制定完善相关建设标准和管理规范。

加强多部门协同监管，建立部门协作机制，重点完善对养老、文旅、互联网与医疗健康跨界融合的监管，并将养老服务领域纳入全省社会信用体系建设，完善监测与评价体系。加大联合执法力度，定期组织开展对老年人产品和服务消费领域的侵权行为的专项整治行动，严厉查处向老年人欺诈销售各类产品和服务的违法行为，畅通老年消费者维权途径，切实保障老年人权益。

建立和完善标准体系。完善医养、康养等签约服务规范和价格政策，建立统一规范、公平标准的养老产业市场服务准入制度。大力实施"标准化+"行动计划，在老年服装面料、服务机器人、康复训练及健康促进辅具、适老智能家居和家电产品等优势领域，制定一批老年用品"浙江制造"标准。鼓励和支持老龄产业相关行业协会加强行业标准制定和行业自律，鼓励老年用品行业龙头企业积极参与各级各类标准的起草，推动内外销产品"同线同标同质"。

提高检验检测和认证水平。强化老年用品质量安全风险监测，完善伤害监测制度，加大线上线下质量监督抽查力度。支持建设标准化、专业化的老年用品第三方质量测试平台，制定老年用品产品信息、隐私安全的检测和评价方法，开展老年用品质量测评、验证和认证工作，提高老年用品功能性、稳定性、安全性。落实养老机构综合评估和报告制度，开展第三方评估并向社会公布。

加强信用建设和市场监管力度。完善覆盖养老服务行业法人、从业人员和服务对象的行业信用体系，健全信用信息记录和归集机制，通过企业信用信息公示系统向社会公示相关企业的行政许可、行政处罚等信息。引入第三方征信机构，参与养老行业信用建设和信用监管。建立多部门、跨地区的联合奖惩机制，将信用信息作为各项支持政策的重要衡量因素。建立养老服务行业黑名单制度和市场退出机制，加强行业自律和监管。加大对老年用品领域的商标、地理标志、知名品牌特有名称、包装装潢、外观设计、发明专利等知识产权和商业秘密的保护力度。积极引导电子商务平台规范发展，构建老年用品诚信经营的网络市场环境。

通过扶持老龄产业的发展，持续扩大老年消费市场，全面优化为老服务供给，将有助于"浙里"的老人实现"幸福养老"和"福寿安康"。

第六节　打造更加尊老敬老的老龄友好社会

我们在日常生活中常常看到一些老年人过马路走到一半时，红灯就亮了；上公交车，发现踏板比较高，上去很吃力；在小区中行走，人车混杂，安全得不到保障；很多公共场所没有可以歇脚的地方；由于不会用智能手机，很多事情办不成、做不了；独居在家，整天无聊，度日如年……这不禁让人思考，在人口老龄化加速发展的当下，社会应该如何才更适老？

为改变这种状况，"十四五"期间，浙江将从基础环境、社会文化环境和家庭环境等方面加强老年友好环境建设，提升老年人居住、出行的便利性和安全性，营造尊老敬老社会氛围，打造一个尊老、敬老、爱老、宜老的良好社会环境。

一、对老人更加友善

老年群体的幸福感亦是国民幸福指数的晴雨表，而老年人的幸福感，是建立在得到尊重与关爱、权益得到保障、个人情感与自尊需求同时得到满足的基础之上的。

敬老爱老，善德之始。为高质量建设幸福颐养标杆省，让"浙里"的人民得以颐养天年，浙江省将通过设立尊老孝老项目奖、组织奖、个人奖等，对社会上尊老敬老的行为进行评比表彰，建立家庭养老褒扬制度，对孝敬长辈的家庭成员开展评比表彰等方式，持续弘扬尊老孝老传统美德。深入挖掘各地丰厚的慈孝文化资源、广泛开展敬老养老助老主题教育活动、大力宣传孝亲敬老先进典型，着力把弘扬孝亲敬老纳入社会主义核心价值观宣传教育。倡导传统孝道，把敬老养老助老纳入社会公德、职业道德、家庭美德、个人品德建设、村规民约和党政干部行为规范，纳入文明城市、文明村镇、文明单位、文明校园、文明家庭考评和干部考察中。推动敬老养老助老教育进学校、进家庭、进机关、进社区，鼓励机关、企事业单位和社会组织积极参与敬老、助老活动，引导广大公务人员在照顾和服务老年人中发挥模范带头作用。

持续推进城乡适老化设施建设和改造。贯彻落实老年服务设施、公共设施无障碍标准和适老化规定，改旧建新，确保新建、改建设施全部满足适老化需求。加快社区环境适老化改造，全面落实《关于全面推进城镇老旧小区改造工作的实施意见》（浙政办发〔2020〕62号），加快改造老旧小区，提升老年宜居环境，2025年前，开工改造不少于2200个城镇老旧小区。同步落实新建小区养老服务设施配备问题，到2025年，各地新建城区、新建居住（小）区配套建设养老服务设施达标率实现100%。[①] 加强公共场所无障碍建设，严格执行《无障碍设计规范》，严把建设质量关，招标选择具备相关资质、施工质量好、有公益心的施工单位负责实施，确保无障碍设施高质量覆盖到位，方便老年人、残疾人出行。加大城市道路、公共交通工具、信号灯、隔离带等的

---

① 浙江省老龄事业发展"十四五"规划 [Z]. 2021-05-07.

适老化改造力度，鼓励城市新增公交车辆优先选择低地板公交车，方便老年人上车，在机场、火车站、三级以上汽车客运站等公共场所，为老年人设置专席以及绿色通道，打造老年友好交通服务体系。对社区道路、休息场所、服务场所等与老年人日常生活密切相关的设施和场所，进行全面适老化改造，在步行道、公园内增设座椅等可供休憩设施，并配备扶手助力老年人起身。持续推进既有住宅加装电梯工作，结合各地实际情况，指导和推动各市县选择条件较为成熟的小区，开展既有住宅加装电梯试点工作，创造方便老年人出行的环境。制定家庭适老化改造标准，2022 年前完成存量困难老年人家庭的适老化改造，实现愿改尽改。同时引导和支持社会老年人家庭实施适老化改造，为老年人居住提供更加舒适、便利、安全的环境，让老年人家庭更加宜居宜养。

除对硬件环境进行适老化改造与建设外，浙江省也将同步落实软性服务适老化建设发展，着力帮助老年群体跨越"数字鸿沟"。着力打造有人情味、有温度的现代智能社会，在老年人出行、就医、消费、文娱、办事等高频事项和服务场景中，保留线下办事渠道和现金支付途径。规范老龄数字环境，积极推动语音识别、图像识别、语音合成、智能导航等关键技术的研发与应用，简化、优化数智服务系统操作流程、降低数字技术使用门槛，开发适合老年人使用的 App。设立老年人智慧产品使用便民指导服务，在高铁、地铁等自动扫码、自助服务点，增设人工志愿者，帮助有困难需要帮助的群众。鼓励快递公司对高龄和行动不便的老年人实行送货"门到门"服务。在实现老年事务掌上"一键办理"业务全覆盖的同时，同步开设线下老年"爱心专窗"办理口，解决老年人不会使用智能手机填报事项等问题。

加快健全涉老法律法规和制度体系建设，并强化监管督查，严厉打击欺老、虐老行为。加强老年政策法规宣传教育以及针对老年群体的金融安全知识宣传教育，提高老年人识别和防范电信、金融诈骗等侵害的能力。督促落实相关责任人对于老人的赡养义务，杜绝欺老虐老等问题的发生，同时严厉打击各类侵害老年人合法权益的违法行为，对老年人因追索赡养费、扶养费、养老金、退休金、抚恤金、医疗费以及遭受家庭暴力、财产侵占等提出的诉讼案件，优先立案、优先审理。做好老年人来信来访工作，畅通民意监督反馈渠道，加大老年法律服务和法律援助力度，重点做好农村和贫困、高龄、空巢、失能、残疾等特殊困难老年群体的法律服务、法律援助和司法救助，切实保障老年人的合法权益。

二、让老人乐活乐享

"乐活乐享"，倡导的是一种积极、健康的生活方式。在当下我国人民物质生活水平已经得到一定程度保障的基础上，如何提升老年人的精神文化生活质量、增强老年生活快乐幸福感，是高质量建设发展"浙里康养"所追求的目标之一。

为打造一个让人民群众能够快乐享受老年生活的颐养天堂，浙江省将通过扩大老年教育资源供给、提升老年文体服务质量和打造老年社区精神家园，让更多老年人通过充足的文体活动，丰富精神生活，乐享幸福晚年。

继续接受教育是老年人更新知识、丰富精神生活、继续发挥作用，进而提高生命质量的重要途径。浙江省将持续扩大老年教育资源供给，统筹用好办学资源，不断完善省市县乡村五级办学网络，扩大老年教育服务覆盖，计划到2025年实现经常性参与教育活动的老年人口比例达到25%以上。[①] 在顶层设计上，加大对老年教育的支持力度，将老年教育纳入县级以上人民政府《教育事业发展规划》，建立支撑全省老年教育发展的学习资源库和数字化资源配送体系，建设老年特色课程，重点面向山区26县提供50场线上老年直播课，到2025年，全省建设100门具有较高影响力的老年教育特色课程。整合教育资源，开展老年教育人才培养行动，促进老年学校提质扩容，2022年实现县级老年大学全覆盖，乡镇（街道）老年学堂覆盖率达到80%；2025年，实现乡镇（街道）老年学堂全覆盖。研究出台《浙江省高质量推进老有所学实施方案（2022—2025》，升级"第三年龄学堂"线上学习平台，通过老年教育联盟，大力发展"互联网＋老年教育"，开设"浙里美"老年空中课堂，形成跨网络、跨终端、跨平台的学习环境。积极探索学分登记、存储和应用等激励机制，绘制"浙学地图"，动态归集老年人学习痕迹，形成"浙学指数"，展示老年人的教育学习状态。依托"第三年龄学堂"和农村文化礼堂，扩大老年教育服务覆盖面，推动城乡优质老年教育资源的公平供给，方便老年人就近学习。

持续丰富优质文体公共服务供给，全面提升老年文体服务质量。体育锻炼、健身活动可以减少疾病、增强体质、延缓衰老、娱乐身心，为此，浙江省制订出台了《浙江省老年人体育事业发展"十四五"规划》（浙体群〔2022〕127号），致力于提升老年人体育公共服务水平。建设和提升老年人文体活动场所，实现各市、县（市、区）、乡镇（街道）老年活动中心全覆盖。打造城市社区"10分钟健身圈"，高质量推进行政村体育设施建设，实现老年体育健身场地和设施覆盖城乡。积极开展适合老年人的体育

[①] 浙江省老龄事业发展"十四五"规划 [Z]. 2021-05-07.

健身活动，持续推进老年体育活动中心（俱乐部）及老年体育现代化村（社区）建设，加强老年人体育协会建设。推广居家健身活动，利用互联网和电视等线上平台，分享字体较大、操作简易的适老化健身课程。建立政府主导、渠道多元的老年体育事业投入机制，适当安排体育彩票公益金用于老年体育活动、赛事和场地设施建设。不断提升老年体育服务水平，到 2025 年，基本建成与全省现代化全民健身公共服务体系相适应的老年体育公共服务体系，实现老年健身公共体育服务标准化、均等化和智慧化水平明显提高。提升各级文化馆、图书馆以及乡镇综合文化站等公益性文化场所面向老年人的服务能力，鼓励各类公共文化服务设施向老年人免费或优惠开放，到 2025 年，全省建成"15 分钟品质文化生活圈"20000 个左右，新建城市书房 819 家、文化驿站 421 家、乡村博物馆 1000 家。在文化信息资源共享、农村电影放映、农家书屋等重大文化惠民工程，以及手机客户端新媒体传播渠道中，增加老年公共文化产品供给。组织开展面向老年人的文艺汇演，丰富老年人的精神文化生活，鼓励老年人积极参加文艺演出，支持老年人追求精神文化生活，实现自身社会价值。组织开展为老示范型社会组织创建，鼓励社会组织更多地开展为老文化体育、文艺演出等活动，丰富老年人的晚年生活，保障老年人的身心健康。

积极引导老年人参加文化旅游活动，进一步促进养老服务与健康、养生、旅游、文化、休闲、家政等产业的跨界融合，支持有条件的地区打造旅居养老目的地。促进养老和旅游融合发展，引导各类旅游景区、度假区加强适老化建设和改造，因地制宜建设康养旅游基地，激发健康消费新需求。鼓励各地结合自身自然禀赋，利用山区、海岛的美丽乡村，发展旅居养老、森林康养等新模式、新业态经济，形成季节性地方推介目录，加强跨区域对接联动。推进康养基地建设，为老年人旅游创造良好的条件，"十四五"期间，浙江省将建成 100 个省级森林康养基地，以青山绿水为人民提供更好的养老服务。积极推进旅居养老旅游市场的高品质发展，让老年人在自然风光与青山绿水之间陶冶情操、颐养身心。

着力打造高品质老年社区精神家园。社区是人最基本的生活场所，为了给予老年人一个友善、温暖的社区生活环境，浙江省将大力推进社区涉老文化活动的开展，在为老年人提供丰富优质精神文化服务的同时，通过打造和谐友爱、互动参与的社区环境，满足老年人社交与情感需求。浙江省将大力支持开展面向老年群体的活动，如积极组织面向老年人的书画、棋牌、健身操等文体活动，利用乡镇（街道）养老服务中心以及农村文化大礼堂等场地，搭建老年人相互沟通交流的平台。加强专业人才和业余爱好者相结合的老年文化队伍建设，支持建立老年人文化艺术组织，扶持培养有影响的老年文化艺术团体。鼓励各地定期举办社区老年文化艺术节、老年文艺汇演、老年书画大赛等文体展示活动。在社区营造如公共广场等更多适宜可用的公共空间，供老年人驻足停留歇脚、互相交流，或作为室外运动场地，开展广场舞、太极拳、球类等各项老年健身活动等。

三、使老人发挥余热

"莫道桑榆晚，为霞尚满天"。有效开发老年资源，让老年人的生活充实起来，不仅可以提高老年人的生命质量、减轻社会对老年人的负担，同时还可以消除由于人口老龄化而造成的社会劳动力资源不足问题，对社会发展具有重大而深远的意义。为此，浙江省将积极探索老龄资源有效开发利用模式，在满足老年群体自我实现需求的同时，将老有所为的人生目标，融入中华民族伟大复兴的进程之中，打造一个人人共建共享共治的老龄友好社会。

"十四五"期间，浙江省将加强积极老龄观宣传教育，鼓励老年人在退出劳动岗位后，用自己长年积累的知识、技能和经验，继续为社会做出新的贡献。创新老年人就业创业体系，在顶层设计上，加快研究制定促进老年人社会参与的政策文件。落实渐进式延迟法定退休年龄政策，根据工作者自主意愿以及实际情况延长退休年龄。建立健全老年人就业与社会保护制度，鼓励用人单位为老年人制定弹性工作制度，加大就业灵活性。帮助有意愿的老年人提升技能，将一定范围的老年人再就业培训纳入就业培训补贴范围。推动用人单位与受聘老年人依法签订书面协议，保障老年人在生产劳动过程中的合法收入、安全和健康权益等。深入推进老年人意外伤害保险，将部分超龄就业人员纳入工伤保险，用人单位可通过单险种形式按规定为超龄人员参保，同等享受工伤保险待遇，其中按项目形式参保的，不设年龄上限，都可享受工伤保险待遇。对超龄失业人员，符合条件的，可申领失业保险金，同等享受失业保险待遇。加强行业监管，切实保障老人权益，为老人"老有所为"保驾护航。

加快供给侧结构性改革，创建良好的再就业环境。浙江省将加快开发适合低龄健康老人再就业的职业化岗位，高质量提供更多适老化工作机会。鼓励机关、企事业单位和社会组织开发适合老年人的工作岗位，鼓励退休教师和专家学者支持、参与老年教育发展，帮助有再就业意愿的老年人接受岗位技能培训。积极推进"银龄助医"和"银龄讲学"建设，鼓励有回归乡村生活意愿的城市退休技术骨干、科研工作者等，回乡参加乡村建设，在振兴乡村的同时，促进城乡老人交流。鼓励各级公共就业和人才服务机构，为超龄人员提供基本就业创业服务。通过数字赋能优化老年再就业服务，鼓励有关方面打造职业信息服务统一平台，建立专技人才退休专家库、老年人才信息库，准确掌握老年人才的健康信息、职业信息、技术特长、再就业意愿等，开展劳务中介服务，及时有效对接相关用人单位需求，实现供需关系精准匹配。

大力发展老年志愿服务。支持老年人积极参加城乡社会治安、基层公共事务、矛盾纠纷调解、科教文化宣传、公益慈善等活动。支持老党员、老专家、老教师、老军人、老劳模、老干部等参与关心教育下一代活动。深入开展"银龄行动"，组织医疗卫生、文化教育、农业科技等老专家、老知识分子为基层、农村送健康、送文化、送科技。鼓励低龄活力老年人积极参与"银龄互助"活动，为高龄、失能、空巢等老年人提供日常探视、生活照护和应急救助等服务。每年开展省级层面的"以老助老"优秀志愿服务团队、优秀志愿服务项目、优秀志愿服务者评选。到2025年，全省离退休干部志愿团队达到5000个，志愿者30万人，志愿者活跃度不低于50%。

浙江省将通过完善制度设计与政策体系，优化服务模式与管理体系，开展"老年友好城市（县城）""示范性老年友好型社区"创建，构建一个更加老龄友好的社会环境，为老年群体打造一个人人想参与、能参与、乐参与的幸福家园。

后 记
POSTSCRIPT

呈现在读者面前的这本《幸福养老 浙里更好——浙江省新时代养老服务创新与实践》，概述了浙江养老服务的发展历程，撷取了各地改革创新的经验做法，目的在于留下实录、保存史料、参考互鉴。

王文序副省长自 2018 年起分管民政工作，对养老事业与养老产业倾尽心血，擘画发展蓝图，着力解决痛点和难点，推进全省康养工作加速发展。王文序副省长对本书的编写殚精竭虑，提议发起，安排资金，多次组织研究提纲和主要内容。浙江省政府副秘书长徐晓光，浙江省民政厅前后两任厅长王剑侯、沈铭权，为书稿的成型呕心沥血，组织力量编写，多次参与讨论。浙江省民政厅方仁表副厅长统筹书稿编写，提出基本思路和框架内容，阅读修改书稿。他们催生了此书的面世。

本书由浙江大学管理学院邢以群教授主编，全书共分九章，第一章至第九章分别由浙江大学管理学院老龄化及养老产业研究中心专职研究员岑芸（第一、二、五章）、何洁（第三、六章）、李婧薇（第四、七章）、俞舒敏（第九章）和浙江大学健康产业创新研究中心专职研究员董建坤（第八章）编写，研究中心的黄浏英副教授、吕佳颖教授、张大亮教授等多次参与了写作提纲的讨论和写作内容的指导。浙江省民政厅养老服务处陈建义进行了统稿，田丽君、王先益、周经纬等参与了书稿讨论和文字修改工作，朱霜洁提供了大量资料。11 个地市民政局养老服务处为本书的编写提供了资料和案例。在此，对他们的辛苦付出表示衷心的感谢。

由于作者水平有限，书中定有遗漏和错误之处，敬请谅解。